"칼라브리아에서 전학 온 코라치에게 환영 인사를 해 주렴." −칼라브리아에서 온 전학생

'아버지는 아까부터 줄리오의 검은 머리에 자신의 흰 머리를 겹치듯 몸을 숙이고서, 아들이 펜을 움직이는 모습을 엿보고 있었습니다. 아버지는 그제야 그 동안의 일을 모두 이해했습니다.' –피렌체의 효자 줄리오

“하지만 제가 어떻게요! 전 아무것도 모르는데요!” –나폴리 소년 치치로의 병간호

"넬리, 거의 다 올라갔어! 조금만 더 힘내!" -체육 수업에서 힘을 낸 넬리

"힘내렴! 하느님께서 지켜 주실 거야." –마르코의 아페닌산맥에서 안데스까지

'열차는 끝없는 평원을 덜컹대며 쉬지 않고 달렸다.' —마르코의 아페닌산맥에서 안데스까지

"엄마, 드디어 왔어요! 보세요, 저예요. 이제 다시는 헤어지지 않을 거예요.……" -마르코의 아페닌산맥에서 안데스까지

'저마다 선생님께 작별 인사를 하고 서로 인사를 나누었다.' −모두 안녕! 건강하게 잘 지내!

World Book 298

Edmondo De Amicis

CUORE

쿠오레

에드몬도 데 아미치스/안응렬 옮김

·동서문화사

디자인 : 동서랑 미술팀

살아가는 나날 마음에 등불을 켜주는 《쿠오레》

고산고정일

나는 평생 책 만들고 글 쓰며 한길을 걸어왔습니다. 1940년 태어나 1945년 8월 15일 해방의 함성과 함께 만세를 보았고 1950년 동족상잔의 비극인 6·25전쟁을 몸소 겪었습니다. 그 무렵 열 살이던 나는 6월 28일 새벽 서울 종로로 쳐들어오는 북한군 탱크들을 보며 두려움에 떨었습니다. 이듬해 눈발이 휘날리는 1월 3일 초등학교 3학년인 나는 어머니, 두 동생과 함께 피란길에 올랐습니다. 우리는 눈보라를 뚫고 꽁꽁 얼어붙은 한강을 걸어서 남쪽 화성 망월리 외갓집으로 향했습니다. 그런데 그만 용인 신갈 새말에서 중공군에 붙잡히고 말았습니다. 그렇게 잡혀 있기를 한 달여, 설날을 며칠 앞둔 날 동트기 전 깊은 밤에 마을은 폭격을 받고 말았습니다. 잠자던 초가집에 포탄이 떨어져 10살인 어린 나는 26살 어머니, 8살 3살 두 동생의 산산조각난 참혹한 죽음을 지켜봐야만 했습니다.

그 뒤로 가족도 없이 홀로 헐벗고 굶주리며 전쟁터를 헤매던 나는 어느 무너진 집더미에서 방정환 선생님이 쓰신 《사랑의 선물》이란 책을 우연히 발견했습니다. 그 책은 〈엄마 찾아 3만리〉 등 꿈과 용기 그리고 사랑과 정의를 북돋아주는 《쿠오레》 이야기들로 가득차 있었습니다. 한겨울 어느 집 추녀 아래 담벼락에 쪼그리고 앉아 매서운 추위에 덜덜 떨고, 새벽 별빛을 받으며 깡통에 미군부대 꿀꿀이죽을 얻어 겨우 끼니를 때우면서도 나는 《사랑의 선물》을 꼭 부여안고 읽고 또 읽었습니다. 절망의 시간 속에서 나를 지켜준 고마운 책이었습니다. 3월, 봄이 찾아오자 길이 트여 화성 망월리 외갓집으로 갈 수 있었습니다. 그리고 그곳에서 제2국민병 나갔다 돌아온 아버지를 만나 다시 신갈 새말로 갔습니다. 어머니와 나 그리고 동생들이 머물던 집터에 도착해 시커먼 잿더미를 걷어내자 여기저기서 뼈들이 드러났습니다. 나는 눈물을 뚝뚝 흘리면서 그 밑바닥에 남아 있던 타다 만 옷조각으로 어머니와 두 동생의 조각난 시신의 뼈들을 거두었습니다. 참호 모래자루에 반도 채 되지 않는 세 사람의 뼈를 수레에 싣고 돌아오는 길엔 내 마음을 달래주듯 여기저기 분홍 진달래가 산등성이 눈 속에서 서럽게 피어나고 있었습니다.

그해 겨울 서울에 돌아온 나는 신문팔이를 하면서, 종로 영창서관에 들러 날마다 책을 한 권씩 샀습니다. 절망 속에서도 책으로 버티고 책에서 위로받았던 순간들이 고스란히 마음에 새겨져 있었기 때문입니다. 점심은 굶더라도 그 돈을 아껴 책을 사는 게 너무나 좋았습니다. 하루는 영창서관 할아버지가 "너 그렇게 책을 좋아하니, 이곳에서 일을 해보련?" 다정하게 말씀하셨습니다. 나는 꿈만 같아 "네! 감사합니다!" 얼굴을 붉히며 떨리는 목소리로 대답했습니다. 하루 내내 책과 함께 일할 수 있으니 더없이 기뻤습니다. 그때 나는 열두 살이었습니다.

영창서관에서 일하면서 열네 살에 야간중학에 들어갔습니다. 오후 5시에 학교에 가 밤 10시에 수업이 끝났습니다. 끝없이 이어지는 고된 나날에 나는 지쳐갔습니다. 그러던 어느 날 1교시가 끝나고 10분 쉬는 시간에 나는 책상에 엎드린 채 깜박 잠이 들었습니다. 2교시가 되자 담임선생님이 교실에 들어오셨습니다. 늘 장교 계급장에 군복을 입고 수업하시는 엄한 분이셨는데, 졸고 있는 나를 보시고는 "고정일 앞으로 나와!" 크게 소리치셨습니다. 깜짝 놀라 잠에서 깨 얼른 달려 나갔는데, 갑자기 선생님은 다짜고짜 내 두 뺨에 따귀를 한 대씩 올려붙였습니다. 눈앞에 별이 번쩍! "고정일! 졸지 말고 공부 열심히 해!" 왠지 억울하기도 했지만 어쨌든 수업이 시작된 줄도 모르고 졸고 있었던 건 내 잘못이라 생각했습니다. 수업이 끝난 뒤에 이귀학 담임선생님은 교무실로 나를 불렀습니다. "집안형편이 어려워 일하면서 야간학교를 다니니 얼마나 힘들겠느냐. 정신 바짝 차리라고 네 뺨을 때렸지만 내 가슴도 찢어지는 듯 아팠단다. 하지만 주간 아이들보다 더 열심히 공부해야 하지 않겠느냐." 선생님은 내 두 손을 꼭 잡은 뒤 눈시울 붉히며 말씀하셨습니다. 선생님의 눈물에 나도 그만 눈물이 핑 돌았습니다. 이귀학 선생님은 늘 내게 《사랑의 선물》의 페르보니 선생님 같은 분이셨으며, 그분의 가르침을 받다 보면 나도 마치 엔리코가 된 듯한 기분이 들었습니다.

이귀학 선생님은 얼마전 90수를 넘기시고 세상을 떠나셨습니다. 그러나 요즘도 가끔 꿈결에 나타나셔서 따뜻한 격려를 해주시니 난 얼마나 행복한 제자입니까!

1953년 겨울 나는 영창서관에서 독립해 청계천6가 오간수다리에 책 좌판점을 열었습니다. 한겨울 영하 18도. 거센 칼바람은 귀가 떨어져나갈 듯 매서웠고 추위 때문에 흘린 눈물이 맺혀 금세 얼어붙었습니다. 당장 때려치우고 싶은 적이 한두 번이 아니었습니다. 그때 단골손님인 우경희 선생(화가) 선우휘 대령님(뒤에 조선일보 주필·소설가)이 약해진 내 마음을 아시고는 호되게 꾸짖으셨습니다. "사나이는 결코 남 앞에서 눈물을 흘리는 게 아니다. 꿈을 품어라. 그러면 어떤 어려움도 이겨내어 꼭 그 꿈을 이룰 날이 오고야 만다." 이 말은 고단한 삶의 폭풍 속에 흔들리는 내 어린 영혼에 등댓불이 되어주었습니다. 이 인연으로 나는 두 선생님의 평생 가르침을 받게 되었습니다.

1956년 열여섯 살에 동서문화사를 세우고 로마의 철학자 세네카 《지혜와 사랑》을 첫 출판했습니다. 그 무렵은 모두들 하루하루 끼니를 걱정하는, 책보다 밥이 더 간절한 시대였습니다. 그런데도 나는

1959년 겁 없이 《소년소녀세계명작전집》 30권을 출판했는데, 이듬해 4·19가 일어나고 혼란기에 휩쓸려 그만 쫄딱 망하고 말았습니다.

그때 고작 열아홉 살. 빚쟁이들의 혹독한 빚 독촉에 절망을 견디다 못해 결국 수면제 40알을 사 모아 을지로6가 동대문야구장 담벼락에 붙은 77여관으로 들어갔습니다. 주인아주머니가 아래위를 훑어보며, 젊은 애가 한낮에 혼자 웬 여관이냐고 따져 물었습니다. 난 야근이 끝나 잠시 눈을 붙이려 한다고, 둘러댔습니다. 맨 꼭대기 5층 방에 들어가 수면제 40알을 들여다보려니, 나는 왜 전쟁 때 어머니와 두 동생과 함께 죽지 못하고 살아남아 이토록 고생하는 것일까 설움이 복받쳐 왈칵 눈물이 흘러 내렸습니다. 알약들을 입에 털어 넣으려는 순간 누가 방문을 부서져라 두드렸습니다. 깜짝 놀라 문을 여니, 여관주인 아주머니가 뛰어들어와 냅다 내 멱살을 낚아채는 게 아닙니까. "이 종간나! 차라리 한강물에 콱 뛰어들던가 화신백화점 옥상에서 뛰어내리지, 왜 이 불쌍한 여편네 77여관에 와서 이 지랄이냐!" 함경도 말씨를 쓰는 또순이 아주머니가 꽉 쥔 손아귀 힘이 어찌나 세었던지 숨이 콱콱 막혀 죽을 것만 같았습니다. 아주머니는 곧 멱살을 놓으며 나를 방바닥으로 홱 밀쳤습니다. 나는 온몸에 힘이 빠져 벌렁 주저앉아 고개를 푹 수그리고 있을 수밖에 없었습니다.

그때 밖에서 "와!" 엄청난 함성이 들려왔습니다. 주인아주머니는 다시 내 뒷덜미를 홱 잡아끌고는 창가로 가서 창문을 활짝 열어젖혔습니다. 방금 홈런이 터져, 관중들이 한꺼번에 일어나 박수를 치며 하늘이 떠나갈 듯 함성을 내지르고 있었습니다. 홈런타자는 당당하게 홈으로 달려들어오는 중이었습니다.

"저길 보라우! 저 홈런이란 게 수천 번 방망이를 휘둘러야 어쩌다 한 번 날리는 게야. 너는 이 세상 몇 번이나 도전해 보았간? 세상에 태어나 그저 열심히 살아가다 보면 쟤들처럼 홈런 한방 칠 날이 꼭 오고, 그간의 고생은 싹 날아가는 기야!" 아주머니는 그러면서 내 등을 다정하게 토닥거려주었습니다. 난 너무나 부끄러워서 몸 둘 바를 몰랐습니다. 77여관 아주머니에게 된통 혼이 나고 나니 거짓말처럼 정신이 번쩍 들었습니다. 문득 《사랑의 선물》에 온갖 고생을 이겨내며 꿋꿋하게 엄마 찾아 3만리 길을 가는 여덟 살짜리 치치로의 굳센 얼굴이 떠올랐습니다. 나도 반드시 이겨내리라…….

하늘이 돌봐주셨는지, 그 뒤 나는 77여관 아주머니 말씀대로 홈런을 치고야 말았습니다. 《대망 20권》 《동서판 세계문학전집 100권》 그리고 1980년 《컬러판 한국세계대백과사전 31권》 이 세 가지 사업이 말 그대로 대박이 났습니다. 전국 방방곡곡에서 주문이 밀어닥쳐 밤낮 찍어내도 뒤를 못 댈 지경이었습니다.

오늘도 여전히 나는 그 어려운 시절에 읽었던 방정환 선생님의 《사랑의 선물》을 잊지 못합니다. 그 책이 아니었으면 난 삶의 희망을 잃고 전장 어디에선가 지쳐 쓰러져 얼어죽었을지도 모릅니다. 이 책은 이탈리아 작가 에드몬도 데 아미치스가 쓴 《쿠오레(마음의 학교)》에서 간추려 엮은 100쪽도 되지 않는 아주 얇은 책이었습니다.

요즘도 《쿠오레》를 읽으면, 머리가 맑아지고 잃어버린 어린시절의 순수한 마음이 되살아나곤 합니다. 이 책은 세계 곳곳에서 널리 읽히는 선생님, 부모님, 아이들에게 사랑받는 고전명작이며 아이들 정서에 단비가 되는 가장 좋은 인생의 친구입니다. 또한 어른들에게도 순수했던 어린시절 추억을 되새겨 주는 인생 이야기를 감동적으로 즐길 수 있게 해준다고 《어린왕자》를 쓴 생텍쥐페리는 말했습니다.

세월이 흐르면서 인간의 관심은 아날로그시대, 개개인의 피부를 통한 가까운 것에서 편리함에 이끌린 인간이 만들어낸 전자기술을 통한 것으로 바뀌었습니다. 이에 따라 인간관계는 인간 본연의 감각을 뛰어넘은 비인간적인 사귐으로 바뀌어버렸지만, 그렇기에 더욱 이 작품이 마음 깊이 다가오는 것이리라 믿습니다. 인류의 고전은 언제나 사람의 마음을 움직이는 힘을 지니고 있습니다. 우리는 이 책을 읽음으로써 참으로 가슴 저리게 와 닿는 순간을 느낄 수 있습니다.

사랑이 넘치는 이 학교는 무척 생동감 넘치고 재미있는 곳입니다. 괴롭힘, 잘난 척, 질투, 무시, 참견, 심술, 장난, 비굴, 이런 어두운 면이 뒤섞여 있으면서도 양보, 포용, 관용, 용서, 겸손, 협력, 겸허, 정의 등 긍정적인 면도 함께 존재합니다. 아름답게 소통이 이루어지는 모습을 이 학교에서 만날 수 있습니다. 어른사회와 조금도 다를 바 없이 인간의 모습이 그대로, 아니 밉살맞을 만큼 생생하게 그려지고 있을 뿐만 아니라 어지러운 이 시대를 살아가는 우리에게 여러 해답을 제시하며 문제를 해결해 나갈 수 있도록 도움을 줍니다.

어린아이가 어른이 되어 사회에 나오면 겉모습도 속마음도 살아온 나날도 저마다 다른 온갖 사람들을 만나게 됩니다. 그리고 이런 차이 때문에 사랑, 질투, 미움, 슬픔 따위가 생겨나게 됩니다. 이런 이야기들은 어른 아이 할 것 없이 즐겨 읽는 고전에서 때로는 사실성 넘치게 또 때로는 교훈 넘치는 판타지로 즐겁게 펼쳐집니다.

어린시절은 늘 '사랑'과 '꿈'을 마음속에 품고 살아가야 합니다. 사랑은 인류에게 가장 중요한 정신적 자양분입니다. 사랑의 결실로 아이가 이 세상에 태어났고, 부모님의 사랑 속에서 자라고 있습니다. 또 아이들이 커서 어른이 되면 엄마 아빠처럼 사랑하는 사람을 만나 또 그 사랑의 결실로 아이가 태어납니다. 이렇게 인류의 역사는 사랑으로 끊임없이 이어집니다.

인류가 만물의 영장인 까닭은 동물들과는 달리 '꿈'을 지니고 있기 때문입니다. 어쩌면 사람의 일생은 꿈을 이루기 위한 끝이 없는 마라톤 경주일지도 모릅니다.

"어린아이를 학교에 맞추는 것이 아니라 어린아이에게 학교를 맞춰야 한다."

"신경증에 걸린 한 사람의 학자를 낳는 것보다는 차라리 한 사람의 행복한 청소부를 낳는 편이 낫다."

영국 서머힐학교 설립자 알렉산더 닐의 말입니다.

'학생에게 맞추는 학교'는 행복한 학교임에 틀림없습니다. 그곳에 어찌 학교폭력이 있겠으며 또 어찌 학교에 적응하지 못하거나 스스로 그만 두는 학생이 있겠습니까.

"너는 왜 학교에 적응 못하니?"

"아닌데요. 학교가 제 몸에 맞지 않을 뿐인데요."

"너는 왜 공부를 중단하는 거니?"

"아닙니다. 저는 학교를 그만두는 것이지 공부를 멈추는 게 아니에요."

어른의 눈으로 아이들을 바라보면 늘 이런 진실을 발견하지 못합니다. 학교가 아이들의 몸에 맞지 않는 옷을 입히면서 "왜 너는 이 옷을 입지 않느냐"고 다그치고 윽박지르고 있습니다. 학교를 떠나면 공부도 끝나는 것처럼 사실을 왜곡합니다. 그러나 학교 밖에서도 공부와 배움은 끝없이 이어집니다. 학교가 세상의 변화를 따라가지 못하고 있습니다. 학교가 아이들의 성장 속도에 맞추지 못합니다. 그러면서 늘 학생을 나무라고 있습니다. 오늘의 학교는 입시위주 경쟁교육으로 배우고 깨우치는 즐거움을 앗아버리고 스마트폰에 찌든 겁쟁이와 디지털에 중독된 만성신경증환자를 만들어내고 있습니다.

아인슈타인은 경고했습니다. "인간이여, 디지털 만능에 자만하지 말라! 고대 그리스인은 우리보다 한결 뛰어난 지식과 지혜를 가지고 있었다."

아이들이 커다란 나뭇가지마다 매달려 놀고 있습니다. 그 밑에는 굶주린 맹수들이 으르렁거리고, 한쪽에서는 쥐들이 나무 밑동을 열심히 갉아대어 머잖아 나무는 쓰러지고 말 것입니다. 그런데 나뭇가지 위 벌집에서 꿀이 뚝뚝 떨어집니다. 아이들은 꿀을 날름 받아먹으며 그 단맛을 마냥 즐거워합니다. 이것은 디지털기기에 푹 빠져든 오늘날 우리 아이들의 모습과 다를 게 없습니다.

아이들은 글자를 익히고 사물을 인지하기도 전에 스마트폰, 태블릿PC 조작법부터 익힙니다. 버튼 하나로 답이 나오기에 머리를 써서 스스로 공부를 하려 들지 않습니다. 디지털기기를 많이 쓰는 아이들은 읽기와 쓰기 능력이 뚜렷하게 떨어집니다. 동영상 텍스트 '부가서비스'로 말미암아 오히려 읽기로부터 멀어지기 때문입니다. 언어는 모든 학문의 기본이므로, 읽기 능력이 떨어지면 다른 과목에서도 낮은 성취도를 보입니다. 최근 독일의 세계적 뇌과학자 슈피처 박사는 수많은 자료와 연구결과를 바탕으로 정신활동감소 집중력저하 등 디지털기기의 치명적 위험을 경고했습니다. 한 실험에 따르면 디지털미디어를 한 시간 더 이용할 때마다 부모와 연대감은 15%씩, 그리고 또래 친구들과의 연대감은 25%씩 줄어드는 것으로 나타났습니다. 또한 디지털미디어는 감정이입 능력과 사회적 능력까지 떨어뜨립니다. 디지털미디어 속에는 일방적인 사물의 움직임이 있을 뿐이기에 자신의 말이나 행동에 다른 사람이 어떤 반응을 보일까에 대한 생각은 전혀 하지 못하게 됩니다. 따라서 다른 사람의 감정을 읽는 능력이 떨어지고, 때와 장소에 따른 감정조절 능력, 의사소통 능력도 떨어지는 것입니다.

더욱이 PISA(국제학업성취도비교)도 15세 학생 25만 명을 대상으로 조사한 결과 컴퓨터를 가까이 할수록 학업성취도는 오히려 떨어지는 것으로 밝혀졌습니다. 공부에 집중하기보다 게임에 몰두하거나 인터넷만 접속하며 시간을 헛되이 쓰기 때문입니다. 하물며 인터넷 중독에 깊이 빠진 아이들의 경우는 말할 것도 없습니다.

한 아이가 자라나 성숙한 교양인이 되려면 기본적으로 다음과 같은 과정과 노력이 필요합니다. 먼저 열심히 배워 꿈을 펼치는 데 필요한 지식을 익히고, 언제나 부지런하며, 운동으로 몸을 튼튼히 단련합니다. 음악·미술·문학·철학·역사 등 인문학에 대한 관심과 흥미를 기르고, 자신의 감정이나 욕심을 자제할 줄 알아야 합니다.

얼핏 몹시 어려워 보일 수도 있지만, 이 모든 것은 정상적인 가정교육과 학교교육으로 얼마든지 가능합니다. 부모의 사랑 속에서 형제들과 우애를 나누고 학교에서는 정해진 교과과정에 충실하며 친구들과 운동장에서 즐겁고 힘차게 뛰어놉니다. 또한 주말에는 이런저런 공연과 전시회, 운동경기를 관람하며 방학에는 여행으로 낯선 세계에 대한 호기심과 씩씩한 기상을 키워나갑니다.

한 서울대 학생이 "나의 초중고학교 시절 12년은 지옥 같았다" 말했다고 합니다. 파릇파릇 새싹이 돋아나고 아름다운 꽃이 피어나는 찬란해야 할 어린시절이 입시준비로 지옥 같았다니 참으로 안타깝기 그지없습니다. 그러나 한편으로는 그렇게 느끼는 게 이상하지 않을 만큼 오늘날 학교는 그저 대학 진학을 위한 중간과정으로만 받아들여지고 있습니다. 오직 공부만을 강요하는 학교에서 인성교육이 제대로 이루어질 리 없습니다. 스티브 잡스는 자서전에서, 좋은 성적만을 바라는 어머니 클라라의 선행교육 때문에 정작 자신은 학교 공부에 흥미를 잃고 수업시간에 장난만 치는 불성실한 학생이 되었다고 회고했습니다.

공부란 어떤 문제에 대한 답을 많이 아는 것이 아닙니다. 공부는 문제를 발견하는 행위이자 해결 능력을 키우는 과정입니다. 그 문제해결력은 홀로 우두커니 앉아 컴퓨터 모니터만 바라보는 온라인 강의 따위에서 얻을 수 없으며 선생님 및 친구들과의 협력, 토의, 상호비판과정으로 얻어집니다. 이 과정 속에 서로의 감정을 이해, 갈등을 조정하는 것까지가 문제 해결력이며 공부인 것입니다. 노벨화학상 수상자인 해럴드 크로토 교수는 융합교육철학이 반영된 과학체험프로그램을 진행하며 '창의력을 키우는 비결'을 이렇게 말했습니다.

"아이들은 스마트폰으로 모든 것을 해결하려 하지만 정작 그 안에 무엇이 있는지는 잘 모른다. 스스로 지식을 이해하고 받아들일 수 있도록 질문하며 대화를 나눠야 한다. 고민 끝에 이끌어 낸 생각과 지식을 다른 사람과 나누다 보면 과학 지식은 물론 다른 학문과의 융합도 자연스레 가능해진다."

요즘 학부모들은 영어·수학 등 학습 준비에 치중하지만, 아이가 한 살이라도 어릴 때 생활지도를 반듯하게 해놓는 것이 멀리 봤을 때 효과적입니다. 학습에만 치중한 아이들은 스스로 깨우치고 탐구하는 과정 없이 주입식 교육에 길들여지다 보니 학습에 흥미를 잃는 부작용을 겪는 경우가 많습니다. 아이가 자라면서 인지교육을 하는 것이 훨씬 효과적이며, 생활지도가 잘 된 아이들이 학교생활도 잘 합니다.

생활지도는 자기관리능력과 사회성 두 가지가 매우 중요합니다. 자기관리 능력은 자기 일을 스스로 알아서 하는 능력입니다. 이는 아침 일찍 일어나 스스로 옷을 입고, 가방과 준비물을 챙기고, 지각하지 않고 학교를 가는 등 매우 기본적인 생활 습관을 뜻합니다.

사회성은 다른 사람과 관계를 맺는 능력입니다. 오늘날 아이들은 형제가 많지 않거나 거의 없을 뿐 아니라 유치원 때부터 온갖 학원을 다니느라 다른 사람과 올바른 관계 형성을 위한 기회가 드뭅니다. 그리하여 자기중심적인 아이들이 부쩍 늘어나고 있습니다. 저학년 때부터 학부모들이 그런 문제에 심각성을 느끼지 못한 채 그냥 내버려두면 초등학교 3, 4학년 때부터는 학교폭력으로 이어지는 경향이 있습니다.

아이가 성장하려면 무엇보다 학교와 가정의 긴밀한 소통이 이루어져야 합니다. 가정통신문이나 학교 홈페이지를 꼼꼼히 살펴 학교에서 이루어지는 활동을 파악하고, 알림장을 날마다 점검해 아이가 안정된 학교생활을 할 수 있도록 돌봐야 합니다. 궁금한 점이 있을 때는 담임선생님에게 적극적으로 연락 의논하는 것이 좋습니다. 학부모 입장에서 쉬운 일은 아니지만, 한 번 소통이 이루어지면 그 다음은 훨씬 수월합니다. 자식이란 부모에게 때로는 최상의 존재이고 때로는 최악의 존재입니다. 이렇게 자라나는 게 자식입니다. 언제나 최고이기만을 바라는 부모들에게 돌아오는 것이 가장 나쁜 결과뿐일 수도 있습니다.

아미치스가 《쿠오레》 구상을 처음으로 출판사 사장에게 보낸 편지에서 이야기한 것은 1878년 2월 2일입니다. 출판된 날이 1886년 10월 15일이었으니 8년이라는 오랜 세월을 이 작품을 위해 공들였다는 말이 됩니다.

작품 구상 무렵 아미치스는 이 이야기가 초등학교 4학년 남자 아이가 쓴 일기에 아버지가 첨삭을 덧붙였고 거기에 중학생이 된 뒤 본인이 한 번 더 고쳐 쓴 결과라고 먼저 말해두었습니다. 작가 나름대로 이 이야기가 아이들만을 위한 것이 아닌, 어른 독자에게도 보내는 신호임을 분명히 알 수 있습니다. 즉 《쿠오레》는 소년 엔리코 자신의 경험과 이번 달 이야기, 가족의 충고 이렇게 삼층 구조로 이루어집니다. 이렇게 작품에 여러 층을 만든 까닭은 아이들부터 어른까지 읽을 수 있는 작품을 만들고자 했던 작가의 뜻이 담겨 있기 때문입니다.

이 이야기의 무대가 된 19세기 끝 무렵 이탈리아 대도시 토리노는 어떤 상황이었을까요? 처음으로 탄생한 이탈리아 왕국이라는 통일국가 아래 초등학교 교사를 포함해 노동자는 매우 좋지 못한 환경에 놓여있었습니다. 그중에서도 특히 통일 뒤 10년 동안 젊은 노동자 수는 3배 가까이 늘어났고 그 수가 30만 명을 넘었다고 합니다. 게다가 아이들은 어른의 5분의 1 밖에 안 되는 임금으로 어른과 똑같이 하루 15시간 동안 일했던 시절이기도 합니다. 그 무렵 토리노는 인구 25만 명의 대도시였지만 그 가운데 3만여 명이 위생문제가 심각한 다락방에서 생활했다고 합니다. 《쿠오레》의 배경에는 이런 현실이 숨어있습니다. 아마도 아미치스는 이런 상황 속에 놓인 평범한 사람들의 마음을 들여다보고 고스란히 받아들이려고 했을 게 틀림없겠지요.

《쿠오레》가 오늘날도 여러 나라 말로 옮겨져 읽히는 이유 중 하나로 쉽게 세상의 변화에 타협하지 않는 작가의 올곧은 성향이 깃들어 있기 때문으로 보기도 합니다. 아미치스는 그 가운데서도 애국심을 매우 강조하는데 이는 작가가 어린 시절에 맛본 괴롭고 씁쓸한 기억을 쉽사리 버리지 못하고 다음 시대를 짊어질 아이들이 자신의 나라를 스스로 지키도록, 다른 나라에 두 번 다시 침략당하는 일이 없도록 애국심을 불어넣으려고 했기 때문입니다. 그리고 그와 함께 이탈리아 통일로 기쁜 감정을 기회가 있기만 하면 아이들에게 전하고자 애썼습니다.

그러나 무엇보다도 《쿠오레》가 요즘도 세계 곳곳에서 널리 읽히는 가장 큰 이유는 소년 엔리코가 그리는 일기 속의 반 친구들이나, 정확히 엔리코가 옮겨 적어준 '이번 달 이야기'에 나오는 등장인물들의 매력에 있을지도 모릅니다. 때로 달콤한 감상에 지나지 않는다는 것을 알면서도 마르코의 여행에 조마조마 하거나 프레코시나 크로시에게 성원을 보내고, 또 때로는 눈물을 흘리기도 하니 이는 모두가 이야기의 힘 덕분입니다. 독자 저마다가 이 이야기 속에 숨어 있는 '마음=쿠오레'을 느낍니다. 이는 아마도 작가 아미치스나 이야기를 이끌어 가는 엔리코가 전하려는 마음과는 조금 다를 수도 있습니다. 그러나 오히려 한 사람 한 사람이 개성 넘치는 쪽이 더 좋을지도 모릅니다.

1886년 10월 15일 새 학기가 시작되는 날에 맞춰 일제히 서점 앞에 진열된 《쿠오레》는 그 뒤 연말까지 고작 2개월 반이라는 시간 만에 41판을 인쇄했다고 합니다. 19세기 끝 무렵 이탈리아의 어린 독자들, 그리고 몇몇 어른 독자들도 분명 저마다 이 이야기 속에서 이런 저런 '마음(쿠오레)'을 발견했을 것입니다.

통일한 지 얼마 안 된 국가든, 고대 로마 제국의 환영에 뒤덮인 파시즘 체제든, 자신들의 피를 흘리며 힘겹게 얻은 민주주의 체제든 결과적으로 오랜 세월에 걸쳐 《쿠오레》가 아이들을 위한 책으로 끊임없이 교육의 모범으로 역사를 새겨온 것은 틀림없습니다.

이야기 속에 있는 또 하나의 현실이 이야기 그리고 밖에 있는 현실과 부딪히는 이야기 속 현실이 외부의 현실을 능가하기도 하는 그것이 아이를 위한 책을 크고 풍부한 이야기의 모범으로 바꾸는 가능성으로 이어진다는 것을 결코 잊지 말라고 《쿠오레》는 자신의 몸을 생생히 드러내며 독자에게 끊임없이 속삭이면서 생명력을 유지해오고 있습니다.

이탈리아가 낳은 세계적 철학가이자 작가인 움베르토 에코는 《쿠오레》를 이렇게 말하기도 했습니다.

"《쿠오레》를 모범 삼아 형성된 이탈리아 사회는 정작 그 책을 읽지 않게 된 뒤로도 변함없이 그 책을 행동 지침으로 삼아왔다. 바꿔 말하면 이탈리아는 변하지 않고 《쿠오레》 이야기를 계승해온 셈이다."

아미치스의 《쿠오레》를 보세요. 상처와 고통과 좌절을 이겨낸 인생사가 있는 사람이 아름다운 사람이고, 눈에 보이는 세상보다 더 아름다운, 눈에 보이지 않는 세상도 얼마든지 있습니다. 또 남들이 가보지 못한 길이 더욱더 아름다울 수도 있습니다. 부모는 자식들을 넉넉한 성품과 올바른 인성을 지닌 쓸모 있는 사람으로 키우는 것이 훨씬 중요함을 깨달아야 합니다.

한쪽 팔을 못 쓰는 아이가 친구에게 놀림을 받자 화가 나 잉크병을 던집니다. 그런데 뜻밖에도 잉크병은 마침 교실에 들어선 선생님에게 명중하고 맙니다. 누가 던졌느냐며 선생님이 꾸짖자, 던진 아이는 물론이고 온 교실이 고요해집니다. 그런데 다른 한 친구가, 잉크병을 던진 사람은 자신이라며 그 아이를 감싸고 벌을 대신 받으려 합니다. 그리고 그 행동을 칭찬하는 선생님.

귀족 아버지를 둔 카를로는 석탄장수 아들인 베티에게 "너네 아빠는 다 떨어진 검정 석탄 걸레다!" 놀려댑니다. 그 사실을 안 카를로 아버지는 학교에 와서 아들을 불러 베티에게 사과하라고 합니다. "아빠 말을 따라 해라. '난 너희 아버지에게 절대로 해서는 안 될, 예의에 어긋난 말을 했어. 용서해 줘. 우리 아빠는 너희 아버지가 악수를 해 주신다면 참으로 영광일 거라고 말씀하셨어.'" 카를로의 아버지가 손을 내밀자 석탄장수 아저씨는 우물쭈물 손을 맞잡고 악수합니다. 카를로의 아버지는 선생님께 부탁합니다. "이 애들을 옆자리에 앉혀 주시겠습니까?" 선생님은 말씀하십니다. "아! 이건 정말 최고의 수업이군요."

그렇습니다. 이런 갈등을 부드럽게 풀어주는 따뜻하고 정의로운 마음으로 가득 찬 학교가 아직 있다면 방구석에만 틀어박히려는 아이도, 따돌림 받는 아이도, 게임만 하려드는 아이도 모두들 마냥 학교에 가고 싶어하지 않을까요.

《쿠오레》에 나오는 많은 이야기들 가운데 어떤 이야기에 가장 마음 끌리고, 그 이유는 무엇인지 어른과 아이가 함께 생각해 보세요. 또 이 작품에서 벌어지는 많은 사건들과 학교 생활을 비교해 보세요. 비슷한 점이 많을 것입니다. 그리고 아이의 학교 친구들 가운데 엔리코의 친구와 닮은 친구도 있을 것입니다.

어떤 책을 읽고, 그 책의 내용과 자기의 생활을 견주어 보는 것은 훌륭한 독서 방법입니다.

독후감을 쓰는 일은 무엇보다도 중요합니다. 그것을 씀으로써 그 책의 내용이 완전히 자기 것으로 될 수 있습니다. 《쿠오레》를 읽고 아이가 친구들과 함께 서로 느낀 점을 이야기하도록 해 보세요. 우리가 서로 다른 얼굴을 가지고 있는 것과 마찬가지로, 이 책을 읽고 느낀 점도 저마다 다를 것입니다. 그러나 그 다른 것 가운데, '나도 그렇게 생각했다', '과연 그 말을 듣고 보니 그렇게 여겨지기도 한다' 등 이런저런 공통점을 모두 함께 찾을 수 있을 것입니다.

이렇게 책을 읽고 서로 의견을 주고받으면서 아이들은 더 깊이 있는 생각을 할 수 있게 될 것입니다. 또 다른 사람의 의견도 존중할 줄 아는 넓은 마음도 키워질 것입니다.

그러나 무엇보다도 중요한 것은 '나는 이렇게 생각한다'는 '자신의 느낌'을 분명히 하는 일입니다. 다른 사람은 어떻게 생각하는가 살펴보는 일도 중요하지만 '나의 뜻'도 소중합니다. 그것이 없으면 책을 읽었다고 할 수 없습니다. 계획을 세워 놓고, 꾸준히 책을 읽는 것이 가장 좋은 독서 방법입니다.

《쿠오레》에서는 참된 사랑이 무엇인지 배울 수 있습니다. 사랑이라는 것은 다정함만을 뜻하지는 않습니다. 사랑을 베풀려면 무엇보다도 용기가 필요합니다. 또한 때에 따라서는 엄격함도 필요합니다. 《쿠오레》에서는 이런 사랑이 그려집니다.

마차에 뛰어들어 어린 소년을 구하고 발을 다친 로베티, 친구가 어렵고 위험한 일을 당하면 언제나 앞장서는 갈로네, 이들은 용기를 가진 소년들입니다. 그리고 엔리코의 많은 친구들 가운데 언제나 구두쇠라고만 여겨지던 가로피가 보여 준 용기는 참으로 값진 것입니다. 엔리코 아버지처럼 "만약 네가 그런 처지에 있었으면 어떻게 행동했겠니?" 아이에게 물어보세요.

이 작품에서 선생님의 이야기는 나라에 대한 참다운 애국심이 무엇이고 용기와 사랑이 무엇인지 느끼게 해줍니다. 특히 선생님의 마지막 이야기 〈난파선〉은 많은 것을 생각하게 해 줍니다. 이 이야기 속에는 우정이란 어떤 가치를 지닌 것인가가 잘 드러나 있습니다. 가장 어려운 처지에 놓였을 때 도와 주고 양보하는 친구만이 참된 친구인 것입니다.

아미치스가 《쿠오레》에 그려 넣은 엔리코의 친구들은 저마다 성격이 매우 뚜렷합니다. 이런 그들이 오히려 어린아이답지 않은 데가 있다고 생각하지는 않으세요?

예를 들면, 반장 데로시는 똑똑하고, 갈로네는 너그럽고, 보티니는 멋만 부리고, 노비스는 거만한 모습을 보이고 있습니다. 이것은 지은이가 생각을 뚜렷하게 나타내려고 애쓴 탓이 아닌가 생각됩니다. 그러나 실제 우리 어린이들은 조금의 차이는 있을망정, 누구나 마음속에 아름다움과 착함, 그리고 사랑을 지니고 있습니다.

이 작품에서 가장 못된 소년은 프란티입니다. 프란티는 심술궂고 비뚤어진 마음을 가지고 있고, 나쁜 행동만을 일삼습니다. 그렇지만 이렇게 프란티가 나쁜 소년으로 자란 것은 모두에게 책임이 있는 것이 아닐까요? 어느 누구도 구별없이 사이좋게 놀고, 진심으로 사랑하고 이끌어 주었다면 프란티도 틀림없이 좋은 소년으로 자라겠지요. 이렇게 엔리코와 그의 친구들이 엮어 내는 이야기들도 아름답지만, 선생님이 들려 주시는 짧은 이야기들도 가슴 깊이 새겨 둘 만합니다.

《마음의 학교=쿠오레》. 쿠오레는 이탈리아어로 '사랑의 마음' '애정'을 뜻합니다. 아미치스가 그리는 엔리코의 학교생활은 분명 사랑으로 가득한 마음의 학교입니다. 이 작품을 통해 엔리코와 함께 학교생활을 하며 우리의 마음에도 사랑을 담아나갈 수 있습니다. 그것이 바로 마음의 학교가 아닐까요. 그러나 실제로 우리가 살아가는 현실에서는 어디에서 마음의 학교를 찾아야 할까요. 이 작품과 함께 하다보면 곳곳에서 그 해답을 찾을 수 있습니다. 우리의 현실 속에서 '마음의 학교'가 되어주는 것은 바로 '책'입니다.

그러나 잊지 말아야 할 것은 책으로 만나게 되는 새로운 세상을 그저 '만남'으로 끝내서는 안 된다는 것입니다. 엔리코의 부모님이나 페르보니 선생님이 알려주는 소중한 가르침을 그저 흘려듣고 끝내서는 안 되는 것처럼, 그 만남으로 내가 얻은 것들을 확실하게 내 안에 담을 수 있어야 합니다.

지은이 아미치스가 《쿠오레》를 통해 보여준 온갖 형태의 사랑—친구들과의 우정, 선생님과 학생 사이의 신의와 사랑, 부모님의 애정

등—처럼, 이 책은 어떤 형태로든 독자들에게 전하고자 하는 바가 뚜렷이 담겨 있습니다. 그것이 아무리 사소하다 할지라도 한 권의 책을 만나면 예쁜 말 한 마디라도 우리 안에 남아 있음을 느끼게 될 것입니다. 그리고 그런 것들을 형태로 남겨 확실하게 내 안에 담아 둘 수 있게 되었을 때 우리는 마음의 세계를 넓히고 성장합니다. 아미치스가 바라는 '마음의 학교'란 이런 것입니다.

앞으로 우리가 더 많은 '마음의 학교'—즉 '책'을 통해 여러 형태의 '사랑'을 배우고 넓은 세상으로 나아갈 수 있도록 이 작품이 그 첫걸음이 되었으면 하는 간절한 마음으로 "선생님 그리고 아빠랑 엄마랑 아이들을 위하여 이 작품을 썼다" 아미치스는 말합니다.

나는 오늘 선생님 그리고 엄마랑 아빠랑 아이들에게 사랑과 용기와 꿈을 마음에 심어주는 이 한 권의 책 《쿠오레》를 펴내면서 이렇게 말하고 싶습니다.

"얘들아! 네 삶에 무엇이 문제냐?"

이 작품을 우리글로 옮겨주신 안응렬 선생님은 이탈리아와 프랑스에서 공부하면서 《쿠오레》를 읽으시고 크게 감동하셨습니다. 귀국하셔서 한국 프랑스 대사관 고문관으로 한국외국어대학교 교수를 지내시며 정성을 바쳐 이 책을 아름다운 우리말로 옮겨주셨습니다. 그리고 선생님은 《쿠오레》를 우리말로 세상에 선보인 것을 평생 동안 자랑스럽게 생각하셨습니다.

쿠오레

차례

2월 febbraio

3월 marzo

4월 aprile

5월 maggio

이 책은 선생님과 부모님, 그리고 아이들을 위해 썼습니다.

"이탈리아 공립 초등학교 4학년생이 쓴 일기—학교에서 보낸 나날"을 이 책의 제목으로 해도 좋았을 겁니다. 초등학교 4학년생의 일기라 해서, 모든 글을 그가 쓴 것은 물론 아닙니다. 그는 학교에서 일어난 크고 작은 일이나 집 밖에서 보고들은 것을 조금씩 공책에 써나갔습니다. 학년이 끝날 즈음 그 공책을 읽은 아버지가 아들의 생각을 존중해서 되도록 표현을 바꾸지 않도록 조심하면서 문장을 다듬었다고 합니다. 그리고 4년 뒤, 중학생이 된 그는 자기 공책을 다시 읽고 기억을 더듬어 추억을 하나둘 더 담았습니다.

그리하여 차곡차곡 쌓인 공책들로 한 권의 책이 이루어졌습니다.

선생님, 그리고 아빠랑 엄마께서도 꼭 읽어 보세요. 이 책을 읽으며 인생의 많은 것들을 깨닫는다면, 그보다 더한 기쁨은 없을 것입니다.

에드몬도 데 아미치스

주요 등장인물

엔리코 주인공. 초등학교 4학년생. 그가 쓴 1년 동안의 일기가 적혀 있습니다.

아버지 아들의 일기를 읽고 아버지로서 생각을 적었습니다. 직업은 기사.

어머니 집에서는 아내로서 어머니로서 최선을 다하고, 사회에서는 자선활동에 앞장섭니다.

실비아 엔리코의 누나. 어머니를 닮아 상냥하고 똑 부러지는 성격.

교장 선생님 아이들을 상냥하게 지도합니다. 아들을 전쟁으로 잃었습니다.

페르보니 선생 엔리코의 담임. 조용한 남자 선생님.

빨간 깃털 선생 엔리코가 가장 좋아하는 젊은 여선생님. 1학년 3반 담임.

데르카티 선생 엔리코 남동생의 담임. 젊고 부지런한 여선생님.

로베티 승합마차에 치일 뻔한 어린아이를 구해 줌. 용감한 포병대 대위의 아들. 3학년생.

(엔리코의 학급 친구들)

코라치 이탈리아 남부 칼라브리아 주에서 온 전학생.

갈로네 철도기관사 아들로 정의감 넘치는 악동대장.

데로시 우등생. 공부도 잘하고 운동도 잘하는 모두의 우상.

콜레티 부지런하고 효성 깊은 나무장수의 아들.

넬리 마비된 한쪽 팔 때문에 놀림받는 불쌍한 소년.

보티니 멋을 잘 부리는 잘난척쟁이 소년.

미장이 아버지가 미장이라 이렇게 불린다. 토끼 얼굴을 잘 흉내 내는 소년.

가로피 공부보다 장사에 열심인 소년.

카를로 노비스 큰 부자의 아들로, 잘난척쟁이 소년.

프레코시 아버지를 끔찍이 여기는 대장장이의 아들.

크로시 채소장수 어머니와 단둘이 사는 소년. 아버지는 미국으로 돈을 벌러 갔습니다.

스타르디 책을 좋아하는 공부벌레. 조금 괴짜 소년.

베티 석탄장수의 아들.

프란티 어머니를 애먹이는 난폭한 아이. 장난이 지나쳐서 퇴학당합니다.

크로제티 선생 엔리코 아버지의 은사.

10월

ottobre

오늘부터 새학기

10월 17일(월)

오늘은 개학날이다.*1 별장에서 지낸 석 달 동안의 여름방학이 꿈결같이 끝나고, 아아, 오늘부터 다시 수업이 시작된다!

아침에 나는 엄마에게 이끌려 바레티 초등학교에 갔다. 드디어 4학년이 되었다. 엄마는 좋아했지만, 나는 즐거웠던 여름방학을 떠나보내는 게 못내 아쉬워 마음이 무거웠다. 거리는 어디나 아이들로 넘쳐났다. 두 군데 뿐인 책방에는 가방과 공책을 사려는 부모님들로 발 디딜 틈이 없었다. 학교 앞에서는 서무원과 경비원 아저씨가 땀을 뻘뻘 흘리며 교문으로 밀려드는 사람들을 질서 있게 바로잡고 있었다.

그때 교문 앞에서 누가 내 어깨를 톡톡 두드렸다. 7월까지 담임을 맡아 주셨던 우리 반 선생님이셨다. 푸석푸석한 빨간 머리카락을 가진 선생님은 밝게 웃으며 말씀하셨다.

"엔리코, 너하고도 이제 안녕이구나."

짐작은 했지만, 선생님이 다시 그렇게 말씀하시니 몹시 섭섭한 기분이 들었다. 내가 1학년 연장반*2이었을 때 선생님이 "엔리코, 네 교실은 올해부터 2층이란다. 이제 이곳을 쓸 일이 없으니 만나지 못하

---

*1 그즈음 이탈리아는 10월에 새 학기가 시작했다. 그래서 이 일기도 10월 17일부터 시작한다.

*2 1학년생은 2년 동안 연소반과 연장반으로 나뉜다.

겠구나!" 나직이 슬픈 눈으로 말을 걸어 주셨다.

사람들에게 떠밀려 겨우 학교 안으로 들어갔다. 모든 학부모가 한 손에는 애들 손을, 다른 한 손에는 진학증을 꼭 쥐고 있었다. 아빠랑 함께 온 아이, 엄마랑 함께 온 아이, 할머니나 가정부랑 같이 온 아이도 있었다. 현관에도 계단에도 사람들이 가득 차 있어, 마치 극장에 들어갈 때처럼 복작거렸다.

1층 홀이 보이자 그리움이 물씬 밀려왔다. 일곱 개의 교실이 있는 그곳은 3년 동안 내가 날마다 지나다녔던 곳이기 때문이다. 어쨌든 사람들은 많고, 선생님들은 바쁘게 이리저리 돌아다녔다.

교장 선생님은 엄마들에게 둘러싸여 무언가를 말하고 있었다. 아이들이 앉을 의자가 모자라는 것 같았다. 교장 선생님의 수염이 얼핏 전보다 좀 더 희끗희끗 하얘져 보였다. 오랜만에 만난 친구들 중에는 키가 훌쩍 커진 애도 있고, 조금 뚱뚱해진 애도 있었다.

1층에서는 신입생들 반 나누기도 끝났는데, 1학년 연소반 아이들은 그 자리에서 꼼짝도 안했다. 그 애들은 교실로 들어가기가 싫어서 당나귀처럼 발만 동동 구르고 있었다. 억지로 자리에 앉혀도 금방 달아났다. '정말이지 다들 아직 어린애구나' 그런 생각이 들었다. 엄마 아빠가 조용히 나가는 걸 보고 훌쩍훌쩍 우는 애도 있었다. 어쩔 수 없이 그 엄마 아빠는 다시 돌아와서 아이를 달래야만 했다. 여자 선생님들도 애를 먹기는 마찬가지였다. 내 동생은 오늘부터 1학년 연소반, 데르카티 선생님 반이다. 나는 2층 페르보니 선생님 반이 되었다.

아침 10시에는 54명 모두 자리에 앉았다. 3학년 때부터 알던 친구는 15, 16명밖에 없었다. 늘 우등상을 타는 데로시와는 이번에도 같은 반이었다. 여름방학을 보낸 숲속의 별장과 비교하면 학교는 정말 갑갑하고 따분한 곳이다!

3학년 때 우리를 가르쳐 주셨던 선생님을 다시 떠올렸다. 아주 다

MASA

정해서 늘 웃으며 우리와 함께 놀아 주셨다. 선생님은 몸집이 작아서 꼭 우리들 또래 같았다. 그 푸석푸석한 빨강 머리 선생님을 다시 못 만난다고 생각하니 너무 서운했다. 이번 선생님은 키가 크고 수염은 기르지 않는 분이시다. 긴 머리카락에는 흰머리가 섞여 있고, 목소리도 굵다. 이마에 가로로 길게 뻗은 모양의 주름을 깊게 새기고서 우리들 마음속을 읽으려는 듯 한 사람 한 사람 뚫어지게 바라보신다. 미소조차 짓지 않으신다. 나는 속으로 중얼거렸다.

'아아, 아직 첫째 날이라니, 앞으로 아홉 달이나 남았구나. 숙제에, 월말고사에. 아, 지겨워!'

갑자기 엄마 얼굴이 보고 싶어져서 문으로 달려가 엄마 손등에 입맞춤을 했다.

"기운을 내렴, 엔리코! 엄마도 열심히 도와줄게."

엄마가 그렇게 말해주어 기분이 한결 좋아졌다. 하지만 이제는 다정하게 미소 지어 주시는 빨강 머리 선생님 반이 아니라고 생각하자 학교가 즐겁게 느껴지지 않았다.

우리 반 담임 페르보니 선생님

10월 18일(화)

다행히 이번 선생님도 꽤 괜찮은 분이었다. 나는 그것을 오늘 아침에 느낄 수 있었다. 내가 교실에 들어갔을 때 페르보니 선생님은 이미 자리에 앉아 계셨다. 그리고 지금까지 선생님 반이었던 애들이 몇 번이나 문을 열고는 빼꼼히 얼굴을 들이밀고 인사를 하고 있었다.

"선생님, 안녕하세요."

"페르보니 선생님, 안녕하세요."

그 가운데에는 교실까지 들어와 선생님 손을 만지고 잽싸게 달아나는 애도 있었다. 거의 모두 선생님을 좋아하는 것 같았다. 아마 선생님 반이 되고 싶었나 보다. 하지만 선생님은 "안녕" 인사하며 그 애들의 손을 잡아주기만 할뿐 누구의 시선도 마주치지 않았다. 이마에 깊은 주름을 새긴 채 무뚝뚝한 얼굴을 하고는 멀리 창밖으로 보이는 집들의 지붕만 바라보셨다. 그 애들의 인사가 기쁘기보다는 조금은 괴로운 건지도 모른다.

선생님은 특이한 점을 찾으시려는지 우리 반 애들 한 사람 한 사람을 자세히 살펴보셨다. 받아쓰기를 시키며 교단에서 내려와 책상 사이를 돌아다니셨다. 그러다가 얼굴에 온통 붉은 반점이 난 애를 보더니 받아쓰기를 멈추셨다. 그리고 그 애 얼굴을 두 손으로 다정하게 감싸더니 "어디 아프냐, 왜 그러냐?" 물으셨다. 또 손으로 이마를 짚어보며 열이 있는지도 살피셨다. 그때, 뒤에 앉아 있던 애가 책상으로 폴짝 뛰어올라가더니 까불거리며 꼭두각시 인형을 흉내 내기 시작했다. 선생님이 휙 돌아보셨다. 그 애는 재빨리 제자리로 돌아가서, 벌 받기를 각오하고 거북이처럼 목을 잔뜩 움츠렸다. 선생님이 그 애 머리에 손을 가만히 올리고는 나직이 말씀하셨다.

"다시는 그러지 마라."

그게 다였다. 그러고는 교탁으로 돌아가, 멈추었던 받아쓰기를 다시 시작하셨다. 모두 끝나자 선생님은 한참 동안 조용히 우리를 바라보시더니 천천히 말씀하셨다. 목소리는 굵으면서도 매우 부드러웠다.

"잘 들으렴. 우리는 앞으로 1년을 함께 할 거다. 뜻깊은 1년을 보내려면 어떻게 해야 할지 모두들 함께 생각해 보자. 너희가 열심히 공부하고 착한 아이가 되어 주었으면 좋겠구나. 선생님은 가족이 없단다. 아니, 너희들이 가족이다. 선생님은 작년에 어머니를 여의고 외톨이가 되었단다. 그러니까 이제 이 세상에 소중한 사람은 너희들밖에 없어. 난 너희를 내 아들처럼 생각할 거다. 그러니까 너희도 날 아빠처럼 대하고 마음껏 응석부리렴. 난 누구에게도 벌을 주지 않을 거다. 너희가 따뜻한 마음을 간직해 준다면, 우리 반은 틀림없이 한 가족이 될 수 있단다. 그러면 너희는 내게 위안이 되고 자랑이 될 거다. 알겠니? 대답은 하지 않아도 좋다. 너희가 마음속으로 '네, 약속해요' 이렇게 말하고 있다는 걸 선생님은 믿으니까. 참으로 고맙구나."

그때, 서무원이 수업이 끝났음을 알리기 위해 우리 반 교실로 들어왔다. 모두 조용히 자리에서 일어났다. 그때까지 자리에 서서 이야기를 듣던 아까 그 애가 선생님께 다가가 떨리는 목소리로 말했다.

"선생님, 죄송해요."

페르보니 선생님은 그 애 이마에 조용히 입을 맞추셨다.

"괜찮다. 넌 내 아들이야. 자, 이제 돌아가렴."

로베티의 용기

10월 21일(금)

새학기가 시작되자마자 안타까운 사고가 일어났다. 나는 학교로 가면서, 화요일에 페르보니 선생님이 하셨던 말씀을 아빠에게 들려주었다. 그런데 교문 앞에 다다르자 사람들이 한데 몰려서서 웅성대고 있었다.

"새학기에 무슨 일이지?" 아빠가 말했다.

겨우 학교 건물로 들어가 보니, 홀에도 많은 사람들이 북적거리고 있었다. 선생님은 아이들을 교실로 보내느라 바쁘게 움직이고 계셨다. 사람들은 그 사이에 서서 교장실을 바라보고 있었다. 귀를 쫑긋 세우자 이런 소리가 들려왔다.

"불쌍하기도 하지!"

"가엾은 로베티!"

사람들 어깨 너머로 경찰 아저씨의 헬멧과 교장 선생님의 숱 없는 머리가 보였다. 실크 모자를 쓴 신사가 다가오자, 빙 둘러섰던 사람들이 저마다 "의사다" "의사 선생님이다" 이렇게 외쳤다.

"도대체 무슨 일이죠?" 아빠가 물었다.

"마차 바퀴에 발이 깔렸어요." 옆에 있던 선생님이 대답하자, 다른 선생님이 "뼈가 부러진 것 같아요" 가르쳐 주셨다.

자세한 이야기는 이러했다.

포병대위의 아들인 3학년생 로베티는 학교로 오던 중 드라 글로

사 거리*3에서 신입생 남자아이가 승합 마차에 치이려는 순간을 우연히 보았다. 그 신입생은 어머니 손을 뿌리치고 달려가다가 길 한가운데에서 그만 넘어지고 말았다. 그 광경을 본 로베티가 용감하게 뛰어가서 그 아이를 구해냈지만 로베티는 미처 한발을 빼내지 못하고 마차 바퀴에 깔렸다는 것이다.

아들의 사고 소식을 들은 로베티의 엄마가 정신없이 뛰어와 사람들을 헤치고 달려들었다. 도움을 받은 남자아이의 엄마가 울면서 로베티 엄마를 부둥켜안았다. 그리고 두 사람은 교장실로 거의 쓰러지다시피 의지하며 들어갔다. "오오! 내 새끼, 불쌍한 줄리오!" 가슴 찢어지는 비명이 들렸다.

그때 마차 한 대가 교문 앞에 섰다. 그리고 곧바로 교장실에서는 교장 선생님이 로베티를 안고 나오셨다. 로베티는 새파랗게 질린 얼굴로 눈을 꼭 감은 채 교장 선생님 어깨에 머리를 힘없이 기대고 있었다. 사람들은 마른침을 꿀꺽 삼켰다. 로베티의 엄마는 흐느껴 울었다. 교장 선생님은 굳은 얼굴로 잠깐 멈춰 서서, 로베티의 얼굴이 보이도록 몸을 조금씩 일으켰다. 그러자 선생님, 부모님, 아이들 할 것 없이 모두가 한마디씩 건넸다.

"장하다, 로베티!"

"어린 것이 기특하기도 하지!"

그러면서 키스를 던지거나 그의 손과 발에 볼을 비볐다. 로베티는 힘없이 눈을 뜨고 "내…… 가방이……" 가느다란 목소리로 말했다. 목숨을 구한 아이의 엄마가 울면서 가방을 들어보였다. "무사하단다, 얘야. 아줌마가 갖고 있어. 정말이지 넌 우리 모자에게 천사란다."

그렇게 말하면서 로베티의 엄마를 단단히 부축했다. 아줌마는 당장에라도 쓰러질 듯이 얼굴을 두 손에 묻고 있었다. 마차는 로베티

---

*3 현재의 가리발디 거리.

를 태우자 조용히 달리기 시작했다. 마차를 지켜보던 우리는 말없이 교실로 들어갔다.

칼라브리아에서 온 전학생

10월 22일(토)

어제 수업 시간에 페르보니 선생님은 로베티가 얼마 동안은 목발을 짚고 걸어야 한다고 말씀해 주셨다.

그때 교장 선생님이 한 소년을 데리고 들어오셨다. 갈색 피부에 검은 머리카락과 새까맣고 커다란 눈동자를 가진 소년이었다. 그 애의 두꺼운 눈썹은 이마에서 가로로 길고 굵게 이어지는 것처럼 보였다. 머리 위부터 발끝까지 검은 옷을 입고, 허리에는 까만 가죽 허리띠를 차고 있었다. 교장 선생님은 페르보니 선생님에게 뭐라고 귓속말을 하고는 그 소년을 우리 교실에 두고 나가셨다. 그 애는 오들오들 떨면서 잔뜩 겁먹은 눈으로 우리를 빙 둘러봤다. 페르보니 선생님이 그 애 손을 잡고 이렇게 말씀하셨다.

"오늘은 너희들에게 무척 기쁜 소식이 있단다. 이 학교에 이탈리아 남부 레조 칼라브리아에서 전학생이 왔거든. 이름은 코라치다. 이곳 토리노에서 500마일(약 800킬로미터)이나 떨어진 마을에서 왔단다. 이 애는 너희와 형제다. 새 친구와 사이좋게 지내렴. 이 아이가 태어난 곳에서는 예로부터 유명한 사람이 몇 명이나 나왔고, 지금도 수많은 노동자와 병사가 우리 이탈리아를 위해 힘쓰고 있단다. 그리고 그곳은 이탈리아에서 가장 아름다운 마을이지. 커다란 숲과 산으로 둘러싸여 있고, 재능과 용기가 넘치는 사람들이 많이 살고 있단다. 칼라브리아에서 온 코라치에게 이곳 토리노가 조금도 멀게 느껴지지 않을 만큼 우리 모두 따뜻하게 환영해 주렴. 외롭지 않도록 말이야. 우리는 모두 똑같은 초등학생이란다. 이탈리아 아이들은 어느 학교로 전학 가더라도 그곳에는 다정한 이탈리아 친구들이 있다는 걸 보여 주렴."

"여기가 칼라브리아란다" 선생님께서는 벽에 걸린 커다란 지도를 손가락으로 짚으면서 가르쳐 주셨다. 그리고 목소리를 더욱 높여 "에르네스트 데로시! 이리 나오렴" 이렇게 말했다.

우등생인 데로시가 자리에서 일어나 교단 옆으로 가서 전학생과 마주섰다.

"반을 대표해서, 칼라브리아에서 전학 온 코라치에게 환영 인사를 해 주렴. 북쪽 피에몬테 학생이 남쪽 칼라브리아 학생을 따뜻하게 맞이하는 중요한 의식이니까."

데로시는 우등생답게 또렷한 목소리로 "환영한다!" 당당히 말하고, 코라치의 두 뺨에 입을 맞추었다. 모두들 힘차게 박수치자 선생님께서는 "조용히! 교실에서는 박수치지 말도록!" 조금 엄하게 말씀하셨다. 그래도 선생님의 얼굴에는 기쁜 빛이 가득했다. 굳어있던 코라치의 표정도 조금씩 풀렸다. 선생님께서는 코라치의 자리를 정하고 알려준 뒤 다시 말씀하셨다.

"이제부터 선생님이 하는 말을 명심하렴. 토리노도 칼라브리아도, 이탈리아라는 하나의 나라*4가 되기까지 50년이나 전쟁을 해야 했다. 그 전쟁으로 3만 명이나 되는 사람들이 귀중한 목숨을 잃었단다. 그러니까 너희는 상대를 존중하고 서로 도와야 한다. 만약 너희 가

---

*4 국가로서의 이탈리아라는 명칭을 쓰기 시작한 것은 통일 이후이다. 그때까지는 '칼라브리아 지방'의 선주민 이탈리우스(이탈리키) 족이 살던 반도'라는 뜻으로 그 지역을 가리켜 사용했다고 여겨진다. 통일 이전의 이탈리아 반도는 샤르데냐 왕국, 롬바르디아–베네치아 왕국, 파르마 공국, 모데나 공국, 루카 공국, 토스카나 대공국, 양 시칠리아 왕국의 7국가와 교황 국가로 분단되어 있었다. 1815년 무렵, 샤르데냐 왕국과 교황 국가 이외의 6개 나라는 오스트리아 제국의 지배 아래 있었다.

운데 토리노 출신이 아니라는 이유로 코라치를 괴롭히거나 따돌리는 사람이 있으면 절대 용서치 않겠다. 그런 사람은 거리에 있는 이탈리아 국기(빨강·하양·초록)*5를 우러러 볼 자격이 없다."

코라치가 자리에 앉자 여기저기서 그에게 펜과 종이쪽지를 보냈다. 맨 뒷자리에 앉은 한 아이는 스웨덴 우표를 보내왔다.

---

*5 1861년에 이탈리아가 통일된 이후, 빨강·하양·초록으로 된 중앙에 사보이아 왕가의 문장이 들어간 깃발을 국기로 삼았다. 현재는 문장을 뺀 삼색기.

새 친구

10월 25일(화)

코라치에게 우표를 준 사람은 같은 반 갈로네였다. 나는 갈로네가 참 좋다. 이제 열네 살이 되는 갈로네는 반에서 덩치가 가장 좋다. 그 애는 머리가 크고, 어깨도 넓다. 평소에는 생각에 깊이 빠져있는 어른 같아서 다가가기 어렵지만, 활짝 웃으면 아주 다정한 얼굴이 된다.

새 학기도 벌써 일주일이 지나서 친구들도 많이 생겼다. 내가 좋아하는 아이는 갈로네를 빼고도 몇 명 더 있다. 먼저 콜레티다. 나무 장수의 아들로, 초콜릿 색 스웨터에 고양이 가죽 모자를 쓴 활발한 애다. 그 애 아빠는 1866년 전쟁*6 때 움베르토 왕자*7가 지휘하는 부대에서 병사로 참가했었는데 그때 훈장을 세 개나 받았다고 한다.

---

*6 제3차 이탈리아 독립전쟁. 통일 후 첫 번째 전쟁. 이탈리아의 육군은 쿠스토차에서, 해군은 리사에서 오스트리아 군에 크게 패했다. 프로이센의 승리로 베네치아 지방을 양도받지만, 이는 나폴레옹 3세의 개입에 의한 것으로, 이탈리아의 독자적인 승리는 아니었다. 데 아미치스도 직업 군인으로 이 전쟁에 참전했다.

*7 뒷날 국왕 움베르토 1세(1844~1900). 아버지이자 이탈리아 왕국의 초대 국왕인 비토리오 에마누엘레 2세가 죽자 1878년에 국왕으로 즉위한다. 지진이나 수해 피해를 입은 재난 지역과 콜레라 환자를 방문하고 위로하는 '자애로운 국왕' 이미지에서 '선량왕'으로 불렸다. 1868년 결혼. 왕비가 된 마르게리타와는 사촌지간. 아름다운 왕비는 국왕 움베르토 1세보다 더 민중에게 사랑받았다. '피자 마르게리타'는 나폴리의 피자 장인이 왕비에게 바친 데서 그 이름이 유래했다. 1900년, 밀라노 근교의 몬차에서 무정부주의자에 암살되었다.

꼬맹이 넬리는 병 때문에 새우처럼 등이 조금 굽어 있다. 몸매가 홀쭉하고 얼굴빛도 좋지 않다.

멋을 잘 부리는 잘난 척쟁이도 있다. 보티니라는 이름의 그 애는 옷에 달린 동글동글한 보풀을 떼어내는 것이 취미다.

앞자리에 앉은 애는 아버지가 미장이라 '미장이'라고 불린다. 사과처럼 동그란 얼굴에 주먹코이고, 앞니가 튀어나온 토끼 얼굴 흉내를 잘 낸다. 우리가 조르고 졸라서 미장이가 그 얼굴을 해주면 배꼽을 잡고 웃을 수밖에 없다. 그 애는 언제나 모자를 손수건처럼 둥글게 말아서 주머니에 꽂고 다닌다.

미장이 옆자리는 꺽다리 가로피다. 눈은 작고, 코는 부엉이 부리를 떠오르게 한다. 펜촉이나 색종이를 잘라 붙인 그림, 성냥갑 따위를 친구들에게 사고판다. 손톱에 몰래 시험 정답을 적어 놓는 여우같이 아주 꾀가 많은 녀석이다.

언제나 으스대는 재수 없는 녀석은 도련님 카를로 노비스다. 이와 다르게 그 애의 양 옆자리에 앉은 두 친구는 느낌이 좋다. 그중 한 명은 프레코시다. 대장장이 아들로, 무릎까지 내려오는 헐렁한 겉옷을 입고 있다. 아픈 사람처럼 창백하고 늘 안절부절못하며 조금도 웃지 않는다.

다른 한 사람은 빨간 머리 크로시다. 가엾게도, 그 애는 마비된 한쪽 팔을 어깨에 붕대로 단단히 붙잡아 매달고 있다. 그 애 아빠는 미국으로 돈을 벌러 가 있어서, 엄마가 혼자 채소를 팔러 다닌다.

왼쪽에 앉은 스타르디는 좀 괴짜다. 몸집이 작고 목이 어깨에 파묻혀 버린 것처럼 보이는 땅딸막한 체형이다. 무뚝뚝해서 누구와도 말을 하지 않는다. 수업 시간에는 선생님이 어려운 말을 해도 인상을 찌푸린 채 다 알아듣겠다는 표정으로 듣는다. 이마에 주름을 잡고 입을 꾹 다문 채 눈 하나 깜빡하지 않는다. 그럴 때 누가 말이라도 걸면 한두 번은 무시하지만, 세 번째에는 뻥 걷어차 버린다.

그 옆은 심술궂고 뻔뻔하게 생긴 프란티다. 다른 학교에서 퇴학당하고 온 애다.

어느 모로 보나 똑같이 생긴 쌍둥이 형제도 있다. 그 애들은 똑같은 옷을 입고, 꿩 깃털이 달린 칼라브리아 모자를 똑같이 쓴다.

하지만 가장 멋있는 녀석은 누가 뭐래도 데로시다. 공부를 무척 잘하는 그 애는 틀림없이 올해도 우등상을 받을 것이다. 선생님도 그 점을 잘 알아서, 무슨 일만 있으면 그 애에게 질문한다. 그렇지만 나는 대장장이의 아들 프리코시가 더 좋다. 헐렁한 겉옷을 입고 아픈 사람 같아 보이는 그 애는 집에서 툭하면 아빠한테 얻어맞는 것 같다. 그 때문인지 내성적인 그는 교실에서 누구한테 뭘 묻고 싶거나 잘못해서 건드리기라도 하면 곧장 "미안해" 사과하면서 그 착해 보이는 슬픈 눈으로 물끄러미 바라본다.

그래도 그중 가장 어른스러운 애는 갈로네일 것이다. 뭐니 뭐니 해도 그 애는 성격이 누구보다 좋다.

갈로네의 훌륭한 몸가짐

10월 26일(수)

갈로네는 오늘 그 좋은 성격을 충분히 보여 주었다.

나는 여느 때보다 늦게 교실에 들어갔다. 1학년 연장반 때 담임이었던 선생님이 나를 불러서 "집에 언제 찾아갈까?" 물으셨기 때문이다.

페르보니 선생님은 아직 안 계셨다. 교실에서는 서너 명의 애들이 크로시를 괴롭히고 있었다. 엄마가 채소장수이고, 한쪽 팔이 마비된 빨간 머리 애 말이다. 애들은 크로시를 자로 쿡쿡 찌르고, 뾰족한 밤 가시를 얼굴에 던졌다. 팔을 목에 붕대로 매단 것을 흉내 내면서 시끄럽게 큰 소리로 깔깔거렸다. 크로시는 하얗게 질린 얼굴로 책상 끝자리에서 벌벌 떨고 있었다. 슬픈 눈으로 그 애들을 차례로 쳐다보면서, '제발 그만 두라'고 호소하고 있었다.

그렇지만 애들은 점점 더 신이 나서 놀려댔다. 순간 크로시의 얼굴이 일그러지고, 분노로 새빨개졌다. 갑자기 프란티가 심술궂은 눈으로 책상 위에 올라가, 바구니 두 개를 들고 채소를 팔러 다니는 크로시의 엄마를 우스꽝스럽게 흉내 냈기 때문이다. 언제나 크로시를 학교에 데려다 주고 데리러 오는 크로시 엄마는 요즘 병에 걸려서 오지 않는다. 엄마를 흉내 내는 그 모습에 온 교실이 웃음바다가 됐다. 마침내 크로시는 폭발했다. 책상 위에 있던 잉그병을 프란티 머리로 힘껏 집어던졌다. 그런데 프란티가 잽싸게 피하는 바람에, 잉

크병은 마침 교실로 들어오던 페르보니 선생님 가슴에 명중하고 말았다. 아이들은 모두 당황해서 슬금슬금 자기 자리로 돌아갔다. 두려움에 교실이 쥐 죽은 듯이 고요해졌다.

교단에 오른 선생님의 얼굴이 무섭게 변했다. "누구야?" 평소의 부드러운 목소리가 아니었다. 아무도 대답하지 않았다. 선생님이 목청을 높여 다시 한 번 물었다.

"누구냐니까!"

갑자기 갈로네가 벌떡 일어나 또박또박 말했다.

"저예요."

선생님은 갈로네의 얼굴을 뚫어지게 바라보다가 우리를 둘러보았다. 그리고 침착한 목소리로 "아니, 넌 아니다" 말씀하셨다. 우리가 어리둥절해하자 선생님은 "누가 했는지 솔직하게 일어나! 혼내지는 않겠다" 하셨다.

크로시가 쭈뼛쭈뼛 일어나 울면서 말했다.

"저…… 저예요. 얘네가…… 절 찌르고 무시하는 바람에. 저, 저도…… 그만 화가 나서…… 던졌어요."

"좋다. 앉아라." 선생님은 크로시를 앉히고 "크로시를 놀린 사람은 일어나라" 엄한 목소리로 말을 이으셨다.

네 명의 아이들이 고개를 푹 수그린 채 일어났다.

선생님이 말씀하셨다.

"크로시가 너희를 괴롭히거나 놀린 적이 있느냐? 아무 죄도 없는 친구를 다 같이 괴롭힌 거냐? 마비된 팔을 놀린 거야? 약한 사람을 괴롭히는 건 인간으로서 가장 부끄러운 짓이다. 그건 비겁한 사람이나 하는 짓이야!"

다른 때보다 훨씬 강한 말투였다. 그런 다음 선생님은 책상 사이로 내려오시더니 고개를 숙이고 이야기를 듣던 갈로네의 턱을 들어 올리셨다. 그리고 그의 눈을 보면서 "넌 훌륭한 마음씨를 지녔구나"

칭찬하셨다.

갈로네는 우리에게는 들리지 않는 작은 목소리로 선생님 귀에 뭐라고 속삭였다.

선생님은 다시 아이들을 돌아보고 "이제 그러지 마라" 짧게 말씀하셨다.

1학년 때 선생님

10월 27일(목)

어제 약속한 대로 1학년 때 담임 선생님이 우리 집을 찾아오셨다. 엄마랑 나는 신문에 실린 가난한 여자의 집에 가져다 줄 얇은 천을 준비하고 있었다. 선생님의 방문은 1년 만이어서 우리 가족은 모두 선생님을 반갑게 맞이했다. 선생님은 여전히 작은 몸에 초록색 베일이 달린 모자를 쓰고 단정한 차림을 하고 계셨다. 그런데 너무 바빠서 머리를 빗을 시간은 없었던 게 틀림없다. 얼굴빛은 1년 전보다 좋아 보이지 않았다. 흰머리도 많이 늘고 계속 콜록콜록 기침을 하셨다.

"선생님, 건강에 더 신경 쓰세요! 그 뒤로는 좀 어떠셨어요?"

엄마가 이렇게 묻자 선생님은 "별 일 없습니다" 빙그레 웃으면서 애써 밝은 척하셨다. 하지만 괴로워 보였다.

엄마가 선생님에게 말했다. "늘 큰 소리를 내셔야 하니까요. 선생님은 아이들 일이라면……."

엄마 말이 맞다. 내가 선생님 반이었을 때도 그랬기 때문에 잘 기억한다. 애들이 집중력을 잃지 않도록 끊임없이 말씀하시고, 늘 교실 안을 두루두루 돌아다니며 절대로 앉지 않으셨다. 난 오늘 약속도 선생님이 틀림없이 지키실 거라고 믿었다. 선생님 머리에는 온통 애들 생각밖에 없으니까.

제자들 이름은 절대 잊지 않으시고, 시험 날에는 교장 선생님한테 애들 점수를 듣고 교문으로 달려간다. 그리고 수업시간이 끝나기를 기다리다가, 작문 실력이 늘었는지 한 사람 한 사람에게 열심히 묻는다. 그래서 누구나 선생님을 좋아하며, 중학생이 되어서도 반바지 차림에 시계를 차고서 선생님을 만나러 오는 것이다.

오늘 선생님은 애들을 데리고 미술관에 다녀오시느라 피곤하실 것이다. 매주 수요일*8 은 박물관이나 미술관 견학일로, 선생님은 그곳에서 이런저런 해설을 해야 한다. 가엾게도 선생님은 살이 더 빠져 앙상했다. 그래도 학교 이야기만은 신이 나서 말씀하셨다.

선생님은 내가 2년 전에 지독한 병에 걸렸을 때도 병문안을 와 주셨다. 이제는 동생이 차지한, 그때 썼던 침대를 선생님은 한동안 말없이 바라보셨다.

하지만 오래 계시지는 않았다. 그 다음에는 홍역으로 쉬고 있는 마구 장인의 아들을 찾아가셔야 했기 때문이다. 채점해야 할 답안지도 산더미였다. 저녁까지 그것을 마치고, 밤에는 어떤 가게 아주머니의 부탁으로 산수를 가르치러 간다고 했다.

"엔리코." 선생님이 돌아보면서 말씀하셨다. "어느덧 꽤 어려운 문제도 풀고, 긴 작문도 하게 되었구나. 그런데도 아직 날 따르는구나?" 계단을 다 내려가자 선생님은 내 얼굴에 뺨을 갖다 대고 다시 한 번 말씀하셨다. "언제까지나 날 잊지 말아 주렴, 엔리코."

아아, 다정한 나의 선생님.
선생님을 절대로 잊지 않을 거예요!
어른이 돼서도 꼭 선생님을 찾아갈게요.
그때도 선생님은 수많은 아이들에게 둘러싸여 계시겠지요.
어느 낯선 마을에서 학교 앞을 지날 때마다, 여선생님의 목소

*8 그즈음 초등학교는 목요일에 수업이 없었다. 여기서 미술관은 오늘날의 사부아 미술관으로 보인다.

리를 들을 때마다, 저에겐 선생님 목소리로 들릴 것입니다.
그리고 선생님과 학교에서 보낸 2년이라는 시간을 떠올리겠지요.
그곳에서 저는 많은 것을 배웠습니다.
때로는 병에 걸린 선생님과 지친 선생님을 수없이 본 곳입니다.
선생님은 지치고 힘들어도
아이들을 위해서라면 온 힘을 쏟으시는 분이죠.
연필을 잘못 잡는 학생이 있으면 친절하게 바로잡아 주시죠.
시험 때 대답을 잘하지 못하는 제자를 보면 초조해하시고,
잘 대답하면 천진난만하게 기뻐하십니다.
언제나 어머니처럼 우리에게 열정을 쏟으시고, 다정하게 대해주셨지요.
그런 선생님을 어떻게 잊겠어요,
사랑하는 나의 선생님을.

크로시네 집에서

10월 28일(금)

어제 저녁, 선생님이 돌아가신 뒤 엄마랑 실비아 누나랑 셋이서 신문에 실린 가난한 여자의 집으로 갔다. 누나는 그 사람의 주소와 이름 첫 글자가 적힌 신문을 들고, 나는 짐을 들고서 사람들한테 물어물어 찾아갔다. 그 집은 어느 건물 꼭대기*9였다. 헉헉거리면서 끝까지 올라가자, 좁은 방문들이 주르륵 달린 긴 복도가 나왔다.

엄마가 막다른 벽에 있는 문을 두드리자 금발머리 여자가 나왔다. 그 사람은 아직 젊었지만, 얼굴은 피곤에 절어 있었다. 그때 머리에 쓴 파란 스카프를 본 순간, 전에 어딘가에서 본 듯한 느낌이 들었다.

"혹시…… 이 신문에 나온 분이세요?"

"네, 부인. 전데요."

"아, 다행이다. 당신한테 드리려고 얇은 천을 조금 가져 왔어요."

"어머나, 부인. 정말 고맙습니다. 당신처럼 자비로운 분에게 신의 가호가 있기를……."

감사의 말은 좀처럼 끝날 기미가 없었다. 그 집에는 휑하니 가구도 많지 않고 어두침침했다. 방 한구석에 있는 남자아이의 모습이 어렴풋이 보였다. 그 애는 우리 쪽으로 등을 돌리고 의자를 책상 삼아 뭔가를 쓰는 듯했다. 무릎을 꿇은 채, 바닥에 놓은 잉크병에 펜

---

*9 흔히 다락방이라고 하며, 가난한 사람들이 살았다. 한편 2층은 '피아노 노빌레'라고 불리며, 크고 훌륭한 발코니가 딸린 집으로 부유층이 살았다.

을 적셔서 종이에 쓰고 있었다. '불쌍하게도 책상이 없으니 이렇게 어두운 데서 글을 쓰는구나.' 그런 생각을 하고 있는데 문득 기억이 났다!

'크로시다! 한쪽 팔이 마비됐다는 이유로 친구들에게 놀림 받는 그 애! 아줌마는 늘 저 파란 스카프를 쓰고 채소를 팔러 다니기도 하고, 저 애를 학교까지 데려다 주고 데리러 오기도 하잖아. 그래서 어디서 본 듯한 느낌이 들었구나!'

여자가 천을 받아 챙기는 동안 나는 그 사실을 엄마한테 몰래 알려 주었다. 그러자 엄마가 내 입을 틀어막고 엄한 얼굴로 말했다.

"자기 엄마가 반 친구 엄마한테 공짜로 뭘 받았다는 사실을 알면 저 애가 얼마나 창피하겠니? 생각해 보렴. 그러니까 이번에는 말을 걸지 말고 조용히 돌아가자."

그런데 그때 갑자기 크로시가 뒤를 돌아봤다. 나는 당황했다. 하지만 그 애는 내게 웃어 보였다. 그때서야 엄마가 인사하라며 내 등을 떠밀었다. 크로시가 일어나서 미소를 지으며 내 손을 잡았다.

"제 남편이……." 크로시 엄마가 집안 사정을 이야기하기 시작했다. "6년 전에 미국으로 간 뒤로는 저 애와 단둘이서 지낸답니다. 채소를 팔아서 근근이 먹고 살았지만, 지금은 제가 병에 걸리는 바람에 그마저도 못하게 되었지요. 이 애는 책상조차 없어요. 전에는 아래층 현관에 낮은 탁자가 있어서 그걸 썼는데 어디론가 치워 버렸더라고요. 공부를 하려면 불이 있어야 되는데 그것마저 없어서, 이 애 시력이 나빠지지나 않을지 걱정이랍니다……. 구청에서 그나마 책이랑 공책이 나와서 학교는 겨우 보내고 있지요. 불쌍한 루이지. 좋아하는 공부를 마음껏 하고 싶을 텐데. 전 정말 한심한 엄마예요!"

그 말을 들은 엄마는 가방에 들어 있던 돈을 모조리 꺼내서 아줌마한테 조용히 건네고, 크로시의 발그레한 뺨을 비빈 뒤 밖으로 나갔다. 당장에라도 울 듯한 표정이었다. 그리고 엄마는 나에게 말했다.

"엔리코, 이 기회에 말해 두마. 크로시가 얼마나 힘들게 공부하는지 알았지? 그런데 넌 아무런 부족함도 없이 마음껏 공부할 수 있는데도 불평만 하지 않니! 엔리코, 저 애의 하루치 공부는 네 1년치 공부보다 훨씬 가치 있단다. 저런 애한테 우등상을 줘야 하는데!"

학교가 소중한 이유

10월 28일(금)

그래, 엔리코. 엄마 말씀처럼 공부는 힘든 거란다. 섭섭하게도 아직 아빠는 네가 활짝 웃으면서 가벼운 발걸음으로 등교하는 모습을 보지 못했구나. 한 번쯤은 보여 줘도 좋으련만. 넌 마지못해 학교에 가는 것 같지만, 잘 생각해 보렴. 만일 네가 학교에 가지 않고 하루 종일 집 안에만 있으면 어떨 것 같니? 처음에는 좋아서 '야, 신난다!' 생각할지도 몰라. 하지만 일주일만 지나면 심심하고 따분해서 몸이 배배 꼬일걸. 그리고 너만 수업을 땡땡이쳤다는 꺼림칙한 마음에 밖에 나가서 놀고 싶은 생각도 들지 않을 거다. 그러다 노는 데도 질려서 모든 게 시시해질 거야. 마침내 손을 맞잡고 이렇게 기도하게 될 거다.

'아아! 이럴 바엔 오히려 학교에 가서 친구들이랑 노는 편이 훨씬 재밌겠어. 제발 다시 학교에 갈 수 있게 해 주세요.'

지금은 누구나 학교에 다니지. 하루 종일 쓰러질 정도로 일한 공장 노동자들도 밤에는 학교에 간단다. 월요일부터 토요일까지 열심히 일하고 일요일만 학교에 가는 여자아이도 있단다. 힘든 훈련을 마치고 녹초가 된 군인들도 교실에서 책과 씨름하지. 눈이 멀거나 귀가 들리지 않는 사람을 위한 학교도 있단다. 아무리 보이지 않고 안 들려도 배우고 싶어 하는 이이는 많단다. 죄를 저질러 교도소에 갇힌 사람도 읽기와 쓰기를 배운단다. 생각해 보렴. 네가 마지못해 학교에 가는 그 시각에, 이 토리노에서는 3만 명의 아이가 교실에서 공부하고 있단다. 오전 중에 3시간을 빽빽이 말이야. 어디 그뿐이냐? 같은 시각에 온 세계 아이들은 온갖 것들을 공부한단다. 참으로 어마어마한 숫자가 아니니?

잠깐 상상해 볼까?

조용한 마을에 있는 오솔길과 왁자지껄한 대도시 안에 있는 큰길을,

햇볕이 쨍쨍 내리쬐는 해변과 안개에 싸인 호숫가를,

운하는 배로, 대평원은 말을 타고, 눈 위는 썰매를 타고,

골짜기를 건너고, 언덕을 넘고, 숲을 지나고, 강을 건너고, 깊은 산속 오솔길을 지나,

혼자서 다니는 아이, 사이좋게 손잡고 다니는 아이들, 떼로 모여 다니는 아이들,

저마다 손에 책을 들고, 다른 옷을 입고, 여러 언어로 말하면서,

얼음에 갇힌 북쪽 나라에서 야자나무로 뒤덮인 남쪽 섬에 있는 나라까지

몇 억이나 되는 사람들이 많은 것을 배우러 학교로 간단다.

가르치는 방법은 모두 달라도 말이야. 다양한 민족의 아이들을 상상해 보렴. 너도 그 가운데 하나란다. 사람은 그렇게 배우며 나아가지. 이 활동이 멈추면, 인류는 저 옛날 원시인으로 돌아가 버려. 이 활동은 인류의 미래이자 희망이며 세상의 축복이란다. 그러니까 너도 열심히 공부했으면 좋겠구나. 드넓은 우주에 사는 보잘것없는 인간에게 책은 조상에게서 물려받은 지식의 보물창고란다. 그것들이 힘이 되어 문명이 열리는 거야. 인류는 그렇게 해서 승리를 쟁취해

왔단다. 반 친구들은 너에게 둘도 없는 친구들이야. 그리고 네가 설 무대는 이 우주 전체지. 인류 발전에 도움이 되기 위해서라도 너한테는 학교가 필요하단다. 그러니까 엔리코, 게으름뱅이가 되어서는 안 된다.

〈아빠가〉

긍지 높은 파도바의 소년
[10월 이야기]

10월 29일(토)

물론 나는 게으름뱅이가 되고 싶지 않다. 아니, 절대로 되지 않겠다! 선생님이 날마다 오늘처럼 이야기를 해주시면 학교에 가는 게 즐거워질 텐데…….

선생님께서 '이달의 이야기'를 읽어주시며 말씀하셨다.

"앞으로 한 달에 한 번씩 이야기를 읽어 주겠다. 그것을 적은 종이도 나눠 주고.*10 모두 이번 달에는 아주 본받을 만한 이탈리아 소년의 실제 이야기인 〈긍지 높은 파도바의 소년〉이다."

우리는 이야기를 매우 좋아하므로 모두 손뼉을 치며 기뻐했다. 나는 이제부터 선생님의 이야기를 잊어버리지 않도록 적어 둘 생각이다. 첫 번째 이야기는 다음과 같다.

프랑스 배 한 척이 스페인 바르셀로나 항에서 이탈리아 제노바로 출항했습니다. 승객은 프랑스인, 이탈리아인, 스페인인, 그리고 스위스인으로 무척 다양했습니다. 그 가운데에는 한눈에도 가난하고 초라해 보이는 소년이 한 명 있었습니다. 나이는 열한 살. 그 소년은

---

*10 복사기가 없던 시절이므로 책은 매우 귀중했다. 선생님이 교실에서 책 한 권을 읽어주거나 친구들끼리 베껴 쓰거나 해서 소중하게 다뤘다. 《마음의 학교》에는 모두 9편의 '이달의 이야기'가 수록되어 있다.

다른 승객들하고는 멀찍이 떨어져서 가만히 웅크리고 있었습니다. 주위를 두리번거리는 소년의 날카로운 눈빛은 사나운 짐승과도 같았습니다. 거기에는 안타까운 사연이 있었습니다.

그 소년의 집은 파도바 근교의 농가였는데, 부모님은 2년 전에 이 소년을 곡예단 단장에게 팔아 넘겼습니다. 단장은 그 소년을 때리고 걷어차면서 곡예를 가르쳤습니다. 밥도 굶기기 일쑤였습니다. 단장은 그렇게 곡예를 시키며 그 소년을 프랑스와 스페인으로 데리고 돌아다니는 것이었습니다. 바르셀로나에 도착할 즈음, 소년의 모습은 참담하게 변해 있었습니다. 결국 그날 그 소년은 심한 굶주림과 가혹한 훈련을 견디지 못하고 단장의 감시를 피해 이탈리아 영사관으로 도망쳤습니다. 그 아이를 불쌍하게 여긴 영사는 제노바 경찰서장에게 보내는 편지를 들려서 배에 태운 것이었습니다. 제노바에 닿으면 경찰서장을 따라 부모님에게 돌아갈 예정이었습니다. 소년은 이등 선실을 받았지만, 가엾게도 누더기를 걸치고 아픈 사람처럼 야위어 있었습니다. 모두들 빼빼마른 그 소년을 바라봤습니다. 그러나 그 소년은 누가 말을 걸어도 대꾸하지 않고, 아무에게도 마음을 열지 않았습니다. 스스로를 버려진 아이라고 생각하며 여기저기서 갖은 고생을 겪으며 자랐으니 마음이 비뚤어지고 거칠어진 것이 당연할 지도 모릅니다.

배에는 여행자 셋이 타고 있었습니다. 그들은 지루함을 달래려고 소년에게 계속해서 말을 걸었습니다. 그리고 그날 마침내 소년의 무거운 입을 열게 하는 데 성공했습니다. 소년은 자기가 태어난 파도바의 베네토 억양에 스페인어와 프랑스어가 섞인 서툰 말투로 지난 이야기를 짧게 말해 주었습니다. 세 여행자는 이탈리아인이 아니었지만 말은 대충 통했습니다. 세 사람은 조금의 동정심과 취기에 마음이 풀어져 그 소년을 쿡쿡 찌르면서 놀려냈습니다.

"돈을 줄 테니 어서 더 이야기해 봐."

masa

“다른 재미있는 이야기는 없냐?”

그때 부인 몇 명이 들어왔습니다. 부인들 앞에서 더 으스대고 싶어진 세 사람은 소년에게 돈을 집어던졌습니다.

“이걸 주지. 자, 주워라!”

“이것도!”

소년은 조그맣게 고맙다고 말하며 탁자 위에 쨍그랑 부딪히며 떨어지는 동전을 모조리 주워서 주머니에 넣었습니다. 소년의 태도는 무뚝뚝했지만, 얼굴에는 그제야 사람다운 미소가 어렸습니다.

소년은 침대로 돌아와 커튼을 치고 자신의 앞날을 조용히 생각했습니다.

‘이 돈이 있으면 배에서 먹고 싶은 걸 배불리 먹을 수 있어.’

소년은 2년 동안 배불리 먹은 적이 없었습니다.

‘제노바에 도착하면 가장 먼저 겉옷을 사야지. 이 누더기도 이젠 안녕이다. 무엇보다도, 이 돈을 가지고 돌아가면 엄마랑 아빠도 조금은 따뜻하게 반겨 주실 거야. 빈털터리라면 집에 발도 들이지 못하겠지.’

몇 푼 안 되는 돈이었지만, 소년에게는 그만큼 고마운 재산이었습니다.

그런 생각에 흐뭇해하고 있을 무렵, 커튼 너머로 아까 그 남자들의 말소리가 들렸습니다. 그들은 이등 선실 한가운데 있는 탁자에 둘러앉아 술을 마시며 여행에 대한 추억으로 이야기꽃을 피우고 있었습니다. 화제는 차츰 이탈리아로 옮겨졌습니다. 한 사람이 “이탈리아에 있는 호텔은 정말 지독했지!” 말하면 다른 사람이 “철도도 엉망이었어. 걸핏하면 늦게 도착하고 말이야!” 하는 식으로 신나게 이탈리아를 헐뜯었습니다.

“이탈리아에 갈 바엔 차라리 북극이 훨씬 낫겠어.”

“이탈리아에는 사기꾼하고 노상강도밖에 없잖아.”

"이탈리아의 월급쟁이들은 글자도 제대로 못 읽는다는 게 사실인가?"

"옷차림도 모두 꾀죄죄해."

한 사람이 "꼭 도둑……"이라고 입을 연 순간, 아마 "도둑 같다" 말하려던 것이겠지요, 그 말이 채 끝나기도 전에 세 사람에게 폭풍우처럼 던져지는 것이 있었습니다. 바로, 돈이었습니다. 순식간에 그들 발치에서는 동전들이 요란한 소리를 내며 데굴데굴 굴러다녔습니다. 깜짝 놀라 벌떡 일어난 세 사람의 얼굴에 다시 동전이 쏟아졌습니다.

"당신들 돈이다. 자, 주워라!"

파도바의 소년이었습니다. 그리고 소년은 또박또박 내뱉듯이 말했습니다.

"다른 나라를 모욕하는 점잖지 못한 사람의 지저분한 동정 따위는 단 한 푼도 받지 않겠다!"

11월
novembre

소년 굴뚝청소부

11월 1일(화)

엊저녁, 실비아 누나의 담임선생님에게 〈긍지 높은 파도바의 소년〉 이야기를 해 드리러 갔다. 선생님이 전부터 읽고 싶어 하셨기 때문이다. 여자 초등학교*1는 우리 학교 옆에 있는데, 여자애들만 700명이나 된다! 내가 갔을 때는 마침 하교 시간이었다. 여자애들은 '성인(聖人)의 날'과 '죽은 자를 기리는 날'이 이어지는 연휴*2를 앞두고 들뜬 모습으로 하교하고 있었다.

그때 교문 앞에서 굴뚝청소부 소년*3이 엉엉 울며 서 있었다. 담장을 짚은 한쪽 팔에 시커먼 얼굴을 묻고는 자루와 그을음을 긁는 막대기를 든 채로 서럽게 울고 있었다. 3학년 여자애들 두세 명이 다가가 "왜 그렇게 울어?" 물어도 소년은 계속 울기만 했다.

"도대체 무슨 일이야? 왜 우는지 말해 봐."

여자애들이 계속 다그쳐 물었다. 겨우 얼굴을 든 소년은 딱 보기에도 아직 어렸다. 그 애는 울면서 "굴뚝청소를 하고 받은 돈을 몽땅 잃어버렸어……" 말하며 구멍난 주머니를 보여 주었다. 소년은 절대

---

*1 그 무렵은 학교가 남녀별로 구분되어 있었다. 고학년이 되면 남학생은 남자 교사가 가르쳤다.

*2 11월 1일은 만성절. 성인을 기리는 날. 2일은 만영절. 죽은 사람을 기리는 날. 그 무렵은 이틀 모두 제일(祭日)이었다.

*3 대부분 알프스 산중의 가난한 가정에서 싼 계약금을 받고 오는 소년으로, 주인 밑에서 혹사당했다.

빈손으로 돌아가면 안 되는 모양이었다. "아아, 큰일이야! 주인한테 엄청 혼날 거야. 몽둥이로 맞겠지……."

소년은 다시 팔에 얼굴을 묻고 어깨를 들먹이며 울기 시작했다. 여자애들이 그 모습을 걱정하며 바라봤다. 가방을 든 여자애들이 우르르 몰려 왔다. 상급생도 있었고, 하급생도 있었다. 부잣집 아이도 있었고, 그렇지 않은 아이도 있었다. 모자에 하늘색 깃털을 단 덩치 큰 아이가 주머니에서 용돈을 꺼내며 "난 이것밖에 없지만, 너희도 조금씩 내 줘" 말했다. 빨간 옷을 입은 애가 "나도 조금은 갖고 있어. 다 같이 모으면 이 애가 잃어버린 만큼은 될 거야" 씩씩하게 말했다. 소녀들은 "아말리아!" "루이자!" "안냐!" "너도 내!" 하면서 서로 재촉했다. 여자들은 늘 공책이나 꽃을 살 돈을 갖고 다니기에 다들 돈이 조금씩은 있었다. 어린 애들은 동전을 냈다. 하늘색 깃털을 단 여자애가 그것들을 모아서 큰 소리로 헤아리기 시작했다.

"8, 10, 15……."

하지만 아직 모자랐다. 그때 선생님처럼 덩치가 큰 여자애가 나타나서 많은 돈을 냈다. 모두들 박수를 치며 좋아했다. 하지만 여전히 돈은 부족했다.

"어, 5학년생이다. 언니들은 우리보다 좀 더 갖고 있을 거야. 한번 부탁해 보자."

5학년생들이 오자 돈은 순식간에 모였다. 저마다 소년에게 우르르 몰려갔다. 굴뚝청소부 소년은 소녀들의 알록달록한 옷과 깃털 장식, 리본, 귀여운 곱슬머리에 파묻혔다. 참으로 따뜻한 광경이었다. 어느새 모인 돈은 소년이 잃어버린 것보다 훨씬 많아졌다. 그래도 돈을 내미는 여자애들이 끊이지 않았다. 용돈을 받지 않는 하급생들은 꽃을 주려고 "나도! 나도!" 외치며 상급생들을 밀쳤다.

그때 수위 아줌마가 와서 "교장 선생님 오신다!" 소리쳤다. 여자애들은 참새 떼처럼 순식간에 뿔뿔이 흩어졌다. 길 한가운데에는 소년

만이 남았다.

소년은 두 손 가득 돈을 꼭 쥐고서 기쁜 마음에 소매로 눈물을 훔치며 서 있었다. 겉옷의 단춧구멍도, 주머니 안도, 모자도, 소녀들이 선물한 꽃으로 가득했다. 소년의 발치에는 꽃잎이 한가득 떨어져 있었다.

죽은 사람을 기리는 날

11월 2일(수)

오늘은 죽은 사람을 기리는 날이란다. 엔리코, 너희 어린이들이 이 날 기려야 할 사람은 누굴까? 먼저, 자식들을 위해 죽어 간 사람들이란다. 이제까지 얼마나 많은 사람이 그 때문에 죽고, 지금도 죽고 있는지 모른단다! 넌 상상도 못할 거다. 자식들을 기르려고 얼마나 많은 아버지가 힘들게 일하다 목숨을 잃고, 얼마나 많은 어머니가 젊은 나이에 과로로 죽었는지 모른다. 모두들 몸 바쳐 일하다가 죽은 거야!

자식을 잃은 슬픔으로 얼마나 많은 아버지가 자기 가슴에 비수를 꽂고, 얼마나 많은 어머니가 몸을 던졌는지 모른다. 상상이 가니, 엔리코? 오늘은 그렇게 죽은 사람들을 생각하며 슬퍼하는 날인 거야.

과로로 결핵을 앓으면서도 아이들과 헤어지기가 너무나 괴로워서 자기의 병을 무릅쓰고 수업을 계속하다가 돌아가신 젊은 여선생님을 생각해 보렴. 아이들의 목숨을 구하겠다는 오직 한 생각으로 용감하게 전염병과 싸우다가 자기가 그 병에 걸려 죽은 의사 선생님을 떠올려 보렴. 폭풍우를 만난 배에서는 죽음을 눈앞에 둔 상태에서 마지막 구명판을, 화재 때는 덮쳐오는 불길을 피하라고 구명 밧줄을, 먹을 것이 없을 때 마지마 남은 빵 한 조각을 아이들에게 양보하는 부모님 마음을 생각해 보렴.

그들은 기꺼이 자기 목숨을 바쳐 죄 없는 아이들을 살리고 뿌듯해하면서 기쁘게 하늘로 올라갔을 거야. 엔리코, 그런 사람들이 얼마나 많은지 헤아리자면 끝도 없단다.

무덤에는 그렇게 죽은 사람의 영혼이 수없이 잠들어 있어. 그들은 단 한 순간이라도 다시 살아날 수 있다면 틀림없이 아이들의 이름을 외칠 거야. 젊은 날의 기쁨, 늙은 뒤의 안락, 애정, 지식, 목숨, 이 모든 걸 바친 자식들의 이름을 말이야. 거기에는 스무 살의 신부도, 한창 일할 나이의 남자도, 여든 살의 할머니도 있겠지. 모두 자식들을 위해 목숨을 바친 이름 없는 사람들이란다. 이 땅에 피는 꽃을 모두 그들 무덤에 바친대도 모자랄 거야. 그 만큼 위대하고 고귀한 사람들이란다. 너희 어린이들은 어마어마한 사랑을 받은 소중한 존재들이란다!

오늘은 그 사람들에게 감사를 담아 애도의 뜻을 표하자. 그러면 너를 사랑해 주는 사람들과 너를 위해 고생하는 사람들에게 더더욱 고마운 마음이 들 거야. 엔리코, 너는 참으로 행복한 아이란다. 아직 너에게는 눈물을 흘릴 사람이 없으니까!

〈엄마가〉

친구 갈로네

11월 4일(금)

이틀 동안의 짧은 연휴였지만, 갈로네를 오랫동안 못 본 듯한 기분이다. 그는 알면 알수록 참으로 좋은 녀석이라는 생각이 든다. 다들 그렇게 생각한다. 하지만 그와 사이가 나쁜 애도 있다. 갈로네는 잘난 척하는 녀석이나 약한 친구를 괴롭히는 녀석을 가만 놔두지 않기 때문이다. 덩치 큰 애가 쪼끄만 애를 때리려고 하면, 쪼끄만 애는 곧바로 "갈로네!" 소리친다. 그러면 덩치 큰 애는 멈칫 망설이다가 때리지 않는다.

갈로네의 아빠는 철도*4 기관사다. 갈로네는 병 때문에 학교에 2년 늦게 들어왔다. 그래서 학년에서 키가 가장 크고 힘도 누구보다 세다. 책상도 한손으로 번쩍 든다. 음식도 가리지 않고 잘 먹고 성격도 쾌활하다. 부탁만 하면 연필, 지우개, 연필깎이까지 뭐든지 기분 좋게 빌려준다.

수업 시간에는 쓸데없이 떠들거나 웃지 않는다. 언제나 등을 잔뜩 말고 구부정하게 앉아 두 어깨에 커다란 머리를 파묻고는 꼼짝도 하지 않는다. 눈이 맞으면 '엔리코, 우린 친구지?' 말하는 듯 눈웃음치며 싱긋 웃는다. 몸집이 갈수록 커져서 겉옷도 바지도 모두 짤뚱해졌다. 빡빡 깎은 머리 위에 모자가 그냥 얹어져 있다. 바닥이 두꺼운

---

*4 1853년에 토리노-제노바 구간 개통. 1856년에 토리노-노바라 구간 개통.

Masa

구두를 신고, 넥타이는 밧줄처럼 꼬여 있어서 우스꽝스럽다. 아아, 갈로네. 누구든 한 번만 보면 그를 좋아하게 된다. 덩치가 작은 애들은 모두 그의 옆자리에 앉고 싶어 한다. 그는 산수가 특기다. 책을 가방에 넣지 않고 겹겹이 쌓아서 빨간 가죽 끈으로 묶어 가지고 다닌다.

지난해에 그는 광장에서 칼을 주웠다. 칼자루에 조개껍데기가 박힌 그 칼로 어느 날 자기 손가락을 베고 말았다. 상처는 뼈가 드러날 만큼 깊었다. 하지만 그는 집에도 학교에도 그 사실을 말하지 않았다. 부모님에게 걱정을 끼치고 싶지 않았던 것이다. 그래서 아무도 그 사실을 몰랐다.

누가 아무리 심한 말을 하더라도 농담으로 한 말이면 대꾸하지 않고 화도 내지 않는다. 하지만 자기가 절대로 옳다고 믿는 일에 누가 "그런 건 거짓말이야!" 말하는 날에는 난리가 난다. 그 순간 도끼눈을 뜨고, 책상을 두 동강 낼 만큼 사납게 주먹을 날린다.

토요일 아침, 1학년 남자애가 길 한복판에서 울고 있었다. 갈로네는 돈을 뺏겨서 공책을 살 수 없다는 그 애의 말을 듣자 "걱정하지 말고 이 돈으로 사 와" 하면서 자기 돈을 선뜻 내주었다.

어머니의 성명축일*5에 드리려고 사흘 전부터 8장도 넘는 긴 편지를 열심히 쓴다. 빈자리에는 펜으로 무늬까지 꼼꼼히 그려 넣는 정성을 기울였다. 갈로네의 엄마도 그 애처럼 키가 크고 다부지며 인상이 아주 좋다. 학교에 그를 데려다 주고 데리러 오시기 때문에 모두 잘 안다.

선생님도 그를 늘 관심있게 바라보고, 옆을 지날 때마다 어깨를 다독여 주신다. 마치 언덕 위에 뛰어다니는 송아지한테 '착하지' 하는 것과 같다. 나는 갈로네가 참 좋다. 그 애하고 악수를 하면 기분

*5 이탈리아 달력에는 일 년 내내 매일 수호성인의 이름이 적혀 있다. 그 수호성인과 같은 이름을 쓰는 사람이 교회에서 축하받는 날.

이 아주 좋다. 그 애의 손은 다 큰 어른 손 같다.

그는 틀림없이 친구를 구하기 위해서라면 위험도 돌아보지 않고 자기 목숨까지 던질 것이다. 망설임없이 몸 바쳐 친구를 지킬 것이다. 그의 눈을 보면 알 수 있다. 언제나 큰 목소리로 지시하는 것처럼 보여도, 그가 참 따뜻한 마음을 지녔다는 걸 누구나 느끼고 있다.

석탄장수 아저씨와 노비스의 아빠

11월 7일(월)

갈로네라면 어제 카를로 노비스가 베티에게 한 심한 말은 절대로 하지 않을 것이다. 절대로! 카를로 노비스는 자기 아빠가 대단한 사람이라며 우쭐거리고 다닌다. 그의 아빠는 키가 크고, 얼굴에 온통 새까만 수염을 기른 아주 엄격한 인상이다. 거의 날마다 카를로를 데려다 주고 데리러 오신다. 어제 아침, 카를로 노비스는 석탄장수 아들인 꼬맹이 베티와 말싸움을 했다. 노비스는 자기가 틀렸으면서도 베티에게 진 것이 분해서 큰 소리로 욕을 했다.

"너네 아빠는 다 떨어진 걸레다!"

베티는 창피함에 머리 끝까지 새빨개졌다. 화가 치밀었지만 꾹 참고 아무 대꾸도 하지 않았다. 하지만 눈에는 눈물이 그렁그렁 고였다. 점심시간에 집으로 돌아가*6 아버지한테 그 이야기를 털어놓자, 화가 난 석탄장수 아저씨는 점심도 미루고 재투성이 차림 그대로 베티의 손을 끌고 오후 수업에 나타나셨다. 자그마한 석탄장수 아저씨는 페르보니 선생님에게 고자질하러 온 것이었다. 우리는 조용히 귀

---

*6 그즈음 이탈리아 초등학교에서는 점심시간에 일단 집으로 돌아갔다가 오후 수업에 다시 학교로 왔다. 아이들을 학교에 데려다 주고 데리고 가는 것은 보호자의 의무로, 하루에 네 번을 해야 했다. 꼭 부모가 아니라, 집안 사정에 따라 할아버지, 할머니, 형제, 가정부, 가정교사가 하기도 했다. 현재도 대부분의 초등학교에서 가족이 아동과 동행하지만, 점심은 학교에서 급식으로 먹는 것이 보편화되었다.

를 기울였다.

그때 늘 그랬듯이 노비스 아저씨가 카를로를 데리고 오셨다. 입구에서 카를로의 외투를 벗겨 주는데 자기 이름이 들리자 노비스 아저씨는 교실로 들어와 "제가 뭘 어쨌습니까?" 다짜고짜 선생님에게 물었다.

선생님은 조용히 말씀하셨다. "여기 이 베티 군이…… 댁의 카를로 군한테 '너네 아빠는 다 떨어진 걸레다!'라는 욕을 들었다고 해서 베티 아버지께서 항의하러 오신 겁니다."

노비스 아저씨의 표정이 험악해졌다. 얼굴이 벌게져서는 인상을 잔뜩 찌푸리셨다. 그리고 카를로를 다그쳤다.

"정말 그런 말을 했냐?"

카를로는 교실 한가운데에 베티와 마주 선 채 고개를 푹 수그리고 아무런 대답도 못 했다. 노비스 아저씨가 카를로의 팔을 붙잡고 베티를 똑바로 마주보게 했다. 두 사람은 딱 맞붙을 만큼 가까워졌다.

"베티한테 사과해라."

베티의 아빠가 "아닙니다! 그렇게까지는 안 하셔도……" 당황해서 끼어들었지만, 노비스 아저씨는 단호했다. 카를로에게 "사과해!" 다시 엄하게 다그쳤다. 그러고는 "아빠 말을 따라 해라. '난 너희 아버지에게 절대로 해서는 안 될, 예의에 어긋난 말을 했어. 용서해 줘. 우리 아빠는 너희 아버지가 악수해 준다면 참으로 영광일 거라고 말씀하셨어.'" 말했다.

베티 아저씨는 고개를 절레절레 저으며 "아, 아닙니다. 그러실 것까지는 없어요" 하며 손사래를 쳤다. 그렇지만 노비스 아저씨는 들은 척도 안 했다.

카를로가 땅바닥을 내려다보면서 모기만한 소리로 우물우물 말했다.

"나, 나는…… 너희 아버지한테…… 절대로 해서는…… 안 될……

무례한…… 말을…… 했어. ……용서해 줘. 우리 아빠는 너희 아버지가…… 악수해 준다면…… 참으로 영광일 거라고…… 말씀하셨어……."

그러자 노비스 아저씨가 베티 아저씨에게 손을 내밀었다. 베티 아저씨는 그 손을 꼭 잡고, 얼른 아들의 등을 툭 떠밀었다. 떠밀린 베티는 얼떨결에 카를로의 품으로 폭 안겼다.

"선생님, 이 애들을 옆자리에 앉혀 주시겠습니까?"

노비스 아저씨가 페르보니 선생님에게 정중하게 부탁했다. 선생님은 베티를 카를로의 옆자리로 데리고 가셨다. 두 사람이 자리에 앉는 모습을 지켜본 뒤 노비스 아저씨는 고개 숙여 인사하고 나가셨다.

베티 아저씨는 나란히 앉은 두 아이를 보고 한동안 멍하니 있다가 책상으로 다가가, 애정과 미안함이 뒤섞인 복잡한 얼굴로 카를로를 바라보았다. 그 애에게 뭔가 말해주고 싶은 것 같았지만, 아무 말도 하지 않으셨다. 머리를 쓰다듬어 주고 싶은 것 같았지만, 그것도 하지 않았다. 그저 굵은 손가락을 카를로의 이마에 가볍게 갖다 댔다. 그리고 문에서 다시 한 번 멈춰 서서 그 애를 돌아보셨다.

선생님께서 우리에게 말씀하셨다.

"너희는 오늘 일을 잘 기억해라. 이 학년에서 가장 좋은 수업이 될 테니까."

동생의 담임 데르카티 선생님

11월 10일(목)

석탄장수 아저씨네 아들 베티는 전에 데르카티 선생님 반이었다. 오늘 데르카티 선생님이 내 동생을 병문안 오셨다. 동생은 아파서 학교를 쉬고 있었다. 선생님은 2년 전에 있었던 아주 유쾌한 이야기를 들려주셨다.

베티의 엄마는 베티가 우등생 메달을 받자 그 고마움의 표시로 커다란 앞치마에 석탄을 잔뜩 담아 가지고 선생님 집을 찾아가셨다. 선생님이 아무리 사양해도 막무가내였다. 아옹다옹하다가, 선생님이 끝까지 받지 않을 거라는 걸 알자 아쉬워하며 돌아가셨다고 한다. 또 다른 엄마는 묵직한 꽃다발을 가지고 오셨다. 그런데 그 안에는 돈이 들어 있었다고 한다. 선생님의 이야기는 동생이 싫어하던 약을 단숨에 삼킬 만큼 무척 재미있었다.

그건 그렇고, 1학년생을 맡은 선생님은 얼마나 인내심이 강한가! 1학년은 이를 갈 때라 하나같이 이 빠진 할아버지처럼 'R'과 'S' 발음을 잘 못한다. 헛기침을 하는 애도 있고 툭하면 코피를 흘리는 애도 있다. 책상 아래로 구두가 벗겨져서 보이지 않는다고 소란을 피우는 애도 있고, 펜에 손가락이 찔렸다며 징징거리는 애도 있다. 교재 Ⅰ을 사야 하는데 Ⅱ를 사 버렸다고 우는 애도 있다. 아직 혼자서는 아무것도 할 수 없는 애들이 한 반에 50명이나 있는 셈이다. 흐물흐물 힘없는 손에 펜을 쥐게 하고 글씨를 가르쳐야 하다니!

그 애들은 주머니에 사탕, 단추, 병뚜껑, 벽돌 조각 등 잡동사니를 닥치는 대로 넣어 가지고 온다. 구두 속에까지 쓰레기를 숨기기 때문에 하나하나 검사해야 한다. 선생님 말씀은 조금도 듣지 않고, 창문에서 파리가 한 마리 들어왔다며 야단법석을 떤다. 그리고 여름이 되면 잡초와 투구벌레를 교실로 가지고 온다. 투구벌레가 온 교실을 날아다니다가 잉크병에 빠지면, 그것을 건져 올려 공책 위를 기어 다니며 잉크로 줄을 긋게 만든다.

선생님은 그 애들의 엄마 역할까지 해야 한다. 옷 갈아입는 것을 도와주고, 다친 손에 붕대를 감아 주고, 떨어진 모자를 주워 주고, 다른 사람의 외투와 바꿔 입지 않도록 주의해야 한다. 그러지 않으면 애들은 훌쩍거리고 쉿소리를 질러대면서 시끄럽게 군다. 그러니 여자 선생님은 얼마나 힘들까!

그뿐만이 아니다. 때때로 엄마들은 불평을 늘어 놓으러 선생님을 찾아온다.

"우리 애가 펜을 잃어버렸다는데 도대체 어떻게 된 거죠, 선생님?"

"우리 애는 아무것도 외워 오지 않는데요……."

"우리 아들 피에로가 바지를 찢어서 온 건 책상에 튀어나온 못 때문이에요. 왜 그걸 뽑지 않았죠?"

데르카티 선생님은 화가 나서 그만 찰싹 때려 주고 싶은 때가 있지만 그럴 때마다 손가락을 깨물며 마음을 가라앉히신다고 한다. 인내심이 바닥나서 야단칠 때도 있지만, 곧 후회하고 그 아이를 달래 준다. 아무리 주의를 주어도 말을 듣지 않는 개구쟁이를 교실 밖으로 내쫓았다가도 금방 눈물을 삼키고 용서해 준다. 하지만 불같이 화를 낼 때도 있다. 바로 아이에게 벌을 준답시고 밥을 주지 않는 부모가 있다는 이야기를 들었을 때다. 그럴 때는 가만히 있지 않는다.

데르카티 선생님은 젊고, 날씬하고, 옷도 멋지게 입고, 무슨 일이

masao

든 척척 해내신다. 부지런한 선생님은 잠깐 동안도 가만히 있지 않으신다. 작은 일에도 금방 감격하신다. 그럴 때면 아주 다정한 목소리가 된다.

"하지만 선생님은 애들한테 그토록 존경받으시니 행복하시겠어요."

엄마가 그렇게 말하자 선생님은 골똘히 생각에 잠기더니 말씀하신다.

"네……. 거의 그렇죠. 그래요……. 하지만 그 학년이 끝나면 대부분 저에게 눈길조차 주지 않는 걸요. 남자 선생님이 새로 담임이 되면, 여자 교사가 담임이었던 게 부끄러워지는 모양이에요. 2년 동안 애정을 담아 보살핀 아이들과 헤어지는 건 무척 괴로운 일이에요. '그 애만큼은 절대로 날 잊어버리지 않을 거야' 생각해도, 여름방학이 끝나고 새 학년이 시작되면 그 애한테 '아아, 내 제자!' 외치며 달려가도 무시당하는 때가 이따금 있답니다."

선생님은 잠시 말을 멈추고 내 동생한테 "그렇지만 넌 그러지 않을 거지?" 하시더니 일어나서 얼굴을 가까이 댄다. 그리고 촉촉한 눈으로 말씀하셨다. "넌 모르는 척하지 않을 거지? 그렇지? 이 불쌍한 선생님을 배신하지 않을 거지?"

엄마 마음

11월 10일(목)

오늘 데르카티 선생님이 집에 오셨을 때 네 태도는 참으로 형편없었다. 엄마한테 무척이나 예의 없이 굴더구나. 엔리코, 다시는 그러지 마라! 네 무심한 말은 날카로운 칼처럼 아빠의 마음을 찔렀다.

몇 년 전 엄마의 모습이 떠오르더구나. 네가 병에 걸려 끙끙 앓던 밤이었어. 엄마는 네가 죽을까 봐 걱정하고 또 걱정하면서 우셨다. 불안한 마음에 입술을 바들바들 떨면서 밤새도록 네 작은 침대에 몸을 굽히고 숨소리를 확인했지. 아빤 오히려 엄마가 잘못될까 봐 제정신이 아니었다.

그런데도 오늘 네 태도는 참으로 부끄러웠다. 어떻게 그런 엄마에게 상처를 줄 수 있니! 엄마는 네 고통을 조금이라도 덜어줄 수 있다면 자신의 행복은 모조리 내던질 사람이다. 너를 구하기 위해서라면 창피를 무릅쓰고 구걸이라도 할 사람이야. 넌 그런 엄마에게 상처를 준 거다!

잘 들어라, 엔리코! 이제부터 아빠가 하는 말을 마음에 똑똑히 새겨 두렴. 앞으로 네 인생에는 많은 일들이 일어날 거고, 수없이 많은 괴로운 날이 기다리고 있을 거야. 그중에서도 특히 괴로운 것은 엄마의 죽음을 알게 되는 날일 거다. 그렇지 않느냐, 엔리코? 건장한 청년으로 자라더라도, 가혹한 세상과 싸워야 할 때는 엄마를 그리며 몇 번이고 그 이름을 부르게 될 것이다. 아주 잠깐이라도 좋으니 그 목소리가 듣고 싶을 거야. 네 자신이 버림받은 불쌍한 소년처럼 생각되고, 엄마 품으로 뛰어들고 싶어질 거야. 활짝 벌린 엄마의 품으로 눈물을 흘리면서……. 그때 비로소 넌 엄마에게 주었던 수많은 상처를 후회하고, 어떻게 해야 그 죄를 다 갚을 수 있을지 고민하게 될 거다. 그 얼마나 불행한 일이냐!

앞으로 엄마를 슬프게 하면 이제 너에게 평온한 삶은 사라진다고 생각해라. 나중에 후회하고 용서를 빌면서 엄마를 찾아도 소용없다. 네 양심이 그걸 받아들일 리 없어. 내가 그러지 못하게 할 거다. 저 사랑스럽고 다정한 엄마의 얼굴이 너한테는 슬픔에 가득한 나무로밖에는 보이지 않을 거고, 줄곧 양심의 가책을 느끼게 될 거야.

엔리코, 인간의 애정 가운데에서 어머니의 자애만큼 신성한 것은 없다. 그걸 짓밟는 건 못난 사람이나 하는 짓이다. 살인을 저질렀다 해도, 자기 어머니를 존경한다면 아직 인간이라고 할 수 있다. 그러나 아무리 최고 명예를 손에 넣었어도 어머니를 슬프게 하고 상처 주는 사람은 하등한 동물에 지나지 않는다. 널 낳아 준 엄마에게 두 번 다시 그런 심한 말을 하지 마라.

한 번만 더 그런 말을 한다면, 그때는 네 스스로 엄마 발밑에 무릎 꿇고 진심으로 "부디 이 배은망덕한 저를 용서해 주세요" 말하고 빌어라. 아빠가 무섭다고 사과해서는 안 돼. 아빤 널 사랑한다. 넌 내 소중한 아들이야. 내 희망이자, 이 세상 무엇과도 바꿀 수 없는 보물이야. 하지만 네가 엄마의 은혜를 잊어버리는 아이라면 없는 편이 낫다.

미안하지만, 잠시 아빠를 혼자 있게 해 주렴. 얼마 동안은 너를 쓰다듬어 주고 싶지 않구나.

〈아빠가〉

부지런한 콜레티

11월 13일(일)

아빠는 나를 용서해 주셨지만, 나는 아직 조금 우울했다. 이런 나에게 엄마는 "엔리코, 관리인 아저씨네 아들하고 산책이라도 다녀오렴" 말씀하셨다.

큰길을 건너는데 나를 부르는 소리가 들려 뒤를 돌아보았다. 가게 앞에 서 있는 짐마차 앞에 같은 반 친구 콜레티가 있었다. 콜레티는 평소처럼 초콜릿색 스웨터와 고양이 가죽 모자 차림에, 땀을 뻘뻘 흘리면서 기운 좋게 장작더미를 지고 있었다. 짐마차 위에 있는 남자한테 장작을 한아름 받아들고서는 아버지 가게 안으로 나르는 중이었다. 장작더미가 순식간에 산더미처럼 쌓여 갔다.

"거기서 뭐해, 콜레티?"

"보면 알잖아. 공부하고 있지."

콜레티가 장작을 받으면서 대답했다.

"공부라니?"

나는 샐쭉 웃으며 물었지만, 그는 아주 진지했다. 콜레티는 장작을 안고 걸으면서 중얼거렸다.

"동사 활용은…… 주어의 인칭과…… 그 수에 따라…… 변화한다."

장작을 내려 대충 쌓아 놓으면서 이번에는 "시제는…… 행위하는 시기에 따라…… 변화한다."

콜레티는 다시 짐마차로 돌아가 다음 장작을 지고는 "그 행위를 표현하는 방법에 따라…… 변화한다" 말했다.

내일 공부할 문법이었다.

"뭐야! 어쩔 수 없잖아. 시간을 헛되이 쓸 순 없으니까. 아빤 일 때문에 가게 사람이랑 외출하셨고, 엄만 아프셔. 그러니까 짐을 내리는 건 내가 해야지. 그러면서 문법 예습도 좀 하고. 지금 하는 부분은 너무 어려워서 머리에 잘 안 들어와!" 그렇게 말하고, 이번에는 짐마차에 있는 남자에게 "아빤 7시에 돌아오세요. 그때 대금을 주시겠다고 하셨어요" 또박또박 전했다.

짐마차가 떠나자 콜레티는 "잠깐 이리 와봐" 말하며 나를 가게 안으로 데리고 들어갔다. 거기에는 장작이 빼곡히 쌓여 있고, 구석에는 저울이 수도 없이 놓여 있었다.

"오늘은 엄청 바빴어. 정말이지 집중할 수가 없었다고!" 콜레티는 혼자 떠들었다. "작문 좀 쓰려고 하면 손님들이 계속해서 들어오고, 겨우 그 다음을 쓰려고 하면 이번에는 짐마차가 오고. 아침에도 베네치아 광장 시장까지 두 번이나 갔다 왔어. 다리는 아까부터 퉁퉁 부었고, 손도 이렇게 부어 버렸지. 이 손으로 지도 그리는 숙제라도 하려면 정말 최악이야!"

그러는 동안에도 콜레티는 빗자루를 들고 벽돌 바닥 가득 떨어진 마른 가지와 잔가지들을 쓸었다.

"그런데…… 공부는 어디서 해, 콜레티?" 물으니

"물론 여긴 아니야" 하면서 가게 뒤에 있는 작은 방으로 안내했다. 부엌과 식당이 함께 있는 방으로, 구석에 탁자가 있었다. 그 위에는 책과 공책, 하다 만 숙제가 놓여 있었다.

"아, 맞다! 두 번째 정답을 아직 쓰지 않았지. 무두질한 가죽으로 만들 수 있는 것은 뭐냐…… 구두랑 허리띠…… 음, 여행가방도 만들 수 있지."

그러면서 콜레티는 펜을 들어 깨끗한 글씨로 정답을 적었다.

"계세요?"

가게에서 여자 목소리가 들렸다. 장작을 사러 온 손님이었다.

"네! 갑니다!"

콜레티는 씩씩하게 대답하고 재빨리 가게로 뛰어나갔다. 장작의 무게를 재고 돈을 받고는 재빨리 구석으로 달려와 장부에 적었다. 그러고는 돌아와서 공부를 계속했다.

"자, 하던 데까지는 해야지. 가죽으로 만들 수 있는 건…… 여행가방, 군인들이 쓰는 배낭도 있어. 아, 이런, 커피가!"

콜레티는 느닷없이 외치면서 화로로 달려가더니, 끓어 넘치는 커피 주전자를 불에서 내렸다.

"아—아, 모처럼 엄마한테 드리려고 끓였는데. 더 조심할 걸. 엔리코, 같이 커피를 들고 가자. 엄마도 널 보면 기뻐하실 거야."

콜레티는 바쁘게 움직이면서 말을 계속했다.

"엄마는 앓아누운 지 벌써 7일째야…… 앗, 뜨거! 날마다 이 주전자 때문에 화상을 입는다니까. 군인들이 쓰는 배낭 다음에는…… 또 뭐가 있지? 아아, 생각이 안 나! 엔리코, 너도 이리 와."

그가 작은 방 문을 열었다. 콜레티 엄마는 머리에 하얀 스카프를 두르고 커다란 침대에 누워 계셨다.

"엄마, 여기 커피요. 얘는 반 친구예요."

콜레티가 커피 잔을 내밀면서 말하자, 아줌마는 나에게 "어쩜, 착하기도 하지. 일부러 병문안을 와준 거니?" 물었다.

아줌마가 커피를 마시는 동안에도 콜레티는 아줌마의 베개를 매만져 주고, 침대 커버를 똑바로 펴 주고, 난로에 불을 지피면서 선반 위에 올라간 고양이를 내쫓는 등 바쁘게 움직였다. 그런 다음, 아줌마가 커피를 다 마시자 잔을 받아 들고 "뭐 시키실 일 있어요, 엄마?" 물었다. 아줌마가 대답하기도 전에 콜레티는 다시 말을 이었다. "약은 정해진 대로 두 알 드셨어요? 다 드셨으면 제가 약국에 가서 얼른 사올 게요. 장작은 가게로 다 날랐고, 4시가 되면 엄마가 시킨 대로 고기를 굽고, 버터장수가 오면 대금을 치를 거예요. 제가 다 알아서 할 테니 엄만 아무 걱정하지 마세요."

"고맙다. 난 괜찮으니 가서 놀렴. 참 착하구나." 그러고는 "이런 것밖에 없지만, 먹어 보겠니?" 말하시며 나에게 각설탕을 주었다.

잠시 뒤에 콜레티는 나에게 아빠의 사진을 보여 주었다. 아저씨는 훈장을 단 군복을 입고 있었다. 그 훈장은 1866년에 움베르토 전하한테서 받은 것이라고 했다. 사진 속 아저씨는 콜레티처럼 눈을 부리부리하게 빛내면서 자랑스럽게 웃고 있었다.

우리가 부엌으로 돌아오자마자 콜레티는 "알았다!" 하더니 다시 공책 앞에 앉았다. "마구도 가죽 제품이야! 나머지 숙제는 밤에 해야지. 이 속도라면 밤을 새도 못하겠네. 나에 비하면 넌 무척이나 행복한 애야. 공부할 시간도 넉넉하고, 산책할 시간도 있으니까! 난 네가 참 부러워."

그러고는 기운차게 가게로 돌아가 장작을 고정하고 톱으로 쓱쓱 자르기 시작했다.

"이건 좋은 운동이 돼! '팔을 앞으로 쭉 뻗고' 하는 것과는 조금 다르지만. 아빠가 돌아오시기 전에 다 잘라 놓을 거야. 아빤 틀림없이 좋아하시겠지? 하지만 문제는 그 다음이야. 손이 저려서 글씨를 제대로 쓸 수 없거든. 선생님이 한소리 하실지도 몰라. 'T랑 L은 지렁이가 기어가는 글씨구나' 이렇게 말이야. 그래도 어쩔 수 없지! 선생님한테 팔을 너무 써서 그렇다고 말해 볼까? 음, 말해 봐야겠다. 중요한 건 엄마의 병이 하루라도 빨리 낫는 거니까. 너가 온 덕분에 오늘은 엄마도 좀 좋아지신 것 같고. 문법 공부는 내일 아침 일찍 일어나서 해야겠다. 앗, 통나무가 도착했어. 일해야지, 일!"

가게 앞에 짐차가 서는 소리가 나자 콜레티는 밖으로 뛰어나갔다. 남자와 잠시 이야기를 나눈 콜레티는 곧 다시 돌아와서 내게 말

masa

했다.
"미안하지만 이제 너랑은 놀 수가 없어. 내일 보자." 그러고는 내 손을 꼭 잡고 말을 이었다. "와 줘서 고마워. 산책 재밌게 해. 넌 참으로 행복한 애야."
그렇게 말하고는 첫 번째 통나무를 가지러 짐차로 달려갔다. 그리고 통나무를 짊어지고 짐차와 가게 사이를 몇 번이나 바쁘게 왔다 갔다했다. 고양이 가죽 모자 아래로 엿보이는 그의 얼굴은 장미꽃처럼 싱그럽고 생기가 넘쳤다. 나는 그 얼굴을 바라보는 것만으로도 기운이 났다.

'넌 행복한 애야.'
넌 내게 말했지만, 그렇지 않아, 콜레티. 절대 그렇지 않아!
가장 행복한 사람은 바로 너야.
넌 누구보다도 부지런하고, 공부도 열심히 하니까.
그리고 엄마랑 아빠도 도와드리니까.
나보다 백 배는 효자고, 백 배는 훌륭하니까.
내 소중한 친구.

교장 선생님

11월 18일(금)

오늘 아침 콜레티는 기분이 좋았다. 그가 3학년이었을 때 담임이셨던 코아티 선생님이 월말고사 감독으로 들어오셨기 때문이다. 선생님은 뚱뚱한 몸에 머리카락은 잔뜩 올렸고, 얼굴엔 온통 새까만 수염을 기르셨다. 선생님은 툭하면 검은 눈을 부릅뜨고 나팔 같은 커다란 목소리로 "이놈들, 다 찢어 버리겠다!" 라든가 "멱살을 잡고 경찰에게 끌고 가겠다!" 소리치며 무서운 얼굴로 위협한다. 하지만 절대로 체벌은 하지 않는다. 수염 때문에 잘 보이지는 않지만, 선생님은 늘 웃는 얼굴이시다.

우리 학교에는 이 코아티 선생님을 포함해 남자 선생님이 여덟 분 계신다. 그리고 왜소한 몸집에 아직 수염도 기르지 않은, 소년 같은 교생 선생님이 한 분 더 계신다.

5학년 선생님 중에 한쪽 다리를 잘 못쓰는 선생님이 계신다. 그 선생님은 몸이 안 아픈 데가 없다며 언제나 숄로 몸을 둘둘 감고 있다. 선생님이 전에 가르치던 학교는 벽에서 물이 뚝뚝 떨어져 습기가 찬 건물이었다. 그래서 건강이 나빠졌다고 했다. 5학년 선생님, 그 가운데에는 '할아버지 선생님'도 계신다. 머리가 새하얀 그 선생님은 전에 맹학교에서 가르치셨다. 그리고 안경을 쓰고 늘 금색 콧수염을 뾰족하게 세운 멋쟁이 선생님도 있다. 교사로 일하며 법률을 배워 학위를 따서 모두 '변호사 선생님'이라고 부른다. 변호사 선생님은 《편지 쓰기 교본》이라는 책도 썼다고 한다.

체육 선생님은 가리발디 장군 밑에서 전투에 참가했던 군인이다. 목에는 밀라초 전투*7에서 칼에 베인 흉터가 있다.

그리고 우두머리는 교장 선생님이다. 머리 숱이 얼마 안 남은 교장 선생님은 키가 크고 금테 안경을 쓰신다. 잿빛 수염은 가슴까지 내려온다. 머리 위부터 발끝까지 감싼 까만 옷은 턱 밑까지 단추를 채우신다. 아이들에게 무척 친절하셔서, 나쁜 짓을 한 아이가 겁에 질려 교장실에 들어가도 절대로 혼을 내지 않으신다. 애들의 손을 잡고 "이젠 그러지 마라" 라든가 "잘 반성해 보렴. 착한 어린이가 되겠다고 약속할 수 있지?" 이렇게 부드럽고도 다정한 목소리로 말해 주신다. 그 목소리가 어찌나 상냥한지 애들은 혼이 났을 때보다도 더 서러워하며 눈이 새빨개져서 나온다.

교장 선생님은 일이 산더미처럼 많이 쌓여있다. 아침에는 어떤 선생님보다도 일찍 학교에 나와 아이들을 반기시고, 학부모들의 불만에 귀를 기울이신다. 선생님들이 다 돌아가고 나신 방과 후에는 학교 주변을 살핀다. 애들이 마차 밑에 들어가지는 않았는지, 딴 길로 새서 말썽을 일으키거나 물구나무를 서지는 않았는지, 책가방에 모래나 돌멩이를 집어넣지는 않았는지 살피느라 마음을 놓을 틈이 없다. 큰길 모퉁이에 머리 위에서 발끝까지 까맣게 입은 커다란 몸집의 교장 선생님이 나타나면 애들은 순식간에 펜과 구슬을 내던지고 뿔뿔이 흩어진다. 그러면 교장 선생님은 멀리서 검지를 흔들며 '어서 돌아가라'고 조용히 주의를 주신다. 그 모습은 조금 애처롭게 보인다.

"아들이 군대에 지원했다가 죽은 뒤로는 아무도 교장 선생님이 밝게 웃는 얼굴을 보지 못하게 됐대." 엄마가 말씀하셨다.

---

*7 가리발디의 1천군과 부르봉 군이 사투를 벌인, 시칠리아섬의 격전지.

어쩐지 교장 선생님 책상에는 언제나 아들 사진이 놓여 있었다. 그 불행한 사건이 있은 뒤, 교장 선생님은 언제든지 구청에 낼 수 있도록 사직서를 써 두셨다고 한다. 하지만 아이들과 헤어진다고 생각하면 몹시 괴로워서 그 다음 날도 또 그 다음 날도 제출하지 못하고 책상 위에 올려둔 채로 계셨다. 하지만 바로 얼마 전에 마음을 굳히신 것 같았다.

우리 아빠가 교장실로 찾아가 "교장 선생님, 선생님이 그만 두시면 어떡합니까!" 말하며 선생님을 말렸다. 그때 웬 남자가 소년을 데리고 들어왔다. 이 마을로 이사 온 사람으로, 아들의 입학을 부탁하러 온 것이었다.

교장 선생님의 얼굴은 그 소년을 보자마자 웃는 표정으로 바뀌었다. 그 소년의 얼굴을 한참이나 바라보다가, 이번에는 책상 위에 놓인 죽은 아들의 사진을 바라보았다. 그러고는 소년의 무릎을 가까이 끌어당기고 얼굴을 들게 한 뒤 다시 한 번 뚫어지게 바라보았다. 소년은 죽은 아들과 참으로 많이 닮아 있었다.

"좋습니다." 교장 선생님은 소년에게 입학 허가를 내 주셨다. 그리고 그 소년과 아버지가 돌아가자 생각에 잠기셨다.

"선생님, 제발 그만두지 마세요!" 아빠가 다시 애원했다.

교장 선생님이 사직서를 반으로 찢으면서 말씀하셨다. "여기 남겠습니다."

군인들

11월 22일(화)

교장 선생님의 아들은 의용병으로 전사했다. 그래서 선생님은 학교가 끝나는 시간이 되면 언제나 큰길까지 우리를 배웅하러 나오셔서는 군인의 행진을 지켜보신다.

어제 보병연대가 행진할 때, 50명의 어린이가 군악대 주위에서 노래를 불렀다. 자로 책가방을 두드려 박자를 맞추면서 깡충깡충 뛰어다녔다. 우리는 한데 뭉쳐 서서 그 모습을 구경했다.

꽉 끼는 옷을 입은 갈로네는 커다란 빵을 씹고 있었다. 멋을 잘 부리는 잘난 척쟁이 보티니도, 대장장이 아빠의 겉옷을 입은 프레코시도, 칼라브리아에서 온 전학생 코라치도, 미장이도, 빨간 머리 크로시도, 심술궂게 생긴 프란티도 있었다. 승합마차에 치일 뻔한 아이를 구해 준 포병대장 대위의 아들 로베티도 목발을 짚고 구경했다.

프란티는 다리를 끌면서 행진하는 군인들을 무시하는 듯 깔깔 웃었다. 그러나 곧 누가 어깨를 두드리는 것을 느끼고 뒤를 돌아보았다. 교장 선생님이었다.

"행진하는 군인들을 놀리면 못 쓴다. 군인들은 대꾸를 하고 싶어도 못 하니까. 잡혀서 묶여 있는 사람을 모욕하는 것도 마찬가지다. 아주 비겁한 짓이야."

프란티는 고개를 홱 돌리고 저만치 가 버렸다. 4명씩 길게 선 군인들은 먼지를 잔뜩 뒤집어쓰고 땀을 비 오듯 흘리면서 지나갔다. 소

Masa

총에 햇빛이 눈부시게 빛났다.

교장 선생님이 말씀하셨다. "얘들아, 잘 들어라. 너희는 군인들에게 감사해야 한다. 그들은 우리를 지켜 준단다. 내일 당장 다른 나라 군대가 쳐들어오면 그들은 목숨을 바쳐서라도 우리를 위해 싸울 거야. 그들은 너희보다 고작 몇 살 많지 않단다. 너희처럼 야간학교에도 다니는 젊은이들이야. 가난한 집의 아이도 있고, 잘 사는 집 아이도 있지. 출신지도 저마다 달라. 그들의 얼굴을 보렴. 시칠리아, 사르데냐, 나폴리, 롬바르디아의 병사라는 걸 한눈에 알 수 있지. 아, 다음으로 오고 있는 군인들은 전통 있는 보병대다. 이 연대는 1848년*8 전투에도 참가했단다. 그들은 그때 군인이 아니었지만, 깃발은 그 무렵에 쓴 것이지. 너희가 태어나기 20년도 더 된 일이지만, 그 깃발 아래서 이탈리아를 위해 얼마나 많은 사람이 죽었는지 모른다!"

"앗, 깃발이 왔어요!"

갈로네가 손으로 가리키며 외쳤다. 군인들 머리 위로 가까워지는 깃발이 또렷이 보였다.

"그렇지, 얘들아, 이렇게 할까?"

교장 선생님이 말하셨다.

"저 삼색기가 옆을 지나갈 때 다 같이 한 손을 이마에 대고 경의를 표하는 거야."

삼색기를 든 장교가 앞을 지나갔다. 너덜너덜해지고 빛도 바랬지만 깃대에는 훈장이 잔뜩 달려 있었다. 우리는 일제히 경례했다. 그것을 본 장교가 미소로 답례해 주었다.

"훌륭한 소년들이로구나!"

뒤에서 들려오는 소리에 돌아보니 할아버지 한 분이 서 계셨다. 그 할아버지는 크림 전쟁*9에서 싸운 퇴역장교였다. 옷깃 단춧구멍

---

*8 제1차 독립 전쟁.

*9 1853년~1856년, 터키와 러시아 사이의 전쟁. 러시아군의 남하를 염려한 영국과 프랑스

에 하늘색 종군휘장이 달려 있었다.

"감동을 주는 애들이구나! 참으로 훌륭해!"

수많은 아이들에게 둘러싸인 군악대는 어느새 큰길 모퉁이까지 가서 꺾어지는 참이었다. 나팔 소리에 맞추듯 즐거운 환성이 들렸다.

"훌륭해!"

할아버지가 우리를 보며 계속 말씀하셨다. "어려서 깃발을 소중히 하는 아이는 자라서 그 깃발을 지키는 사람이 되는 법이지."

가 터키를 지원하는 형태로 싸웠다. 이탈리아는 프랑스와의 관계 때문에 연합군으로 참전했다. 러시아의 패전으로 끝났다. 간호부 제도의 창시자인 영국인 나이팅게일(피렌체 출생)의 활약도 알려져 있다.

넬리와 갈로네

11월 23일(수)

넬리도 어제 군인들의 행진을 구경했다. 넬리는 내내 탐탁지 않은 얼굴이었다. '난 절대로 군인은 되지 않을 거야!' 결심이라도 하는 것 같았다. 그는 성격도 좋고, 공부도 잘한다. 하지만 병 때문에 등이 조금 굽었다. 몸도 야위고 낯빛도 안 좋다. 숨도 가쁘게 쉰다. 늘 반들반들한 검은 천으로 된 겉옷을 걸치고 있다.

금발인 그 애 엄마는 무척 왜소하다. 늘 검은 옷을 입고, 수업이 끝날 무렵에 가장 먼저 데리러 와서 다른 애들에게 떠밀리는 일이 없도록 넬리를 꼭 껴안고 머리를 쓰다듬어 준다.

처음에는 넬리의 등을 놀리거나 책가방을 떠미는 애들이 많았다. 하지만 그 애는 절대로 화를 내지 않았고, 엄마에게도 말하지 않았다. 아들이 학교에서 놀림당하는 걸 알면 엄마가 얼마나 슬퍼할까 걱정했기 때문이다. 아무리 무시당해도 참고 또 참다가 때로는 책상에 얼굴을 파묻고 소리 죽여 울기도 했다. 그런데 어느 날 아침, 갈로네가 벌떡 일어나 벼락같이 소리를 쳤다.

"야, 너희들! 앞으로 넬리를 귀찮게 하는 녀석은 내가 상대한다. 귀싸대기를 후려갈기고 집어던져 버릴 테다!"

그래도 프란티는 "흥!" 콧방귀를 뀌었다. 그리고 다시 넬리를 놀려 댄 프란티는 마침내 따귀를 얻어맞고 붕, 날아가 버렸다. 눈앞에서 친구가 당하는 꼴을 지켜본 악동들은 벌벌 떨며 두 번 다시 넬리를 놀리지 않게 되었다.

페르보니 선생님은 넬리 옆에 갈로네를 앉히셨다. 덕분에 둘은 금세 친구가 되었다. 넬리는 학교에 오면 갈로네부터 찾았다. 집에 갈 때도 반드시 갈로네에게 작별 인사를 했다. 갈로네도 넬리가 책상 밑에 펜이나 책을 떨어뜨리면 곧바로 주워 주었다. 넬리는 허리도 불편하기 때문이다. 책가방에 물건을 넣을 때도 꼭 도와주었고, 외투를 입는 것도 도와주었다. 그래서 넬리는 갈로네를 무척 의지하며 황홀하게 바라봤다. 수업 시간에 갈로네가 선생님한테 칭찬을 받으면 넬리는 자기 일처럼 기뻐했다. 그러다가 넬리는 엄마한테 지금까지 있었던 일을 모두 털어놓을 마음이 겨우 생겼나보다. 처음에는 따돌림과 괴롭힘을 당했다는 사실을, 그리고 이제는 갈로네가 지켜주고 있다는 사실을 말이다.

나는 그것을 오늘 아침에 우연히 알게 되었다. 수업이 끝나기 30분 전쯤, 페르보니 선생님께서는 내게 시간표를 교장 선생님께 전해드리라고 시키셨다. 교장실에서 기다리는데 넬리의 엄마가 들어오셨다.

“저…… 교장 선생님, 아들 반에 갈로네라는 소년이…….”

“네, 있습니다만…….”

“그 애랑 얘기를 좀 했으면 하는데요……. 죄송하지만 이리로 좀 불러 주시겠습니까?”

교장 선생님은 서무원에게 갈로네를 데리고 오라고 시키셨다. 곧 머리를 빡빡 민 갈로네가 나타났다. 그는 왜 불려왔는지 까닭을 몰라 어리둥절해하고 있었다. 넬리의 엄마는 갈로네를 보자마자 그에게 달려가 어깨에 손을 짚었다.

“네가 우리 아들을 늘 지켜준다는 갈로네구나. 그렇지? 정말 넌 훌륭한 아이다!”

그렇게 말하면서 갈로네 머리에 몇 번이고 볼을 부비셨다. 그리고 갑자기 생각났는지 주머니와 가방 안을 뒤졌지만, 적당한 것은 나오지 않았다. 그러자 넬리의 엄마는 목에서 작은 십자가 목걸이를 풀어 갈로네의 목에 걸어 주었다.

"이걸 받아 주렴, 갈로네. 넬리 엄마가 주는 감사의 표시라고 생각하고 이걸 걸고 다녀 줘. 네게 신의 은총이 있길 언제나 기도하마."

우등생 데로시

11월 25일(금)

갈로네가 우리 반 인기인이라면, 데로시는 우리의 우상이다. 데로시는 이제까지 우등상을 한 번도 놓친 적이 없으며, 올해도 받을 게 확실하다. 모든 과목이 다 우수하고, 그의 뛰어남은 누구나 인정한다. 산수와 문법은 일등이고, 작문과 미술도 잘한다. 암기력도 좋아서 한 번 들으면 뭐든지 그 자리에서 외운다. 그에게 공부란 게임 같은 것인지도 모른다. 데로시는 어제 페르보니 선생님에게 이런 말을 들었다.

"넌 하늘에서 훌륭한 재능을 선물 받았다. 그걸 절대로 헛되이 해선 안 돼. 알겠니?"

데로시의 나이는 열두 살. 덩치가 좋고, 푸석푸석, 곱슬거리는 그의 금발은 마치 왕관처럼 멋있다. 운동신경도 뛰어나 책상을 한 손으로 가볍게 뛰어넘는다. 펜싱도 할 줄 안다. 아빠는 커다란 가게를 운영하신다. 언제나 입는 금단추 달린 옷도 아주 잘 어울린다. 언제 어디서나 밝고 쾌활하며 누구에게나 친절하다. 시험 때도 힘을 다해 친구들을 도와준다.

그런 그를 놀리거나 욕하는 사람은 한 명도 없다. 단, 노비스, 프란티, 보티니는 그를 노려보면서 경쟁심을 드러낸다. 하지만 데로시는 그런 건 신경쓰지 않는다. 우아한 몸짓으로 숙제를 걷으러 다니면 모두 그에게 미소를 짓고 손을 잡으며 팔을 잡아당긴다.

그는 집에서 가져온 것을 모두에게 나눠 준다. 예쁜 삽화가 들어간 신문이든 진귀한 그림이든 뭐든지 나눠 준다. 전학생 코라치에게 칼라브리아 지도를 그려준 적도 있다. 매우 잘 사는 집안의 아들인지, 웃는 얼굴로 인심 좋게 누구에게나 공평하게 나눠 준다.

그런 그를 질투하지 말라는 건 말이 안 된다. 모든 면에서 만점인 그와 비교해서 뒤지는 느낌이 들지 않을 리 없다. 아아! 보티니의 기분도 알 만하다. 나도 데로시가 부럽다. 집에서 어려운 숙제를 할 때, '데로시는 이런 문제 따위 이미 끝냈겠지' 몇 번이나 생각한다. 나는 내 자신이 너무 한심해서 그가 미워질 때도 이따금 있다. 하지만 학교에 가서 쾌활하게 자신감 넘치는 그의 얼굴을 보면, 내 마음속의 한심함과 심술궂음은 순식간에 사라져 버린다. 선생님 질문에 척척 대답하는 목소리와 누구에게나 예의 바르고 기분 좋게 행동하는 그의 모습을 보면 너무나 멋있어서, 그런 마음을 품은 내 자신이 부끄러워진다. 그가 있는 것만으로, 그의 목소리를 듣는 것만으로 나는 기운을 얻는다. 게다가 공부할 의욕이 솟아나고 즐거움에 가슴이 마구 두근거리기까지 한다. 그리고 '이대로 쭉 옆에서 함께 학창시절을 보냈으면 좋겠다' 생각한다.

페르보니 선생님은 내일 읽을 11월의 이야기 〈롬바르디아의 용감한 소년〉을 베껴 적으라고 그에게 부탁하셨다. 데로시는 오늘 아침에 그것을 적으면서 주인공 소년의 용감함에 크게 감동을 받은 듯 보였다. 얼굴이 발그레해지고 눈가가 촉촉해지면서 입술이 바르르 떨렸다.

그걸 본 순간 나는 '정말 아름답고 고상하구나' 느꼈다. 그에게 가서 솔직하게 말하고 싶었다. "데로시, 넌 나보다 뭐든지 훌륭해! 나에 비하면 훨씬 어른이야! 그런 널 진심으로 존경해!"

롬바르디아의 용감한 소년

[11월 이야기]

11월 26일(토)

1859년, 롬바르디아 해방 전쟁이 한창일 때였다. 프랑스와 이탈리아 연합군이 솔페리노와 산 마르티노 전쟁*10에서 오스트리아군에 승리한 지 며칠 뒤였다.

어느 맑은 6월. 그날 아침 살루초의 기마소대는 사람이 없는 오솔길을 적군을 향해 천천히 나아갔다. 한 장교와 중사가 통솔하는 그 부대는, 하얀 군복으로 위장한 적의 전초 부대가 갑자기 나타나도 대응할 수 있도록 조용히 앞만 바라보며 빈틈없는 경계 태세를 갖추고 행군했다.

이윽고 물푸레나무로 둘러싸인 농가 한 채가 나왔다. 집 앞에는 열두 살쯤 된 소년이 작은 칼로 나뭇가지 껍질을 벗겨서 지팡이를 만들고 있었다. 집 안에는 사람이 없었고, 창에는 커다란 삼색기가 걸려 있었다. 농부들은 오스트리아군이 무서운 나머지 깃발을 내건 채 달아난 것 같았다. 병사들을 보자 소년은 당황해서 지팡이를 내

*10 제2차 독립 전쟁. 사르데냐 왕국은 나폴레옹 3세의 프랑스를 동맹국으로 오스트리아군과 싸웠다. 1859년 6월 이탈리아 북부 가루다 호수 남쪽에 있는 솔페리노와 산 마르티노에서 19세기 최대 전쟁이라 불리는 11시간에 걸친 죽음을 각오한 싸움이 벌어졌다. 이 전투의 승리로 이탈리아는 독립과 통일을 밀어붙이게 되었다. 이 전투는 스위스인 앙리 뒤낭이 국제적십자를 설립하는 계기가 되었다.

던지고 모자를 벗었다. 맑고 커다란 푸른 눈과 기다란 금발머리를 한, 아주 용감해 보이는 아름다운 소년이었다. 풀어헤친 셔츠 사이로 다부진 가슴팍이 보였다.

"여기서 뭘 하느냐? 왜 가족과 함께 도망가지 않았지?" 장교가 멈춰서서 묻자 소년이 말했다. "저한텐 가족 같은 건…… 전 버려진 아이*11에요. 전쟁이 어떻게 될지 궁금해서 남아 있었을 뿐이에요. 그러니까 시키는 대로 뭐든 하겠어요."

"오스트리아군을 봤느냐?"

"아니요. 사흘 동안 보지 못했어요."

장교는 잠시 생각에 잠겼다가 말에서 훌쩍 내렸다. 그리고 경계를 늦추지 않는 병사들을 남기고 혼자 그 집 지붕에 올라갔다. 그러나 지붕이 낮아서 밭의 일부만 보일 뿐이었다. "나무에 올라가야 하나?" 이렇게 말하면서 장교는 내려왔다.

탈곡장 앞에 물푸레나무 한 그루가 푸른 하늘로 우뚝 솟아 있었다. 나뭇잎들이 산들거렸다. 장교가 그 나무와 병사들을 번갈아 바라보았다. 잠시 생각에 잠겼다가 느닷없이 소년에게 물었다.

"시력이 좋으냐?"

"저요? 1마일 밖에 있는 참새도 볼 수 있는 걸요."

"저 나무 꼭대기로 올라갈 수 있겠냐?"

"그럼요. 30초면 충분해요."

"그럼 올라가서, 저쪽에 적군이 있는지, 연기가 피어오르고 있는지, 총검이 빛나는지, 말이 있는지 살펴보고 좀 알려 줄래?"

"좋아요."

"상으로는 뭘 줄까?"

---

*11 버려진 자식의 역사는 오래된 것으로 추정되는데, 그 무렵 이탈리아에서도 생활이 어려워 자식을 버리는 부모가 늘어서 사회 문제가 되었다. 버려진 아이들은 서커스단에 팔리거나 군대나 고아원에 보내졌다.

"상이요? 그런 거 필요 없어요. 마땅한 의무인 걸요! 적이 부탁했다면 단번에 거절했겠지만, 이건 나라와 절 위한 일이니까요! 이래봬도 전 롬바르디아 사람이거든요."

"기특하구나, 꼬마야! 그럼 부탁한다."

"잠깐만요. 구두 좀 벗고요." 소년은 그렇게 말하고 구두를 벗은 뒤 허리띠를 꽉 졸라맸다. 그리고 풀숲에 모자를 벗어던지고는 나무줄기에 매달렸다.

"내가 말한 대로만……." 갑자기 불안해진 장교가 소년을 불러 세웠다. 소년이 왜 그러냐는 듯이 뒤를 돌아보았다. 그 맑고 푸른 눈은 무척 아름다웠다. "아니, 아무것도 아니다. 어서 올라가거라."

소년은 고양이처럼 가뿐하게 올라갔다. "전방에 주의!" 장교가 병사들에게 명령했다.

소년은 눈 깜짝할 사이에 나무 꼭대기까지 올라가 줄기에 딱 달라붙었다. 다리는 무성한 나뭇잎에 가려졌지만, 몸통은 그대로 보였다. 태양이 소년의 금발머리를 황금빛으로 물들였다. 장교는 나무 위의 소년이 까마득하게 보였다.

"똑바로 앞을 봐!"

장교가 외쳤다. 소년은 앞이 잘 보이도록 나무줄기에서 오른손을 놓고 이마에 가져다 댔다.

"뭐가 보이지?"

소년이 밑에 있는 장교를 내려다보면서 한 손을 입가에 대고 대답했다.

"하얀 길에 말을 탄 병사 두 사람이……."

"거리는?"

"반마일쯤이요……."

"이쪽으로 오고 있나?"

"아니요. 멈춰 있어요."

"또 뭐가 보이지? ……오른쪽을 봐라."
"오른쪽이요? ……묘지 옆 나무 사이로 빛나는 것이…… 총검 같아요."
"사람은?"
"보리밭에 숨어 있는 것 같아요."
소년이 말을 채 마치기도 전에, 피융하는 날카로운 총알 소리가 머리 위를 스치는가 싶더니 집 뒤쪽으로 사라져 갔다.
"내려와! 발각됐다! 이제 됐으니까 내려와라."
장교가 파랗게 질려 소리치자 소년이 대답했다.
"전 하나도 무섭지 않아요!"
"됐으니까 어서 내려와…… 그렇다면…… 왼쪽에는 뭐가 보이지?"
"왼쪽이요? ……."
"그래, 왼쪽."
소년이 왼쪽으로 머리를 내밀었다. 그 순간, 아까보다 더 날카로운 총알 소리가 낮은 위치에서 허공을 갈랐다. 소년은 깜짝 놀라서 조금 무서워졌다.
"이런! 날 노리고 있잖아!"
총알은 그의 몸을 스쳤다.
"어서 내려와!" 장교가 초조하게 소리쳤다.
"곧 내려갈게요. 하지만 나무가 보호해 주니까 괜찮아요. 왼쪽이라고 했죠?"
"그래 왼쪽…… 아니, 그만 됐다. 어서 내려와!"
소년은 윗몸을 내밀었다. "왼쪽에는, 어디 보자, 교회 예배당인가…… 그런 것 같은데……."
그때였다. 날카로운 세 번째 총알 소리와 동시에 소년의 몸이 공중에 붕 떠올랐다. 그리고 줄기와 잔가지에 잠깐 걸렸는가 싶더니 똑바로 곤두박질쳤다.

"젠장!" 장교가 소리치며 달려갔다. 소년은 땅바닥에 등을 세게 부딪쳐 두 팔을 아무렇게나 뻗은 채 쓰러져 있었다. 왼쪽 가슴에서 피가 솟아오르고 있었다. 중사와 병사 두 명이 황급히 말에서 뛰어내렸다. 장교는 주저앉아 소년의 셔츠를 찢었다. 총알이 왼쪽 폐에 박혀 있었다.

"틀렸어!" 장교가 외쳤다.

"아직 희망이 있을 겁니다." 중사가 말했다.

"아아, 가엾게도! 넌 용감했다, 훌륭했어, 꼬마야! 정신 차려! 힘을 내!"

장교가 격려하면서 상처난 자리를 천으로 눌렀다. 그러나 이윽고 소년의 머리가 힘없이 뒤로 떨어지더니, 눈을 허옇게 뜬 채 숨을 멈추었다. 싸늘하게 죽어 버린 것이다. 장교의 얼굴은 창백해졌다. 그는 소년의 얼굴을 슬픈 얼굴로 바라보더니 머리를 조심스레 받치고서 풀밭에 뉘였다. 그리고 천천히 일어나 지친 모습으로 물끄러미 소년을 바라보았다. 중사와 병사 두 명은 그 자리에 못 박힌 듯이 꼼짝도 하지 않고 서 있었다. 다른 병사들은 적군이 있는 쪽을 감시하며 경계를 계속했다.

"이런 슬픈 일을 당하다니!" 장교가 비통한 목소리로 말했다. "불쌍한 녀석. 하지만 넌 용감했다!"

그러고는 창문에서 삼색기를 내려 소년의 작은 시체에 덮어 주었다. 그러고는 소년의 얼굴이 보이지 않도록 삼색기를 머리끝까지 올려주었다. 중사는 소년의 유품이 된 구두와 모자, 지팡이, 작은 칼따위를 모아서 옆에 가져다 놓았다. 한참 동안 침통해하며 아무도 입을 열지 않았다.

"구급마차를 불러. 이 소년은 병사로서 죽었다. 위생병들이 이 소년을 용감한 이탈리아 병사로서 정중하게 묻어줄 거야."

장교는 중사에게 말하고, 시체를 바라보며 한 손으로 키스를 던졌다. 그리고 뒤돌아서 "승마!" 이렇게 호령했다. 병사들이 모두 안장에 올라탔다. 분대는 다시 행진을 시작했다.

몇 시간 뒤 이 소년의 죽음은 명예로운 전사(戰死)로서 칭송받게 되었다.

그날 해질 무렵이었다. 이탈리아군의 최전선 부대가 적군에게 총공격을 개시했다. 그날 아침 기마소대가 지나갔던 그 길을 이번에는 저격부대가 2열로 진군했다. 바로, 며칠 전 산 마르티노 전투에서 언덕을 피로 물들인 용감한 대대였다. 소년의 죽음은 이미 그들도 들어서 알고 있었다.

개울을 따라 난 오솔길은 그 집 옆을 지나갔다. 대대 앞머리에서 행진하던 장교들은 물푸레나무 아래 삼색기에 덮인 채 누워 있는 소년의 시체를 보고는 허리에 차고 있던 칼을 들어 경례했다. 그 가운데 한 사람은 개울 양쪽에서 꽃 두 송이를 꺾어 소년에게 바쳤다. 그러자 뒤에 오던 병사들도 그를 따라했다. 순식간에 소년은 꽃으로

뒤덮였다. 병사들은 저마다 외치며 경례를 바쳤다.

"장하다! 롬바르디아의 소년."

"잘 가렴, 고맙다, 금발의 소년아!"

"만세! 소년에게 영광이 있기를! 안녕!"

한 장교가 자신의 훈장 메달을 소년에게 바치자, 다른 장교가 그의 이마에 짧게 입 맞추었다. 소년의 맨발, 피투성이가 된 가슴, 금발머리에도 헤아릴 수 없이 많은 무수한 꽃이 쏟아졌다.

소년은 그가 사랑했던 삼색기에 덮인 채 풀숲에 조용히 누워 있었다. 핏기가 가신 얼굴에는 희미한 미소가 평온하게 떠올라 있었다. 자신을 칭송하는 병사들의 목소리가 들리기라도 하는 듯이. 조국 롬바르디아에 목숨을 바쳤다는 데에 만족한다는 듯이.

축복받지 못한 사람들을 위해

11월 29일(화)

롬바르디아의 소년처럼 나라를 위해 목숨을 바치는 것은 무척 훌륭한 일이란다. 하지만 조그만 선의도 무시해서는 안 돼.

오늘 아침 하굣길에 넌 엄마보다 앞에서 걸어갔었지. 그때 어떤 불쌍한 여자 옆을 지나갔어. 그 여자는 두 무릎에 새파란 얼굴을 한 채 제대로 먹지 못해 성장이 늦은 아기를 올려 놓고서 너에게 동냥을 구했어. 그런데 넌 그 사람을 본척만척하더구나. 주머니에 돈이 조금 들어 있었을 텐데도 말이야.

잘 들으렴. 불쌍한 여자가 손을 내밀면 못 본 체하고 지나가선 안 돼. 갓난아기를 위해 돈을 구걸하는 엄마라면 더더욱 그렇고. 아마 아기는 아무것도 먹지 못했을 거다. 그 애 엄마가 얼마나 괴로웠겠니? 내가 어느 날 갑자기 "엔리코, 이제 네가 먹을 빵이 한 조각도 남아 있지 않구나"라고 말한다면 어떨까? 절망해서 우는 이 엄마를 상상해 보렴.

엄마가 길거리에서 구걸하는 사람한테 동전을 주면, 그 사람은 "오오, 부인과 자녀분에게 신의 가호가 있기를" 이렇게 말해 준단다. 그럼 그 말은 엄마 마음에 따뜻하게 울려 퍼져서, 오히려 내가 그 사람에게 감사하고 싶어지지. 엄마의 말을 알아듣겠니? 그 축복의 말 덕분에 우리 가족이 훨씬 건강하게 지낼 수 있을 것 같아서 아주 흐뭇한 기분으로 집에 돌아오는 거야. 이런 생각도 든단다. '아아, 저 불쌍한 사람은 내가 준 몇 푼을 받고, 그보다 몇 배는 많이 돌려주었구나.' 네가 도와준 사람한테 축복의 말을 듣는 모습을 엄마에게도 보여 주었으면 좋겠다. 가끔이라도 좋으니, 의지할 곳 없는 노인이나 배고픔에 지친 사람들 그리고 엄마 없는 아이의 손에 네가 가진 돈을 나눠 주렴.

축복받지 못한 사람들은 어린이의 착한 손길을 좋아한단다. 어린이들은 깔보거나 으스대지 않으니까. 그리고 어린이도 보호가 필요한 존재니까. 서로 비슷한 처지인 셈이지. 그래서 학교 주변에 그런 사람들이 많은 거야. 어른의 손길은 그저 자선 행위지만, 어린이의 손길은 한결 순수한 애정이 담긴 것이란다. 엄마 말을 이해하겠니? 동전 한 닢과 함께 꽃 한 송이를 받은 기분이 드는 거야.

아무런 부족함 없이 사는 너와 가난한 집 아이를 비교해서 생각해 보렴. 네가 "더 행복해 지고 싶다!" 바랄 때, 그 애들은 "오늘 하루가 무사히 지나가 주기만 한다면 얼마나 좋을까!" "아아, 오늘도 살았다!" 생각할 거다.

으리으리한 건물이 빽빽하게 늘어서 있고 호화로운 마차와 벨벳에 싸인 사람들이 지나다니는 거리에, 먹을 것도 없는 여자와 젖먹이가 앉아 있다니! 이 얼마나 불공평한 일이니! 엄만 참으로 가슴이 아프단다. 생각해 보렴. 먹을 것이 없다는 걸 넌 상상이나 할 수 있겠니? 아무리 똑똑해도 너와 똑같은 소년이 도시 한복판에서 먹을 것을 찾아 헤매야 한다니! 거친 들판을 헤매는 짐승처럼 말이야. 오오, 엔리코. 이제부터는 동냥을 구하는 여자의 손에 돈을 쥐어 주지 않고 태연하게 지나가는 일은 두 번 다시 하지 마라.

〈엄마가〉

12월
dicembre

장사에 재능이 있는 가로피

12월 1일(목)

아빠는 요즘 "휴일에는 친구들을 불러도 좋다. 아니면 네가 놀러 가든가. 그러면 모두 조금씩 친해질 수 있을 거야" 말씀하신다. 그래, 이번 일요일에는 저 멋 부리는 잘난 척쟁이 보티니하고 산책이나 가야겠다. 데로시에게 경쟁심을 불태우는 그 애 말이다.

그전에 오늘은 꺽다리 가로피가 놀러왔다. 코가 부엉이 부리처럼 생긴 애다. 가늘고 약삭빠르게 생긴 눈으로 뭐든지 찾아내는 아주 독특한 애다. 그 애 아빠는 잡화상이다. 그 애는 주머니 속에 든 돈을 언제나 세고 있다. 게다가 손가락이 무척 빠르다. 몇 자리나 되는 곱셈도 구구단표 없이 척척 해낸다. 게다가 돈을 모으는 데에 천재처럼 재능이 있다. 학교 저금통장까지 갖고 있다. 낭비는 절대로 하지 않는다. 책상 밑에 동전을 떨어뜨리면, 그게 얼마가 됐든 일주일이 걸려서라도 끈질기게 찾아내고야 만다. 그는 그런 애다.

데로시는 가로피가 까치 같다고 말한다. 낡은 펜, 다 쓴 우표, 핀, 타다 남은 초 등 눈에 띄는 건 가리지 않고 뭐든지 줍는다. 2년 전부터 여러 나라 우표를 수집해서 커다란 앨범에 붙이고 있다. 벌써 몇 백 장은 모았을 것이다. 앨범이 다 차면 책방에 가지고 가서 팔 거라고 했다. 책방에 갈 때는 애들을 잔뜩 데리고 간다. 그래야만 책방 아저씨가 수고비로 공책을 몇 권이나 주시기 때문이다.

학교에서 공부는 뒷전이고 장사에만 열심이다. 날마다 물건을 사고판다. 제비뽑기로 물물교환도 한다. 한 번 팔았다가 후회되면 두 배의 돈을 주고 다시 산 다음 네 배를 받고 다시 판다. 펜촉을 건 게임에서는 진 적이 없다. 그 애의 작은 공책에는 덧셈과 뺄셈을 한 숫자가 빼곡히 적혀 있다. 담뱃가게 아저씨한테 판 폐신문의 금액을 적은 것이다. 가로피가 진지하게 공부하는 과목은 산수뿐이다. 우등상 메달을 받고 싶어 하는데, 그게 있으면 인형극을 공짜로 구경할 수 있기 때문이다.

난 그 애가 좋다. 그 애랑 있으면 왠지 무척 즐겁다. 우리는 때때로 저울을 꺼내서 가게 놀이를 했다. 그 애는 진짜 가게 주인처럼 물건 값을 낱낱이 꿰고 있다. 무게도 정확히 재고, 재빠르고 솜씨 좋게 포장도 한다.

"학교를 마치자마자 새로운 장사를 준비할 거야. 내가 직접 생각해 낸 장사지." 그 애가 가끔 내게 하는 말이다.

내가 다른 나라 우표를 주자 가로피는 아주 좋아했다. "와! 수집가한테 팔면 엄청나겠는데! 이런 건 비싸게 쳐 주거든" 가로피는 신이 나서 내게 자세히 가르쳐 주었다.

아빠는 신문을 읽는 척하면서 가로피의 이야기를 흥미 있게 들으셨다. 가로피의 주머니는 언제나 자잘한 물건들로 불룩하다. 그걸 가로피는 검은 외투로 가린다. 가로피의 머릿속에는 장사 생각밖에 없는 것 같다. 심각하게 고민하는 얼굴은 어엿한 장사꾼이다.

그런 그 애가 가장 아끼는 보물은 뭐니 뭐니 해도 고생해서 모은 우표다. "이건 보물이야. 팔면 엄청난 재산이라고!" 이것이 그 애의 입버릇이다.

모두 그를 구두쇠라고 부르지만, 정말 그럴까? 그는 내가 모르는 것도 많이 가르쳐 주고, 진짜 어른처럼 보인다. 나는 그런 그가 참 좋다.

그 애를 보고 콜레티는 "그 녀석은 그걸 팔아야 자기 엄마의 목숨을 살릴 수 있다고 해도 절대로 팔지 않을 거야. 그런 녀석이라고" 말한다. 그렇지만만 우리 아빠는 다르다. "꼭 그렇다고 말할 수 있을까? 그 앤 돈과 우표에 빠져 있지만, 틀림없이 마음이 따뜻한 아이일 거야" 이렇게 말씀하신다.

허풍쟁이 보티니

12월 5일(월)

어제 나는 보티니랑 그 애 아빠랑 셋이서 리볼리의 가로수 길까지 산책을 갔다.

산책 도중에 드라 글로사 거리에서 스타르디를 발견했다. 공부를 방해하는 아이는 걷어차 버리는 지독한 공부벌레다. 그 애는 책방 앞에 서서 유리창 너머로 지도를 물끄러미 들여다보고 있었다. 걸으면서도 공부하는 애니까 꽤 오랫동안 그러고 있었던 게 틀림없다.

"안녕, 스타르디!" 내가 말을 걸었지만, 스타르디에게서는 "으응……." 하는 성의 없는 대답만 돌아왔다.

보티니는 조금 지나치다 싶을 만큼 멋을 부리고 있었다. 빨간 수를 놓은 가죽 부츠에 자수와 비단 프릴이 달린 옷을 입었다. 모자는 하얀 비버 털가죽이고, 손목에는 회중시계까지 찼다. 그걸 자랑하듯이 보티니는 잔뜩 뻐기면서 걸었다. 그런데 오늘, 보티니의 그런 허영심이 화를 불렀다.

가로수 길을 꽤 걷다가 문득 보니 보티니의 아빠가 저 멀리 뒤처져 계셨다. 돌로 만든 긴 의자를 발견한 우리는 거기에 앉아서, 저멀리 느긋하게 걸어오시는 보티니의 아빠를 기다리기로 했다.

의자에는 수수하게 차려입은 남자아이가 앉아 있었다. 그 애는 피곤한 듯이 고개를 수그린 채 생각에 잠겨 있었다. 그리고 그 애의 아빠로 보이는 사람이 나무 아래에서 신문을 읽으며 왔다갔다하고 있었다. 남자애 옆에 보티니가 앉고, 그 옆에 내가 앉았다. 그때 보티니는 문득 자신의 멋진 옷차림을 그 애한테 자랑하고 싶은 것 같았다.

먼저 보티니는 한쪽 발을 들고 내게 말했다.

"이 신발이 장교가 신는 부츠라는 걸 알고 있니?"

보티니는 남자애에게 들으라는 듯이 말했지만, 그 애는 신경도 쓰지 않았다. 어쩔 수 없이 발을 내려놓더니, 이번에는 남자애를 곁눈질하면서, 자기가 입고 있는 옷을 가리키며 내게 말했다.

"이렇게 하늘거리는 비단 장식은 별로야. 은단추로 바꿀까 생각 중이야……."

그러나 남자애는 그 옷에도 눈길을 주지 않았다. 그러자 보티니는 새하얀 털가죽 모자를 벗어 검지로 빙글빙글 돌리기 시작했다. 그러나 그 애는 이번에도 '내가 죽어도 보나 봐라!' 하는 듯이 고개조차 돌리지 않았다. 보티니는 초조해졌다. 회중시계를 꺼내서 뚜껑을 열고는 내게 보였다. 그래도 그 애 얼굴은 움직이지 않았다.

"금으로 도금한 거야?" 내가 물었다.

"아니야! 진짜 금이야."

"하지만…… 다 진짜 금은 아닐 거 아니야?"

"맞다니까! 모두 다 금이라고!"

발끈한 보티니는 남자애 얼굴 앞에 시계를 들이밀고 억지로 보여 주려고 했다.

"말해 봐봐! 자, 전부 다 진짜 금이지?"

하지만 남자애는 쌀쌀맞게 "몰라"라고만 했다.

"뭐 이런 기분 나쁜 자식이 다 있어!"

보티니는 화가 머리끝까지 치밀어서 고함을 질렀다. 어느새 우리를 따라잡은 보티니의 아빠가 그 목소리를 듣고는 남자애를 바라봤다. 그리고 우리에게 "조용히 해" 하시고는 보티니에게 몸을 굽히고 귓속말하셨다. "이 애는 눈이 보이지 않는다."

보티니는 깜짝 놀라 남자애 얼굴을 들여다보았다. 남자애의 눈동자는 전혀 움직이지 않았다. 사람 눈과 똑같이 생긴 의안이었다. 보티니는 할 말을 잃고 바닥에 눈을 내리깐 채 시무룩해졌다.

"미, 미안해……. 나, 난…… 몰랐어……."

보티니는 혼잣말을 하듯 겨우 사과했다. 남자애는 처음부터 보티니에게 나쁜 마음은 없었다는 사실을 알고 있었다. 그렇기에 "괜찮아" 말하며 부드럽게 미소를 지었다. 하지만 얼마 지나지 않아 슬픈 얼굴로 바뀌었다.

보티니는 허영쟁이지만, 절대로 나쁜 애는 아니다.

와, 첫눈이다!

12월 10일(토)

리볼리의 가로수 산책과도 얼마 동안 안녕이다. 보라, 우리의 좋은 친구가 찾아왔다. 눈이다! 첫눈이다! 어젯밤부터 재스민 꽃잎처럼 하늘거리며 눈이 내리고 있다. 오늘 아침은 온 세상이 눈 천지다! 교실 창문 유리창에 내리는 눈이 창틀에 소복히 쌓여 간다. 조금씩 굵어지는 눈을 바라보는 것은 언제나 참 즐겁다.

페르보니 선생님도 두 손을 비비며 좋아하셨다. 반 전체가 얼어붙은 눈밭에서 눈싸움을 하고 미끄러지며 뛰노는 상상에 들떴다. 그리고 집에 가서 꽁꽁 언 몸을 난로에 녹일 것을 생각하니 뭐라 말할 수 없이 행복한 기분이었다. 스타르디만이 아랑곳하지 않고, 굳게 쥔 주먹으로 머리를 감싸고는 공부에 집중했다.

하교 시간에 모두들 얼마나 신이 나서 떠들어댔는지 모른다. 꽥꽥 소리를 지르며 길거리 이쪽저쪽으로 펄펄 날아다녔다. 손바닥 가득 눈을 퍼담고, 강에서 헤엄치는 강아지처럼 눈 위에 엎드려 발장구를 치기도 했다.

밖에서 기다리는 부모님의 우산도 경찰 아저씨의 헬멧도 눈으로 덮여 새하얬다. 우리가 맨 책가방도 순식간에 하얘졌다. 무척 즐거워서 정신을 놓고 뛰어다녔다. 좀처럼 웃지 않는 하얀 얼굴 프레코시도, 승합마차에 치일 뻔한 남자아이를 구해 준 로베티도 목발을 짚고서 뛰어다녔다. 태어나 눈을 처음 보는, 칼라브리아에서 온 코라치는 복숭아 모양으로 뭉친 눈을 깨물어 먹었다. 크로시는 책가방에 눈을 쑤셔 넣었다. 미장이는 볼이 터져라 눈을 먹었다. 그때 우리 아빠가 "다음에 우리 집에 놀러 오렴" 말하자, 미장이는 놀라서 입에 넣은 눈을 뱉지도 삼키지도 못한 채 눈만 깜빡거렸다. 대답도 못하고 서 있는 그 애를 보고 우리는 웃음을 터트렸다.

여선생님들도 까르르 웃으면서 밖으로 나오셨다. 1학년 때 담임선생님도 초록색 베일로 얼굴을 가리고, 진눈깨비로 변한 눈을 헤치며 달려 나오셨다. 하지만 갑자기 찬 공기를 들이마시니 기침이 멈추지 않아 괴로우신 것 같았다.

얼마쯤 지나자, 옆에 있는 여자 초등학교에서 몇 백 명이나 되는 여자애들이 꺄꺄 소리를 지르면서 달려나왔다. 그 애들은 눈 양탄자를 깐 것 같은 새하얀 눈밭을 종종걸음으로 지나갔다.

"자, 어서들 집에 가라. 어서들 가."

소리치는 선생님과 서무원, 경찰 아저씨의 입 안에도 눈이 날아들었다. 콧수염도 턱수염도 모두 새하얬다. 어른들은 반가운 눈이 기뻐서 잔뜩 신난 아이들을 흐뭇하게 바라보셨다.

너희는 순수하게 겨울이 온 것을 기뻐하는구나. 하지만 추운 겨울에 입을 옷도 신발도 난로도 없는 아이들이 있다는 사실을 잊어선 안 된다. 이 지구상에는 그런 아이가 셀 수도 없이 많단다. 동상에 걸려 튼 손으로 장작을 안고서 먼 산길을 걸어 학교에 다니는 애들도 있단다. 그러지 않으면 교실에서 난롯불도 쬘 수 없기 때문이지. 눈에 파묻히고 동굴처럼 아무것도 없는 컴컴한 학교도 아주 많단다. 그런 학교에 다니는 아이들은 연기만 피우는 눅눅한 장작에 콜록거리면서, 보잘것없는 불씨를 쬐고 추위에 이를 딱딱 부딪치면서, 언제 그칠지도 모르는 눈을 바라본단다. 그리고 멀리 떨어진 자신들의 튼튼하지 못한 집이 눈 무게를 못 이기고 무너지지나 않을까, 눈

masa

사태에 휩쓸려가지나 않을까 걱정한단다. 도저히 공부할 상황이 아니지.

너희에게 겨울은 즐거운 계절일지 모른다. 하지만 동시에 겨울은 수많은 아이들에게 고난과 죽음을 가져다준다는 사실을 잊지 말거라.

〈아빠가〉

미장이

12월 11일(일)

오늘은 미장이가 놀러왔다. 그 애는 사냥갈 때 입는 것 같은 겉옷을 입고 있었다. 그것은 머리부터 발끝까지 아빠에게 물려받은 작업복이었다. 옷 군데군데에는 석회와 회반죽이 묻어 있었다.

그 애가 오기를 나보다 더 기다리던 아빠는 크게 반겨 주셨다. 미장이는 집에 들어오자마자, 눈에 흠뻑 젖은 소프트 모자를 벗어 주머니에 찔러 넣었다. 사과에 귀여운 코가 살짝 얹혀 있는 듯한 얼굴로 집 안을 두리번거리면서, 피곤에 지친 기술자 흉내를 내며 느릿느릿 들어왔다. 그런 다음 식당에 있는 가구를 휙 둘러보고, 벽에 걸린 그림을 쳐다보고는 '토끼 얼굴'을 했다. 그것은 등이 굽은 어릿광대 리골레토*[1]의 그림이었다. 그 우스꽝스러운 얼굴을 보고 웃음을 참기란 무척 어려웠다.

우리는 먼저 나무 쌓기 놀이를 시작했다. 미장이는 매우 솜씨 좋게 탑과 다리를 만들었다. 무너지지 않는 게 참으로 신기했다. 그것을 만들 때 그의 얼굴은 무척 진지했다. 몰두하는 어른처럼 온 신경

---

*1 주세페 베르디의 오페라《리골레토》의 주인공. 1851년 3월 베네치아의 페니체 극장에서 처음 상연되었다. 베르디(1813~1901)의 작품은 애국심에 넘치는 것이 많아서, 조국통일을 바라는 이탈리아인의 감정을 북돋웠다. 또 그 이름이 비토리오 에마누엘레 국왕 이름의 첫 글자와 같다는 점에서 이탈리아인에게 널리 사랑받았다. VERDI(Vittorio Emanuele Re D'Italia)

을 집중했다.

탑 하나를 완성하자 미장이는 자기 집안 이야기를 들려주었다. 지금은 건물 꼭대기 층에 살며, 아빠는 야간 학교에서 글을 배운다고 했다. 그리고 엄마는 토리노에서 조금 떨어진 비에라라는 마을에서 태어났다고도 했다. 그 애는 부모님의 사랑을 듬뿍 받았다. 그것은 그 애가 입은 옷을 보면 알 수 있다. 비록 물려준 옷이지만, 춥지 않도록 세심하게 신경을 써주었기 때문이다. 터진 곳은 꼼꼼하게 수선했고, 넥타이도 엄마가 직접 예쁘게 매 주셨다. 미장이는 말했다. "우리 아빠는 문도 힘겹게 지나갈 만큼 키가 크셔. 하지만 아주 상냥하고 남자답지. 나를 '우리 토끼'라고 부르셔." 그에 비해 아들인 그 애는 몸집이 무척 작다.

4시가 되어 소파에 나란히 앉아 건포도 케이크를 먹었다. 미장이가 일어나자, 그의 겉옷에 묻었던 석회 때문에 소파가 하얗게 되어 있었다. 그래서 내가 깨끗하게 닦으려는데 아빠가 조용히 내 손을 잡으셨다. 그리고 직접 몰래 닦으셨다.

나와 신나게 놀다보니 미장이의 옷에서 단추가 떨어져 버렸다. 엄마는 그것을 다시 달아 주셨다. 미장이는 잔뜩 긴장해서 새빨간 얼굴로 숨도 헉헉거렸다. 그러면서 바느질하는 엄마를 물끄러미 바라보았다.

나는 그런 그 애에게 만화를 보여 주었다. 그 애가 자주 짓는 찡그린 표정은 그 만화에 나오는 얼굴과 똑같았다. 그걸 보고 아빠도 웃으셨다.

미장이는 "오늘은 참 즐거운 하루였어" 말해 주었다. 얼마나 즐거웠는지, 돌아갈 때 주머니에 있던 소프트 모자를 쓰는 것도 잊을 정도였다. 미장이는 계단에서 다시 한 번 익살맞게 '토끼 얼굴'을 지어 주었다. 고맙다는 표시인 것 같았다. 그 애의 진짜 이름은 안토니오 라브코. 이제 겨우 8살하고도 8개월이다…….

엔리코, 아빠가 왜 소파를 닦지 못하게 했는지 알겠니? 그 아이가 보는 앞에서 닦으면 그 아이를 꾸짖는 듯이 보이겠지? 그래서 못하게 한 거란다. 가장 큰 이유는, 그 애가 일부러 그런 게 아니라는 점이다. 다음으로는, 그 애가 아버지의 옷을 입었기 때문이란다. 그건 그 애 아버지가 일하다가 묻힌 거겠지? 일하다가 묻은 것은 먼지든 석회든 페인트든 더러운 것이 아니란다. 일을 마치고 돌아가는 기술자를 손가락질하며 "더러워!" 말해서는 절대로 안 된단다. 그럴 땐 이렇게 말해야 한다.

"저 기술자 옷에 열심히 일한 흔적이 남아 있구나."

기술자에게 일한 흔적은 훈장과도 같다는 것을 잘 기억해 두어라. 앞으로도 그 친구와 사이좋게 지내렴. 무엇보다 너의 소중한 반 친구이자, 존경스러운 기술자의 아들이니까.

〈아빠가〉

가로피의 눈덩이

12월 16일(금)

해가 뜨고 져도 눈, 눈, 눈. 그 눈이 뜻밖의 사건을 일으켰다.

오전 수업이 끝났다. 모두가 내내 기다렸다는 듯이 거리로 뛰쳐나가, 서서히 녹기 시작한 눈을 뭉쳐서 눈싸움을 시작했다. 눈덩이는 돌멩이처럼 딱딱하고 무거웠다. 거리에는 많은 사람이 오가고 있었다. "그만두지 못해, 이 개구쟁이 녀석들!" 어느 신사가 소리쳤다.

바로 그때였다. 길 건너에서 날카로운 소리가 들리더니 한 할아버지가 비틀거리며 쓰러지는 것이 보였다. 할아버지는 두 손으로 얼굴을 부여잡고 있었다. 벗겨진 모자가 쓰러진 할아버지 옆에 나뒹굴었다. 옆에서 소년이 "사람 살려! 누가 좀 도와 줘요!" 외쳤다. 그 소리를 듣고 많은 사람이 몰려왔다. 누군가가 던진 눈덩이가 할아버지의 한쪽 눈으로 날아간 것이다. 아이들은 순식간에 나뭇잎처럼 뿔뿔이 흩어졌다.

그때 나는 책방 앞에서 아빠가 나오기를 기다리고 있었다. 반 애들 몇 명이 달려오는 것이 보였다. 그 애들은 사람들 틈에 섞여서 가게 안을 구경하는 척하며 내 옆까지 왔다. 갈로네였다. 늘 그랬듯이 주머니에는 빵이 들어 있었다. 콜레티, 미장이, 그리고 우표 수집가 가로피도 있었다.

할아버지 주위에는 어느새 사람이 구름떼처럼 모였다.

"누구냐? 누구 짓이야! 너냐? 누가 이런 짓을 했어!"

경찰 아저씨가 고함을 지르며 뛰어다녔다. 다른 어른들도 고함을 지르며, 손이 젖지 않았는지 아이들을 엄하게 조사했다. 어느 샌가 내 옆에 가로피가 와 있었다. 겁에 질린 가로피는 죽은 사람처럼 하얗게 질린 얼굴을 하고 있었다.

"누구냐! 누구 짓이야!"

경찰 아저씨는 계속 고함을 질렀다. 갈로네가 가로피에게 나지막하게 말하는 게 들렸다.

"어서 네가 했다고 말해. 다른 사람에게 죄를 뒤집어씌우는 건 비겁한 짓이야."

"하, 하지만…… 일부러 그런 게 아니야."

가로피가 사시나무처럼 떨리는 목소리로 대답했다.

"일부러 했고 안 했고는 중요하지 않아! 넌 얼른 네 잘못을 고백해야 해."

"하, 하지만…… 나, 난…… 용기가 없어."

"용기를 내. 자, 정신 똑바로 차리고. 내가 함께 가 줄게."

어른들이 화가 나서 더욱 목소리를 높였다.

"누구냐! 누구 짓이냐!"

"안경 끝에 눈이 찔렀단 말이다!"

"노인을 앞도 못보게 만들다니! 못된 놈 같으니라고!"

나는 가로피가 기절할까 봐 걱정이었다.

"이리 와! 내가 지켜줄게."

갈로네가 단호하게 말하며, 거의 아픈 사람처럼 당장에라도 쓰러질 것 같은 가로피의 팔을 붙잡아 부축하면서 앞으로 밀었다. 그 모습을 본 사람들은 범인이 누구인지 곧 눈치챘다. 사람들은 주먹을 휘두르며 우르르 몰려왔다. 그때 갈로네가 끼어들어 외쳤다.

"어린애 한 명에게 열 사람이 덤비는 겁니까?"

그들의 발이 뚝 멈추었다. 경찰이 가로피의 손을 잡고 파스타 가게로 데리고 갔다. 그곳에서 다친 할아버지가 응급 처치를 받고 있었기 때문이다. 그 얼굴을 본 순간, 나는 그 할아버지가 우리 집 5층에서 손주와 함께 살고 있는 분이라는 것을 알 수 있었다. 할아버지는 눈에 손수건을 대고 의자 위에 조용히 누워 있었다.

"이, 일부러 그런 게 아니에요!" 가로피는 두려움에 떨며 울먹이면서 말을 되풀이했다. "일부러 그런 게 아니에요!"

"무릎 꿇어!"

"제대로 사과해!"

어른들은 저마다 한마디씩 하며 가로피를 거칠게 바닥에 꿇어앉혔다. 그때, 건장한 팔뚝을 가진 남자가 가로피를 일으켜 세웠다. 쩌렁쩌렁한 목소리가 울려 퍼졌다.

"그만두시오, 신사 여러분!"

교장 선생님이었다. 선생님은 처음부터 모든 것을 지켜보고 계셨던 것 같았다.

"이 애는 제 발로 나왔소. 용기 있는 행동이오. 이 애에게 뭐라고 할 권리는 그 누구에게도 없소."

교장 선생님 말씀에 사람들은 모두 꿀 먹은 벙어리가 되었다.

"자, 사과하렴."

그 말에 가로피는 눈물을 홍수처럼 쏟아내며 할아버지 무릎에 매달렸다. 할아버지는 안 보이는 눈으로 가로피의 머리를 쓰다듬어 주셨다. 지켜보던 어른들은 저마다 "자, 그만하면 됐다. 어서 집으로 돌아가라" 말했다.

사람들에게서 멀어져 집으로 돌아오면서 아빠가 내게 물었다. "엔리코, 네가 가로피였다면 용기 있게 죄를 고백하러 갔겠니?"

"네." 나는 진지하게 대답했다.

"네 진심과 긍지를 걸고 아빠한테 맹세할 수 있니?"

"맹세해요, 아빠!"

여선생님

12월 17일(토)

오늘 가로피는 잔뜩 겁에 질려 있었다. 어제 벌어진 실수 때문에 페르보니 선생님한테 호되게 야단맞을 거라고 생각했기 때문이다. 그런데 학교에 가 보니 페르보니 선생님은 물론 교생 선생님도 계시지 않았다. 대신 크로미 선생님이 수업에 들어오셨다.

크로미 선생님은 여선생님 중에서 나이가 가장 많으시다. 선생님에게는 다 큰 아들이 둘이나 있다. 오늘 아침 우리 발렌티 초등학교에 아들을 데려다 주러 온 엄마들 사이에도 크로미 선생님한테 읽기와 쓰기를 배운 사람이 몇 명이나 있다. 오늘 크로미 선생님은 무척 괴로워 보였다. 한 아들이 병에 걸렸다고 했다.

선생님을 본 순간 교실 안이 술렁거렸다. 하지만 선생님은 점잖고 침착한 목소리로 말씀하셨다.

"내 흰머리를 무시하면 안 된다. 난 교사일 뿐만 아니라, 집에서는 엄마이기도 하니까."

그러자 교실 안은 순식간에 조용해졌다. 심술궂은 프란티마저 얌전해졌다. 그러나 프란티는 선생님 눈에 띄지 않는 곳에서 몰래 혓바닥을 쏙 내밀었다. 크로미 선생님 반에는 내 동생의 담임인 데르카티 선생님이 들어가고, 동생 반에는 '수녀 선생님'이라고 불리는 선생님이 들어가서 수업을 했다.

늘 수녀처럼 검은 옷을 입는 '수녀 선생님'은 하얗고 작은 얼굴에 맑은 눈과 쭉 뻗은 머리를 가진 여선생님이다. 그 선생님은 늘 가느다란 목소리로 기도하듯이 조용조용 말한다. 우리 엄마는 이렇게 말씀하신다.

"참 신기하지. 그렇게 내성적이고 온화하고, 큰소리를 내거나 혼내지도 않고, 겨우 들릴 만큼 작게 말하는데도 애들을 자연스럽게 조용하게 만드니까 말이야. 그 어떤 개구쟁이도 그 선생님이 손가락으로 주의만 주면 얌전히 고개를 숙여 버리잖니. 그러니까 교실이 꼭 교회 같이 되지 뭐야. 그래서 '수녀 선생님'이라고 불리나 봐."

내가 좋아하는 선생님은 또 있다. 1학년 연소3반을 맡은 젊은 선생님이다. 장밋빛 뺨 양쪽에 귀여운 보조개가 있다. 빨간 깃털 장식이 달린 조그만 모자를 쓰고, 목에 노란 유리 십자가를 걸고 있다. 성격이 활달해서 교실 안은 언제나 밝다. 또 선생님은 언제나 미소를 잃지 않는다. 모두 소란을 피우면 지휘봉으로 교탁을 탁탁 두드리고 손뼉을 치면서 "조—용히—!" 외치신다. 은쟁반에 옥구슬 굴러가는 듯 밝고 상냥한 그 목소리는 꼭 노래처럼 들린다.

집에 돌아갈 때가 되면 선생님은 아이들과 함께 달려 나가서 한 줄로 세운다. 그러고는 감기에 걸리지 않도록 옷깃을 세워 주거나 외투 단추를 단단히 채워 주신다. 그리고 싸움을 한 애들한테는 다시 주먹다짐이 일어나지 않도록 꾸짖으며 중간까지 데려다 주시고, 부모님들에게 "부디 집에서 혼내지 마세요" 부탁하신다. 그리고 기침하는 애들을 위해 늘 목캔디를 갖고 다니시며 추위를 잘 타는 애한테는 자기 장갑을 빌려 주기도 하신다.

아이들 가운데에는 머리를 쓰다듬어 달라든가 뺨 인사를 해 달라고 선생님의 베일이나 망토를 잡아당기면서 선생님을 귀찮게 하는 애들도 있다. 하지만 선생님은 꾸짖기는커녕 웃으면서 모두에게 뺨 인사를 해 주신다. 그래서 매일 집으로 돌아갈 쯤 선생님의 머리는 마구 헝클어지고 목소리는 갈라져 있다. 그래도 선생님은 어여쁜 보조개를 띄우면서, 빨간 깃털이 달린 모자를 쓰고 흐뭇하게 돌아가신다. 엄마와 남동생을 돌보아야 하는 선생님은 없는 살림에 더 보태고자 학교 일 말고도 여학생에게 미술을 가르치는 일을 하신다.

다친 할아버지 집에서

12월 18일(일)

빨간 깃털 선생님 반에는 그 소년도 있다. 그 소년은 가로피가 던진 눈덩이에 다치신 할아버지의 손자다. 할아버지는 그 애를 친아들처럼 기르신다.

오늘 할아버지 집에서 그 애와 만났다. 나는 이번 달 이야기인 〈피렌체의 효자 줄리오〉를 다 베껴 쓴 참이었다. 페르보니 선생님이 다음 주까지 해오라고 숙제로 내주셨던 것이다.

"그 할아버지를 병문안하러 5층에 갔다 오자." 아빠가 말씀하셨다.

우리가 어두컴컴한 방으로 들어가자, 할아버지는 등에 쿠션을 잔뜩 대고 침대에 앉아 계셨다. 베개 맡에는 할머니가 앉아 계시고, 소년은 구석에서 놀고 있었다. 할아버지는 안대를 하셨는데, 아빠를 알아보자 무척 기뻐하시면서 우리에게 의자를 권하셨다. 그리고 말씀하셨다.

"많이 좋아졌어요. 앞을 못 본다는 것은 좀 과장이고, 한 이삼일 지나면 다 나을 겁니다. 운이 나빴어요. 저보다는 그 소년이 더 걱정이네요……. 얼마나 무서웠을까. 그걸 생각하면 오히려 가슴이 아프답니다."

그리고 "슬슬 의사 선생님이 오실 시간인데……" 하는 순간 문에서 벨이 울렸다. "아, 의사 선생님일 거예요." 할머니가 말씀하셨다.

문이 열렸다…… 그런데! 거기에는 가로피가 있었다. 그 애는 늘 그랬듯이 긴 망토를 걸친 채 입구에서 고개를 푹 수그리고 서 있었다. 안으로 들어올 용기가 없는 것이었다.

"뉘시오?"

할아버지가 물었다. "눈을 던진 아입니다." 아빠가 대답하셨다.

"오오, 오오, 딱하기도 하지. 자, 자, 안으로 들어오렴. 병문안을 와 준 거냐? 그렇지만 마음 놓거라. 할아버진 회복되고 있단다. 이제 다 나은 거나 다름없어. 자, 이리 오렴."

할아버지의 목소리에 이끌리듯이, 가로피는 울음을 힘겹게 참으면서 침대 가까이로 다가왔다. 얼마나 긴장했는지, 우리가 있는 것도 눈치채지 못했다. 할아버지가 다정하게 쓰다듬어 주셨지만, 가로피는 입도 벙긋하지 못했다.

"고맙구나. 너희 부모님에게도 이제 걱정하지 마시라고 전해 드려라."

가로피는 뭔가 할 말이 있는 듯했다. 그러나 할아버지가 "왜 그러냐? 뭐 할 말이라도 있니?" 물어도 "저…… 그게…… 아니에요…… 아무것도……" 하며 우물쭈물할 뿐이었다.

"그러냐, 고맙다. 그럼 잘 가렴. 또 놀러 와. 걱정하지 말고 돌아가렴."

가로피가 문까지 가서 멈춰 서더니 뒤를 돌았다. 그 뒤를 바짝 따라가던 소년이 그를 흥미롭게 바라보았다. 가로피가 갑자기 망토 밑에서 뭔가를 꺼내며 말했다.

"이거 줄게."

가로피는 그것을 소년의 손에 억지로 쥐여 주고는 사라져 버렸다. 남자아이는 그것을 할아버지에게 가지고 갔다. 거기에는 '선물'이라고 쓰여 있었다. 그리고 그것을 열어 본 순간 우리는 동시에 "앗!" 소리를 질렀다.

그것은 우표 수집 앨범이었다! 가로피가 늘 자랑하면서 삶의 즐거움으로 여기던 우표들이 가득 붙은 앨범이었다. 가로피는 그것들을 얼마나 고생해서 모았던가! 얼마나 꿈을 쏟아 부었던가! 그것은 그에게 목숨 다음으로 소중한 보물이었다. 그런데 그걸 할아버지를 다치게 한 사과의 선물로 선뜻 내놓은 것이다!

피렌체의 효자 줄리오

[12월 이야기]

줄리오는 피렌체에 사는 초등학생입니다. 하얀 피부에 검은 머리를 가진 귀여운 열두 살 소년이지요. 그의 아버지는 철도원이지만, 자식이 많은 탓에 늘 형편은 넉넉하지 않았습니다. 아들인 줄리오에게는 무척 다정했지만, 학교 일에만큼은 까다롭고 엄한 아버지였습니다. 아버지는 특히 장남인 줄리오가 하루라도 빨리 일해서 살림에 보탬이 되어 주길 바랐습니다.

"좋은 직업을 가지려면 짧은 기간에 남들의 몇 배는 노력해야 한다. 그러니까 열심히 공부해."

이것은 줄리오 아버지가 입버릇처럼 하는 말이었습니다.

줄리오는 아주 성실하고 공부도 무척 잘하는 소년이었습니다. 그렇지만 아버지는 그의 얼굴만 보면 "공부! 공부!" 소리치며 거듭 강조했습니다. 아버지는 이미 나이가 많으셨습니다. 그런데다 일까지 바빠 아버지는 실제보다 훨씬 늙어 보였습니다. 그래도 가족을 위해서라는 생각에, 본업인 철도 일 말고도 편지 봉투 쓰는 일을 부업으로 받아서 밤늦게까지 책상 앞에 앉아 일했습니다.

최근에는 어느 출판사에서 봉투에 예약구독자의 주소와 이름을 쓰는 일을 부탁받았습니다. 신문과 잡지를 출판하는 회사의 고객 명부에서 500명분을 쓰면 3리라*2를 벌 수 있었습니다. 그러나 커다

*2 그 무렵 이탈리아의 화폐 단위(현재는 유로).

란 글씨로 또박또박 써야 하기 때문에 무척 피곤한 일이었습니다. 때때로 아버지는 저녁 식탁에 앉으면 가족들에게 불평을 늘어놓았습니다.

"눈이 많이 나빠졌어. 밤일은 너무 힘들어."

어느 날, 보다 못한 줄리오가 말했습니다.

"아버지, 그 일을 저한테 맡기세요. 제가 아버지 글씨체랑 똑같이 쓸 줄 안다는 건 아시죠?"

그러나 아버지는 "안 된다. 넌 공부해야지. 지금 네게 가장 중요한 건 공부다. 이런 일보다 훨씬 소중한 공부 시간을 조금이라도 빼앗는다면 난 평생 후회할 거다. 아무튼 고맙구나. 하지만 아빤 그러고 싶지 않다. 그러니 이 이야기는 없었던 걸로 하자. 두 번 다시 꺼내지 마라" 이렇게 딱 잘라 말했습니다.

줄리오는 곧바로 포기해야만 했습니다. 아버지에게 더 이야기해 봤자 소용이 없다는 걸 잘 알기 때문이었습니다.

그러나 줄리오에게는 작전이 있었습니다. 줄리오는 밤 12시 정각이 되면 아버지가 봉투 쓰기를 그만두고 작업실에서 나와 침실로 간다는 사실을 알고 있었습니다. 그 소리를 몇 번 들은 적이 있기 때문입니다. 시계가 12시를 알리자, 의자에 마룻바닥이 삐걱거리는 소리와 함께 아버지의 숨죽인 발소리가 들렸습니다.

어느 날 밤, 줄리오는 아버지가 잠든 틈을 타 잽싸게 겉옷을 걸치고 어두운 방으로 더듬더듬 걸어갔습니다. 석유등을 다시 켜고, 봉투와 명부가 산더미처럼 쌓인 책상에 앉아 아버지의 글씨를 똑같이 흉내 내어 이름을 쓰기 시작했습니다. 조금 무섭기도 했지만, 아버지를 돕는다는 기쁨에 말할 수 없이 뿌듯했습니다.

줄리오는 열심히 썼습니다. 어느새 책상에는 이름을 쓴 봉투가 빠르게 쌓여갔습니다. 손이 아파오면 펜을 잠시 놓고 마주 비볐다가 다시 속도를 올렸습니다. 인기척이 나면 귀를 쫑긋 세웠다가, 잘못

들은 것이면 조용히 미소를 짓고서 다시 이름 쓰기에 열중했습니다. 그리고 드디어 160장을 다 썼습니다.

"1리라를 벌었다!" 줄리오는 펜을 처음에 있던 자리에 놓고는 서둘러 등을 끄고, 발소리를 죽여 자기 침대로 돌아갔습니다.

그날 점심 식탁에 앉았을 때 아버지는 기분이 좋아 보였습니다. 줄리오의 행동은 눈치채지 못한 것 같았습니다. 아버지는 봉투를 쓸 때 다른 생각을 하면서 기계적으로 손만 움직일 뿐이었습니다. 그래서 다음 날이 되기 전까지는 몇 장을 썼는지 세지 않았습니다. 아버지는 커다란 목소리로 줄리오의 어깨를 두드리며 말했습니다.

"어떠냐, 줄리오? 아빠도 솜씨가 좋지? 네가 생각하는 이상으로 말이야. 어젯밤에는 2시간 만에 평소보다 3할 이상은 더 썼단다. 손도 아직 쓸 만하고, 눈도 아직 괜찮아."

그 말에 줄리오는 무척 행복해졌습니다. '아아, 아버지! 수입만 늘어난 게 아니야! 난 아버지에게 젊음의 기쁨도 드린 거야. 그래! 더 힘내자!' 속으로 이렇게 외쳤습니다. 생각지도 못했던 기쁜 결과에 용기를 얻은 줄리오는 다음 날도 밤 12시가 되자 자리에서 일어나 봉투에 이름을 쓰러 갔습니다. 그런 밤이 며칠이나 이어졌습니다.

그래도 아버지는 눈치채지 못했습니다. 딱 한 번, 저녁 식탁에서 고개를 갸우뚱한 것이 다였습니다.

"요즘 좀 이상해. 등유가 이상하게 빨리 다는 것 같단 말이지."

줄리오는 순간 흠칫했지만 다행히 대화는 거기서 끝이 났습니다. 그 뒤로도 봉투 쓰기는 며칠 동안 이어졌습니다. 줄리오는 밤마다 잠자는 시간이 줄어들어 충분히 쉴 수가 없었습니다. 아침에는 일어나기가 힘들었고, 저녁에는 숙제를 하려고 해도 밀려드는 졸음에 눈을 뜨기조차 버거웠습니다. 끝내 줄리오는 공책에 얼굴을 묻고 잠이 들어 버렸습니다. 이제까지 한 번도 없던 일이었습니다.

"왜 그러니, 기운 내렴! 숙제 해야지, 얼른!"

Masa

손뼉을 치며 고함치는 아버지 목소리에 줄리오는 퍼뜩 잠에서 깨어나 숙제를 계속했습니다. 그런 일은 다음 저녁에도, 또 그 다음 저녁에도 일어났습니다. 같은 일이 날마다 되풀이되었습니다. 아니, 점점 더 심해졌습니다. 아침에 일어나는 시간이 차츰 늦어지고, 수업시간에도 책을 편 채 꾸벅꾸벅 졸았습니다. 줄리오는 피곤해서 도무지 공부에 집중할 수가 없었습니다. 마침내 아버지도 줄리오가 이상해졌다는 것을 느끼고 유심히 지켜보게 되었습니다. 갈수록 마음에 들지 않는 아들의 태도에 아버지는 잔소리를 하고야 말았습니다. 전에는 그런 걱정을 전혀 할 필요가 없는 줄리오였는데 말이지요!

"줄리오, 너한테 참 실망했다. 이전의 너는 어디로 간 거니? 지금의 너는 영 마음에 들지 않는구나! 잘 들어라, 우리 가족의 희망은 모두 너한테 달려 있다. 난 지금의 너에게 무척 불만스럽구나. 아빠 말 알아듣겠니?"

아버지의 입에서 그렇게 엄하게 꾸중 들은 적은 태어나서 처음이었습니다. 줄리오는 어찌할 바를 몰라 '아버지 말씀이 맞아. 계속 이럴 수는 없지. 이젠 아버지를 속이는 일도 그만둬야겠다' 다짐하며 자신을 타일렀습니다.

그러나 그날 저녁에 아버지는 다시 기분이 좋아져서 밝은 목소리로 말했습니다.

"어떠냐! 이 아빠가 이번 달에는 봉투 쓰는 일로 지난달보다 32리라나 더 벌었단다!"

그러고는 식탁 아래서 과자가 든 봉투를 꺼내셨습니다. 아이들과 함께 부수입을 벌게 된 것을 축하하기 위해 아버지가 사 둔 것이었습니다. 가족들은 손뼉을 치며 좋아했습니다. 그 모습을 본 줄리오는 마음을 고쳐먹고, '아, 아버지, 잘됐어요! 그렇다면 봉투 쓰기를 그만둘 수야 없죠. 아버지를 속이는 일이라 해도 말이에요! 그 대신 낮에 더 열심히 공부할게요. 그리고 밤에는 아버지와 가족을 위해 지금처럼 작업을 계속하겠어요!' 마음을 다졌습니다.

그러나 아버지는 "32리라나 더 벌었다고! 정말 기분 좋군. ……그런데 저 녀석 때문에…… 저기 있는 저 녀석 때문에…… 골치가 아프다니까" 줄리오를 가리키며 말했습니다. 줄리오는 왈칵 눈물이 쏟아질 것만 같았습니다. 그래도 아버지가 기뻐하는 모습을 보니 너무도 행복해서, 그 차가운 말도 묵묵히 받아들일 수 있었습니다.

그 뒤에도 줄리오는 봉투 쓰기를 계속했습니다. 그러다 몸이 버텨내지 못할 만큼 피로가 쌓이게 되었습니다. 무려 두 달이나 같은 생활을 반복했으니 당연한 일일지도 모릅니다. 게다가 아버지는 계속 줄리오를 야단치며 점점 못마땅한 눈으로 매섭게 바라보았습니다.

어느 날 아버지는 줄리오의 수업 태도에 대해 선생님께 말씀을 들으려고 학교로 갔습니다. 그러자 선생님이 말했습니다.

"그럭저럭은 해요. 본디 머리가 좋은 아이니까요. 하지만 이전보다 의욕이 없어요. 계속 졸면서 하품하고 늘 멍하게 있죠. 작문을 시켜도 삐뚤삐뚤한 글씨로 대충 몇 줄 적고 만답니다. 뭐랄까…… 아드님은…… 더 잘 쓸 수 있는데 말이죠……."

화가 난 아버지는 그날 밤 줄리오를 불러서 말했습니다.

"줄리오, 아빠가 너와 가족을 위해 얼마나 몸이 부서지도록 일하는지 잘 알 거다. 그런데도 넌 내 기대에 조금도 미치지 못하는구나. 네 마음에 아빠와 엄마, 그리고 동생들은 없는 거니?"

그건 줄리오가 이제껏 한 번도 들은 적이 없는 가시 돋친 말이었습니다.

"아아, 말도 안 돼요! 어떻게 그런 심한 말을 하실 수가 있어요, 아버지!"

줄리오는 소리치며 와락 울음을 터트렸습니다. 그리고 이제까지 있었던 일들을 모두 털어놓아야겠다고 생각했습니다. 그러나 입을 막 떼려는 순간, 아버지가 그것을 가로막듯이 말을 이었습니다.

"너도 우리 집안 사정은 잘 알 거다. 가족 모두가 힘을 모아 노력해야 해. 아버지도 가족을 위해 더 열심히 일할 생각이다. 이번 달에는 보너스가 100리라 나올 예정이었지만, 오늘 아침에 그것이 없어졌다는 소식을 들었단다."

그 말을 듣고 줄리오는 목구멍까지 나왔던 말을 집어삼켰습니다. 그리고 다시 스스로를 단호하게 타일렀습니다.

'아버지! 전 말할 수 없어요. 절대로, 아무것도. 제가 봉투를 썼다는 비밀은 앞으로도 계속 지키겠어요. 이제까지 아버지를 실망시킨 것은 꼭 보상할게요. 공부는 낙제하지 않을 만큼만 하면 돼요. 지금 가장 중요한 건, 조금이라도 생활비를 벌어서 아버지의 부담을 덜어 드리는 일이니까요.'

그리고 그날 밤부터 줄리오는 더욱더 열심히 봉투 쓰기를 했습니다.

그로부터 두 달 동안 밤에는 봉투 쓰기로 잠이 부족했고, 낮에는 아무리 피곤해도 공부를 해야 하는 괴로운 나날이 이어졌습니다. 줄리오는 아버지의 쓰디쓴 잔소리를 들으며 피로도 제대로 풀지 못하는 하루하루를 견디며 살았습니다.

그러나 그보다 줄리오를 더욱 괴롭힌 것은 아버지가 갈수록 그에게 쌀쌀맞아져서 말조차 제대로 붙이지 않는다는 사실이었습니다.

"저놈은 글렀어! 도대체 미래가 보이질 않아!"

차가운 태도로 그를 멀리하며 눈길조차 주지 않았습니다. 그것을 눈치챈 줄리오는 더욱더 괴로워졌습니다. 아버지 뒤에서는 가만히 미소를 지었지만 끝내 얼굴은 일그러지고 서러움이 배었습니다.

상심과 피로 때문에 몸은 더욱더 쇠약해지고, 얼굴빛은 나쁘게만 변했습니다. 당연히 공부에도 집중하지 못하고 소홀히 하게 되었습니다. 줄리오 자신도 그것을 잘 알았습니다. 그리고 '언젠간 이 일도 그만둬야지. 오늘 밤부터 당장 그만두자'고 날마다 결심하지만……

밤 12시가 되어 침대에 있으면 어쩐지 자신의 의무를 게을리 하는 것 같은, 그리고 가족의 돈을 헛되이 쓰는 것 같은 기분이 들어 양심의 가책을 느꼈습니다. 또 이런 생각도 들었습니다. '내가 그만두지 않아도, 어느 날 아버지가 일어나셔서 모든 사실을 알고 놀라게 될지도 몰라. 그때는 저절로 그만두게 되겠지.' 그러고는 일어나 다시 봉투 쓰기에 몰두했습니다.

그로부터 며칠이 지난 밤, 줄리오에게 결정적인 사건이 일어났습니다.

저녁 식탁에 앉아 있는데, 어머니가 줄리오의 창백한 얼굴을 보고 심상치 않음을 눈치챘습니다.

"줄리오, 어디가 안 좋니? 여보, 애가 아픈 것 같아요! 와서 좀 보세요. 얼굴이 하얗게 질렸잖아. 아, 줄리오! 어디가 안 좋은 거야?"

어머니는 당황해서 물었습니다. 아버지는 줄리오를 흘끗 보고 차갑게 말했습니다.

"공부가 싫으니까 그렇게 되지. 게으른 마음이 몸을 해친 거라니까. 전에는 그러지 않았어. 열심히 공부하고 말도 잘 듣는 착한 아이였을 때는."

"하지만 여보, 이 애는 정말 아프다고요!"

어머니가 참지 못하고 버럭 소리를 질렀습니다.

"알 게 뭐야!"

그 한마디는 줄리오의 가슴에 날카로운 칼이 되어 깊이 꽂혔습니다. 너무나 서러운 말이었습니다. "알 게 뭐야!"라니요! 예전에는 줄리오가 기침만 조금 해도 걱정하던 아버지였는데, 이젠 소중한 아들이 아니라니……. 아버지 마음속에서 줄리오는 이미 죽은 자식이라도 되는 걸까요?

"아아, 아버지, 그렇게 심한 말을!"

줄리오는 너무 큰 충격에 가슴이 찢어지는 것 같았습니다. 그리고 마음속으로 외쳤습니다.

'이젠 정말 그만두자. 아버지에게 사랑받지 못한다면 살아갈 의미가 없어. 모든 걸 털어놓자. 아버지의 사랑을 되찾아야 해. 이제 아버지를 속이는 일은 그만두자. 그리고 전처럼 공부하는 거야. 아버지에게 다시 인정받을 수 있도록. 이번엔 정말 굳게 결심했어.'

그러나 밤이 되자 줄리오는 자기도 모르게 일어나 있었습니다. 그 일이 완전히 습관이 되어 버린 것이었습니다. 마지막으로 한 번 더 그 방에 가서 작별 인사를 하고 싶은 마음도 있었습니다. 그곳은 몇 달 동안 아버지에게 들키지 않도록 조심조심하면서 봉투를 썼던 곳이었습니다. 아버지가 기뻐하는 모습을 떠올리고 뿌듯함에 행복해진 적도 있었습니다.

어둡고 좁은 방에 불을 켜니 책상 위에 놓여 있는 봉투가 눈에 들어왔습니다. 지금까지 몇 번이나 같은 글씨를 썼던지, 주소와 이름을 모두 외울 정도였습니다. 하지만 이제 더는 쓸 일이 없다고 생각하자 갑자기 커다란 아쉬움이 밀려왔습니다. 참을 수 없이 쓰고 싶어져서 펜을 잡으려고 손을 뻗은 순간! 옆에 있던 책에 손이 부딪혀 바닥으로 우르르 떨어지고 말았습니다.

줄리오는 숨이 막히고 온몸의 피가 마르는 것 같았습니다. 아버지가 잠에서 깨기라도 한다면! 그러나 곧바로 마음을 가라앉히고 고쳐 생각했습니다.

'나쁜 짓을 하는 것도 아닌데 뭐. 아버지한테 모든 걸 털어놓기로 각오도 했잖아……. 하지만 어둠속에서 발소리가 다가오면……. 여기 있다가 들키면……. 엄마가 얼마나 놀라실까? 어떡하지……? 그리고 이제까지 미처 생각 못 한 게 있는데, 아버지가 모든 걸 아신다면 틀림없이 체면을 구기실 텐데.'

이런 생각들이 꼬리에 꼬리를 물자 줄리오는 무서워졌습니다.

줄리오는 숨을 죽이고 귀를 쫑긋 세웠습니다……. 그러나 아무 소리도 들리지 않았습니다. 뒷문 열쇠구멍에도 귀를 대 보았지만, 다행히 아무 소리도 들리지 않았습니다. 모두가 잠이 들어 집 안은 고요했습니다.

'아버지는 못 들으신 모양이야.'

줄리오는 안심하고 이름을 쓰기 시작했습니다. 순식간에 봉투가 착착 쌓여 갔습니다. 창문 아래로 지나가는 사람도 없고, 경찰의 가벼운 발소리만 들렸습니다. 이윽고 마차가 급정거하는 소리, 짐차들이 일렬로 덜컹대며 지나가는 소리, 멀리서 깊은 정적을 깨는 개 짖는 소리가 들렸습니다. 줄리오는 정신없이 봉투를 썼습니다. 뒤에서 아버지가 보고 있는 줄은 꿈에도 모른 채…….

아버지는 책이 떨어지는 소리에 잠에서 깨어 방에 와 본 것입니다. 그리고 가만히 서서 줄리오에게 말을 걸 기회를 엿보고 있었습니다. 아버지의 발소리도, 옷이 스치는 소리도, 문이 삐걱하고 열리는 희미한 소리도, 모두 마차 소리에 묻혔던 것이었습니다. 아버지는 아까부터 줄리오의 검은 머리에 자신의 흰 머리를 겹치듯 몸을 숙이고서, 아들이 펜을 움직이는 모습을 엿보고 있었습니다.

아버지는 그제야 그 동안의 일을 모두 이해했습니다. 그러자 줄리오에게 미안한 마음과 고마운 마음이 한꺼번에 밀려와 그 자리에서 꼼짝도 할 수 없었습니다.

"앗!"

화들짝 놀라 줄리오가 비명을 질렀습니다. 아버지의 떨리는 팔이 그의 머리를 껴안았기 때문입니다.

"아아, 아버지! 잘못했어요, 아버지! 정말 잘못했어요!"

그때 봉투 위로 아버지의 뜨거운 눈물이 뚝뚝 떨어졌습니다.

"사과해야 할 사람은 나다! 아빠를 용서해 주렴. 이제야 알았다. 아빠야말로 미안해. 나의 줄리오, 이리 오렴!"

아버지는 그렇게 말하고 흐느껴 울면서 줄리오의 이마에 몇 번이나 입을 맞추었습니다. 그리고 줄리오를 안고서 어머니의 침대로 데리고 갔습니다.

"이 애를 안아줘요. 이 애는 석 달도 넘게 나를 위해 밤잠도 안 자고 봉투를 썼소. 이 애는 천사요. 집안 형편을 돕고 있었는데도 난 아무것도 모르고 이 애에게 상처만 주었지!"

눈을 뜬 어머니가 줄리오를 끌어당기며 말했습니다.

"아아, 줄리오! 이제 그만 쉬고 푹 자렴. 여보, 이 애를 침대로 데려다 주세요."

그렇게 말하고는 숨도 못 쉴 만큼 줄리오를 꼭 끌어안았습니다.

아버지는 줄리오를 안고 그의 방으로 가서 침대에 눕혀 주었습니다. 그리고 벅찬 가슴에 숨을 몰아쉬면서 줄리오의 머리를 부드럽게 쓰다듬어 주었습니다. 또 그 곁을 떠나지 않은 채 베개와 담요도 정리해 주었습니다.

줄리오는 "아버지, 고마워요. 정말 고마워요. 아버지도 좀 주무세요. 전 말할 수 없이 행복해요. 그러니까 이제 좀 쉬세요" 몇 번이나 말했습니다.

그러나 아버지는 줄리오가 잠들 때까지 침대 옆을 지키고 싶었습니다. 그의 손을 잡고 말했습니다.

"잘 자렴, 줄리오. 내 귀여운 아들."

봉투 쓰기로 몹시 피곤했던 줄리오는 금방 쌔근쌔근 잠들었습니다. 힘들었던 몇 달이 지나고 겨우 찾아온 편안한 잠이었습니다. 그 잠을 즐기듯이 행복함 꿈에 이끌려 오랜 시간동안 잠에 푹 빠졌습니다.

눈을 뜨자 해는 이미 하늘 한가운데 떠서 밝게 빛나고 있었습니다. 줄리오의 가슴 옆에는 아버지의 흰 머리가 있었습니다. 침대 옆에서 밤을 지새운 것이었습니다. 아버지는 줄리오 가슴에 머리를 얹고 아직도 잠이 들어 있었습니다.

masa

스타르디의 굳은 의지

12월 28일(수)

우리 반에서 '피렌체의 효자'라고 하면 바로 스타르디일 것이다. 오늘 아침 학교에서 두 가지 사건이 있었다.

하나는 가로피의 우편 앨범이 돌아온 것이다. 게다가 과테말라 공화국의 우표가 세 장이나 추가되어 있었다. 그가 석 달 전부터 열심히 구하고 다니던 우표였다. 가로피는 기뻐서 어쩔 줄을 몰라 했다.

또 하나는 스타르디가 이등상 메달을 받은 것이다. 우등상인 데로시 다음이 스타르티였다! 너무 놀라서 모두 얼어붙었다. 10월에 그 애 아빠가 초록색 외투를 입은 스타르디를 교실로 데리고 왔을 때 누가 이런 결과를 예상했을까! 그때 스타르디의 아빠는 아이들이 보는 앞에서 선생님에게 이렇게 말했었다.

"이 애는 머리가 좋지 못합니다. 부디 너그러운 마음으로 지켜봐 주세요."

그래서 우리는 처음부터 그 애를 그냥 그런 아이로 알고 있었다. 그러나 스타르디는 "하면 된다!"며 죽기 살기로 공부했다. 밤이고 낮이고, 집에서고 학교에서고, 걸을 때조차, 이를 악물고 주먹을 불끈 쥐고, 소처럼 끈기 있게, 당나귀처럼 고집스럽게, 몇 번이고 거듭해서 머리에 집어넣었다. 누가 놀려도 아랑곳하지 않고, 방해하는 사람은 걷어차면서, 스타르디는 마침내 다른 아이들을 제쳤다.

처음에 왔을 때는 산수도 전혀 못하고, 작문 맞춤법도 다 틀리고,

낭독은 한 구절도 외우지 못했다. 그러나 이제는 어려운 계산 문제도 척척 풀고, 글자도 또박또박 맞게 쓴다. 그 뿐만 아니라 암송은 노래하듯이 줄줄 한다.

스타르디의 굳은 의지가 어떻게 완성되었는지는 그를 보면 알 수 있다. 땅딸막한 체격에 각진 머리와 짧은 목, 커다랗고 두꺼운 손, 그리고 탁한 목소리를 가졌지만, 공부를 위해서라면 신문 기사든 극장 선전물이든 닥치는 대로 읽는다. 돈이 조금이라도 있으면 책을 샀으며, 그런 책들로 자기 집에 작은 도서실까지 만들었다.

어느 날, 나에게 그 방을 보여 주겠다고 말했다. 그땐 어지간히 기분이 좋았나 보다. 평소에는 아무하고 말하지도 않고 놀지도 않았기 때문이다. 수업 시간에는 언제나 주먹으로 관자놀이를 누른 채 바위처럼 꼼짝도 않고 앉아서 진지하게 선생님 말씀을 듣는다. 스타르디는 그렇게 노력하는 아이다!

페르보니 선생님은 그에게 "장하다, 스타르디. 속담에도 있듯이, 낙숫물이 바위를 뚫는 법이지" 하시며 메달을 주셨다. 그런데 오늘 선생님은 어쩐지 짜증스러운 듯 기분이 좋지 않아 보였다. 스타르디는 뿌듯한 얼굴도 하지 않고, 웃음을 띠지도 않았다. 메달을 받아서 자리로 돌아오자마자 주먹을 관자놀이에 대고 전보다 더 심각하게 생각에 잠겼다.

그런데 수업이 끝나고 감동적인 일이 일어났다. 스타르디의 아빠가 아들을 데리러 오셨다. 아저씨는 사혈 전문 의사*[3]다. 체격이 좋은 점이 스타르디와 꼭 닮았다. 커다란 얼굴에 굵은 목소리도 비슷했다. 아저씨는 자기 아들이 메달을 받았으리라고는 생각도 기대도 하지 않으셨다. 그래서 선생님에게 그 소식을 듣자 순간 어리둥절해하셨다. 그러나 페르보니 선생님이 "제가 드리는 말씀이니 틀림없습

*3 몸에서 피를 뽑아 병을 치료하는 전문의(현재는 존재하지 않는다).

니다" 하고 덧붙이시자, 좋아서 껄껄 웃으시면서 스타르디의 목덜미를 손바닥으로 탁탁 치며 커다란 목소리로 말씀하셨다.

"그래? 대단한 일을 했구나! 잘했다, 내 귀여운 돌머리. 장하다, 장해!"

그러면서도 아직 못 믿겠다는 듯 스타르디를 바라보셨다. 그래도 아주 기뻐하시는 것 같았다. 주위에 있던 우리까지 흐뭇해질 정도였다. 하지만 스타르디만은 웃기는커녕, 벌써 내일 수업시간에 배울 내용을 머리에 새기고 있는 듯했다.

선생님에 대한 감사 마음

12월 31일(토)

엔리코, 너는 "오늘 선생님은 짜증이 나고 기분이 좋지 않은 듯 보이셨다" 이렇게 불만스러운 표현을 썼지만, 스타르디라면 선생님에 대한 불만을 절대로 말하지 않을 거다. 그럼 넌 지금까지 짜증나고 기분이 좋지 않았던 적이 얼마나 되지? 네 짜증의 상대는 언제나 아빠나 엄마지만, 그건 잘못된 거란다.

선생님께서 짜증을 내시는 건 마땅해. 거기에는 이유가 있단다. 아이들 가운데에는 좋은 아이도 있지만, 은혜를 모르는 아이도 그만큼 있지. 그런 애들은 선생님이 혼내지 않는다는 걸 알고 제멋대로 굴기만 하지. 선생님의 괴로움 따위는 생각도 하지 않는다.

안타까운 일이지만, 선생님께 기쁨을 드리기보다 고생만 시키는 애들이 훨씬 많단다. 그 점을 마음에 새겨두렴. 선생님께서 얼마나 오랜 세월 참으셨는지. 그리고 잘 들으렴, 그 어떤 성인군자도 선생님이 되면 그만 참지 못하고 버럭 화를 낼 수 있는 거야.

네가 알지 모르겠다만, 선생님은 몸이 안 좋을 때도 "이 정도로 학교를 쉴 수는 없다"고 자신을 채찍질하면서 수업에 나오시는 거란다. 1년에 그런 날이 며칠이나 있지. 그리고 너무 힘들어서 참을 수 없을 때는 그만 짜증도 나겠지. 그럴 때 선생님에게 가장 괴로운 일은 너희에게 그런 모습을 들키는 거란다!

엔리코, 선생님을 소중히 여기렴. 그리고 존경하렴.

소중하게 생각하라는 건, 이 아빠가 선생님을 소중하게 생각하기 때문이란다. 존경하라는 건, 선생님이 아이들의 행복을 위해 자신의 목숨을 바치시기 때문이란다. 그 아이들이 언젠가는 자신을 잊을 거라는 걸 다 알면서도 말이야. 그리고 네 눈을 뜨게 하고, 머리에 지식을 넣어 주고, 마음을 풍요롭게 해주는 사람이기 때문이란다.

언젠가 네가 어른이 되면, 아빠도 선생님도 이 세상에 없을지도 모른다. 하지만 넌 틀림없이 아빠 옆에 선생님의 모습을 떠올리게 될 거야. 그리고 지금은 이해가 안 가겠지만, 성실하셨던 선생님의 다정한 얼굴 뒤에 힘들고 지친 표정이 숨어 있었다는 걸 언젠가 깨닫고는 괴롭고 부끄러워질 거야.

'왜 선생님을 더 소중히 여기지 못했을까? 어째서 선생님께 그렇게 예의없게 굴었을까?' 후회하면서 괴로워하겠지. 선생님의 지친 얼굴은 30년이 지나도 잊지 못할 거다. 선생님을 그 누구보다 소중히 여기렴.

선생님은 이탈리아 전국에 50만 명이나 되는 초등학교 교사 가운데 유일한 너의 선생님이니까. 그리고 너와 함께 성장해 가는 수백만 아이들의 선생님인 동시에 아버지이기도 하니까.

선생이란 직업은 힘든 일에 비해 평판이나 보수가 한참 낮단다. 하지만 이탈리아에 훌륭하고 뛰어난 국민을 기르기 위해 밤낮으로 노력하는 사람들이란다. 네가 선생님을 존경하지 못한다면, 이 아빠를 아무리 소중히 여겨 준다 해도 조금도 기쁘지 않을 거다. 선생님은 아빠 엄마처럼 널 훌륭한 사람으로 길러 주는 사람이야.

형제를 사랑하듯이 선생님을 사랑하렴. 선생님이 다정하실 때든 야단치실 때든 늘 사랑하렴. 선생님이 모두에게 공평할 때든 그렇지 않다고 느낄 때든 똑같이 사랑하렴. 선생님의 기분이 좋을 때든 나쁠 때든, 특히 슬퍼 보일 때는 더욱더, 언제든지 따뜻하게 위로하는 마음으로 대해드리렴. 그리고 사람들 앞에서 선생님을 부를 때는 늘 존경을 담아서 부르렴. 그 단어는 사람들이 '아버지' 다음으로 가장 고귀하게 애정을 표현하는 호칭이니까.

〈아빠가〉

1월
gennaio

교생 선생님

1월 4일(수)

아버지 말씀이 옳았다. 선생님은 정말로 몸이 아파서 기분이 좋지 않았던 것이다. 그래서 사흘 전부터 교생 선생님이 대신 들어오신다. 아직 수염도 나지 않은 젊은 선생님이다. 그 선생님이 들어와서 오늘 아침에 조그만 사건이 일어났다.

교생 선생님이 대신 들어오자 교실은 첫날부터 시끌시끌하더니 둘째 날에는 눈뜨고 봐 줄 수 없을 만큼 엉망진창이었다. 교생 선생님은 참을성이 아주 강해서, 우리가 아무리 떠들어도 "여러분, 조용히 하세요. 제발 부탁이니까 조용히!" 이렇게 주의만 주셨다.

사흘째 아침, 전과는 비교가 안 될 만큼 시끌벅적했다. 그 소리에 교생 선생님의 말소리는 하나도 들리지 않았다. 선생님이 아무리 애원해도 소용이 없었다. 교장 선생님이 수업 분위기를 살피러 두 번이나 교실 입구에 나타나셨다. 그때 잠깐은 조용해졌지만, 교장 선생님이 가시고 나면 다시 시끄러워졌다. 아니, 점점 더 심해져서 교실은 마치 시장 같았다. 갈로네와 데로시가 몇 번이나 뒤를 돌아보며 "조용히 해! 창피하지도 않아?" 라는 몸짓을 했지만 모두 들은 척도 하지 않았다. 스타르디만은 책상에 팔을 괴고 주먹을 관자놀이에 대고서, '나하고는 관계없는 일이야!' 무심한 얼굴로 조용히 앉아 있었다. 자기 집 책방에 있다고 생각하는 것 같았다. 부엉이 부리처럼 생긴 코를 가진 우표 수집가 가로피는 제비뽑기 만들기에 몰두하고 있었다. 당첨 선물은 작은 잉크병이라고 했다. 다른 아이들도 고래고래 소리를 지르고, 깔깔 웃고, 펜촉으로 책상을 긁어서 끼익끼익 소리를 내고, 종이를 뭉쳐서는 구두주걱으로 서로 날렸다.

선생님은 소란을 피우는 아이의 팔을 잡고 흔들고, 특히 가장 심한 아이는 벽에 세우기도 하셨지만…… 헛수고였다. 끝내 선생님은 두 손 두 발 다 들었다.

"왜 그렇게 선생님을 화나게 하죠?" 선생님은 호소하듯이 주먹으로 교탁을 탕탕 치며 화를 내셨다. 이미 목소리는 울먹이고 있었다. "조용히! 조용히! 조용히!"

하지만 그런 선생님의 외침도 덮을 만큼 교실은 점점 아수라장으로 변해갔다. 프란티는 종이 화살을 만들어 선생님에게 날렸다. 고양이 우는 소리를 흉내 내는 아이도 있었고 서로 얼굴을 때리는 아이들도 있었다. 도무지 말릴 방법이 없었다.

그때 갑자기 서무원이 들어와서 말했다.

"선생님, 교장 선생님이 부르십니다."

교생 선생님은 흠칫하시더니 고개를 수그리고 황급히 나가셨다. 그러자 모두 신이 나서 더욱 떠들었다.

갑자기 갈로네가 벌떡 일어났다. 얼굴은 분노로 일그러지고, 주먹은 굳게 쥐고 있었다. 그는 잔뜩 성이 난 목소리로 외쳤다.

"적당히들 해, 이 멍청이들아! 선생님이 착하다고 무시하는 거야? 선생님의 손이 맵다는 걸 알면 개처럼 꼬리를 내리고 도망칠 거면서! 너희는 비겁한 애들이야! 다음에도 선생님을 무시하는 녀석은 내가 상대하겠다. 어서 나와! 이빨 두세 개는 부러뜨려 줄 테니까! 아빠가 지켜보는 앞에서도 상관하지 않겠어. 반드시 그렇게 해 주겠다!"

모두 입을 다물었다. 아아, 그때 갈로네는 정말 멋졌다! 용맹한 새끼 사자처럼 눈에서 불을 뿜었다. 그런 갈로네의 매서운 시선을 받

자, 여태까지 고삐 풀린 망아지마냥 날뛰던 애들도 순식간에 조용해졌다.

교생 선생님이 새빨간 눈으로 돌아왔을 때, 교실은 완전히 정적에 싸여 있었다. 놀라서 멈칫했던 선생님도 갈로네를 보고 곧바로 상황을 파악하셨다. 갈로네가 얼굴을 붉으락푸르락하며 아직 분이 안 풀린듯 부들부들 떨고 있었기 때문이다. 선생님은 친동생에게 하듯이 다정한 말투로 "고맙다, 갈로네" 말씀하셨다.

스타르디의 책장

1월 5일(목)

스타르디네로 놀러갔다. 그 애 집은 학교 바로 앞에 있다. 방 안에 있는 그 애의 책장이 나는 아주 부러웠다.

스타르디네 집은 절대 큰 부자가 아니다. 그래서 원하는 만큼 책을 사지는 못한다. 하지만 그 애는 교과서는 물론 부모님한테 선물 받은 책도 모두 매우 아낀다. 용돈은 죄다 책을 사는 데 쓴다. 그렇게 해서 사 모은 책으로 방은 조그만 도서관이 되었다. 그의 그런 열정을 안 스타르디네 아빠는 초록색 커튼이 달린 호두나무 책장을 사 주셨다. 그리고 "좋아하는 색으로 책에 덮개를 씌우렴" 충고해 주셨다.

끈을 당기면 커튼이 스르르 열리며 각양각색의 책들이 3단으로 나타난다. 소설, 여행기, 시집, 그림책 등 뭐든지 있다. 책은 가지런히 꽂혀 있고, 겉표지는 금색으로 빛난다. 색 조합을 아주 잘해 놓았다. 빨간색 옆에는 하얀색, 검은색 옆에는 노란색, 하얀색 옆에는 하늘색과 같은 방식이다. 정리가 아주 잘 되어 있어서 멀리서도 한 눈에 알아볼 수 있다. 색의 위치를 바꾸면서 즐길 수도 있다. 스타르디는 진짜 도서관 직원처럼 직접 목록까지 만들었다.

그는 책 옆에서 떠나지 않으면서 먼지를 털고, 책장을 팔랑팔랑 넘겨보며, 인쇄 상태를 꼼꼼히 점검한다. 주목할 점은 책장을 넘길 때의 그 섬세함이다. 그 짧고 굵은 손가락으로 가만히 숨결을 불어넣듯이 책장을 넘긴다. 그래서 어떤 책을 봐도 새 것이나 다름없다. 내 책은 모두 너덜너덜한데! 스타르디는 새 책을 사면 정해진 장소에 꽂고, 꺼내서 깨끗하게 닦은 다음 다시 꽂고, 다시 꺼내서는 여기저기를 살펴보며 보물처럼 다룬다. 그것이 그에게는 즐거움이다. 그와 한 시간도 넘게 함께 있었지만, 책 말고는 아무것도 보여 주지 않았다. 그의 시력이 나쁜 건 책을 너무 읽어서일 것이다.

그때 아저씨가 들어오셨다. 아저씨는 스타르디처럼 체격이 좋고 머리가 큰 사람이다. 스타르디의 목덜미를 가볍게 톡톡 치면서 굵은 목소리로 이렇게 말하셨다.

"어떠냐, 이 돌머리는? 조만간 틀림없이 큰일을 할 머리다. 맹세해도 좋아!"

스타르디는 기뻐하면서도 눈을 가늘게 떴다. 커다란 사냥개를 주인이 거칠게 쓰다듬는 것 같았다.

스타르디하고는 왠지 편하게 이야기할 수 없었다. 그가 나보다 겨우 한 살 많다는 사실이 도저히 믿기지 않는다. 그래서 집을 나서는 나에게 그가 여느 때처럼 무뚝뚝한 표정으로 "잘 가" 인사했을 때, 나는 나도 모르게 "안녕히 계세요" 이렇게 말할 뻔했다.

집에 돌아와서 그것을 아빠한테 말했다. "왜일까……. 스타르디는 천재도 아니고 말투도 고상하지 않고 체형도 그다지……. 그런데도 왠지 그 애하고 있으면 주눅이 들어요."

그러자 아빠가 말씀하셨다. "그게 그 애의 개성이라는 거다."

"그 애랑 함께 있었던 한 시간 동안 한 말은 고작 다섯 마디였어요. 장난감도 한 개도 안 보여 주고, 소리 내서 웃지도 않고. 그런데도 즐거웠어요" 덧붙이자 아빠가 말씀하셨다. "그건 네가 스타르디를 존경하기 때문이란다."

대장장이 아들 프레코시

1월 11일(수)*1

아빠 말씀이 맞다. 하지만 프레코시도 대단하다. '대단하다'는 말로는 부족할 정도다.

프레코시는 대장장이의 아들이다. 몸집이 작고 얼굴빛이 나쁘고 슬픈 눈을 하고 있다. 언제나 겁에 질려 있으며 외로워 보인다. 지나치게 조심성이 많아서 언제나 금방 "미안해" 말하며 사과한다. 그 애는 몸은 약해도 공부는 곧잘 한다.

그 애 아빠는 언제나 술에 몹시 취해 돌아와서는 이유도 없이 그를 때린다고 한다. 그리고 책상에 있는 책이나 공책을 손등으로 쳐서 그의 얼굴로 던진다. 그래서 퍼렇게 멍이 든 채 학교에 올 때도 있다. 어쩔 땐 얼굴이 퉁퉁 붓고, 펑펑 운 탓에 눈이 새빨개져 올 때도 있다. 그래도 프레코시는 절대로 아빠한테 맞았다고 말하지 않는다. 누군가가 "아빠한지 맞았지?" 물으면 곧바로 "아니야! 그렇지 않아!" 발끈해서 소리 지른다. 아버지 얼굴에 먹칠을 하기 싫은 것이다.

페르보니 선생님이 반쯤 타버린 숙제장을 들이밀며 "이거, 네가 한 짓이 아니지?" 물어도 "아니에요, 제가 한 거예요. 제가 제 손으로 불 속에 떨어뜨렸어요" 떨리는 목소리로 대답한다. 그렇지만 우리는 다 알고 있다. 술에 취해 돌아온 아저씨가 아들이 숙제하는 것이 못

---

*1 원문에는 날짜가 없다.

마땅해서 탁자나 등불을 걷어차는 바람에 그것이 쓰러져 숙제장이 불탔다는 것을.

프레코시는 우리 집 반대편 계단 꼭대기에 있는 다락방에 산다. 관리인 아줌마는 우리 엄마랑 뭐든지 이야기한다. 실비아 누나도 언젠가 테라스에서 프레코시의 비명이 들렸다고 말했다. 프레코시가 교과서 살 돈을 달라고 하자, 화가 난 아저씨가 느닷없이 그를 계단에서 밀어버렸기 때문이다.

아저씨는 일도 안 하고 술만 마신다. 그래서 가족들은 늘 배를 주린다고 한다. 프레코시는 굶주린 배를 움켜쥐고 학교에 와서는, 갈로네에게 받은 둥근 빵이나 빨간 깃털 선생님이 주신 사과를 몰래 먹는다. 나는 그 애가 그러는 걸 몇 번이나 보았다. 그렇지만 절대로 "배고파! 아빠는 나한테 먹을 것을 주지 않아" 말하지 않는다.

아저씨는 가끔 내키면 학교에 찾아온다. 얼굴은 야위고 파리하며 걸음걸이는 휘청거린다. 앞머리를 얼굴까지 늘어뜨리고, 모자를 삐뚜름히 쓰고, 험악한 표정을 하고 있다. 프레코시는 아저씨를 보면 불쌍할 만큼 바들바들 떤다. 그래도 억지로 웃어 보이며 아저씨에게 달려간다. 하지만 아저씨의 눈은 허공만 바라볼 뿐이다. 프레코시의 얼굴은 쳐다보지도 않는다.

불쌍한 프레코시! 다 찢어진 공책은 자기가 고치고, 교과서는 친구들에게 빌려서 공부한다. 셔츠가 터진 곳은 핀으로 고정한다. 더 불쌍한 것은 체육 시간이다. 그의 꼴이란! 헐렁한 운동화에 질질 끌리는 통 큰 바지. 기다란 겉옷은 접은 소매가 팔꿈치에 닿으려고 한다. 그래도 그는 열심히 공부한다. 있는 힘을 다해 머리에 집어넣는다. 조용히 공부할 수 있는 집이었다면 프레코시도 틀림없이 우등상을 탔을 것이다.

오늘 아침에도 그 애는 뺨에 손톱자국이 난 채 학교에 왔다.

"너희 아빠가 그랬지? 오늘은 아니라고 못할 걸. 그 상처를 만든

건 너희 아빠야. 교장 선생님한테 일러서 경찰을 부르라고 해야지."

아이들은 다 같이 놀려댔다. 하지만 그는 분노로 부들부들 떨면서 새빨간 얼굴이 되어 벌떡 일어나 말했다.

"아니야! 그렇지 않아! 우리 아빠는 절대로 날 때리지 않아!"

하지만 수업이 시작되자 그는 책상 위를 눈물로 적셨다. 그러고는 그걸 아무에게도 들키지 않으려고 억지로 웃음을 지어 보였다. 불쌍한 프레코시!

내일은 우리 집에 데로시, 콜레티, 넬리 세 사람이 놀러 온다. 프레코시도 왔으면 좋겠다. 함께 간식을 먹고, 그 애에게 책을 선물하고 싶다. 그가 기뻐하도록 온 가족이 환영했으면 좋겠다. 돌아갈 때는 선물로 그의 주머니를 사탕으로 가득 채워 주고 싶다. 단 한 번이라도 좋으니 그가 활짝 웃는 모습을 보고 싶다. 불쌍한 프레코시. 내성적이어도 참 훌륭한 아이인데!

친구들이 놀러왔다

1월 12일(목)

1년 동안 목요일은 몇 번이나 돌아오지만, 오늘은 나에게 무척 특별하고 즐거운 목요일이었다. 오후 2시 정각에 데로시와 콜레티가 넬리를 데리고 찾아왔다. 넬리는 병으로 등이 조금 굽은 아이다. 프레코시는 끝내 아버지로부터 우리 집 방문을 허락받지 못했다.

데로시와 콜레티는 오는 길에 크로시를 보았다며 큰 소리로 웃었다. 한쪽 팔이 마비된 빨강머리 크로시는 엄마 대신 커다란 양배추를 팔고 있었다고 한다. 두 사람은 "그걸 판 돈으로 틀림없이 펜을 사러 갈 거야" 말했다. 오늘 크로시는 미국에 계신 아빠한테 기다리고 기다리던 편지를 받았다고 들떠 있었다고 한다.

우리는 참으로 즐거운 두 시간을 보냈다! 데로시와 콜레티는 반에서도 특히 활발하다. 우리 아빠는 그런 두 사람을 무척 마음에 들어 하셨다.

콜레티는 늘 초콜릿 색 스웨터에 고양이 가죽 모자를 쓰고 다닌다. 그는 호기심이 많아서 잠시도 가만히 있지 않는다. 오늘 아침에도 일찍 일어나서 짐마차의 반을 채울 만큼 장작을 나르고 왔다고 했지만, 전혀 피곤해 보이지 않았다. 끊임없이 떠들고, 집 안을 구석구석 살피고, 기운차게 뛰어 다녔다. 재빠르게 빨빨거리는 모습이 꼭 다람쥐 같았다.

부엌에 갔을 때는 요리사 아줌마한테 "댁에서는 장작 10킬로그램을 얼마에 사세요? 우리 아빠라면 싸게 해 주실 텐데" 이렇게 조잘대고 있었다. 자기 아빠 이야기만 나오면 어김없이 "우리 아빠는 쿠스토차 전투*2 때 제 49연대의 병사로 움베르토 왕자님의 부대에서 싸우셨어" 자랑한다. 하지만 그렇게 말하는 그는 어딘지 모르게 품위 있어 보였다.

"출신이나 자란 환경은 관계없단다. 그 애는 착한 마음씨를 갖고 태어났어. 그래서 기품이 느껴지는 거야." 아빠가 가르쳐 주셨다.

데로시는 선생님처럼 지리를 잘 알아서 늘 우리를 즐겁게 해 주었다. 눈을 감고는 "봐, 이렇게 눈을 감아도 나한테는 이탈리아가 전부 보여. 이오니아해까지 아페닌산맥이 이렇게 뻗어 있고, 커다란 강이 여기저기 흐르지. 여긴 마을 전체에 벽을 하얗게 칠한 집이 늘어서 있고, 여기하고 여기에 만이 있고, 푸른 후미가 이렇게 있고, 여기에는 푸른 섬들이 점점이 흩어져 있어" 지도를 읽듯이 북에서 남으로 순서에 따라, 그것도 정확한 명칭을 술술 읊는다.

금발머리를 뒤로 젖히고, 눈을 감고, 금단추가 달린 파란 옷을 입고, 등을 꼿꼿하게 펴고 선 그의 모습은 조각상처럼 아름다웠다. 모두 그런 그를 황홀하게 바라보았다. 데로시는 내일 모레 교실에서 암송을 한다. 비토리오 대왕의 서거 추념일*3인 17일에 외울 추도문이다.

세 쪽이나 되는 긴 문장을 단 한 시간 만에 외웠다고 한다.

오늘은 참 즐거웠다. 세 사람이 와 준 덕분에 내 마음에 뭔지 모를 밝은 빛이 남았다. 그들이 돌아갈 때, 덩치 크고 힘이 센 데로시와 콜레티가 왜소한 넬리를 부축해 집까지 바래다주는 모습은 무척

---

*2 베로나 근교. 1848년과 1866년에 전투가 벌어졌다.

*3 비토리오 에마누에레 2세(1820—1878). 1849년 사르데냐 국왕으로 즉위. 1861년 이탈리아 왕국 첫 번째 국왕. 1878년 1월 9일 새벽에 로마에서 57세로 사망. 재위 중에는 '신사왕', '조국의 아버지' 등으로 불리다가, 세상을 떠난 뒤에 '대왕'으로 불리게 되었다.

이나 흐뭇한 장면이었다. 넬리가 그렇게 기분 좋게 웃는 모습은 처음 보았다.

식당으로 돌아오자, 벽에 걸려 있던 리골레토의 그림이 보이지 않았다. 등이 굽은 어릿광대의 그림 말이다. 넬리의 눈에 띄지 않도록 아빠가 아무도 모르게 치운 것이었다.

비토리오 에마누에레 대왕 서거기념일

1월 17일(화)

오후 2시. 수업이 시작되자마자 페르보니 선생님께서는 데로시를 부르셨다. 데로시는 교탁 옆에 서서 우리를 보고 힘차게 추도문을 외우기 시작했다. 낭랑한 목소리가 차츰 높아지면서 얼굴도 점점 빨개졌다.

〈데로시의 추도문〉

4년 전 바로 이날 이 시각. 이탈리아 왕국 첫 국왕이신 비토리오 에마누에레 2세의 시체를 태운 영구마차가 로마 판테온에 도착했습니다.*4 국왕으로 즉위하신 지 29년 만에 돌아가신 것이었습니다. 그때까지 7개 국가로 분단되어 외적과 독재자들의 압제에 시달리던 위대한 조국은 국왕 재위 중에 해방되어 독립된 통일국가로 다시 부흥했습니다.

29년이라는 긴 세월에 걸쳐 국왕은 뛰어난 재능과 훌륭한 인품을 마음껏 발휘하고, 나라가 어려울 때는 용감하게 맞서고, 대승리를 거두어도 교만하게 굴지 않고 분별있게 행동하고, 세력이 약할 때도 끈기 있게 임하여 이탈리아를 영광과 풍요로운 은혜가 넘치는 행복

---

*4 1878년 1월 17일 오전 10시, 로마 퀴리날레 궁전을 출발한 영구마차는 오후 2시에 판테온에 도착했다. 토리노가 아니라 로마에서 장례를 지른 결정적인 이유는 그 무렵 내무대신이던 크리스피 때문이다.

한 나라로 이끄셨습니다.

수많은 꽃송이로 장식된 영구마차는 눈발처럼 휘날리면서, 이탈리아 전 국민이 깊은 슬픔에 싸여 묵묵히 지켜보는 가운데 로마의 중심가를 거쳐 도착했습니다. 장례 행렬의 선두에는 장군, 대신, 왕족들이 섰고, 상이군인들, 수많은 깃발, 300개 도시의 대표자가 그 뒤를 이었습니다. 그렇게 국민의 힘과 영광을 상징하는 모든 것을 거느리고서, 왕을 기다리는 거룩한 신전 판테온에 도착했습니다. 갑옷과 투구로 무장한 열두 명 기병이 관을 마차에서 재빨리 내리자, 이탈리아를 더없이 사랑했던 죽은 국왕에게 이탈리아 전 국토가 마지막 작별 인사를 했습니다. 우리는 '조국의 병사', '조국의 아버지'에게, 그리고 조국의 역사 가운데 가장 행복하고 풍요로웠던 29년에 작별을 고했습니다.

장대하고 엄숙한 순간이었습니다. 정렬한 이탈리아군 80개 연대 장교 80명이 받들고 선 검은 상장(喪章)이 달린 깃발에는 참가자 모두의 침통한 눈길이 애도하는 혼이 되어 쏟아졌습니다. 그 80개의 연대 깃발에는 '이탈리아 국왕'이 있었습니다. 그 깃발은 우리로 하여금 몇 천 명이 잃은 목숨과 흘린 피를, 가장 거룩한 영광과 희생을, 그리고 끔찍한 고통을 떠올리게 했습니다. 갑옷을 입고 투구를 쓴 기병이 국왕의 관을 운반했습니다. 그때, 깃대 끝이 일제히 떨어지며 경례를 보냈습니다. 새롭게 탄생한 연대 깃발과 함께, 격전에서 살아남은 고이토, 파스트렌고, 산타루치아, 노바라, 크리미아, 팔레스트로, 산 마르티노, 카스텔피다르도의 전통 있는 연대 깃발이 일제히 80개의 검은 베일과 함께 떨어지고, 100개의 메달이 소리를 내며 관에 부딪쳤습니다. 그 짤랑짤랑하는 소리는 그 자리에 있던 모든 사람의 피를 끓게 했습니다. 그것은 커다란 울림이 되어 이렇게 외치는 듯이 들렸습니다.

"안녕히 가세요, 우리의 신사왕, 용감한 왕이여! 성실한 왕이여! 대왕은 우리 국민의 마음속에 영원히 살아 계실 겁니다, 이탈리아 하늘에 태양이 떠 있는 한."

그 뒤 깃발은 다시 하늘 높이 자랑스럽게 올라갔습니다. 이윽고 비토리오 대왕은 땅에 묻혀 불멸의 영광을 향해 길을 떠나셨습니다.

교실에서 쫓겨난 프란티

1월 21일(토)

데로시가 '국왕의 장례식'이라는 추도문을 읽을 때 낄낄대다니! 그런 짓을 할 사람은 프란티, 한 사람밖에 없다.

나는 아무래도 그 애를 좋아할 수가 없다. 무엇보다 성격이 나쁘다. 누군가의 부모님이 학교에 와서 자기 자식을 야단치는 것을 보면 좋아하고, 우는 애가 있으면 놀려대며 웃는다. 갈로네 앞에서는 벌벌 떠는 주제에, 몸집이 작은 미장이는 때린다. 왼팔이 마비된 크로시가 싫어해도 귀찮게 굴고, 모두가 프레코시를 칭찬하면 혼자만 프레코시를 비아냥거린다. 어린아이를 구하다가 다쳐 목발을 짚고 다니는 3학년생 로베티까지도 비웃는다. 자기보다 약하면 누구에게나 시비를 걸고, 꼭 상처를 입히고야 만다. 그는 늘 모자를 푹 눌러 쓰고 있는데, 그 모자챙에 숨겨진 그의 어두운 눈빛 때문에 소름이 끼칠 때가 있다. 아무튼 그는 선생님 앞에서도 큰소리로 웃어대는, 겁 없는 아이다.

기회를 봐서 도둑질을 하고는, 뚱한 얼굴로 "안 했다" 끝까지 잡아뗀다. 또 그는 늘 누군가와 말싸움을 한다. 가까이에 있는 애를 핀으로 쿡쿡 찌르고 다닌다. 내기를 하다 져서 단추는 모조리 뜯기고 없다. 그래도 결과를 받아들이지 못하고 남의 단추까지 빼앗는다. 그의 가방은 너덜너덜하고, 책과 공책도 지저분하게 다 구겨졌다. 자(尺)는 이가 다 나갔고, 펜에는 깨문 자국이 있다. 손톱은 잘근잘근

썹어 모두 성하지 않고, 옷은 맨날 싸우느라 다 헤지고 얼룩투성이다. 그 애가 밤낮 말썽만 피워서 아줌마는 홧병으로 앓아 누우셨다. 아줌마는 그 애를 세 번이나 집에서 내쫓았다고 한다. 아줌마는 프란티가 학교에서 어떻게 생활하는지 들으려고 학교로 찾아오시지만, 늘 울면서 돌아가신다.

프란티는 학교도, 선생님도, 주변의 아이들도 다 싫어한다. 페르보니 선생님은 그 애가 나쁜 짓을 해도 눈감아 주시는데, 그 애는 그 점을 노리고 더욱더 못된 짓을 한다. 선생님이 다정하게 대해 주시면, 도리어 그 마음을 짓밟고 깔본다. 선생님이 엄하게 야단치시면, 깊이 반성했다는 듯이 손으로 얼굴을 가리고 우는 척하지만, 얼마 지나지 않아 혀를 내밀고 낄낄댄다. 전에도 사흘 동안 학교에 오지 못하는 벌을 받았는데, 돌아왔을 때는 더 뻔뻔스럽게 변해 있었다.

데로시가 어느 날 프란티에게 말했다.

"적당히 좀 해! 선생님이 저렇게 곤란해 하시잖아!"

그러자 프란티는 데로시의 배에 못을 대고는 "박아 버린다!" 말하며 협박을 했다.

그런 프란티도 오늘 마침내 개처럼 쫓겨나고 말았다. 프란티가 폭죽을 마룻바닥에 던진 것이다. 페르보니 선생님이 이달의 이야기 〈사르데냐의 북치는 소년〉을 베껴 써 오라고 갈로네에게 건네주실 때였다. 폭죽이 총소리를 내며 터졌다. 학교 전체가 콰르르 진동하는 듯했다.

갑자기 교실은 크나큰 혼란에 빠졌다. 그러자 선생님이 벌떡 일어나셔서 "프란티, 나가!" 고함치며 화를 내셨다. 프란티는 반항적으로 웃으면서 "제가 안 했어요" 시치미를 뚝 뗐다. 선생님은 다시 한 번 "밖으로 나가!" 소리치셨지만, 프란티는 "제가 왜 나가야 돼요?" 말대꾸를 했다.

마침내 페르보니 선생님은 폭발하셨다. 프란티 뒤로 돌아가서 그의 팔을 붙잡고 억지로 끌어내셨다. 프란티는 이를 악물고 버둥거리며 힘껏 반항했지만, 선생님의 힘에 밀려서 교실 밖으로 끌려 나갔다.

선생님은 그를 그대로 교장실로 끌고 가셨는데, 돌아올 때는 혼자였다. 슬픔에 잠긴 표정으로 힘없이 교탁에 앉아 손으로 머리를 감싸 안고 깊은 한숨을 내쉬셨다. 그런 선생님의 모습은 보기만 해도 속상했다. 선생님은 괴로움에 몸부림치고, 머리를 양옆으로 흔들면서 외치셨다.

"30년이나 교사 생활을 했는데 이게 무슨 일이람!"

우리는 숨조차 쉴 수 없었다. 선생님의 손은 분노와 후회로 떨리고 있었다. 이마 한가운데에 주름이 또렷하게 새겨져 깊은 상처 같았다. '아아, 가엾은 선생님!' 모두가 같은 마음이었다.

데로시가 일어나서 말했다.

"선생님, 그렇게 슬퍼하지 마세요. 우리는 선생님을 좋아해요."

선생님이 조금 기운을 되찾고서 말씀하셨다.

"자, 모두 수업을 계속하자!"

사르데냐의 북치는 소년
[1월 이야기]

1848년*5 7월 24일, 쿠스토차 전투 때의 일이다. 그날, 이탈리아 보병연대 소속 군인 60여 명은 외딴 고지대에 있는 점거된 민가 한 채를 사수하라는 명령을 받았다. 그때 갑자기 오스트리아군 2개 중대가 공격해 왔다. 이탈리아군은 곳곳에서 날아오는 총탄을 맞으며 황급히 건물 안으로 도망쳐 들어가 겨우 문을 걸어 잠갔다. 너무 급작스러운 공격을 당해, 사상자를 안으로 옮길 정신도 없었다. 문을 잠근 병사들은 재빨리 1층과 2층 창가로 흩어져서 총으로 맞서 싸울 준비를 했다. 오스트리아군은 반원형으로 대열을 짜고 서서히 포위망을 좁혀오며 공격을 퍼부었다.

이탈리아 병사 60명을 지휘하는 사람은 대위와 중위 두 사람뿐이었다. 대위는 키가 크고 홀쭉했으며, 흰머리에 수염도 하얬다. 수많은 싸움을 떠오르게 하는 엄한 얼굴이었다.

대위는 2층에서 기관총처럼 쉴 새 없이 명령을 내리며 방어 작전을 펼쳤다. 대위의 냉철한 표정에서는 흔들리는 기색이 눈곱만큼도 느껴지지 않았다. 부대에는 사르데냐 출신의 열네 살 난 북치기 소년이 있었다. 열네 살치고는 너무 작아서 열두 살도 안 돼 보였다. 하지만 거무스름한 얼굴에 반짝 빛나는 눈동자는 뭐라도 꿰뚫어볼 듯

---

*5 제1차 독립전쟁.

이 날카로웠다. 소년의 얼굴은 조금 하얗게 질렸으나, 다리에는 힘이 단단히 들어가 있었다. 책상 위로 올라가 벽에 달라붙듯이 고개를 쭉 빼고 창으로 밖을 내다보았다. 총부리에서 나오는 희뿌연 연기 너머로, 천천히 다가오는 오스트리아군의 하얀 군복이 보였다.

그 민가는 높고 가파른 언덕 위에 있었고, 뒤쪽 비탈 쪽으로는 다락방 창문 하나만 뚫려 있었다. 적들은 그쪽으로 공격해 오지는 않았다. 인기척도 없었다. 집 정면과 양 옆에서만 총알을 퍼부어댔다. 공격은 거셌다. 마치 지옥 같았다. 총알이 빗발치듯 쏟아졌다. 외벽에 금이 가고, 기와는 산산조각 났다. 총알은 천장이며 가구며 덧창에서 열린 창문까지 모든 것을 사정없이 부쉈다. 목재와 회반죽이 떨어져 연기가 피어오르고, 마룻바닥에는 깨진 접시며 유리 파편이 나뒹굴었다. 그 위에 다시 총알이 떨어져 파편들을 여기저기로 날리며, 고막을 찢는 굉음과 함께 모든 것을 부쉈다.

창에서 총을 쏘던 병사 한 사람이 적의 총에 맞아 바닥에 나뒹굴었다. 그는 재빨리 안쪽으로 옮겨졌다. 그리고 또 한 명이 맞았다. 피가 흐르는 상처를 꼭 누르고는 다른 방으로 비틀비틀 이동했다. 부엌에는 병사 하나가 쓰러져 있었다. 이마에 총알이 명중해서 이미 숨이 끊어졌다.

적은 점점 포위망을 좁혀왔다. 그때까지 전혀 흔들리는 기색을 보이지 않던 대위의 얼굴에 비로소 불안한 빛이 스쳤다. 황급히 중사를 데리고 방에서 성큼성큼 나갔다. 곧 중사가 혼자 급하게 돌아오더니 소년에게 따라오라고 신호했다.

소년은 중사를 따라 사다리를 올라갔다. 아무것도 없는 다락방이 나왔다. 대위가 창문에 기대어 연필로 종이에 편지 같은 것을 쓰고 있었다. 발치에는 두레박줄이 둘둘 말려 있었다. 대위는 편지를 접더니 소년을 노려보며 엄한 목소리로 "북치기!" 이렇게 불렀다. 대위의 그 차가운 잿빛 눈을 보면 그 어떤 병사도 긴장하지 않을 수 없었다. 소년은 모자챙에 손을 올리고 경례했다.

대위가 말했다. "넌 용감한가?"

소년이 눈을 빛내며 대답했다. "네, 대위님!"

대위가 소년의 몸을 창밖으로 내밀게 하며 말했다. "어떠냐! 저기에 총검이 빛나는 게 보이느냐? 비탈 아래 평지에 있는 빌라프란카 마을 가까이에 말이다. 저곳에서는 우리 측 병사가 한 발자국도 물러서지 않고 용감하게 싸우고 있다. 이 편지를 갖고 저리로 가서 장교에게 전해라. 이 창에서 줄을 타고 내려가면 비탈을 죽어라고 달려가. 초원을 가로질러 우리 편 진영으로 가라. 그리고 도착해서 가장 먼저 만난 장교에게 이 편지를 주어라. 알겠지? 허리띠와 배낭은 여기에 두고 어서 가."

소년은 대위가 시키는 대로 허리띠와 배낭을 벗고 편지를 품에 넣었다. 중사가 창밖으로 줄을 던지고는 한쪽 끝을 두 손으로 단단히 붙잡았다. 대위가 소년이 나가기 쉽도록 몸을 돌려 창을 등지고 서서 말했다.

"명심해라. 이 부대의 운명은 너의 용기와 두 다리에 달려 있다."

"대위님, 저한테 맡겨 주세요!"

소년은 줄에 대롱대롱 매달린 채 힘차게 대답했다.

"비탈을 내려갈 때는 몸을 최대한 낮춰라."

중사와 함께 줄을 잡고서 대위가 다시 한 번 당부했다.

"걱정 마세요."

"하느님께서 지켜 주실 거다. 자, 가렴!"

소년은 순식간에 땅에 내려섰다. 중사는 줄을 거두고 재빨리 몸을 숨겼다. 대위가 창에서 내다보니, 소년이 비탈을 나는 듯이 달려 내려가는 것이 보였다. '적에게 들키지 않은 것 같군.' 대위는 생각했다.

그때였다. 달리는 소년의 앞뒤로 작은 흙먼지가 피어올랐다. 그것

은 소년이 적에게 들켰음을 의미했다. 오스트리아군은 언덕 꼭대기에서 소년의 등을 향해 총을 겨누었다. 그러면서 흙에도 총알이 맞아 허공으로 튀어 오르며 작은 흙먼지를 일으켰다. 소년은 무작정 내달렸다. 그런데 그때 갑자기 소년이 픽 쓰러졌다!

"맞았구나!"

대위가 주먹을 불끈 쥐고 작게 소리쳤다. 그러나 소년이 금방 일어나는 것을 보고 '아, 그냥 넘어진 거구나' 속으로 혼잣말을 하며 가슴을 쓸어내렸다.

소년은 다시 온 힘을 다해 달렸지만, 다리를 질질 끌고 있었다. '발목이 삐었나?' 대위는 걱정했다. 그 뒤에도 소년의 주위에서는 흙먼지가 몇 군데 피어올랐지만, 그것은 조금씩 멀어졌다.

"좋아! 됐다. 살았어!"

대위가 자랑스럽다는 듯이 외쳤다. 그러나 대위의 눈은 계속 소년을 불안스레 쫓고 있었다. 1초가 아쉬운 상황이었다. 도움을 구하는 편지를 가진 소년이 재빨리 도착하지 않으면 모두가 죽든가 항복해서 적의 포로가 되어야만 했다.

소년은 조금 달리다가 다리를 끌며 속도를 늦췄다. 그리고 다시 달렸지만, 얼마 지나지 않아 괴로워 헉헉대며 비틀거리다가 멈춰 섰다.

'총알이 스쳤나보군.' 대위는 생각했다. 그리고 초조해하면서 눈도 깜빡하지 않은 채 소년의 움직임을 자세히 지켜보았다. 그러고는 소년의 귀에 자신의 목소리가 들리기라도 하는 듯 끊임없이 격려를 보냈다. 대위의 날카로운 눈은 아군이 있는 총검이 빛나는 장소와 그곳으로 달리는 소년과의 거리를 재고 있었다. 목적지는 햇살에 비춰 황금색으로 빛나는 보리밭 한가운데로, 소년에게는 아직 한참 먼 거리였다. 적의 공격은 느슨해질 줄을 몰랐다. 아래층에서는 총알이 핑핑 날아가는 소리, 장교와 중사들의 절박한 고함, 부상병들의 신음,

가구며 벽이 무너지는 소리들이 서로 어우러지며 굉음처럼 들렸다.

"좋아! 그대로 힘내!"

대위가 멀어지는 소년의 등을 눈으로 쫓으며 외쳤다.

"그래, 전진이다! 달려! 어라, 멈췄잖아. 뭘 꾸물대는 거야! 오오, 다시 달린다!"

한 장교가 숨을 헐떡거리며 대위에게 말했다.

"적들이 백기를 들고 투항하라며 계속해서 압박하고 있습니다. 그러지 않으면 공격을 멈추지 않겠답니다."

"투항이라니! 대답할 가치도 없다!"

대위가 소년에게서 눈을 떼지 않은 채 외쳤다. 소년은 이미 평지에 도착했지만, 점점 힘이 빠져서 그 이상은 한 발자국도 달리지 못하는 것 같았다. 이제는 거의 기다시피 하며 아주 조금씩 나아가고 있었다.

"자, 어서 가라! 왜 그러는 거야, 달리라니까!"

대위는 이를 갈고 주먹을 쥐면서 외쳤다.

"이 멍청아! 왜 그러는 거야! 죽어 버려! 지옥으로 가 버려! 자, 달려라!"

여느 때에는 냉정하고 침착한 대위도 요동치는 마음을 감추지 못하고, 차마 듣기 힘든 말들을 쏟아냈다.

"제길! 땅바닥에 누워서 뭐하고 있는 거야! 겁쟁이 같은 놈, 내가 너를 잘못 봤지."

보리밭 위로 보이던 소년의 머리가 쓰러지듯이 사라졌다. 그렇게 생각한 순간 곧 다시 불쑥 나타났다. 그러나 그것도 마침내 나무울타리 너머로 사라지더니 대위의 시야에서 영영 사라져 버렸다. 대위는 포기하고 서둘러 내려갔다. 방마다 다친 병사들로 넘쳐나고, 총알은 쉴 새 없이 들이닥쳤다. 몇 명은 몽롱한 정신으로 가구에 매달려 있었다. 벽과 바닥은 피로 새빨갛게 물들고, 출입구에는 시체들이 굴러다니고 있었다. 부관인 중위는 총에 맞아 오른팔이 날아가고 없었다. 연기와 먼지가 모든 것을 자욱하게 뒤덮고 있었다.

"정신들 차려! 곧 원군이 도착한다! 자기 자리를 지켜! 조금만 더 참으면 돼!" 대위가 소리쳤다.

오스트리아군이 포위망을 더욱더 좁혀 왔다. 연기 사이로 그들의 살기 어린 얼굴들이 엿보였다. 요란한 총성이 멈추고 "투항하라! 그렇지 않으면 모두 죽이겠다!" 외치는 사나운 목소리가 들렸다.

겁먹은 병사들이 창에서 슬슬 뒷걸음질 치면, 중사들이 억지로 제자리에 데려다 놨다. 그러나 그들은 반격할 힘이 없었다. 저마다 얼굴에는 절망의 그림자가 짙게 드리워졌다. 더 이상 저항은 불가능해 보였다.

그때, 적군의 공격 속도가 늦어지더니, "항복하라!"는 우레와 같은 목소리가 처음에는 독일어로, 다음에는 이탈리아어로 들렸다.

"절대 그럴 수 없다!"

대위가 창에서 큰 소리로 외쳤다. 그러고는 다시 적군과 아군 사이에 미친 듯한 총격전이 벌어졌다.

병사들이 다시 픽픽 쓰러졌다. 이제 창을 지키는 병사들의 모습은 보이지 않았다. 이제 끝인 것 같았다. 대위는 쥐어짜는 목소리로 "왜 안 오는 거야! 원군이 왜 안 오는 거야!" 소리 지르면서 허리에 차고 있던 칼을 신경질적으로 휘두르며 미친 듯이 날뛰었다.

그때였다!

"왔습니다!"

중사가 큰 소리로 외치며 다락방에서 구르듯이 내려왔다.

"왔다고!" 대위가 너무 기쁜 나머지 앵무새처럼 외쳤다.

그 소리에 용기를 얻은 병사들은 무사한 사람, 다친 사람, 중사, 장교 할 것 없이 모두 창에 매달려 다시 거세게 저항했다.

곧 적의 움직임에 불안과 동요가 보이기 시작했다. 대위는 황급히 전원을 1층으로 불러 총검공격 태세를 갖췄다. 그리고 다시 위층으로 올라갔다. 동시에 우렁찬 함성과 함께 어마어마한 말발굽 소리가 들려왔다. 창 너머로 이탈리아 기병의 삼각 모자가 연기를 가르며 이쪽으로 달려오는 모습이 보였다. 아군의 기병 대대가 돌진해 오고 있었던 것이다. 그들이 적군을 향해 휘두르는 칼이 번쩍이며 미친 듯이 허공을 갈랐다. 그것을 본 병사들은 용기를 얻어 총검을 낮게 잡은 채 문을 박차고 우르르 달려 나갔다. 적군은 순식간에 혼란에 휩싸여 허둥지둥 물러났다. 주위에는 개미 새끼 한 마리조차 사라지고, 민가도 무사했다.

곧 이탈리아 보병 2개 대대와 대포 2대가 그 고지를 점령했다. 대위는 살아남은 부하 몇 명과 함께 그 연대에 합류해 다시 전투에 참가했다. 그리고 마지막 총검공격전에서 대위도 오른손에 총알이 스쳐 가벼운 부상을 당했다.

그날은 이탈리아군 승리로 끝났다. 그러나 그 다음 25일 전투는 시작하자마자 적군의 압도적인 숫자 앞에서 과감한 저항도 헛되게 패해 버리고, 26일 아침에는 민치오강까지 물러나야 했다. 대위는 부상도 아랑곳하지 않은 채, 지쳐서 입을 열 기운조차 없는 부하들을 이끌고 행군을 계속했다. 민치오강 유역의 고이토에 도착했을 때는 해가 완전히 저물어 있었다.

대위는 곧 부관인 중위를 찾았다. 그는 한 팔을 잃고 위생부대의 호송으로 먼저 도착해 있었다. 대위는 임시 야전병원으로 쓰이는 교회가 어디냐고 물어 곧장 찾아갔다. 그곳은 부상병들로 아수라장이었다. 2열로 늘어선 침대만으로는 부족해서 바닥에 매트를 깔고 누운 사람들도 있었다. 부상병들이 내는 짓눌린 신음과 괴로운 비명 속을 의사 두 명과 수많은 간호사들이 바쁘게 오갔다. 대위는 방에 들어가자마자 중위를 찾아 주위를 두리번거렸다.

그때 바로 옆에서 "대, 대위, 님!" 가느다란 목소리가 들렸다. 돌아보니 그것은 바로 그 소년이었다! 소년은 간이침대에 누워 있었다. 빨간색과 하얀색이 격자 모양으로 들어간 빳빳한 커튼을 가슴까지 덮고 두 팔을 밖으로 힘없이 늘어뜨리고 있었다. 홀쭉하게 야윈 창백한 얼굴을 하고 있었지만, 흑진주처럼 맑게 빛나는 눈동자는 그 소년이 틀림없었다.

"너, 너, 여기 있었구나!" 대위는 순간 놀랐지만, 곧바로 "장하다. 훌륭하게 임무를 수행했어" 가슴 벅차하며 칭찬해 주었다.

"할 수 있는 일을 했을 뿐이에요." 소년이 대답했다.

"부상을 당했구나."

대위는 눈으로 중위를 찾으면서 건성으로 말했다.

"이까짓 거 별 거 아니에요!"

소년은 전쟁터에서 처음으로 생긴 상처가 자랑스러워 자기도 모르게 대담하게 말을 붙일 용기가 났다. 그렇지 않았다면 감히 대위에게 한 마디도 붙이지 못했을 것이다.

"대위님 말씀대로 몸을 최대한 낮추고 열심히 달렸어요. 하지만 곧 들키고 말았죠. 총알만 안 맞았으면 20분은 빨리 도착했을 텐데. 하지만 다행히도 금방 참모본부 대위님이 저를 발견하셔서 편지를 드릴 수 있었어요. 총알을 맞고서는 얼마나 괴로웠는지 몰라요. 목은 어찌나 타들어가던지, 이젠 틀렸다고 생각했을 정도였죠. 하지만 제가 1분 늦어질 때마다 아군이 한 사람씩 죽는다고 생각하자 분해서 눈물이 났어요. 그렇지만 이젠 괜찮아요. 전 최선을 다했으니까요. 이걸로 만족해요. ……그런데 대위님, 죄송하지만 좀 보세요. 피가 나고 있어요."

대위 손에 감았던 붕대가 풀어져서 손가락 끝으로 핏방울이 떨어지고 있었다.

"대위님, 괜찮으시면 제가 다시 감아 드릴게요. 손 이리 주세요."

대위는 왼손을 내밀고, 소년이 매듭을 풀어 다시 묶기 쉽도록 오

른손을 뻗었다.

그러나 소년은 몸을 조금 일으키자마자 빈혈로 어지러워서 베개에 머리를 묻고 말았다.

"이제 됐다." 소년은 아직도 대위의 손을 붙들고 있었다. 대위가 그 손을 풀어 침대 위에 놓아 주며 말했다. "남 걱정하기 전에 너 자신을 더 소중히 돌봐라. 아무리 작은 상처라도 놔두면 큰일나는 법이니까."

소년은 고개를 저었다.

"그런데 너……." 대위는 갑자기 문득 소년이 신경 쓰여 그 소년을 자세히 살펴 보았다. "이렇게 약해진 걸 보니 피를 많이 흘렸구나."

"피를 많이 흘렸냐고요?" 소년이 희미한 미소를 띠며 대답했다. "보세요. 출혈 같은 건 없어요." 그렇게 말하며 소년은 커튼을 홱 젖혔다.

그때 대위는 깜짝 놀라 뒤로 물러났다. 그 소년의 한쪽 다리가 없었던 것이다. 왼쪽 다리가 무릎 위에서 절단되어 있었다. 절단 부위는 붕대로 묶여 있었는데, 많은 양의 피가 흠뻑 배어나와 있었다.

마침 그때 군의관이 그 옆으로 지나갔다. 작고 왜소한 그는 가운도 걸치지 않은 채 다가와 "오오, 대위님" 하더니 소년을 가리키며 빠르게 말했다.

"참으로 불행한 일입니다. 그렇게 무모한 짓을 하지 않았더라면 다리를 자르지 않아도 됐을 텐데. 여기에 실려 왔을 때는 염증이 심해서 당장 잘라야 하는 상태였어요. 아무튼…… 이 애는 참으로 훌륭한 소년입니다. 전 확신해요. 수술 중에도 눈물 한 방울 보이지 않고 비명도 지르지 않았답니다. 이 애야말로 진짜 이탈리아 소년이라고 자랑스럽게 생각하는 바입니다. 이 애는 틀림없이 유서 깊은 집안에서 나온 아들일 거예요. 세상에 딱하기도 하지!"

그러고는 부상자들이 아우성치는 곳으로 서둘러 가 버렸습니다.

대위는 굵은 흰 눈썹을 잔뜩 찌푸린 채 커튼을 다시 덮어 주고는 소년을 바라보았다. 어느새 한 손에는 군모를 벗어 들고 있었다.

"대위님!" 놀란 소년이 외쳤다. "대위님! 저 같은 아이한테 왜 이러세요?"

이제까지 부하에게 따뜻한 말 한마디 건넨 적 없는, 그 무뚝뚝한 대위의 입에서 믿을 수 없는 말이 흘러나왔다. 게다가 애정이 가득 담긴 다정한 목소리로 말이다.

"난 한낱 대장에 지나지 않는다. 하지만 넌, 너야말로 진짜 영웅이다."

그러고는 두 팔을 벌려 소년을 꼭 끌어안고, 그 가슴에 몇 번이고 얼굴을 묻었다.

나라 사랑하는 마음

1월 24일(화)

1월의 이야기 〈사르데냐의 북치는 소년〉에 아주 감동했겠지? 그렇다면 오늘 시험 때 작문은 쉽게 썼겠구나. 과제는 "왜 이탈리아를 사랑하는가?"였는데, 대답이 백 개쯤은 떠오르지 않았을까?

아빠라면 이렇게 대답하겠다.

"저는 이탈리아를 사랑합니다. 이탈리아인 어머니에게서 태어나서 제 몸에는 자랑스러운 이탈리아인의 피가 흐르고 있기 때문입니다. 그리고 어머니와 아버지가 존경한 사람들이 돌아가신 뒤 잠든 땅이 이탈리아 대지이기 때문입니다. 제가 태어난 마을이, 제가 말하는 언어가, 저를 길러 준 책이 이탈리아의 것이기 때문입니다. 가족과 친구들, 그리고 이웃들이 이탈리아인이기 때문입니다. 저를 둘러싼 사랑하는 것, 배우는 것, 감동하는 것 모두가 이탈리아의 것이기 때문입니다."

넌 아직 나라에 대한 사랑을 느끼지 못할지도 모른다. 하지만 어른이 되면 느끼게 될 게다.

이를테면 어느 아침, 긴 배 여행에서 돌아와 오랜만에 배 난간에 서서 수평선 저 멀리에 있는 푸른 산들을 바라볼 때, 그리움이 거센 파도처럼 단숨에 밀려와 벅찬 기쁨에 눈물이 흘러넘치고, 저도 모르게 마음속으로 소리치고 싶어지는 바로 그런 때.

그리고 머나먼 이국땅에서도 틀림없이 느낄 수 있을 것이다. 누구

하나 아는 사람도 없는 대도시에서 옆을 스쳐 지나가는 낯선 노동자가 하는 고향 말을 듣고 너도 모르게 그 사람에게 다가가는, 바로 그런 때 말이다.

이런 때도 있을 것이다. 다른 나라 사람이 이탈리아를 욕하는 걸 듣고서 마음에 상처를 입어 너도 모르게 발끈할 때. 또 이런 날에는 더 격하게 느낄 것이다.

적이 조국에 폭풍우와 같은 포격을 퍼부었을 때, 분노로 몸을 떨며 무기를 쥐고 거침없이 군대로 달려가는 젊은이들에게 아버지는 "잘 싸우고 와라!"라고 말씀하시면서 어깨를 두드리시며 격려하고, 어머니는 "이기고 돌아오렴!"이라고 말씀하시면서 손수건으로 눈물을 적시고 작별인사 하시는 모습을 봤을 때.

마을에서 우연히 군대의 개선 행진을 보게 되면 커다란 기쁨을 느낄 것이다. 격렬한 전쟁 끝에 연대는 병사의 절반을 넘게 잃고, 살아남은 사람들도 초라하고 비참한 몰골로 변하게 된다. 그렇지만 그들의 눈에는 나라를 위해 싸웠다는 자부심에 넘치는 승리의 빛이 깃들어 있다.

군중은 총알에 맞아 너덜너덜해진 깃발을 든 병사를, 붕대로 머리를 둘둘 감은 병사를, 한 팔을 잃은 병사를, 그들의 용감함을 꽃다발과 축복의 말로 칭찬한다. 그런 모습을 보면 넌 틀림없이 조국을 사랑하게 되고, 조국이라는 존재를 이해하게 될 것이다.

엔리코, 네가 태어난 곳은 그토록 위대하고 무엇과도 바꿀 수 없는 소중한 나라란다. 아빠에게 너는 목숨과도 바꿀 수 없을 만큼 소중한 아들이지만, 언젠가 네가 조국을 위해 싸우다가 격렬한 전투에서 겨우 살아 돌아왔다고 해보자, 무사히 말이다.

하지만 그것이 목숨이 아까워 도망쳐 온 것이라면, 아빠는 평소처럼 널 대할 수 없을 것이다. 실망한 나머지 울면서 너를 맞이하겠지. 학교에서 돌아오는 너를 언제나 반겨 주는 이 아빠가 말이야.

그리고 두 번 다시 너를 똑바로 보지 못하게 될 것이다. 더 나아가 가슴에 칼을 꽂고 죽고 싶어 질 것이다.

〈아빠가〉

보티니의 질투

1월 25일(수)

"왜 이탈리아를 사랑하는가?"

이 작문을 가장 잘 쓴 사람은 역시 데로시였다. 그런데 보티니는 자기가 일등 메달을 받을 거라고 생각하고 있었다! 그 애는 멋만 부리는 허영꾼이지만 미워할 수 없는 구석도 있어서 사이좋게 지내고 있었다. 하지만 옆자리에서 오늘처럼 데로시에게 경쟁심을 불태우는 꼴을 보면 지긋지긋하다.

하지만 아무리 보티니가 공부한다 해도 데로시를 이길 수는 없다. 데로시는 보티니보다 열 배는 더 머리가 좋기 때문이다. 보티니는 어떤 과목도 데로시를 이기지 못해 분해서 어쩔 줄을 몰라 한다.

뿐만 아니라 카를로 노비스도 데로시에게 경쟁의식을 품고 있다. 하지만 그 애는 자존심이 세서 절대로 경쟁심을 겉으로 드러내지 않는다. 그런데 보티니는 금방 드러낸다. 집에서는 선생님이 데로시만 예뻐한다며 점수에 불만을 쏟아낸다고 한다. 그래서 데로시가 선생님 질문에 정확하게 대답하고 칭찬을 받으면 보티니의 얼굴빛은 곧 어두워진다. 눈을 내리깔고 들리지 않는 척하며, 화난 것을 감추려고 억지웃음을 짓는다. 모두 그 애의 그런 성격을 잘 알아서, 선생님이 데로시를 칭찬할 때면 다 같이 보티니를 바라본다. 그의 토라진 얼굴을 보고 싶어서다. 미장이는 그런 그를 '토끼 얼굴'이라며 놀린다.

오늘 아침 보티니는 창피를 당했다. 선생님이 교실에서 시험 결과를 발표할 때였다.

"데로시, 만점. 우등상."

순간 보티니가 커다랗게 재채기를 했다. 선생님은 그를 물끄러미 바라보시다가 곧바로 그의 기분을 알아채고 말씀하셨다.

"보티니, 몸속에 질투의 뱀을 키우면 안 된다. 그 뱀은 몸속을 기어 다니다가 뇌를 갉아먹고 마침내는 마음까지 갉아먹는단다."

모두 보티니가 어떤 얼굴을 하는지 훔쳐봤다. 그러나 데로시만은 그러지 않았다. 보티니는 뭐라고 말대꾸하려고 했지만 하지 못했다. 얼굴빛을 바꾸더니 돌처럼 굳은 듯 움직이지 않았다.

다시 수업이 시작되자 보티니는 종이에 커다랗게 뭐라고 쓰기 시작했다.

"선생님의 편애로 상을 받은 자식을 누가 질투해!"

데로시에게 쓴 쪽지였다. 데로시 주위에서 몇 명인가가 귓속말로 속닥거렸다. 무슨 계획을 짜는 게 뻔했다. 그 가운데 한 사람이 검은 뱀을 그린 커다란 종이 메달을 칼로 오렸다. 보티니도 그것을 눈치챘다.

선생님이 교실을 비우자 그 애들은 보티니 자리로 가서 그 메달을 아주 정중하게 내밀었다. 온 교실에 긴장감이 감돌았다. 보티니는 화가 나서 몸을 부들부들 떨었다.

그때 갑자기 데로시가 외쳤다.

"그거 나한테 줘!"

"아하, 그게 좋겠군."

"너야말로 이걸 받기에 알맞지."

그 애들은 한마디씩 하며 재미있어 했다. 그러나 데로시는 그 메달을 홱 낚아채더니 그 자리에서 갈기갈기 찢어 버렸다.

선생님이 돌아와서 다시 수업을 시작하셨다. 하지만 나는 보티니에게서 눈을 뗄 수 없었다. 보티니는 얼굴이 새빨개져 있었다. 하지만 아무 일도 없었다는 얼굴로, 아까 데로시에게 썼던 쪽지를 조용히 구겨서 입 안에 넣었다. 그리고 잘근잘근 씹더니 책상 밑에다 퉤 뱉었다.

하교 시간이 되었다. 보티니가 데로시 앞을 지나갈 때 잉크 흡수지를 떨어뜨렸다. 데로시는 그것을 재빨리 주워서 보티니 책가방에 넣어 주었다. 허리띠 채우는 것도 도와줬는데 보티니는 얼굴을 들려고도 하지 않았다.

프란티의 엄마

1월 28일(토)

그러나 보티니는 질리지도 않는 모양이다. 어제 종교 시간에 교장선생님 앞에서 페르보니 선생님이 물으셨다.

“데로시, 이 시의 2절을 외울 수 있겠니?”

〈내 시선이 닿는 곳에는 어디든 위대한 하느님, 당신이 보입니다〉라는 시였다. 데로시는 모른다고 대답했다.

그러자 보티니가 기다렸다는 듯이 자신 있게 목청을 높였다.

“전 할 수 있어요.”

데로시의 기를 눌러 주겠다며 음흉한 미소를 띠면서 말했다.

그러나 대답과는 다르게 보티니의 기가 눌리고 말았다. 그는 모처럼 외운 시를 읊지 못했다. 갑자기 교실에 프란티의 엄마가 나타났기 때문이다.

아줌마는 8일 동안 정학 처분을 받은 아들 프란티를 데리고 오셨다. 새치 섞인 머리가 마구 헝클어진 채 프란티를 억지로 앞세우고는 가쁜 숨을 몰아쉬고 있었다. 눈에 흠뻑 젖은 모습이 보기 안쓰러웠다. 불쌍한 아줌마는 교장선생님 앞에 무릎을 꿇고 손이 발이 되도록 싹싹 비셨다.

“오오, 교장선생님. 부디 절 봐서라도 이 애를 용서해 주세요! 다시 학교에 나올 수 있게만 해 주세요! 요 사흘 동안 애 아빠 몰래 이 애를 감췄습니다만, 이제 더는 그럴 수가 없습니다. 애 아빠가 알면

이 애는 죽어요. 그러니 어쩌겠습니까……. 제발 이 불쌍한 어미를 봐서라도 이 애를 용서해 주세요!"

교장 선생님은 아줌마를 데리고 교실 밖으로 나가려고 하셨다. 하지만 아줌마가 울며 발버둥치는 바람에 당해낼 수가 없었다.

"아아, 이제까지 애 때문에 얼마나 고생했는지 몰라요. 그걸 아신다면…… 아아, 부디 자비를 베풀어 주세요! 애한테는 선생님 말씀을 잘 들으라고 단단히 일러 놓았어요. 교장 선생님! 전 이제 오래 살지 못해요. 죽기 전에 단 한 번이라도 이 애가 학교에 잘 다니는 모습을 보고 싶어요……."

그렇게 말하고 아줌마는 더욱 서럽게 울며 덧붙였다.

"그렇지 않으면 편히 눈감지 못할 겁니다. 제게는 모두 귀여운 아들들이지요. 교장 선생님, 제발 한 번만 다시 이 애를 학교로 불러 주세요. 이 불쌍한 어미가 이 애를 데려다 주고 데리러 올 수 있게 해 주세요. 가정에 다툼이 일어나지 않게 도와주세요……"

프란티는 남의 일이라는 표정으로 바닥만 내려다보았다. 교장 선생님이 그런 그를 흘끔 보시고 잠시 생각에 잠겼다가 말씀하셨다.

"프란티, 자리로 가서 앉아라."

그 소리에 아줌마는 손을 얼굴에서 떼고, 마음을 놓은 표정으로 "고맙습니다" 인사를 몇 번이나 거듭했다. 그리고 교장 선생님한테 그 다음 말을 할 틈도 주지 않고 눈물을 훔치며 프란티에게 나지막한 목소리로 "말 잘 들어" 하셨다.

그러고는 "너희도 좀 봐 주려무나. 교장 선생님, 온정을 베풀어 주셔서 고맙습니다. 프란티, 말 잘 들어야 한다, 알겠지? 그럼 실례합니다, 선생님. 여러분, 이 불쌍한 어미를 부디 용서해 주세요"

이렇게 여기저기 말하면서 밖으로 나가셨다.

거기서 다시 한 번 프란티에게 간절한 눈빛을 보냈다. 그리고 땅까지 흘러내렸던 숄을 주워 올리고 등을 굽힌 채 창백한 얼굴로 고개

Masa

를 겨우 가누면서 나가셨다. 그 뒤에도 계단 있는 데서 한동안 아줌마의 기침 소리가 들렸다.

정적에 싸인 교실에서 교장 선생님이 프란티를 보며 외치셨다. "프란티! 넌 네 엄마를 말려죽일 셈이냐!"

부들부들 떨릴 만큼 화가 난 목소리였다. 모두 그 목소리가 향한 곳으로 고개를 돌렸다. 그러나 그 불효자는 그저 히죽 웃을 뿐이었다.

희망

1월 29일(일)

엔리코, 종교 수업에서 돌아와 곧장 엄마 품으로 뛰어들다니, 엄만 무척 감동했단다! 선생님께서 아주 중요한 이야기를 해 주셨구나. 마음이 깨끗해지는 이야기야.

하느님은 서로 단단히 결속해서 살라고 이 세상에 생명을 내려 주셨단다. 하느님은 우리를 절대로 버리지 않으시지. 그러니까 엄마나 아빠가 죽더라도 "이제 다시는 만날 수 없어!" 이런 끔찍한 말을 할 필요가 없단다. 우리는 죽더라도 저세상에서 다시 만날 수 있으니까.

그곳에는 죄도 눈물도 없단다. 죽음조차 없지. 천국은 이 세상에서 고통받던 사람이 보상받는 곳이란다. 사랑했던 사람의 영혼과 다시 만나는 거야. 하지만 엔리코, 잘 들으렴. 그곳에 가려면 그에 걸맞은 사람이 되어야 한단다.

네가 올바르게 행동하면 저세상에서도 더 높은 곳으로 갈 수 있다는 걸 명심해라. 그러려면 널 사랑해 주는 사람들에게는 감사의 마음을, 친구들에게는 따뜻한 마음을 잊어선 안 돼.

어떤 불행도, 괴로움도, 행복한 저세상에 가기 위한 것임을 기억하렴. 괴로움은 죄에 대한 몫이고, 눈물을 흘려야 더러움이 씻기니까. 날마다 조금씩이라도 좋으니 그 전날보다 착하고 예의바른 아이가 되도록 노력하렴.

그리고 매일 아침 이렇게 다짐하는 거야.

"오늘은 스스로 칭찬받을 수 있을 만한 일을 하자. 아빠가 기뻐하실 일을 하자. 선생님과 친구들, 동생, 그리고 다른 사람들도 좋아할 일을 하자."

또 하느님께 이렇게 기도하렴.

"주여, 부디 저를 바른 길로 이끌어 주소서. 저는 착한 아이가 되고 싶습니다. 도덕적이고 용감하고 남에게 다정하고 성실한 아이가 되고 싶습니다. 매일 밤 엄마한테 안녕히 주무시라고 인사할 때, 가슴을 펴고 이렇게 말할 수 있게 해 주세요. '엄마, 오늘 전 어제보다 훨씬 훌륭한 사람이 되었어요!'라고요."

죽은 뒤 또 다른 너의 모습을 늘 생각하렴. 저세상에서 행복하게 사는 엔리코의 모습을 말이다. 그리고 기도하렴.

아직 너는 이해하지 못하겠지만, 엄마란 자기 자식이 손을 맞잡고 기도하는 모습을 볼 때 이 세상에서 가장 달콤하고 행복한 기분이 든단다.

엄마도 네가 기도하는 모습을 보면, '아아, 하느님께서도 반드시 어딘가에서 이 모습을 보고 계실 거야. 그리고 이 아이의 기도를 꼭 들어주시겠지' 생각한단다. 그러면 한없는 사랑과 자비로 지켜보고 계시리란 것을 더욱더 굳게 믿을 수 있지.

그러니까 엄마도 너를 더욱더 아끼고, 고생을 아끼지 않으며, 열심히 일하고, 남을 진심으로 용서하여 모든 걸 훌훌 털고서 죽을 수 있는 나날을 보내겠다.

아아, 위대하신 하느님. 죽어서 저세상으로 가면 다시 한 번 어머니를 만나게 해 주세요. 아주 오래전에 돌아가신 우리 어머니를요.

그리고 아이들과도 만나게 해 주세요. 우리 엔리코가 죽으면 저세상에서 다시 만나게 해 주세요. 하느님의 축복으로 이 세상에서 생명을 얻은 제 아들이 저세상에서는 불멸의 영혼을 받을 수 있게 해 주세요. 그리고 저세상에서 만나면 절대 다시는 떨어지지 않도록 가슴에 품을 수 있게 해 주세요.

자, 너도 함께 기도하자꾸나. 서로 믿는 거야. 우리는 착하게 살자. 마음에 깨끗한 희망을 품자. 사랑하는 우리 엔리코.

〈엄마가〉

2월
febbraio

프레코시의 메달

2월 4일(토)

오늘 아침, 하얀 턱수염을 기른 교육과장님이 우등상 메달을 전달하러 오셨다. 검은 옷을 입은 과장님은 수업이 끝나기 조금 전에 교장 선생님과 함께 교실로 들어와 페르보니 선생님 옆에 앉으셨다. 우등상은 틀림없이 데로시겠지만, 문제는 이등상이었다. 선생님들이 뭐라고 귓속말하는 동안 우리는 누가 이등상을 받을지 흥미진진하게 기다렸다.

드디어 발표다. 과장님이 커다란 목소리로 말씀하셨다.

"이번 주 이등상은 숙제, 읽기, 쓰기, 예절 등 모든 과목을 종합한 결과 피에로 프레코시 군으로 결정되었습니다."

모두 그를 돌아보았다. 친구들은 진심으로 기뻐하는 것 같았다.

프레코시는 "에엣? 설마!" 하는 얼굴로 쭈뼛거리며 일어났다. 과장님이 앞으로 나오라고 말하자, 프레코시는 교탁 옆으로 후다닥 달려 나갔다. 그러나 과장님이 빤히 바라보시자 당황해서 눈도 마주치지 못했다.

과장님은 프레코시의 어두운 표정과 물려 입은 옷을 보고 그의 집이 가난하다는 사실을 곧 알아챘다. 그리고 메달을 프레코시의 목에 걸어주면서, "프레코시 학생에게 이 메달을 수여합니다. 이 메달을 받기에 알맞은 사람은 학생밖에 없습니다. 나는 학생의 성적과 공부에 대한 의욕뿐만이 아니라, 아버지에 대한 효성과 남다른 용기에 대해서도 이 메달을 수여하는 바입니다" 이렇게 부드럽게 말씀하셨다. 그런 다음 우리에게 덧붙이셨다. "이런 이유로 이등상은 프레코시 군이 가장 알맞다고 생각하는데, 어떤가요?"

"네! 그렇게 생각합니다!"

모두 입을 모아 말했다. 긴장한 프레코시는 그 소리에 꿀꺽하고 침을 삼켰다. 그러고는 고맙다는 눈빛으로 우리를 둘러보았다.

"그럼 자리로 돌아가 앉으세요. 학생에게 하느님의 가호가 있기를 바랍니다, 프레코시 군!" 과장님이 말씀하셨다.

하교 시간이 되어 우리는 다른 반보다 먼저 밖으로 나왔다. 그런데 그곳에 프레코시의 아버지가 아들을 데리러 와 있는 게 아닌가!

그 대장장이 아저씨는 오늘도 어김없이 취해 있었다. 음침한 얼굴과 텅 빈 눈 위로 머리카락이 축 늘어져 있었다. 모자를 젖혀 쓰고, 걸음도 온전치 않았다. 페르보니 선생님이 얼른 눈치를 채고 과장님에게 귓속말을 했다. 그러자 과장님은 허둥지둥 프레코시를 찾아서 손을 잡고 대장장이 아저씨에게 데리고 갔다.

프레코시는 떨고 있었다. 페르보니 선생님과 교장 선생님, 그리고 모두가 프레코시 부자와 과장님을 빙 둘러쌌다.

"당신이 이 애 아버집니까? ……그렇죠?"

과장님이 마치 친구에게 말하는 듯 들뜬 목소리로, 친근하게 물었다. 놀란 아저씨의 대답도 기다리지 않고 과장님은 말을 이었다.

"아, 저도 정말 기쁩니다. 보세요, 아드님이 54명 가운데 두 번째로 성적이 좋아서 메달을 탔지 뭡니까. 작문과 산수 외에 모든 과목을 종합해서 준 것입니다. 이 애는 머리도 좋고 의욕도 있어요. 앞날이 기대됩니다. 반 아이들도 이 애를 좋아하고요. 아드님을 자랑스럽게 여기셔도 좋습니다. 제가 보장하지요."

입을 헤벌리고 어리둥절하게 듣던 아저씨는 과장님과 교장 선생님의 얼굴을 뚫어지게 바라본 다음 프레코시에게 시선을 돌렸다. 프레코시는 고개를 푹 수그린 채 떨고 있었다. 아저씨는 그제야 자기가 이제까지 프레코시에게 얼마나 고통을 주었는지 깨달았다. 더구나 프레코시는 그런 아저씨를 얼마나 감싸왔던가! 아저씨는 어쩔 줄 모르겠다는 부끄러운 얼굴이 되더니 이윽고 미간을 찌푸렸다. 미안함과 고마움이 뒤섞인 복잡한 얼굴로 재빨리 프레코시의 머리를 가슴에 끌어안았다. 그러자 프레코시는 자기 아빠 품에서 기쁨의 눈물을 흘렸다.

나는 프레코시에게 다음 주 목요일에 갈로네와 크로시와 함께 우리 집으로 놀러 오라고 말했다. 다른 애들도 프레코시의 머리를 쓰다듬거나 메달을 만지며 "축하해", "잘됐다", "대단해" 말했다.

아저씨는 그런 우리를 넋이 나간 얼굴로 바라보았다.

공부해야지!

2월 5일(일)

프레코시가 메달을 받자 나는 왠지 아주 찜찜한 기분이 들었다. 나는 한 번도 메달을 받은 적이 없기 때문이다.

요즘은 도무지 공부에 집중할 수가 없다. 이런 내가 싫어서 견딜 수가 없다. 선생님이나 아빠도 나와 똑같을 것이다. 엄마도 이런 나에게 실망하고 있을 게 틀림없다. 그래서 밖에 나가 놀아도 전만큼 즐겁지가 않다. 열심히 공부할 때는 공부가 끝나면 기다렸다는 듯이 장난감 있는 데로 달려갔는데. 가족과 식사를 할 때도 예전처럼 행복한 기분이 들지 않는다. 마음속에 있는 또 하나의 내가 언제나 "엔리코, 그러면 안 돼" 이렇게 말한다.

매일 저녁 광장에 가면, 일을 마치고 돌아가는 어른들 틈에서 나와 같은 또래의 아이들을 발견할 수 있다. 그 소년들은 일을 마치고 힘이 없을 텐데도 밝고 씩씩한 걸음으로 돌아간다. 집에서 먹을 저녁이 몹시 기다려지는 모양이다. 석탄으로 새까매진 손과 회반죽으로 허옇게 된 손으로 서로 어깨를 두드리고 웃으며 큰 소리로 대화를 나눈다. 그 애들은 틀림없이 해가 뜰락 말락 하는 어두운 새벽부터 이런 시간까지 쉬지 않고 일했을 것이다.

그 가운데에는 아직 어린 아이도 있다. 아이는 하루 내내 조금밖에 먹지 못하고 지붕 꼭대기와 커다란 가마와 기계에 둘러싸여 하루를 보내는 것이다. 물속이나 땅속에서 일하는 애들도 있다. 그에 비하면 나는……. 아아, 내가 몹시 부끄럽다! 그 애들이 그렇게 일하는 동안 나는 겨우 공책 네 쪽에 지렁이 같은 글씨를 쓸 뿐이다.

아아, 싫다! 나는 안다. 아빠의 심기도 불편하다는 것을. 나한테 뭐라고 하고 싶은데 그러지 않고 묵묵히 지켜보고 있다는 것을. 아아, 아빠는 나를 위해 그토록 힘들게 일하시는데! 다 아빠 덕분이다. 내 주위의 모든 것이 아빠가 일해 준 덕분에 누리는 것이다. 가구도 옷도 음식도. 손에 닿는 모든 것이. 내가 공부할 수 있는 것도 놀 수 있는 것도 모두 아빠 덕분이다. 아빠는 하나부터 열까지 고생을 떠안고 계신다. 나는 그 애들처럼 일하지 않고 공부만 하면 되는데도. 아아, 참 불공평하다.

이래서는 안 된다. 그래, 오늘부터 공부하자! 스타르디처럼 주먹을 불끈 쥐고 이를 악물고 공부하자. 누가 시키지 않아도 스스로 공부하자. 밤에는 졸음을 물리치고 아침에는 누구보다도 일찍 일어나서 쉬지 말고 머리를 쓰자. 게으름은 무조건 때려눕히자. 열심히 공부하다가 건강을 해쳐도 상관없다. 이렇게 무기력하고 게으른 생활을 계속해서 부모님을 슬프게 하다니. 이런 생활과는 하루라도 빨리 깨끗하게 헤어져야 한다. 난 할 수 있다!

자, 공부다! 내 영혼과 모든 신경을 집중해서 공부하자! 그러면 쉬는 시간의 해방감도, 노는 즐거움도, 식탁의 활기참도 틀림없이 다시 돌아올 것이다. 공부하자! 그러면 페르보니 선생님이 다시 따뜻하게 미소 지어 주실 것이다. 아빠가 훌륭하다고 칭찬해 주실 것이다.

프레코시에게 준 선물

2월 10일(금)

어제는 프레코시와 갈로네가 우리 집으로 놀러왔다. 두 사람이 왕자였다 해도 그 만큼 환영받지는 못했을 것이다. 갈로네는 우리 집에 처음 왔다. 그 애는 조금 무뚝뚝한 구석이 있다. 남들이 "몸집이 그렇게 커다란데도 아직 4학년생이야?" 말하는 게 싫어서 그렇게 군다.

문을 두드리는 소리에 서둘러 현관으로 달려 나갔다. 크로시는 오지 않았다. 아빠가 6년 만에 미국에서 돌아오셨기 때문이다. 엄마는 프레코시를 뺨 인사로 맞이해 주셨다. 아빠는 엄마에게 갈로네를 소개했다.

"이 애는 보통 애들과는 달라. 정의감이 강하고, 벌써 어엿한 신사지."

갈로네는 수줍은 듯 커다란 빡빡머리를 꾸벅 숙여 인사하고는 곁눈으로 나를 보며 싱긋 웃었다.

프레코시는 그 메달을 걸고 왔다. 오늘은 아주 기분이 좋아 보였다. 대장장이인 아빠가 벌써 닷새째 술도 마시지 않고 다시 성실하게 일하기 시작했다고 한다. 뿐만 아니라 그 애를 괜히 자기 작업장으로 데려 가고 싶어 한다고 한다. 꼭 다른 사람 같다고 했다.

우리는 곧 장난감을 모두 꺼내 놀았다. 프레코시는 태엽을 감으면 저절로 움직이는 기관차를 보더니 "굉장하다! 태어나서 이런 건 처음 봐!" 감탄하며 눈을 휘둥그레 떴다. 그러고는 기관차에 연결된 빨

Masa

갛고 노란 객차를 뚫어지게 쳐다봤다.
"이걸로 움직이는 거야."
내가 태엽을 건네자 기관차에 완전히 빠져서는 무릎을 꿇은 채 고개도 들지 않았다. 그렇게 신나는 프레코시를 본 것은 처음이었다. 달리는 기관차를 우리가 멈출까 봐 "잠깐, 미안, 미안" 하면서 두 손을 벌려 만지지도 못하게 했다. 유리로 만들어진 물건이라도 다루듯이 기관차를 조심스럽게 들어 올렸다가 다시 살며시 내려놓고 위아래로 훑어보고는 혼자 히죽히죽 웃었다. 입김이 닿으면 황급히 그 김을 닦았다.
우리는 선 채로 그런 프레코시를 지켜보았다. 그 애의 가녀린 목을, 언젠가 피가 배어 있던 작은 귀를, 걷어 올린 소매로 내다보이는 가느다란 팔뚝을. 자기 아버지한테 얻어맞을 때마다 틀림없이 몇 번이나 그 가는 팔로 얼굴을 가렸을 것이다. 그렇게 생각하자 참을 수 없어졌다. 나는 내가 가진 모든 것을 그 애한테 다 주고 싶어졌다. 장난감, 책, 먹을 것, 입고 있는 옷까지 몽땅 다. 그리고 두 무릎을 꿇고 그 애의 손을 잡아 주고 싶어졌다.
'적어도 이 기관차만이라도 주고 싶다. 하지만 아빠한테 여쭤봐야 하는데…….'
이런 생각을 하고 있는데, 내 손에 쪽지 한 장이 슬쩍 쥐여졌다. 아빠가 준 것이었다.
'프레코시는 그 기관차가 아주 마음에 드는가 보다. 틀림없이 프레코시는 장난감이 한 개도 없을 거야. 네 마음이 뭐라고 속삭이지 않니?'
나는 곧바로 아빠의 마음을 눈치채고는 프레코시에게 장난감 기관차를 들려 주며 이렇게 말했다.
"이걸 받아 줘. 이젠 네 거야."
프레코시는 멍하니 있었다. 나는 다시 한 번 말했다.

"너한테 줄게. 내가 주는 선물이야."

그래도 그 애는 어찌할 바를 모르고 아빠와 엄마를 번갈아 쳐다보았다. 그러고는 나에게 물었다.

"하지만…… 왜?"

그러자 아빠가 말씀하셨다.

"엔리코는 너와의 우정의 표시로 선물한 거란다. 넌 훌륭한…… 아, 그러니까 네가 메달을 받은 축하 선물로 말이야."

프레코시가 쭈뼛거리며 물었다.

"이걸…… 집에…… 가지고 가도 돼?"

"물론이지!" 다 함께 한목소리로 대답했다.

프레코시는 현관을 나가면서도 아직 믿기지 않는다는 모습이었다. 그러나 모기만한 목소리로 "미안해……" 말하고는 기쁜 표정을 감추지 못했다. 그 애는 행복해 보였다! 그리고 손수건을 꺼내서 기관차를 감쌌다. 갈로네가 그것을 도와주려고 몸을 굽혔다. 그 순간, 주머니에 들어 있던 그리시니(가느다란 막대기 모양의 빵)가 똑 부러졌다.

"다음에 우리 아빠 작업장에 구경하러 와. 아빠가 만드신 못을 선물할게." 프레코시가 말했다.

엄마가 작은 꽃다발을 갈로네의 겉옷 단춧구멍에 꽂으며 말씀하셨다. "이걸 어머니께 드리렴. 네가 직접 말이야."

갈로네는 턱을 가슴에 딱 붙이고 굵은 목소리로 "고맙습니다" 말했다. 그렇지만 그 눈은 따뜻하게 빛나고 있었다. 그의 마음을 드러내는 듯이.

건방진 카를로 노비스

2월 11일(토)

카를로 노비스는 프레코시가 지나가다가 조금 스쳤을 뿐인데도 호들갑을 떨며 소매를 털었다!

아빠가 부자라서 건방지게 구는 것이다. 하지만 데로시의 아빠도 부자라고! 노비스는 다른 사람 때문에 자기까지 더러워지기 싫다며 혼자 책상을 쓰게 해 달라고 요구하고, 언제나 무시하는 듯한 미소를 띠며 사람을 내려다본다. 교실에서 밖으로 나갈 때 그의 발이라도 밟는 날에는 난리가 난다! 사소한 일에도 심한 말을 퍼부으며 "우리 아빠한테 오라고 할 거야!" 협박한다. 아, 맞다! 언젠가 노비스가 석탄 장수 아저씨네 베티에게 "너희 아빠는 다 떨어진 걸레다!" 말했다가 자기 아빠한테 혼쭐이 난 적이 있었지!

난 그렇게 건방진 녀석은 처음 본다. 누구도 그 애한테는 말을 걸지 않고, 인사도 하지 않는다. 수업 내용을 몰라 쩔쩔맬 때도 가르쳐 주지 않는다. 그 애는 누구하고도 사이가 좋지 않다. 특히 그 애는 공부로는 절대 따라잡을 수 없는 데로시와 모두가 좋아하는 갈로네를 더더욱 무시한다. 데로시도 그런 노비스를 전혀 상대하지 않는다. 갈로네는 노비스가 자기를 헐뜯는다는 소리를 들어도 "그런 놈은 때려 줄 가치도 없어! 내 손만 썩지" 딱 잘라 말한다. 어느 날 노비스에게 고양이 가죽 모자를 무시당한 콜레티가 이렇게 말했다.

"데로시한테 가서 신사다운 태도를 조금이라도 배우고 와!"

어제는 칼라브리아에서 온 전학생 코라치가 자신의 발을 조금 밟았다며 선생님한테 일러바쳤다. 페르보니 선생님이 코라치에게 "일부러 그랬니?" 묻자 코라치는 "아니요, 선생님" 정직하게 대답했다.

선생님은 "노비스, 네가 지나치게 예민하게 구는 것 같구나" 말하며 노비스를 타이르셨다.

노비스는 늘 그랬듯이 말대꾸했다. "우리 아빠한테 물어보면 알지요."

선생님이 낯빛을 바꾸고 말씀하셨다.

"너희 아버지도 저번처럼 네가 잘못했다고 말씀하실 거다. 그리고 학교에서는 누가 잘하고 잘못했는지 판단하고 벌을 줄 수 있는 사람은 선생님뿐이야."

그러고는 타이르듯이 부드럽게 말씀하셨다.

"노비스, 너의 그런 태도를 조금 바꿔 보면 어떻겠니? 반 친구들에게 좀 더 다정하게 대해 봐. 여긴 다양한 가정환경을 가진 아이들이 있단다. 부유한 집 아이도 가난한 집 아이도 모두 사이좋게 친형제처럼 지내지. 너도 다른 아이들처럼 해 보면 어떻겠니? 모두가 널 좋아할 수 있게 말이야. 그건 아주 쉽단다. 그러면 너도 학교가 더 즐거워질 거야."

노비스는 언제나처럼 무시하는 듯한 미소를 띠고 가만히 듣고 있었다.

"선생님이 이렇게 말하는데 한마디도 대답하지 않을 거니?"

선생님이 묻자 노비스가 차갑게 대꾸했다.

"별로 할 말이 없는데요, 선생님."

페르보니 선생님이 한숨을 쉬며 말씀하셨다.

"그래, 됐다. 가서 앉아라. 넌 불쌍한 아이구나. 남을 배려할 줄 모르다니……."

그로써 상황은 끝난 것처럼 보였다. 그런데 맨 앞줄에 앉은 미장이가 맨 뒷줄에 앉은 노비스를 돌아보고 그 '토끼 얼굴'을 지어 보였다. 그 얼굴이 너무나 웃겨서 온 교실이 웃음바다가 됐다. 선생님은 미장이에게 "이 녀석! 그만두지 못해!" 하시면서도 손으로 입을 가리고 겨우 웃음을 참으셨다. 노비스도 따라 웃었다. 하지만 그것은 진심에서 우러나오는 웃음이 아니었다.

다친 기술자들

2월 13일(월)

노비스와 프란티는 비슷한 구석이 많다. 오늘 우리가 본 그 끔찍한 사건 앞에서도 두 아이는 아무렇지도 않아 했으니까.

학교에서 돌아오다가 나는 아빠와 3학년생 개구쟁이 무리를 보았다. 그 애들은 땅바닥에 무릎 꿇고 납작 엎드려서 얼음을 망토와 모자로 문지르고 있었다. 반들반들하게 해서 더 미끄럽게 하려는 것이다.

그때 길 건너에서 사람들이 우르르 달려왔다. 모두 겁먹은 얼굴로 심각하게 이야기하고 있었다. 거기에는 경찰도 세 사람 있었다. 그 뒤에서 남자 두 사람이 들것을 들고 왔다. 아이들이 여기저기서 달려와 어느새 우리 주위는 사람들로 북적였다.

들것에는 한 남자가 머리를 어깨 위로 꺾듯이 하고 누워 있었다. 얼굴은 죽은 사람처럼 하얗게 질려 있었다. 흐트러진 머리카락에는 입과 귀에서 흐른 피가 흥건히 묻어 있었다. 갓난아기를 안은 여자가 들것에 꼭 붙어 걸으며 "죽었어! 죽어 버렸어!" 소리치며 미친 듯이 울부짖었다. 여자의 뒤에서는 가방을 든 소년이 훌쩍거리며 정신없이 따라왔다.

"무슨 일입니까?" 아빠가 옆 사람에게 묻자 "미장이가 일을 하다가 발을 헛디뎌서 5층에서 떨어졌어요" 가르쳐 주었다.

들것이 잠시 멈췄다. 지켜보던 사람들의 얼굴이 두려움에 딱딱하게 굳었다. 1학년 때 담임선생님은 정신을 잃고 쓰러질 뻔했다. 빨간 깃털 선생님이 겨우 그 선생님을 부축했다.

누군가의 팔꿈치가 내게 닿은 것 같아 쳐다보니, 우리 반 미장이였다. 그 애는 파랗게 질린 얼굴로 바들바들 떨며 서 있었다. 자기 아버지일지도 모른다고 생각하는 것 같았다.

나도 순간 같은 생각을 했다. 다행히 학교에 있는 동안 아빠는 집에서 일을 하신다. 책상에서 일하시니 안전하다는 걸 안다. 그래서 안심할 수 있다. 하지만 지금 얼마나 많은 반 친구들이 아빠를 걱정하고 있을까? 높은 다리 위나 기관차 바퀴 옆에서 일하시는 아빠가 자칫 잘못해서 목숨을 잃을지도 모른다고 말이다. 기술자의 자식들은 군인의 자식과 다름없다. 아빠가 늘 전쟁터에 있는 것과 마찬가지이기 때문이다.

미장이는 점점 더 몸을 심하게 떨었다. 아빠가 말씀하셨다.

"집에 얼른 가보는 게 좋겠다. 아버지한테 말이야. 그러면 아버지가 무사하다는 걸 알게 될 거다. 자, 얼른 가보렴."

미장이는 몇 번이나 불안한 듯이 우리를 돌아보면서 사라졌다.

다시 들것이 움직였다. 여자가 또 한 번 목메인 목소리로 외쳤다.

"죽었어! 죽어 버렸어! 죽었어!"

"아니, 괜찮습니다. 죽지 않았어요!"

지켜보던 사람들이 말을 걸어도 여자는 듣지 못했다. 머리카락을 쥐어뜯으며 울부짖었다.

"너 지금 웃었냐?"

갑자기 고함소리가 들렸나 싶더니, 수염이 덥수룩한 남자가 무서운 얼굴로 프란티를 노려보았다. 그러나 프란티는 아직도 웃고 있었다. 남자가 프란티의 모자를 손바닥으로 쳐서 땅바닥에 떨어뜨리며 말했다.

"이런 버르장머리 없는 놈을 봤나! 일하다가 다친 기술자가 실려가면 모자를 벗는 게 예의지!"

사람들이 사라진 거리에는 핏자국만이 남았다.

수수께끼 잉크병

2월 17일(금)

아아, 이건 틀림없이 이 학교에서 가장 이상한 사건일 것이다.

아빠는 어제 나를 몬칼리에리에 데리고 가 주셨다. 이번 여름에 빌릴 별장을 미리 살펴보기 위해서였다. 아빠는 작년까지 빌렸던 키에리에 올해는 가지 않는다고 했다. 도착한 별장에는 '선생님'이라 불리는 관리인이 있었다. 그 사람이 집주인의 열쇠를 맡아 가지고 있었다.

방을 다 안내하자 '선생님'은 자기 방에서 음료를 대접해 주셨다. 책상 위에는 여러 개의 컵 사이로 목제 잉크병이 놓여 있었다. 원뿔 모양으로 된 그 병에는 아주 신기한 조각이 새겨져 있었다.

아빠가 유심히 바라보자 선생님이 "그 병은 제 보물입니다. 병의 유래를 들으시면 그 이유를 이해하실 겁니다……" 하고는 이야기를 시작하셨다.

그 말에 따르면…….

몇 년 전, 토리노에서 교사로 일하시던 선생님은 어느 해 겨울, 죄수에게 국어를 가르치러 다닌 적이 있었다. 수업은 구치소 안 교회에서 이루어졌다. 교회는 원형 건물로, 주위에는 무섭도록 높고 스산한 벽이 둘러쳐져 있었다. 벽에는 작은 창이 수없이 뚫려 있었는데, 그 안은 좁은 독방이었다.

선생님은 춥고 어두운 그 교회 안을 빙 돌면서 수업했다. 죄수들은 쇠창살 창문에 공책을 기대 세우고 그 틈으로 얼굴을 내밀고서 국어를 배웠다. 어둠 속에서는 그들의 얼굴밖에 보이지 않았다. 어떤 사람은 홀쭉하게 야윈 얼굴에 눈썹을 찌푸리고 수염은 제멋대로 자랐고, 또 어떤 사람은 눈빛이 날카로운 게 마치 살인자나 도둑 같은 얼굴이었다.

그 가운데 남달리 열심히 배우는 젊은이가 있었다. '죄수 78번'이라고 불리는 그는 공부도 아주 열심히 했으며, 선생님을 존경과 감사가 가득한 눈으로 바라보았다. 검은 수염을 기른 그 남자는 도저히 죄를 저지른 사람이라고는 보이지 않고 그저 '불행한 사람'이라는 인상을 풍겼다. 가구 기술자인 그는 자기 스승 머리에 대패로 치명상을 입혔다. 아주 오래전부터 스승에게 가혹 행위를 당했는데, 어느 날 그만 발끈해서 분을 이기지 못하고 대패를 집어던졌고, 그 결과 장기형을 선고받았던 것이다. 그는 석 달 만에 읽기와 쓰기를 모두 익혀 책도 곧잘 읽었으며, 수업 때마다 차츰 똑똑해져 갔다. 그리고 자신이 저지른 죄를 진심으로 뉘우치는 듯이 보였다.

어느 날 수업이 끝나자 그가 선생님에게 가까이 와 달라는 신호를 보냈다. 그리고 말했다.

"전 죄를 갚으러 베네치아 형무소로 갑니다. 내일 아침에는 토리노를 떠나야 해요."

선생님이 작별 인사를 하자 그가 감격의 눈물을 흘리면서 "선생님, 마지막으로 딱 한 번만 선생님의 손을 잡게 해 주세요" 하더니 그 손에 뺨을 비볐다. 그러고는 "고맙습니다! 고맙습니다!" 몇 번이나 말하면서 사라졌다. 선생님 손은 그의 눈물로 흠뻑 젖어 있었다. 그 뒤로 선생님은 두 번 다시 그를 보지 못했다.

그로부터 6년의 세월이 흘렀다…….

"난 그 불쌍한 남자를 완전히 잊고 있었지요." 선생님이 말했다.

"그런데 엊그제 아침, 초라한 몰골을 한 낯선 남자가 느닷없이 날

찾아왔습니다. 이미 백발이 섞인 머리에 수염을 텁수룩하게 기른 그 남자가 제게 말하더군요. '실례지만…… 혹시 OO선생님 아니십니까?'

"네, 그렇소만……. 그쪽은…… 누구신지?" 제가 물었습니다.

"전 죄수 78번입니다. 6년 전에 선생님께 국어를 배웠었지요. 기억 안 나십니까? 마지막 수업 때 저에게 손을 내밀어 주셨잖습니까. 지금 전 죄를 다 갚았답니다…… 보잘것없는 물건이지만, 이건 제가 형무소에서 만든 겁니다. 선생님께 드리려고 갖고 왔습니다. 선생님, 제 마음의 선물을 받아 주시겠습니까?"

전 놀라서 할 말을 잃고 그 자리에 못 박힌 듯이 서 있었습니다. 그런 저를 보고 그는 제가 자기를 꺼린다고 착각했나 봐요. '아아, 손을 씻고 죄를 갚기에는 6년 동안의 고생도 부족하다고 말씀하시는 건가!' 하는 눈으로 나를 물끄러미 바라보는 겁니다. 그 얼굴이 몹시 슬퍼 보여서 전 얼른 손을 내밀어 그 물건을 받았습니다. 그게 이 병이랍니다."

아빠와 나는 잉크병을 뚫어지게 바라보았다. 못 끝으로 끈질기게 몇 시간에 걸쳐 정성껏 완성한 것으로 보이는 병의 겉에는 공책 한 권이 그려져 있었다. 그리고 공책 위로는 펜이 한 자루 비스듬히 새겨져 있었고 그 옆에는 "선생님께—78번의 추억—6년"이라고 새겨져 있었다. 또 그 아래에는 작은 글씨로 "학문과 희망……"이라고 새겨져 있었다.

선생님이 더는 말을 못 이으셔서 우리는 그만 헤어지기로 했다.

나는 몬칼리에리에서 토리노로 돌아오는 내내 그 잉크병 이야기가 머리에서 떠나지 않았다. 독방 창문으로 내다보이던 죄수의 얼굴. 선생님과 헤어질 때의 이야기. 형무소에서 만들었다는 잉크병…….

그날 밤 나는 그 죄수 꿈을 꿨다. 그리고 아침이 되어서도 그 사람을 생각했다. 그 다음 날, 학교에서는 뜻밖의 일이 나를 기다리고 있었다.

자리가 바뀌어서 데로시가 내 새 짝꿍이 되었다. 나는 자리에 앉아 월말고사의 산수 문제를 베껴 쓰면서 데로시에게 그 잉크병 이야기를 들려주었다. 공책 위에 비스듬히 새겨진 펜과 그 옆에 새겨진 글씨 등등 모든 이야기를 해주었다.

"뭐? 6년 동안?"

데로시가 깜짝 놀라며 나를 쳐다봤다. 그러고는 앞자리의 크로시를 바라봤다. 크로시는 우리에게 등을 돌리고 정신없이 문제를 풀고 있었다.

"쉿!" 데로시가 내 입을 막고 팔을 붙잡으며 속삭였다. "몰랐어? 크로시가 엊그제 나한테 '미국에서 돌아온 아빠가 나무로 된 잉크병을 갖고 왔다'고 했단 말이야. 공책이랑 펜이 그려져 있고 꼼꼼히 마무리된 원뿔 모양의 잉크병. 그게 틀림없어. 그리고 6년이라며. 크로시는 아빠가 미국에 가 있다고 했지만, 사실은 형무소에 있었던 거야. 크로시는 어려서 기억이 없겠지. 아줌마가 거짓말한 거야. 그래서 걘 아무것도 모르는 거야. 이 일을 아무에게도 말하면 안 돼, 알았지?"

나는 크로시의 등만 멍하니 바라보았다. 말이 나오지 않았다.

데로시는 산수 문제를 다 풀더니 그것을 조용히 책상 밑으로 크로시에게 전달했다. 크로시는 그것을 받고 2월의 이야기 〈나폴리의 소년 치치로의 병간호〉를 건네주었다. 선생님이 크로시에게 고치도록 부탁했지만, 데로시가 대신하기로 한 것이다. 데로시는 펜촉을 빌려주고 어깨를 주물러주며 크로시에게 다정하게 굴었다. 그리고 나에게는 "엔리코, 알았지? 네 명예를 걸고 이 일은 절대로 누구에게도 말하지 않겠다고 약속해" 이렇게 말했다. 그리고 교실을 나가면서 황급히 덧붙였다. "어제 아저씨가 크로시를 데리러 오셨어. 아마 오늘도 오실 거야. 그러면 넌 날 따라해. 알았지?"

난 알겠다고 대답했다.

우리는 밖으로 나갔다. 크로시네 아빠가 조금 떨어진 곳에 서 있었다. 초라한 옷에 머리는 희끗희끗하고 낯빛도 좋지 않았다. 어딘가 불안해 보였다. 데로시가 아저씨에게 잘 보이도록 크로시의 손을 잡고 "잘가, 크로시" 힘차게 말하면서 그의 턱 밑에 손을 댔다. 크로시는 얼굴을 붉혔다. 나도 따라했지만, 어쩐지 낯간지러웠다.

아저씨는 그런 우리를 물끄러미 바라보셨다. 다정해 보였지만, 그 눈에는 불안과 의심의 빛이 깊숙이 자리한 것이 또렷이 보였다. 우리는 등줄기가 서늘해졌다.

나폴리 소년 치치로의 병간호
[2월 이야기]

3월의 어느 부슬부슬 비 오는 아침, 나폴리 펠레그리니 병원 앞에 한 소년이 나타났습니다. 옷은 흠뻑 젖고 온 몸이 진흙투성이인 소년은 갈아입을 옷이 든 보따리를 안은 채 수위에게 편지 한 통을 건넸습니다. 소년은 아버지를 찾아 나폴리에 있는 변두리 마을에서 찾아온 것이었습니다. 갸름한 달걀형 얼굴은 거무스름하고, 눈은 불안한 듯이 움직였습니다. 반쯤 벌린 입술로는 새하얀 이가 내다보였습니다.

소년의 아버지는 농부였는데, 1년 전 일을 찾아 프랑스로 건너갔다가 얼마 전에 드디어 이탈리아로 돌아오게 되었습니다. 그런데 며칠 전에 배에서 내린 뒤로 갑자기 병에 걸려 쓰러지고 말았습니다.

가족에게는 "나폴리에 도착했지만 입원했다"는 편지를 보낸 게 다였습니다. 소식에 놀란 어머니는 당장 달려가려고 했지만, 아픈 젖먹이와 다른 어린 자식들이 있어 집을 비울 수가 없었습니다. 그래서 맏아들인 소년에게 돈을 몇 푼 들려 보낸 것이었습니다.

마을에서 10마일이나 되는 긴 여정을 소년은 홀로 걸어서 왔습니다. 수위는 편지를 재빨리 훑어보더니 간호사를 불러 소년을 아버지에게 안내하라고 말했습니다.

간호사가 물었습니다. "아버지가 어떤 분이지?"

소년은 쭈뼛쭈뼛 아버지 이름을 댔습니다. 슬픈 소식이라도 들을까 봐 불안했던 것입니다.

"돈을 벌러 갔다가 돌아오신 나이 지긋한 분 말이니?"

"돈 벌러요? 네, 외국에서 막 돌아오셨어요. 하지만…… 그렇게 나이가 많지는 않은데."

"언제쯤 입원하셨다니?"

"그러니까, 닷새…… 닷새 전일 거예요." 소년이 편지를 흘깃 보고 대답했습니다.

잠시 생각에 잠겼던 간호사가 갑자기 누군가 떠오른 듯 말했습니다.

"아하, 4호실 안쪽 침대를 쓰는 분이구나."

소년은 다음 말을 기다리지 못하고 얼른 물었습니다.

"아버지는 좀 어때요? 많이 안 좋은가요?"

간호사는 따라오라고만 말하고 소년을 2층으로 데리고 갔습니다. 복도 끝에 있는 그 방의 열린 문으로 침대가 두 줄로 늘어서 있는 것이 보였습니다.

"따라와." 간호사의 말에 소년은 순간 발이 얼어붙었습니다. 하지만 용기를 내어 따라갔습니다. 그곳은 소년이 태어나 처음 보는 끔찍한 세계였습니다. 커다란 방은 어두침침하고, 약품 냄새가 코를 훅 찔렀습니다.

간호사 등에 얼굴을 묻듯이 숨어서 조심스레 둘러보니 환자의 파리하고 야윈 얼굴이 보였습니다. 어떤 사람은 죽은 듯이 눈을 꼭 감고 있고, 어떤 사람은 눈을 커다랗게 부릅뜨고 천장을 노려보고 있었습니다. 갓난아기처럼 울부짖는 사람도 있었습니다. 수녀 두 사람이 약병을 들고 바쁘게 이리저리 움직이고 있었습니다.

"이쪽이 너희 아버지야."

간호사는 방 안쪽으로 가서 그렇게 말하고 멈춰 서더니 커튼을 젖혔습니다. 소년은 그때까지 쌓였던 불안과 긴장이 순식간에 풀어져 와락 울음을 터트렸습니다. 들고 있던 보따리를 내던지고 아버지 팔에 매달려 그대로 어깨에 얼굴을 묻었습니다.

그러나 환자는 꿈쩍도 하지 않았습니다. 소년은 잠깐 몸을 일으켜 아버지를 쳐다보고 다시 울음을 터트리며 주저앉았습니다. 그러자 환자는 조금 의식을 차리고 소년을 물끄러미 올려다보았습니다. 그러나 소년의 이름을 부르려고 입술을 달싹이는 기색은 보이지 않았습니다.

"가엾은 아버지! 어쩌다 이렇게 되셨어요!"

소년이 외쳤습니다. 아버지는 몰라보게 변해 있었습니다. 머리는 새하얗고, 수염은 텁수룩하게 자라 있었습니다. 얼굴 전체가 새빨갛게 부어 눈은 작아지고 입술도 퉁퉁 부어 도저히 아버지 같지 않았습니다. 이마와 눈썹만이 겨우 아버지의 옛 모습을 간직하고 있었습니다. 아버지는 무척 괴롭게 숨을 쉬고 있었습니다.

"아버지, 아버지, 저예요. 절 알아보시겠어요? 치치로예요. 아들 치치로요. 어머니 대신 여기 왔어요. 저를 잘 보세요. 생각나지 않으세요? 한마디라도 좋으니 뭐라고 말 좀 해 보세요!"

하지만 환자는 눈을 가느다랗게 뜨고 소년을 바라보다가 곧 눈을 감아 버렸습니다.

"아버지, 아버지, 괜찮으세요? 정신 차리세요. 아들 치치로예요!"

소년이 아무리 소리 높여 외쳐도 누운 환자는 괴로워하며 가쁘게 숨만 몰아쉴 뿐이었습니다. 하는 수 없이 소년은 울상을 지은 채 가까운 의자에 앉았습니다.

"곧 의사 선생님이 진찰하러 오시겠지. 선생님한테 물으면 아버지 증상도 알게 될 거야" 자신을 타이르며 기다리기로 했습니다. 그리고 아버지 얼굴에서 한시도 눈을 떼지 않고 가만히 앉아 있었습니다.

의사를 기다리는 동안 치치로의 머릿속에는 다정했던 아버지 모습이 이것저것 떠올랐습니다. 프랑스로 떠나던 날 화물선 위에서 짧은 작별인사를 나눴던 일. 가족이 아버지의 돈벌이에 큰 희망을 걸었던 일. 그리고 슬픈 소식이 날아들었을 때 어머니가 절망했던 일……. 자꾸만 '아버지가 이대로 영영 못 돌아올 사람이 되면 어쩌지?' 이런 무서운 생각이 들었습니다. 검은 상복을 입고 서럽게 우는 어머니의 모습과 그 뒤 가족을 덮칠 가난 등 나쁜 일들만 끊임없이 떠올랐습니다.

그러는 사이에 긴 시간이 흘렀습니다. 어깨에 누군가의 손이 닿는 느낌에 치치로는 퍼뜩 정신이 들었습니다. 수녀였습니다.

"아버지는 좀 어떠세요?"

치치로가 물었습니다.

"네 아버지니?"

"네. 그래서 여길 찾아온 거예요. 아버진 어떠세요?"

"괜찮단다, 얘야. 이제 선생님께서 보러 오실 거야. 기운 내렴."

수녀님은 그 말만 하고 가 버렸습니다. 30분쯤 지나자 벨이 울리더니 의사가 조수를 데리고 들어왔습니다. 수녀와 간호사와 함께 선생님은 침대마다 진찰을 시작했습니다. 치치로는 그 시간이 무섭고도 길게 느껴졌습니다. '아버지 순서가 영원히 돌아오지 않는 건 아니겠지?'

의사가 한 칸씩 다가오자 치치로의 불안감은 갈수록 커져갔습니다. 그리고 마침내 바로 옆 침대까지 다가왔습니다.

의사는 키가 크고 등이 조금 구부정했으며 위엄에 찬 얼굴을 한 노인이었습니다. 치치로는 의사가 옆 침대를 떠나기 전부터 일어서 있었습니다. 그리고 선생님이 다가왔을 때는 그만 참지 못하고 울음을 터트렸습니다. 수녀가 의사에게 설명했습니다.

"이 환자의 아들입니다. 오늘 아침, 저 먼 마을에서 찾아왔어요."

의사는 치치로의 어깨에 달래듯이 손을 얹었습니다. 그러고는 환자 위로 몸을 굽혀 맥을 짚고, 이마를 짚어 열을 잿습니다. 그리고 수녀에게 두세 가지 질문을 했습니다.

"특별히 이상한 점은 없어요." 수녀가 대답했습니다.

의사가 잠시 생각한 뒤 말했습니다. "이대로 간호를 계속하세요."

치치로가 용기를 내서 물었습니다. "아버지 상태가 어떤가요?"

의사는 울먹이며 묻는 치치로의 어깨를 다독이며 다정하게 말했습니다.

"얘야, 마음을 굳게 먹으렴. 아버지의 얼굴이 부은 건 곪았기 때문인데, 내버려 두면 무척 위험한 병이란다. 하지만 아직 희망은 있어. 마음을 놓을 순 없지만. 네가 정성껏 간호하면 반드시 나을 거다."

"하지만 제가 어떻게요! 전 아무것도 모르는데요!"

치치로는 자기도 모르게 버럭 소리쳤습니다.

"알게 될 거다…… 내일엔…… 아마도. 포기하면 안 된다. 나도 최선을 다할 테니까. 힘을 내렴."

치치로는 묻고 싶은 것이 많았지만 꾹 참았습니다. 의사는 그대로 다음 환자에게 가 버렸습니다.

치치로는 의사 말대로 힘을 내서 열심히 간호하기로 다짐했습니다. 할 수 있는 거라고는 아버지 곁을 지키며 담요를 매만져 주고, 이따금 손을 주물러 주고, 창으로 들어오는 파리를 쫓는 게 다였습니다. 그러나 아버지가 하루라도 빨리 나을 수 있도록 최선을 다했습니다. 치치로는 환자가 고통스러워하며 신음할 때마다 얼굴을 걱정스럽게 들여다보았습니다.

수녀가 컵에 물을 가지고 오면 숟가락으로 떠 먹여 드렸습니다. 환자는 이따금 치치로를 쳐다봤지만, 아직 그가 누군지 몰라보았습니다. 그러나 조금씩 치치로에게 시선을 고정하는 시간이 길어지는 것 같았습니다. 치치로가 손수건으로 눈가를 훔칠 때는 특히 그랬습니다.

이틀째 아침을 맞아 치치로는 다시 열심히 간호를 시작했습니다. 한순간 환자의 눈에 생기가 또렷이 되돌아온 때가 있었습니다. 치치로의 다정한 부름에 고맙다고 말하듯이 눈동자 속에서 뭔가가 반짝 빛났습니다. 그리고 딱 한 번 입술이 뭔가를 말하고 싶은 것처럼 조금 달싹였습니다. 멍하니 깨어난 뒤에 치치로를 찾는 것 같은 때도 있었습니다.

의사는 그 뒤로 두 번 더 진찰을 왔습니다. 그리고 "조금씩이지만 좋아지고 있다. 힘내라" 격려해 주셨습니다.

저녁에 치치로가 환자 입술에 컵을 가져다 대자, 퉁퉁 부은 입술에 희미하게 웃음이 걸리는 것 같았습니다. 그것은 꿈이 아니었습니다. 치치로는 포기하지 말고 희망을 갖자고 마음을 다잡았습니다. 그 뒤로는 환자가 아무리 몽롱하게 있어도 자기 말을 다 알아듣는다고 믿고 계속해서 말을 붙였습니다. 치치로는 아버지가 돌아오기를 애타게 기다리는 어머니와 여동생 이야기, 집으로 돌아가는 날의 이야기 등을 오랫동안 들려주었습니다.

"아버지, 모두 아버지가 돌아오기를 목 빠지게 기다리고 있어요. 그러니까 어서 나아서 돌아가요, 네?"

환자가 정말 알아들었는지 의심스러울 때도 있었습니다. 그렇지만 치치로는 포기하지 않고 계속 말을 걸었습니다. 그러자 놀랍게도 차츰 즐겁게 듣는 것처럼 보였습니다.

이틀이 지나고 사흘, 나흘째까지도 상태는 조금 좋아지는가 싶으면 갑자기 나빠지기를 거듭했습니다.

치치로는 더욱더 간호에 몰두했습니다. 하루 두 번 수녀가 가져다주는 빵과 치즈로 대충 배고픔을 달래고는 서둘러 환자 곁으로 돌아왔습니다. 주변에서 무슨 일이 일어나는지는 전혀 눈에 들어오지 않았습니다. 한밤중에 다른 환자가 위독해져 수녀가 허겁지겁 달려온 일, 그 가족이 절망해서 울부짖은 일 등 병원 안에서 일어나는 슬픈 일들을 전혀 눈치채지 못했습니다. 다른 때였다면 크게 놀라고 두려워했을 일인데 말이지요.

치치로는 잠깐도 떠나지 않고 아버지 곁을 지켰습니다. 온 마음과 정성을 다해, 자기 자신을 돌보듯이 할 수 있는 일은 다했습니다. 그리고 아버지의 괴로운 숨소리와 눈빛 하나하나에 심장을 두근댔습니다. '괜찮아! 아니, 이제 틀렸어!' 희망과 절망 사이에서 치치로는 한숨 놓았다가도 다시 얼어붙곤 했습니다.

닷새 째, 아버지의 상태가 갑자기 다시 나빠졌습니다. 의사가 이제 나을 길이 없다며 고개를 저었습니다. 치치로는 의자 위에 무너지듯 쓰러져 울었습니다.

그러나 한 줄기 희망이 있었습니다. 악화되었다고는 하지만 날마다 지켜보는 치치로의 눈에는 아버지가 서서히 의식을 되찾는 것처럼 보였기 때문입니다. 이제는 치치로가 주는 것이 아니면 물도 약도 받아먹지 않았습니다. 그리고 점점 치치로의 얼굴을 따뜻하고 또렷한 얼굴로 바라보게 되었습니다. 뭔가 말하고 싶은 게 있는지 죽을 힘을 다해 입술을 움직이려고도 했습니다. 치치로는 희망이 솟아올라, 아버지의 팔을 붙잡고 몇 번이나 기운을 불어넣었습니다.

"힘내세요, 아버지! 힘내세요! 틀림없이 좋아질 거예요. 우리 집으로 같이 가요. 엄마랑 동생들이 기다리는 집으로요. 조금만 참으시고 힘내세요, 아버지!"

오후 4시, 부푼 희망에 젖어 평온한 때였습니다. 옆 방 문이 열리고 발소리가 들리는가 싶더니 커다란 목소리가 들렸습니다.

"그럼 수녀님, 안녕히 계세요."

그 한마디에 치치로는 눈이 휘둥그레져 벌떡 일어났습니다. 너무 놀라 목소리도 나오지 않았습니다. 남자가 한 손에 커다란 짐을 들고 수녀를 따라 들어왔습니다.

"앗!"

치치로는 외마디 비명을 지르고는 그대로 얼어붙은 듯 서 있었습니다. 치치로의 목소리에 홱 돌아본 남자가 "치치로 아니냐!" 외치며 달려왔습니다. 치치로는 그 품으로 뛰어들어, 숨도 쉬지 못할 만큼 꼭 매달렸습니다. 그 사람은 진짜 아버지였던 것입니다!

옆에서 지켜보던 수녀와 간호사는 어리둥절해서 그 자리에 서 있었습니다. 치치로는 아직 말이 나오지 않았습니다.

"오오, 치치로!"

아버지가 침대에 누운 환자를 바라보면서 몇 번이고 아들에게 뺨을 부비며 외쳤습니다.

"치치로, 이게 어찌 된 일이냐? 왜 다른 사람 침대에 와 있는 거야? 엄마가 널 보냈다고 편지를 보냈는데 통 오지를 않아서 내가 얼마나 걱정했다고. 가엾은 치치로! 언제부터 여기 있었니? 왜 이런 일이 생겼지? 아버지의 병은 대단한 것이 아니었단다. 보렴, 이렇게 쌩쌩하잖아. 그런데 엄마는? 동생 콘체텔라하고 아기도 건강하니? 지금 돌아가려던 참이다. 어서 함께 가자꾸나. 세상에 뭐 이런 일이 다 있어?"

치치로는 정신이 없어서 더듬더듬 가족들 소식만을 겨우 전했습니다. 그러고는 "아아, 다행이다! 참 다행이야! 날마다 제가 얼마나 괴로웠다고요!" 중얼거리면서 아버지에게 매달린 채 떨어지려고 하지 않았습니다. 아버지가 "자, 이리 오렴. 지금 떠나면 오늘 안에는 집에 도착할 수 있어. 자, 얼른 가자" 하시면서 치치로를 재촉했습니다.

하지만 치치로는 환자를 자꾸 돌아보았습니다.

"왜 그러니? 뭘 꾸물거리는 거야? 어서 가자."

아버지가 이상하다는 듯이 치치로에게 물었습니다.

치치로는 다시 한 번 환자를 바라보았습니다. 그때였습니다. 그 사람이 가느다랗게 눈을 뜨고 치치로를 물끄러미 바라본 것이었습니

다. 그러자 치치로의 입에서 뜻밖의 말이 튀어나왔습니다.

"안 되겠어요, 아버지! 잠깐만요…… 전 도저히 갈 수 없어요. 이분이 여기 있으니까요. 벌써 닷새 전부터 함께 있었어요. 지금 이분, 계속 절 보고 있잖아요. 전 이 사람이 아빠인 줄로만 알았어요. 소중한 분이에요. 이분은 제가 아니면 물도 마시지 않아요. 이분한테는 제가 필요해요. 지금 이분은 상태가 몹시 안 좋아요. 전 갈 수 없어요. 너무 괴로워요. 내일은 꼭 돌아갈 테니까 제발 조금만 더 여기 있게 해 주세요, 네? 아버지? 이분을 내버려 두고 갈 순 없어요. 보세요, 저렇게 절 쳐다보잖아요. 이분이 누군진 몰라도 이 사람에겐 제가 필요해요. 혼자 쓸쓸히 죽을지도 모른다고요. 절 여기 두고 가세요, 아버지!"

"훌륭하구나! 참으로 기특해!" 조수가 외쳤습니다.

"저 사람이 누굽니까?"

아버지가 당혹해하며 환자를 바라보면서 물었다.

"당신하고 같은 일로 외국에 나갔다가 돌아온 사람입니다. 당신과 똑같은 날 이 병원에 실려 왔지요. 이미 의식도 없고 아무 소리도 듣지 못하는 상태였어요. 아마 저 멀리 어딘가에 가족도 있고 아들도 있겠죠. 아마 아드님을 자기 아들로 착각하는 걸 거예요."

조수가 설명하는 동안에도 환자는 치치로를 뚫어지게 바라보았습니다.

"알겠다. 여기 남아도 좋다." 아버지가 힘겹게 말했습니다.

"그래 봤자…… 얼마 안 남았어요." 조수가 작게 속삭였다.

"좋다, 남아서 네가 간호를 해 주어라. 참으로 착하구나. 엄마가 걱정하면 안 되니까 아빠는 먼저 돌아가겠다. 자, 여기 돈이다. 이거면 넉넉할 거다. 그럼, 먼저 가마. 장하다! 역시 내 아들이야. 그럼 나중에 보자."

아버지는 그렇게 말하고 아들을 꼭 껴안아 준 뒤 가족들에게 돌아갔습니다.

치치로가 침대로 돌아오자 환자는 다시 편안한 얼굴이 되었습니다. 치치로는 '이제 절대로 울지 않겠어! 더 열심히 간호해 드려야지' 속으로 다짐했습니다. 물을 먹여 주고, 담요를 매만져 주고, 손을 문질러 주었습니다. 기운이 나도록 다정하게 말도 걸어 주었습니다. 낮에는 쉬지 않고 밤에도 새벽까지, 그리고 그 다음 날도 내내 간호했습니다.

그러나 환자는 점점 나빠지기만 했습니다. 얼굴은 보라빛으로 변하고, 숨은 거칠어졌습니다. 격하게 흥분했나 싶으면 뜻 모를 말을 외치고, 얼굴은 퉁퉁 부어서 보기 흉하게 변했습니다. 오늘 진찰에 들어온 의사는 오늘 밤이 고비라고 알렸습니다.

그 뒤로도 치치로는 1분 1초도 환자에게서 눈을 떼지 않고 돌봤습니다. 환자는 치치로를 몇 번이나 쳐다보며, 무언가를 말하고자 죽을힘을 다해 입술을 달싹거렸습니다. 그리고 가끔 아주 온화한 눈으로 바라보았습니다. 그날 치치로는 밤새 그의 곁을 지켰습니다.

창으로 서서히 햇살이 비쳐들 때쯤 수녀가 들어왔습니다. 그리고 침대에 누운 환자를 보고는 얼굴빛이 바뀌더니 다시 나갔다가 곧 조수와 간호사를 데리고 함께 돌아왔습니다.

"여기까지야……." 조수가 말했습니다.

치치로는 환자의 손을 잡았습니다. 환자가 실눈을 뜨고 치치로를 보았습니다. 그러나 그 눈은 곧바로 다시 닫혀 버렸습니다. 그때 "쥐었다! 내 손을 꼭 쥐었어!" 치치로가 외쳤습니다. 그 소리에 의사가 환자 위로 몸을 굽혀 상태를 살핀 뒤 곧 몸을 일으켰습니다. 수녀가 벽에 걸려 있던 십자가를 내렸습니다.

"죽어 버렸어!"

치치로는 털썩 주저앉으며 있는 힘을 다해 외쳤습니다.

"자, 이제 돌아가도 좋다. 네 일은 끝났어. 넌 최선을 다했다. 이젠 집으로 돌아가서 행복하게 지내렴. 넌 행복해질 자격이 있어. 이렇게 기특한 일을 했으니까. 하느님께서 틀림없이 너를 지켜 주실 거다. 잘 지내렴."

의사는 그렇게 치치로를 위로하고 격려했습니다. 수녀가 "기념으로 이걸 가지고 가렴. 이것밖에 주지 못해 미안하지만……" 하면서 작은 꽃다발을 건넸습니다. 창가에 꽂혀 있던 컵 속의 제비꽃이었습니다.

"고맙습니다."

치치로는 그렇게 말하고 한 손으로 눈물을 훔치면서 다른 손으로 그 꽃다발을 받아들었습니다.

"하지만…… 저는 이제 먼 길을 걸어가야 해요. 그 사이…… 이 꽃은 시들어 버리겠지요. 이 꽃은 돌아가신 이분께 추억으로 남기고 가겠어요. 그동안 고마웠습니다, 선생님, 여러분."

그리고 꽃다발을 풀어 침대 위에 흩뿌렸습니다. 치치로는 그 사람을 다시 한 번 돌아보고 말했습니다.

"안녕히 가세요……." 그 다음에 이어지는 말은…… 자연스레 툭 튀어나왔습니다. 그것은 지난 닷새 동안 입에 붙은 말이었습니다.

"안녕히 가세요, 아버지!"

치치로는 보따리를 안고 무거운 발걸음으로 병원을 나섰습니다. 동쪽 하늘에서 아침 해가 떠오르고 있었습니다.

프레코시네 아빠

2월 18일(토)

어제 저녁, 프레코시가 찾아와서 다짐을 받고 갔다.

"나랑 한 약속 잊지 않았지? 아빠 작업장에 구경하러 오겠다는 약속 말이야."

그래서 오늘 아침 아빠에게 그곳으로 데려다 달라고 했다. 그 작업장은 길 남쪽 구역에 있었다. 근처에서 가로피와 우연히 마주쳤다. 그는 상품으로 불룩해진 망토를 펄럭이며 보따리를 들고 오고 있었다.

'아, 알았다! 장사꾼 가로피가 어디서 고물을 모아 헌신문과 바꾸는지.'

문으로 들여다보니 프레코시가 보였다. 그 애는 겹겹이 쌓인 벽돌 위에 앉아 무릎에 책을 놓고 공부하고 있었다. 날 보더니 벌떡 일어나 들어오라고 손짓했다.

방은 석탄재투성이였다. 한쪽으로는 벽 한가득 여러 가지 모양의 망치와 펜치, 쇠지레와 같은 철제 공구가 걸려 있었다. 구석에는 가마에서 불이 벌겋게 타오르고 있었다. 한 소년이 풀무로 가마에 바람을 불어넣고 있었다. 프레코시네 아빠는 모루 근처에 계셨다. 그 옆에서 제자가 불에 쇠막대기를 넣어 달구고 있었다.

"어서 오십시오!"

아저씨가 우리를 보고 모자를 벗으시고는 웃는 얼굴로 다가와 인사하셨다.

"장난감 기관차를 선물해 준 착한 도련님이구나. 아저씨가 일하는 걸 보러 왔지? 곧 보여 주마."

아저씨는 이제 이전처럼 무서운 얼굴도, 심술궂은 눈빛도 아니었다. 제자가 새빨갛게 달궈진 쇠막대기를 꺼내어 건네자 아저씨는 그것을 모루에 조심스레 놓았다. 소용돌이 모양으로 된 막대기를 만드는 중이었다. 그것은 테라스 난간에 쓸 것으로, 새장 같은 모양이었다.

커다란 망치를 휘둘러 시뻘겋게 달궈진 부분을 모루 전체에 넓게 펴고, 그것을 돌리면서 두드리기 시작했다. 그 모습은 말로 표현할 수 없을 만큼 멋졌다. 재빠르고 정확한 망치질 한 방에 쇠가 휘고 뒤틀리고 조금씩 젖혀지더니 나뭇잎처럼 부드러운 아치 모양이 됐다. 밀가루를 두 손으로 솜씨 좋게 반죽하는 것 같았다.

프레코시가 '우리 아빠 솜씨가 어떠냐?'는 얼굴로 자랑스럽게 나를 바라봤다.

"어떠냐, 보니까 좀 알겠니?"

아저씨가 만들다 만 막대기를 내 눈앞에 놓았다. 꼭 주교의 지팡이 같았다. 아저씨는 그것을 조금 떨어진 곳에 놓고 다시 다른 쇠를 달구었다.

"참으로 멋지군요. 훌륭하게 만들어졌습니다." 아빠는 그렇게 말하고 덧붙이셨다. "이렇게 일하시는 걸 보니, 다시 의욕이 생기셨나 보군요?"

"생기다마다요!" 아저씨가 땀을 닦으며 조금 쑥쓰러운 듯이 대답하셨다. "그 의욕이 누구 때문에 생겼는지 아십니까?"

"글쎄요……." 아빠는 모르는 척했다.

"저기 저 기특한 애랍니다." 아저씨는 프레코시를 가리키셨다. "저기 있는 제 아들놈 덕분이지요. 저 애는 공부를 잘해서 애비인 저를 자랑스럽게 해 주었어요. 애비란 사람은 맨날 술에 취해서 난동이나 부리고 아들을 괴롭힌 몹쓸 인간인데 말이지요. 그 메달을 보는데 그만……. 아아, 우리 귀여운 아들! 우리 꼬맹이! 자, 이리 와서 얼굴을 보여 주렴."

프레코시가 냉큼 달려왔다. 아저씨는 프레코시를 모루 위에 똑바로 세우고 번쩍 안아 올렸다.

"아빠 얼굴을 깨끗하게 해 줄래?"

프레코시는 자기 뺨을 아저씨 뺨에 비볐다. 아저씨 얼굴에 묻은 그을음이 프레코시 얼굴로 새카맣게 옮겨갔다.

"이제 됐다, 그만하면 됐어." 아저씨는 프레코시를 다시 땅바닥에 내려놓으셨다.

"이젠 정말 괜찮구나, 프레코시!" 아빠도 기쁜 마음에 외쳤다.

우리는 두 사람에게 인사하고 밖으로 나왔다. 그때 프레코시가 "별 건 아니지만 이것 받아" 하면서 내 주머니에 못이 든 작은 꾸러미를 쑤셔 넣었다.

"카니발 날에는 우리 집에 놀러 와." 나는 프레코시를 초대했다.

돌아오는 길에 아빠가 말씀하셨다.

"넌 프레코시에게 장난감 기관차를 선물했다. 하지만 그게 금이나 진주로 만들어진 거라고 해도 저 애한테는 대단한 선물이 되지 못했겠지. 무엇보다 저 애는 자기 아빠를 새사람으로 만들었으니까."

베네치아에서 온 서커스 소년

2월 20일(월)

카니발도 막바지에 접어들어 온 마을이 떠들썩하다. 광장 안 가득히 서커스와 회전목마가 줄을 섰다. 우리 집 창문에서도 서커스 천막이 보인다.

말 다섯 마리를 끌고 베네치아에서 온 작은 서커스단이 광장 중앙에 천막을 치고 공연 중이다. 그 구석에는 커다란 순회 마차 세 대가 서 있다. 곡예사는 그곳에서 먹고 자고 옷을 갈아입는다. 순회 마차는 바퀴가 달린 조그만 집처럼 되어 있고, 작은 창과 굴뚝이 달려 있다. 그 굴뚝에서는 끊임없이 연기가 피어오르고, 창과 창 사이에는 기저귀가 널려 있다. 여자는 아기에게 젖을 먹이고 식사를 준비하면서 그물 위에서 춤까지 춘다.

참으로 대단한 재주다! 곡예사를 무시하는 사람도 있지만, 사람들을 즐겁게 하는 멋진 직업이다. 이렇게 추운 날에도 셔츠 한 장만 입고서 서커스 천막과 순회 마차 사이를 하루에도 몇 번씩 종종걸음으로 왔다 갔다 한다. 식사는 공연 중간중간에 선 채로 허겁지겁 해치운다. 아무리 손님이 많아도 바람이 세게 불어닥쳐 천막이 날아가 불이 꺼지면 모든 게 끝이다. 그뿐만 아니라 표 값을 돌려주고, 밤새도록 천막을 다시 세워야 한다. 이 얼마나 고생스러운 일인가!

서커스에는 소년 둘이 일하고 있다. 더 어린 소년이 단장의 아들이다. 아빠가 길을 지나가는 그 애를 발견했다. 그 애는 작년에도 비토리오 에마누엘레 광장에서 말 타기 곡예를 했었다. 소년은 1년 사이에 훌쩍 자랐다. 나이는 여덟 살쯤 되었을까. 거무스름하니 개구쟁이 같지만, 동그랗고 단정한 얼굴을 한 소년이다. 풍성하고 검은 곱슬머리가 고깔모자 사이로 삐죽 나와 있었다. 또 그는 흰 바탕에 검은 자수가 들어간 커다란 자루에 소매가 달린 피에로 옷을 입고, 천으로 된 구두를 신고 있었다.

그는 사람들의 귀여움을 독차지한다. 집안일도 잘 돕는다. 날이 채 밝지 않은 어두운 새벽부터 머플러를 목에 감고 우유를 나르는 모습을 자주 볼 수 있다. 벨트라 거리에 있는 마구간까지 말을 끌어다 놓고, 아기도 본다. 고리, 삼발이, 역기, 밧줄 등 무거운 것도 잘 나른다. 마차 청소를 하고 불까지 피운다. 하지만 쉬는 시간에는 언제나 엄마 곁에 꼭 붙어서 어리광을 피운다.

아빠는 그 모습을 창문으로 보고 늘 이렇게 말씀하신다. "저 사람들은 좋은 사람들이야. 아이를 진심으로 귀여워하잖아."

어느 날, 우리는 그 서커스를 보러 갔다. 몹시 추운 날이라 손님은 거의 없었다. 그러나 소년은 많지 않은 손님 앞에서도 최선을 다해 열심히 연기했다. 손님이 즐거워하도록 집중해서 공중제비를 넘고, 말의 꼬리를 붙잡고, 물구나무로 걷는 등 하나부터 열까지 혼자서 해냈다. 거무스름하고 단정한 얼굴에서 한 번도 웃음을 지우지 않고 노래까지 불렀다.

단장 아저씨는 빨간 윗도리와 흰 바지를 입고 무릎까지 오는 긴 구두를 신고서 채찍을 든 채 소년을 유심히 지켜보았다. 그런데 얼굴은 왠지 모르게 어두워 보였다.

아빠는 그런 부자를 몹시 가볍게 여겼다. 다음 날, 집에 놀러 온 화가 데리스 아저씨한테 그 이야기를 했다.

"그 불쌍한 서커스단 사람들은 몸이 부서져라 일하는데도 돈벌이가 안 되는 거야! 그 소년은 그토록 착한데……. 어떻게 도울 방법이 없을까?"

데리스 아저씨가 좋은 생각을 해 냈다. "신문에 기사를 써. 자네는 쓸 수 있잖아. 자네가 그 소년의 훌륭한 연기에 대해 쓰면, 내가 그의 얼굴을 그려 주지. 신문을 읽지 않는 사람은 없어. 그 기사를 읽은 사람은 적어도 한 번쯤은 서커스를 보러 가고 싶어질 거야."

두 사람은 곧바로 움직이기 시작했다.

아빠는 누구나 보러 가고 싶어질 만한 유머 넘치는 기사를 썼다. 창에서 보이는 광경을 있는 그대로 옮겨 적었다. 읽으면 그 서커스 소년을 꼭 한 번쯤은 직접 보고 싶어지는 기사였다. 거기에 데리스 아저씨가 그와 꼭 닮은 얼굴을 그려 넣어서 토요일 신문에 실었다.

그랬더니! 일요일에는 그 신문을 읽은 사람들이 그 소년을 보려고 구름떼처럼 몰려들었다. 공연장은 순식간에 사람들로 가득찼다. 입구에는 〈천재 서커스 소년 특별 공연〉이라는 간판이 걸려 있었다. "천재 서커스 소년"은 아빠가 기사에 쓴 문구였다. 간판 옆에는 그 신문이 대문짝만하게 붙어 있었다.

아빠는 나를 맨 앞줄로 데리고 가셨다. 천막 안은 사람들로 발 디딜 틈이 없었다. 관객들은 저마다 손에 든 신문을 소년에게 보여 주었다. 소년은 싱글싱글 웃으며 마구 뛰어다녔다. 단장 아저씨도 흐뭇해 보였다. 그것은 당연했다. 이제까지 그 어떤 신문도 소년을 그렇게 취재해 준 적이 없는 데다 금고는 입장료로 가득 찼으니까.

나는 아빠와 나란히 앉았다. 관객 가운데에는 아는 얼굴이 조금 보였다. 말이 드나드는 입구 근처에는 가리발디 장군의 부대에 있었다는 체육 선생님이 서 계셨다. 또 우리 맞은편 두 번째 자리에는 그 둥근 얼굴의 미장이가 덩치 큰 아저씨와 나란히 앉아 있었다. 나를 보자마자 또 그 '토끼 얼굴'을 했다. 그 몇 줄 뒤에는 가로피가 있었다. 그 애는 관객 수를 헤아리면서 '어디 보자, 오늘 번 돈이 얼만가…… 이대로라면 공연 한 번에 들어오는 돈이……' 하는 얼굴로 손가락으로 꼽으며 헤아리고 있었다. 조금 떨어진 자리에 로베티도 있었다. 그 애는 두 무릎 사이에 목발을 끼고, 포병대 대위인 아빠 옆에 꼭 붙어 앉아 있었다. 아저씨는 로베티의 어깨를 감싸 안고 있었다.

드디어 쇼가 시작되었다. 서커스 소년은 말 등과 그네 위, 밧줄 위에서 도저히 사람이라 할 수 있다고는 생각되지 않는 재주를 펼쳐 보였다. 그가 빙그르르 돌며 뛰어내릴 때마다 관객들은 우레와 같은 박수 갈채를 보냈다. 몇 명은 손을 뻗어 그 아름다운 곱슬머리를 만지려고도 했다. 다른 곡예사들도 번쩍이는 옷이나 누더기 옷을 입고 줄타기, 곡예, 말 타기 등을 선보였다. 그러나 소년이 나오지 않으면 손님들은 어쩐지 시시해했다.

체육 선생님이 말이 드나드는 입구에서 단장 아저씨에게 뭐라고 귓속말을 했다. 그러자 단장 아저씨가 관객을 둘러보았다. 누군가를 찾는 것 같았다. 그 눈길은 우리 위에서 멈췄다. 아빠는 곧 상황을 파악했다. 선생님이 "그 기사를 쓰신 분이 오셨습니다" 이렇게 단장 아저씨한테 말한 것이다.

"넌 계속 보고 있거라, 엔리코. 아빠는 나가서 기다릴 테니."

감사 인사 같은 건 듣기 싫어하는 아빠는 나에게 그렇게 말하고 도망치듯 자리를 떠나셨다.

단장 아저씨가 소년에게 뭐라고 말하는 것이 보였다. 소년은 다시 한 번 연기를 펼쳐 보였다. 달리는 말 등에서 꼿꼿이 선 채 순례자, 선원, 병사, 피에로 옷으로 네 번이나 옷을 갈아입었다. 그는 옆을 지날 때마다 나를 바라봤다. 이윽고 훌쩍 말에서 뛰어내리더니, 피에로 모자를 들고 공연장을 한 바퀴 돌았다. 관객들이 그 안에 돈이며 과자를 던져 넣었다. 나도 돈을 들고 기다렸다. 하지만 그는 내 앞으로 오자 모자를 뒤로 숨겼다. 그러고는 나를 바라보기만 하고 다음 사람에게 가 버렸다.

나는 상처를 받았다. '뭐 저런 예의없는 자식이 다 있어! 왜 내 돈

Masa

은 받지 않는 거지?'

공연이 끝나고, 단장 아저씨가 관객들에게 감사의 인사말을 했다. 사람들은 모두 일어나 출구로 몰려 나갔다. 그 사이에서 이리저리 떠밀리며 나는 몹시 혼란스러웠다.

그때 누군가 어깨를 두드려서 뒤돌아보니 바로 그 서커스 소년이었다. 단정하고 거무스름한 얼굴과 검은 곱슬머리로 내게 미소를 짓고 있었다. 두 손에는 과자가 한가득 들려 있었다.

"나 같은 서커스 곡예사가 주는 과자라도 받아 줄래?" 그는 내게 베네치아 말로 말했다.

그제야 나는 깨달았다. 나는 '물론이지!' 하는 손짓을 하고 서너 개를 집었다.

"이번에는 내가 주는 감사의 증표를 받아 줘." 소년이 덧붙였다.

"그럼 두 볼에다."

나는 대답과 함께 그에게 얼굴을 내밀었다. 그는 하얗게 분칠한 얼굴을 한쪽 소매로 쓱 닦고는 내 목에 한 팔을 두르고 내 두 뺨에 자기 뺨을 갖다 댔다. 그러고는 이렇게 말했다.

"하나는 너희 아빠한테 전해 드려."

카니발이 열리는 광장에서

2월 21일(화)

오늘 우리는 카니발 가장행렬에서 위험한 장면을 만났다. 무사히 마무리됐으니 다행이지만, 자칫 잘못하면 큰일 날 뻔했다.

산 카를로 광장은 온통 빨강과 하양, 노랑 줄로 꾸며졌고, 사람들로 북적였다. 사람들은 각양각색의 가면을 쓰고 줄지어 천천히 걷고 있었다. 극단이며 배 모양의 번쩍이는 수레가 깃발을 잔뜩 달고서 느릿느릿 행진했다. 수레에는 어릿광대며 전사, 유리사, 선원, 양치기 소녀로 가장한 사람들이 타고 있었다. 몹시 혼잡해서 어디로 가야 할지 알 수 없을 정도였다. 게다가 나팔과 호른, 심벌즈 소리에 귀가 떨어져 나갈 것만 같았다.

다른 모습으로 변한 사람들은 수레 위에서 술을 마시고, 노래하며 길을 걷는 사람들과 창문으로 구경하는 사람들에게 고래고래 고함을 질렀다. 구경하는 사람들도 그에 지지 않고 맞섰다. 그들이 던지는 오렌지와 과자가 허공을 힘차게 날아다녔다. 수레에도 사람들 사이에도 온통 작은 깃발이 펄럭이고, 투구가 번쩍번쩍 빛나고, 깃털 장식이 살랑거리고, 골판지로 만든 커다란 머리, 병, 엄청나게 큰 두건과 빨간 모자가 돌아다녔다. 제정신인 사람이 없는 듯 모두가 난리법석이었다.

우리가 탄 마차가 광장으로 들어섰을 때, 장미꽃으로 뒤덮인 화려한 수레가 그 앞을 지나갔다. 그 수레는 금실로 수를 놓은 멋진 마의를 걸친 말 네 필이 끌고 있었다. 그 위에는 프랑스 궁정풍 귀족 의상으로 차려입은 신사가 열네다섯쯤 타고 있었다. 모두 번쩍이는 비단 옷을 입고, 하얀 가발을 쓰고, 손에는 깃털 장식이 달린 모자를 들고, 허리에는 짧은 칼을 차고 있었다. 가슴에 달린 리본과 레이스가 서로 얽히면서 흔들리는 모습은 이루 말할 수 없이 예뻤다. 그들은 프랑스 민요를 합창하면서 지나가는 사람들에게 과자를 던져 주었다. 그 아래에서는 박수와 환호성이 터져 나왔다.

그때 갑자기 우리 왼쪽에서 한 남자가 대여섯 살쯤 된 여자아이를 머리 위로 들어 올리는 게 보였다. 여자아이는 경련을 일으키듯이 두 다리를 버둥거리며 울부짖었다. 그는 수많은 사람을 헤치고 앞으로 나아가, 수레에 탄 사람들을 큰 소리로 불렀다.

"이 애를 좀 도와주세요! 길을 잃은 아이입니다. 사람들 틈에서 엄마를 놓쳤나 봐요. 수레 위에서 높이 들어 올려 주시면 이 아이 엄마가 볼 수 있을 겁니다. 그렇게 멀리 가진 않았을 테니까요. 부탁이에요. 그것밖에 방법이 없어요!"

그때 광장 반대편에서 한 여자가 사람들을 헤치면서 큰 소리로 외쳤다.

"마리아! 마리아! 마리아! 딸을 잃어버렸어요. 누가 납치해 갔나 봐요! 내 딸이 어디에도 없어요!"

아이 엄마는 발 디딜 틈도 없는 광장에서 이리저리 떠밀리며 반쯤 정신이 나간 채 발만 동동 구르고 있었다.

수레 위 신사는 우는 여자아이를 열심히 달래면서 걱정스럽게 광장을 바라보았다. 리본과 레이스가 달린 가슴으로 아무리 꼭 끌어안고 달래도, 여자아이는 자기가 어디에 있는지도 모른 채 손으로 얼굴을 가리고 펑펑 울어댔다. 그 울음소리가 너무도 절절해서 신사는 허둥거리기만 했다. 다른 사람들이 오렌지며 과자를 주면서 달랬지만, 아이는 그것마저 뿌리치고 불에 덴 듯이 더욱 크게 울부짖었다.
"이 애 엄마를 찾아 주세요! 어떻게든 다 함께 찾아 주세요!"
신사가 주위 사람들에게 간절히 부탁했다. 주변 사람들도 여기저기 엄마를 찾았지만, 모습은 보이지 않았다.
중심가인 로마 거리에 접어들었을 때, 드디어 여자가 비틀거리며 수레로 다가왔다. 그때의 모습을 나는 절대로 잊을 수 없다. 헝클어진 머리에 일그러진 얼굴, 다 구겨진 옷…… 도저히 사람 꼴이 아니었다. 우는 건지 웃는 건지 모를 짐승 같은 비명을 지르면서 몸을 던지며 달려왔다. 아이를 안으려고 뻗은 팔은 마치 악마의 발톱처럼 보였다.
수레가 멈췄다. 신사가 여자아이에게 빰 인사를 하고, "자, 엄마다!" 말하며 여자의 품으로 건넸다. 여자는 정신없이 딸을 부둥켜 안았다. 신사가 자기 오른손에서 커다란 다이아몬드가 박힌 금반지를 빼서 여자아이의 손가락에 끼워 주었다.
"자, 받으렴. 네가 결혼할 때 틀림없이 도움이 될 거야."
여자는 마법에라도 걸린 표정이었다. 주위 사람들은 다 같이 박수를 쳤다.
신사는 다시 가면을 썼고, 친구들은 신나서 노래를 부르기 시작했다. 우레와 같은 박수와 만세 열창 속에서 수레는 천천히 움직이기 시작했다.

눈이 안 보이는 아이들

2월 24일(금)

아파서 학교에 못 나오신 페르보니 선생님을 대신해 5학년 선생님이 우리 수업에 들어오셨다. 이 학교에서 가장 나이가 많은 그 선생님은 이전에 맹학교에서 가르친 적이 있었다. 머리는 솜을 뒤집어 쓴 듯 새하얗다. 독특한 말투로 슬픈 노래라도 부르는 것처럼 감질나게 이야기하시고, 모르는 게 없으시다.

선생님은 교실에 들어 오시자마자, 안대를 한 아이의 모습을 눈여겨 보셨다. 그리고 그 애의 책상으로 가서 말씀하셨다. "어찌 된 거냐? 눈은 조심해야지."

데로시가 선생님에게 질문했다.

"선생님, 눈이 안 보이는 아이들을 가르치셨다는 게 사실이에요?"

"사실이지. 그것도 몇 년씩이나."

"그때 얘기 좀 해 주세요." 데로시가 차분하게 말했다.

선생님은 교탁에 앉으셔서 이야기를 시작하셨다.

"그 맹학교는 니차 거리에 있어요."

콜레티가 자신만만하게 말했다.

—선생님의 말씀

"너희는 '눈이 안 보이는 사람'이라고 쉽게 말하지만, 앞이 안 보인다는 게 어떤 것인지 정말 이해할 수 있을까? 먼저 그 점을 생각해 보자. '맹인'이란 눈이 멀어 보지 못하는 사람이라는 뜻이란다. 낮과

밤도 구분할 수 없지. 하늘도, 태양도, 부모님 얼굴조차 볼 수 없어! 주위의 모든 것, 손으로 만져지는 그 어떤 것도 볼 수 없단다! 영원한 어둠에 잠긴 듯한, 땅 속 깊이 파묻힌 듯한 느낌이지! 잠깐 눈을 감아 보렴. 평생 그러고 살아야 한다면…… 어떨까? 금방 불안과 공포에 휩싸여 그만 비명을 지르고 말겠지. 미칠 것 같고, 죽고 싶어질 거야. 하지만 그 아이들은…….

처음 맹학교에 들어갔다고 치자. 쉬는 시간에는 아이들이 연주하는 바이올린과 플루트 음색이 여기저기에서 들려온단다. 큰 소리로 떠들고, 웃고, 계단을 쿵쾅쿵쾅 올라가고 폴짝폴짝 내려가고, 복도와 침실 사이를 자유롭게 뛰어다니지. 그 모습을 보면, 눈이 보이지 않는 가여운 아이들이란 게 도저히 믿기지 않는단다. 자세히 보면 열여섯 살에서 열여덟 살 사이의 건장한 체격을 한 젊은이들도 활발하게 움직이고 있어.

그들은 눈이 보이지 않아도 주눅 들지 않고, 얼핏 무모해 보일 만큼 대담하게 행동한단다. 하지만 그런 그들도 가끔은 험상궂은 표정이 된단다. 그럴 때는, 눈이 보이지 않는 불행을 받아들일 때까지 얼마나 힘들었는지를 새삼 떠올린 거야. 그 가운데에는 창백한 얼굴을 한 약해 보이는 아이도 있지. 얼굴에는 슬픔이 깃들어 있고, 자포자기한 기색이 뚜렷해. 그 애는 틀림없이 지금도 남몰래 울고 있을 거야.

아아, 그들 사이에는 어느 날 갑자기 안 보이게 된 사람도 있고, 몇 년 동안이나 고통받다가 무서운 수술을 여러 번 받은 끝에 보이지 않게 된 사람도 있단다. 하지만 대부분은 태어날 때부터 안 보이는 사람이지. 그들은 태어나서 지금까지 커다랗고 컴컴한 동굴 속에서 지내는 기분으로 살고 있어. 새벽은 절대 찾아오지 않지. 사람들이 어떤 얼굴을 하고 있는지도 몰라! 그들이 얼마나 고통스러울지 알겠니? '내가 무슨 죄를 지었다고……. 다른 사람들은 다 보이는데 왜 나만……' 스스로 얼마나 질문했을까? 그래도 결론을 내지 못하고 계속 고민하는 그들의 마음을 너흰 이해하겠니?

난 그런 사람들과 몇 년이나 함께 보냈단다. 지금도 '영원히 닫힌 그들의 눈, 그 눈동자에는 시력은 물론 살아가는 기쁨조차 없어' 생각하면서 너희를 보면…… 무엇이든 볼 수 있는 너희가 얼마나 행복한지 헤아리게 된단다.

이탈리아에는 앞이 보이지 않는 사람이 약 2만 6천 명이나 있어. 2만 6천명! 그만한 병사가 이 창문 아래를 행진하면 4시간은 더 걸릴 숫자란다!"

선생님은 입을 다무셨다. 교실은 숨 쉬기조차 어려울 만큼 무거운 침묵 속에 잠겨 있었다.

데로시가 질문했다.

"그 사람들은 우리보다 훨씬 날카로운 감각을 가졌다는 게 정말이에요?"

—선생님의 말씀

"정말이지, 시력을 뺀 나머지 감각은 모두 발달했거든. 시력을 잃어버린 만큼 보조해야 하니까, 눈이 보이면 굳이 쓰지 않아도 될 감각이 깨어나는 거야. 예를 들어, 아침에 어떤 아이가 기숙사 침대에서 일어나 다른 아이에게 물어본다고 치자.

'해님이 나왔니?'

그러면 가장 먼저 옷을 갈아입은 아이가 안뜰로 달려 나가서 하늘로 두 손을 높이 뻗치고 흔드는 거야. 태양의 열기를 확인하는 거지. 그리고 '나왔어! 나왔어!' 외치며 기쁘게 돌아온단다.

그들은 목소리로 상대가 누군지 짐작하고, 속마음을 읽는단다. 우리가 눈으로 보고 판단하듯이 말이야. 그 사람의 목소리 높이와 분위기를 언제까지나 기억하는 거지.
방 안에서 한 사람이 말해도, 그밖에 몇 명이 더 있는지도 알아맞힌단다. 말을 하지 않아도 말이야. 손으로만 만져서 숟가락이 잘 닦여 있는지 지저분한지 구별하는 여자아이도 있지. 거리를 걸으면서 우리는 느끼지 못하는 희미한 냄새로 어떤 가게인지 알아맞히고, 팽이가 도는 소리만 듣고도 확실히 그것을 붙잡으러 갈 수도 있단다.
굴렁쇠 굴리기, 볼링 같은 게임, 줄넘기도 거뜬히 할 수 있지. 돌멩이를 쌓아 귀여운 집도 짓고, 제비꽃도 꺾고, 온갖 색깔로 된 보릿짚을 엮어 발이나 작은 바구니도 만든단다. 눈이 보이는 것처럼 순식간에, 그것도 아주 튼튼하게 말이야. 대단하지! 촉각이 얼마나 발달했는지, 그들의 촉각은 시각이나 마찬가지란다. 그들에게 손으로 두드리거나 쥐는 일, 그리고 만지면서 그 사물의 형태를 맞추는 일은 가장 큰 즐거움이지.
그들을 공업박물관에 데리고 가서 마음껏 만지게 했을 때는 참으로 감동적이었단다. 그들은 신이 나서 여러 모양의 물체와 작은 모형 집, 기계로 달려갔어. 그것들이 어떻게 생겼는지 확인하느라 시끌시끌했지. 그들은 손바닥에 올리고, 문지르고, 뒤집어서 관찰하는 거야. 그리고 그걸 '본다'고 표현한단다."

선생님이 말씀하시는 가운데 가로피가 질문했다.
"그 사람들은 우리보다 계산이 훨씬 빠르고 정확하다는 게 사실인가요?"

—선생님의 말씀
"그 또한 사실이란다. 그들은 계산도 배우고 읽기도 가능하지. 점자라는 기호로 쓰인 특수한 책이 있거든. 그 점자를 손가락으로 만지면 글씨를 술술 읽을 수 있단다. 한 글자만 틀려도 아주 창피해하지. 점자를 쓰는 법도 배운단다. 잉크를 쓰지 않고도 말이야. 딱딱하고 두꺼운 종이에 송곳 같은 것으로 쓰는 거야. 알파벳도 너희가 쓰는 것이 아니라 특수한 기호로 되어 있지. 종이를 송곳으로 찍으면 그 뒷면이 올록볼록해지지? 종이를 뒤집어서 손가락으로 그걸 더듬어 읽는 거란다. 그런 방법으로 작문도 하고, 편지도 주고받지. 같은 방법으로 숫자도 쓰고, 계산도 하고 말이야. 암산은 믿을 수 없을 만큼 간단히 척척 해낸단다. 우리처럼 시각에 의존하다가 틀리는 법이 없으니까. 그들이 얼마나 낭독 듣기를 좋아하는지, 얼마나 집중해서 뭐든지 외우고 대화하는지, 한번 너희에게도 보여 주고 싶구나!

어린 아이도 역사와 국어에 대해 큰 소리로 함께 토론한단다. 긴 의자에 네다섯 명씩 앉아서 말이야. 알겠니? '마주 앉아서'가 아니야. 그 맑은 귀로 첫 번째 아이와 세 번째 아이가, 두 번째 아이와 네 번째 아이가 짝이 되어서 한마디도 놓치지 않도록 아주 진지하게 토론하지. 그 모습을 보면 틀림없이 너희도 감동할 거다.

그들은 너희보다 한결 진지하게 시험을 치지. 너희 이상으로 선생님을 존경도 하고 말이야. 정말이란다. 발소리나 냄새로 어떤 선생님인지 맞히고, 한마디만 들어도 오늘 선생님 기분이 좋은지 나쁜지, 건강이 어떤지 모든 걸 알아낸단다. 칭찬하거나 격려해 줄 때 머리를 쓰다듬어 주면 무척 좋아하지. 거꾸로 그들이 선생님한테 감사하는 마음을 표시할 때는 선생님의 손이나 팔을 어루만진단다. 그들은 서로 아주 사이좋게 지내고, 친구들을 아낀단다.

쉬는 시간을 함께 보내는 것은 무척이나 자연스러운 일이지. 예를 들어, 여자아이 반에서는 바이올린, 플루트, 피아노, 이렇게 악기별로 무리를 짜서 절대 친구들과 떨어지지 않아. 친구가 가장 든든한 존재인 거지. 그들은 서로를 정확히 판단한단다. 좋은 점과 나쁜 점의 구분도 확실히 하지. 그래서 훌륭한 사람에 대한 이야기 듣기를 좋아한단다."

보티니가 질문했다.
"그 사람들도 악기를 멋지게 연주할 수 있어요?"

—선생님의 말씀
"그들은 음악을 아주 좋아해. 음악은 그들의 기쁨이자 생명이기도 하지.
입학한 지 얼마 안 된 어린 아이도 세 시간만 서 있으면 얌전히 연주를 듣게 된단다. 금방 외워서 아주 진지하게 연주하지. 선생님한테 '넌 음악에 소질이 없구나' 이런 말을 들으면, 그 아이는 깊이 상처받지만, 그 다음부터는 쓰러질 각오로 연습에 몰두한단다. 아아, 너희도 그들이 황홀하게 연주하는 모습을 보고 그 음악을 들을 기회가 있으면 좋으련만! 그러면 그들에게 음악이 얼마나 신성한 위로가 되는지 이해할 텐데……. 그들은 얼굴을 높이 쳐들고, 입가에 미소를 띠고, 얼굴이 발그레해져서 감동에 젖는단다. 다른 아이가 내는 화음을 듣고, 끝없는 어둠 속에서 음악 말고는 모든 것을 잊은 채로 연주하는 거야.
선생님이 누군가한테 '넌 앞으로 음악가가 될 거다' 말하면 모두 좋아서 얼굴을 밝게 빛냈지. 그들 사이에서 음악을 잘하는 사람은, 즉 피아노나 바이올린을 다른 아이보다 훨씬 더 잘 연주하는 사람은 왕이나 다름없거든.
그래서 모두 그 아이를 우러러 보며 존경하게 되지. 말다툼을 하면 둘이 그를 찾아간단다. 사이가 틀어지면 그가 화해를 시켜 주니까. 어린 아이에게 연주를 가르치는 것도 그의 역할이지. 배우는 아이들은 그를 아버지처럼 존경해서, 자기 전에는 반드시 그에게 '안녕히 주무세요' 인사하러 간단다.
그들은 공부와 작문으로 아무리 지쳐도, 밤늦게 침대에 들어가서까지도 음악 이야기를 나누지. 눈꺼풀이 반은 감겨도 작은 목소리로 속닥거리는 거야. 오페라나 음악가, 악기, 오케스트라 등 소재는 끝이 없지.

그런 그들에게서 음악 수업이나 연습을 빼앗는다면 용서받지 못할 죄가 될 거다. 그들이 슬퍼할 게 뻔하니까. 그런 방법으로 그들에게 벌을 줄 용기는 아무도 없을 거야. 우리가 빛으로 사물을 볼 수 있다면, 그들에게는 음악이 곧 빛이지."

데로시가 물었다. "그들을 만나러 갈 수 있어요?"

―선생님의 말씀

"물론이지. 하지만 지금은 안 된다. 너희가 조금 더 어른이 되어 그들이 짊어진 불행의 무게를 잘 느낄 수 있게 됐을 때, 진심으로 그들을 이해할 수 있게 됐을 때 가야 해.

그건 참 슬픈 광경이란다. 거기 가면 너희는 눈이 보이지 않는 소년들을 여럿 보게 될 거야. 창가에 앉아 꼼짝 않고 맑은 공기를 들이마시는 그들을 보면, 처음에는 그들도 너희처럼 푸른 대초원과 산들을 감상할 수 있다고 생각할 거다. 그렇게 생각하는 것도 당연하지만……. 이윽고 그들이 아무것도 못 본다는 사실을 깨닫고, 앞으로도 절대 그들이 그 아름다움을 보지 못할 거라는 걸 알면 가슴이 미어질 거야. 너희들 마음이 먹먹해지는 기분이 들 거다.

태어나면서부터 앞이 보이지 않는 사람은 이 세상을 본 적이 없기 때문에 이미지라는 걸 갖고 있지 않아. 하지만 안타까운 건, 시력을 잃은 지 얼마 되지 않는 아이들이란다. 그들에게는 아직 이미지가 남아 있어서 모든 것을 또렷이 기억하거든. 하지만 날마다 조금씩 그 소중한 잔상이 흐릿해져가는 불안감, 가장 소중한 사람들에 대한 기억이 사라져가는 고통과 싸워야만 해.

불쌍하게도 그런 아이 가운데 한 명이 어느 날 선생님한테 이렇게 말했단다. 말로는 표현할 수 없을 만큼 슬픈 목소리로 말이다. '잠깐이라도 좋으니 다시 눈이 보였으면 좋겠어요. 그래서 엄마 얼굴을 한 번만 더 자세히 보고 싶어요. 벌써 엄마 얼굴이 떠오르지 않는단 말이에요!'

그 아이는 엄마가 찾아오자 서둘러 그 엄마의 이마와 턱, 그리고 귀를 만졌단다. 어떤 얼굴인지 확인하려고 말이야. 그러고는 말했단다. '어째서 난 엄마 얼굴을 볼 수 없는 거야? 딱 한 번만, 한 번만이라도 좋으니 엄마 얼굴을 보여 줘! 응? 엄마, 제발! 엄마, 날 두고 가지 마! 엄마! 엄마!'

그때 얼마나 많은 사람이 울었는지 모른단다! 아주 씩씩한 사람들도 목놓아 울었지! 그럴 때면 사람도 집도 하늘도 다 보이는 우리가 분에 넘치게 호강하며 황송한 특권을 누리는 것처럼 느껴진단다. 너희도 마찬가지다. 혹시 맹학교에 간다면, 돌아올 때는 틀림없이 이렇게 생각하게 될 거다. '저들에게 조금이라도 빛을 줄 수 있다면, 우리 시력을 조금 잃어도 좋을 텐데.' '저 불쌍한 아이들을 위해서라면! 빛이 없는 태양과 얼굴 없는 엄마밖에 갖지 못하는 저들을 위해서라면!'"

병에 걸린 페르보니 선생님

2월 25일(토)

어제 학교가 끝난 뒤 엄마와 함께 페르보니 선생님에게 병문안을 갔다. 끝내 선생님이 과로로 쓰러지셨기 때문이다.

"선생님은 하루 다섯 시간 수업 말고도 체육 수업이 한 시간, 야간 학교에서 두 시간이나 더 가르치시잖니. 잠도 제대로 못 주무시고, 식사도 대충 하시고, 아침부터 밤까지 쉴 틈도 없이 일하셔. 몸이 견디지 못하는 게 당연하지."

엄마는 언제나 이렇게 말씀하신다. 나만 선생님 방이 있는 5층으로 올라가고, 엄마는 건물 입구에서 기다리셨다.

계단을 올라가다가, 검은 수염을 기르신 코아티 선생님을 만났다. 선생님은 늘 그랬듯이 웃지도 않고 그 커다란 눈으로 날 바라보면서 사자 흉내를 내셨다. 나는 페르보니 선생님 방의 초인종을 누르면서 피식 웃음을 터뜨렸다. 그러나 가정부가 안내해 준 방이 무척 메마르고 스산해서 금방 기분이 우울해지고 말았다. 어두컴컴한 방에서 선생님은 면도도 하지 않은 채 낡아빠진 좁은 침대에 누워 계셨다.

페르보니 선생님은 내가 잘 보이도록 한 손으로 이마에 차양을 만들고 늘 그랬듯이 다정한 목소리로 말씀하셨다.

"오, 엔리코구나!"

베개맡으로 다가가자 선생님은 내 어깨에 손을 얹고 말씀하셨다.

"이 가엾은 선생님을 보러 와 주다니…… 참 착한 아이구나. 선생님

Masa

은 보다시피 이런 상태다, 엔리코. 그런데 학교는 어떠니? 모두 잘 지내니? 선생님이 없어도 아무 일 없니? 응? 이렇게 잔소리만 하는 선생님은 없는 편이 낫지…… 응?"

내가 "아니에요!" 얼른 말하자 "아, 미안미안. 농담이란다, 농담. 아무도 그런 생각을 하지 않는다는 건 선생님도 잘 안다" 하시며 한숨을 쉬셨다.

나는 벽에 붙은 몇 장의 사진을 바라보았다. 그러자 선생님이 말씀하셨다.

"저게 뭔지 알겠니? 내 제자들이란다. 모두 내게 사진을 남겨 주었지. 벌써 20년도 전이란다. 다 착한 애들이야. 이 사진들은 내 소중한 추억이다. 언젠가 내가 죽을 때가 오면 마지막으로 저 사진을 보게 되겠지. 나는 저 개구쟁이들과 인생을 거의 함께 보냈으니까. 초등학교를 졸업할 때가 되면 너도 네 사진을 주겠지?"

그리고 탁자에서 오렌지를 꺼내 "다른 건 줄 게 없구나. 자, 환자가 주는 선물이다" 하시면서 내 손바닥 위에 가만히 놓으셨다. 나는 어쩐지 슬퍼졌다.

"잘 들으렴……."

선생님이 다시 말을 시작하셨다. "난 낫고 싶지만…… 혹시 좋아지지 않는다면…… 넌 산수 공부를 더 열심히 해야 한다. 넌 산수가 약하니까 좀 더 노력하는 수밖에 없단다. 못하는 건 능력이 없어서가 아니라 '못 한다'고 단정짓기 때문이란다. 그게 바로 '고정관념'이라는 거야."

그러면서 괴로운 듯 크게 숨을 쉬셨다. 그리고 "열이 좀 나는구나" 힘없이 말씀하셨다.

"오늘은 그만 쉬어야겠다. 선생님 말 마음에 새겨두렴. 계산이랑 어려운 문제를 이겨내야 해. 처음에는 힘들겠지만…… 조금 쉬고 다시 하면 돼. 그리고 처음부터 다시 시작하는 거야. 그렇게 조금씩 발전하는 거란다. 하지만 차분히 해야 한다. 서두르면 안 돼. 조급해 하지 마. 알았지? 자, 그만 가보렴. 어머니한테 안부 전해 드리고. 이제 이렇게 높은 곳까지 올라오지 않아도 된다. 학교에서 만날 수 있을 테니까. 하지만…… 만약 이대로 보지 못하게 되면, 이 선생님을 이따금 떠올려 주렴. 널 아주 사랑했던 4학년 때 선생님을 말이야."

나는 눈물이 터질 것 같았다.

"머리를 낮춰 보렴." 페르보니 선생님은 말씀하시면서, 내 머리에 부드럽게 뺨을 대셨다. 그리고 "잘 가" 말씀하시고는, 벽 쪽으로 얼굴을 홱 돌리셨다. 나는 엄마 품에 꼭 안기고 싶어서 계단을 와다닥 뛰어 내려갔다.

길

2월 25일(토)

저녁에 너는 페르보니 선생님을 병문안하고 돌아오는 길에 어떤 여자와 부딪혔지? 아빠가 창문에서 다 보고 있었어. 길을 걸을 때는 늘 주의해야 한다, 길에도 규칙이 있으니까. 집 안에서 걸을 때는 잘하면서 왜 길에서는 조심하지 않는 거니? 길은 저마다의 집과도 같은 곳인데 말이야.

잘 기억해 두렴, 엔리코. 곧 넘어질 것 같은 할아버지, 가난한 사람, 갓난아기를 안은 어머니, 지팡이를 짚은 사람, 커다란 짐을 진 사람, 상복을 입은 가족, 이런 사람들을 만나면 존중하는 마음으로 길을 양보해라. 노인, 가난한 사람, 아기를 안은 어머니, 환자, 힘든 일로 지친 사람, 죽은 사람이 지나갈 때는 그 앞으로 먼저 지나가선 안 돼. 뒤에서 마차가 달려오는데 눈치채지 못하는 어른이 있으면 "위험해요!" 소리쳐서 알려 주렴. 그리고 그게 아이라면 안전한 곳으로 데려다 주어라. 갓난아이가 울면 "왜 그러니?" 물어보고, 할아버지가 지팡이를 떨어뜨리면 주워드려라.

아이 둘이 뒹굴고 주먹다짐을 하면 화해하도록 이끌어주렴. 하지만 어른들이 싸우면 그 자리를 얼른 피하렴. 폭력을 구경해선 안 돼. 폭력은 몸을 다치게 할 뿐만 아니라 마음에도 상처를 입힌단다.

경찰이 굵은 줄로 묶인 사람을 양옆에서 끼고 지나가도, 호기심을 드러낸 천박한 구경꾼들과 똑같이 행동해서는 안 된다. 그 사람은 억울한 누명을 쓴 것일지도 모르니까. 병원의 들것이 지나갈 때는 친구들과 시끄럽게 떠들거나 웃어선 안 된다. 실려 가는 사람은 곧 죽을지도 모르고, 이미 죽었을지도 모르니까. 그리고 내일 우리 집에서 어떤 사람이 실려 나갈지도 모르는 일이니까.

보육원 아이들이 두 줄로 서서 지나갈 때는 따뜻한 눈길로 바라보아라. 그 애들은 눈이 보이지 않거나 말을 못하거나 등이 굽는 병에 걸린 아이들이 많단다. 아니면 부모가 죽거나 버림받은 불쌍한 고아야. 그 애들한테는 가엾게 여겨주는 따뜻한 마음이 가장 필요하단다. 몸이 불편한 사람이 지나가도 뚫어지게 보거나 웃어서는 안 된다. 조용히 못 본 척해라.

불붙은 성냥이 발치에 떨어지면 얼른 꺼라. 그 성냥 때문에 큰 불이 나서 사람 목숨까지 앗아갈지 모르는 일이니까.

누가 길을 물으면 친절히 가르쳐 주어라. 걸어가는 사람을 손가락질하며 비웃지 마라. 괜히 달리거나 큰 소리로 고함치지 마라. 길에서는 규칙을 반드시 지켜라. 국민의 교육 수준은 길에서 다니는 태도로 판가름나는 법이란다. 밖에서 도덕에 어긋나는 행동을 하는 사람은 집에서도 버릇이 나쁘단다.

네가 사는 마을과 길을 잘 관찰하는 것도 중요하단다. 내일 당장 마을을 떠나게 되더라도, 기억에 잘 담아 두면, 언젠가 반드시 그러길 잘했다고 생각할 날이 올 거다. '우리 마을', '우리 고향'은 곧 너의 세계 그 자체니까. 그곳은 네가 엄마 곁에서 처음으로 인생의 첫 발을 내디딘 장소, 처음으로 감동을 만난 장소란다. 처음으로 지식에 눈뜬 곳이자 처음으로 친구를 발견한 곳이란다. 네게는 엄마와 같은 길이란다. 너를 기르고 기쁘게 하고 지켜 준 곳이니까.

길과 거기 사는 사람들한테서 고향을 배워라. 그리고 사랑해라.

〈아빠가〉

3월

marzo

야간 학급

3월 2일(목)

오늘 아빠랑 우리 학교의 야간 학급에 다녀왔다.

밤인데도 교실은 밝았다. 일을 마친 기술자들이 석유등을 들고 하나둘 학교에 오기 시작했기 때문이다.

우리가 도착했을 때, 교장 선생님과 다른 선생님들은 화가 나 계셨다. 누군가가 돌을 던져 유리창을 깨뜨렸기 때문이다. 서무원이 달려가서, 지나가던 소년을 붙잡았다. 그때 학교 맞은편에 사는 스타르디가 나타나서 말했다.

"그 애가 던진 게 아니에요. 제 눈으로 똑똑히 봤어요. 돌을 던진 건 프란티예요. 그 애가 저한테 '이르면 가만 안 놔두겠다!'고 협박했지만, 전 하나도 무섭지 않아요." 교장 선생님이 "프란티는 퇴학시키겠어요" 하시면서 두세 명씩 짝지어 오는 기술자들을 주의 깊게 지켜보셨다.

벌써 200명이 넘게 등교해 있었다. 야간 학급이 이렇게 훌륭할 줄이야! 열두 살 소년에서부터 수염을 기른 어른까지, 모두 일을 마친 뒤 책과 공책을 품에 안고서 걸어오고 있었다. 가구 기술자, 그을음으로 얼굴이 새까매진 기관차 화부, 손에 하얗게 석회가 묻은 미장이, 머리에 온통 밀가루를 묻힌 빵집 수습생 등 참으로 다양했다. 그들에게서는 여러 가지 냄새가 났다. 일을 하다 밴 페인트, 가죽, 송진, 기름 냄새 등으로 코를 찔렀다.

군복 차림의 군인들도 찾아왔다. 그들은 우리가 늘 발을 올려놓는 의자 밑 발판을 떼고 재빨리 앉아서 곧바로 공부에 몰두했다.

공책을 들고 선생님에게 질문하는 사람도 여럿 있었다. '변호사 선생님'이라 불리는 젊고 말쑥한 선생님이 기술자 서너 명에게 둘러싸여 있었다. 선생님은 교탁에 앉아 펜으로 틀린 부분을 고쳐 주고 계셨다.

다른 교실에서는 한쪽 다리가 불편한 선생님이 다 구겨진 공책을 든 염색장이와 즐겁게 웃고 있었다. 그 사람의 공책에는 빨강과 파랑 염료가 묻어 있었다. 병이 나은 페르보니 선생님을 보니 마음이 놓였다. 내일은 우리 반으로 돌아오실 것이다.

열린 문으로 교실 안이 훤히 보였다. 수업이 시작되자 모두가 진지하게 들었다. 그 모습을 보고 나는 몹시 놀랐다.

"대부분은 지각하지 않으려고 집에도 들르지 않고 온단다. 저녁을 먹는 시간도 아까우니까. 그래서 언제나 그들은 배고파하지." 교장 선생님이 말씀하셨다.

아직 어린 학생들은 수업이 시작된 지 30분이 지나자 졸기 시작하더니 어느새 책상을 베개 삼아 잠들어 버렸다. 선생님이 뾰족한 펜 끝으로 귀를 찔러 깨우셨다. 하지만 어른들은 수업을 한마디도 놓치지 않으려고 집중했다. 입을 벌리고 눈 한번 깜빡하지 않은 채 앉아 있었다. 낮 동안 아이들이 있던 자리에 수염이 텁수룩한 어른이 앉아 공부하는 모습은 참으로 놀라웠다.

위층에도 올라가 보았다. 우리 교실이다. 내 자리에는 콧수염 끝을 멋지게 꼬아 올린 남자가 앉아 있었다. 그 사람은 손에 붕대를 감고 있었다. 기계를 만지다가 다친 것 같았다. 그래도 서두르거나 조급해하지 않고 열심히 수업 내용을 받아썼다. 그 모습은 무척 감동적이었다.

미장이의 자리를 봤을 때가 가장 웃겼다. 그 자리에는 그 애의 아빠가 앉아 있었기 때문이다. 커다란 몸을 잔뜩 웅크리고, 두 주먹을 턱에 대고, 숨소리가 새나가지 않도록 조심하면서, 책을 뚫어지게 보고 있었다. 미장이 자리에 앉은 건 절대 우연이 아니었다. 첫 수업이 있던 밤에 아저씨가 교장 선생님에게 부탁한 것이다.

"교장 선생님, 제발 제가 '토끼 얼굴' 자리에 앉게 해 주십시오."

아저씨는 자기 아들을 '토끼 얼굴'이라고 부른다.

아빠랑 나는 수업이 끝날 때까지 내내 기다렸다. 어느새 거리에는 갓난아기를 안은 여자들이 모여 남편을 기다리고 있었다. 수업이 끝나자 기술자들은 입구로 나와 아내의 품에서 아기를 받아 안고, 부인들은 책과 공책을 들었다. 그렇게 그들은 사이좋게 집으로 돌아갔다.

거리는 잠시 시끌시끌해졌지만, 얼마 지나지 않아 조용해졌다. 뒤로는 교장 선생님의 지친 모습이 저 멀리 보였다.

스타르디와 프란티의 싸움

3월 5일(일)

역시 이렇게 될 줄 알았다. 퇴학당한 프란티가 스타르디에게 앙갚음을 하러 온 것이다. 실비아 누나가 학교에서 오다가 그 모습을 보았다. 누나는 몹시 무서웠다며 그때의 모습을 생생하게 설명해 주었다.

스타르디는 수업이 끝난 뒤 늘 그랬듯이 드라 글로사 거리에 있는 학교로 여동생을 데리러 갔다. 두 사람이 길모퉁이에 다다랐을 때, 숨어서 기다리던 프란티가 나타났다. 프란티는 찌부러진 모자를 비뚜름히 쓰고 스타르디 뒤를 살금살금 따라가, 여동생의 땋은 머리채를 획 잡아당겼다. 스타르디를 자극하기 위해서였다. 지나치게 세게 잡아 당기는 바람에 스타르디 여동생은 뒤로 벌렁 자빠질 뻔했다.

스타르디보다 훨씬 키도 크고 힘도 세며 자신감도 넘치는 프란티는 '이 녀석은 감히 대들지 못할 거야. 덤벼 오면 한방 먹이면 되지'이렇게 생각했다. 프란티는 덩치는 크지만 생각은 아주 유치했다. 여동생의 비명을 듣자마자 몸을 돌린 스타르디는 작은 몸집에도 프란티에게 몸을 날려 주먹질을 퍼부었다. 그러나 아니나 다를까 스타르디는 곧 온몸이 상처투성이가 되도록 두들겨 맞았다.

그 자리에는 여자애들밖에 없어서 모두 벌벌 떨며 지켜보기만 했다. 누구도 두 사람을 말리지 못했다. 프란티가 스타르디를 때려눕히면 스타르디는 곧바로 벌떡 일어났다. 그러면 프란티는 다시 등 뒤에

서 덮쳐서 신나게 두드려 팼다.

순식간에 스타르디의 귀는 찢어질 지경이 되었다. 눈은 퉁퉁 붓고 코피도 났다. 하지만 그는 고집 있게 "어디 덤벼 봐! 복수해 줄 테니!" 소리를 질렀다. 프란티가 위에서 주먹질과 발길질을 날리면, 아래서 돌머리 스타르디는 박치기와 발길질로 맞대응했다.

어떤 여자가 창문에서 "잘한다, 꼬마야!" 외쳤다. 다른 창문에서도 "저 애는 여동생을 보호하는 거야!", "힘내라!", "때려 눕혀!", 하는 소리가 들렸다. 반대로 프란티에게는 "이 못된 놈!", "비겁한 놈!" 하는 목소리가 날아왔다.

그러나 그 소리에 발끈한 프란티는 스타르디가 방심한 틈을 타서 다시 쓰러뜨리고 그 위에 올라탔다.

"항복할래?"

"싫다!"

"항복해!"

"싫어!"

스타르디는 재빨리 일어나 프란티의 허리춤에 매달렸다. 그리고 있는 힘을 다해 그를 땅바닥에 쓰러뜨린 뒤 가슴팍을 무릎으로 찍었다.

"앗! 이 자식, 칼을 갖고 있잖아. 이 비겁한 놈!"

한 남자가 외치며 쏜살같이 달려와 프란티에게서 칼을 빼앗으려고 했다. 그러나 한 발 먼저 스타르디가 프란티의 팔에 매달려 그 주먹을 힘껏 깨물었다. 칼은 손에서 툭 떨어지고, 프란티의 손바닥에서는 피가 뚝뚝 떨어졌다.

이윽고 몇몇 어른들이 달려와서 두 사람을 떼어내고 일으켜 세웠다.

프란티는 다리를 절면서 도망쳤다.

스타르디의 얼굴은 상처투성이였다. 눈에는 멍이 들고 얼굴은 퉁퉁 부어올랐다. 하지만 얼굴에는 '내가 이겼다! 동생을 구했다' 하는 자랑스러움이 깃들어 있었다.

지켜보던 여자애들은 우는 여동생을 위해, 땅바닥에 떨어진 책과 공책을 주워 주었다. 주위에 있던 사람들이 입을 모아 "장하다. 동생을 훌륭하게 보호했구나!" 칭찬했다.

하지만 스타르디는 자기가 싸움에서 이긴 것보다도 책가방이 걱정이었다. 책과 공책이 없어지거나 상하지는 않았을까, 펜촉은 괜찮을까 꼼꼼히 살폈다. 먼지를 정성껏 털고 본디대로 가방에 집어넣었다. 그리고 늘 그랬듯이 진지한 얼굴로 침착하게 동생에게 말했다.

"어서 돌아가자. 산수 숙제를 해야 해."

친구들의 아빠 엄마

3월 6일(월)

스타르디의 아빠는 수업이 끝난 뒤 스타르디를 데리러 오셨다. 커다란 몸집의 아저씨도 아직 프란티가 자기 아들을 노린다는 사실이 불안했던 것이다. 하지만 이제 걱정할 필요는 없다. 프란티는 소년원으로 보내졌기 때문이다.

오늘도 많은 부모님이 자식들을 데리러 오셨다. 나무장수 콜레티 아저씨도 오셨다. 재미있고 쾌활한 콜레티네 아빠는 아들과 똑 닮은 얼굴에 콧수염을 뾰족하게 꼬아 올리고, 겉옷 단춧구멍에는 두 가지 색깔의 훈장 리본을 달고 있었다.

학교에서 매일같이 만나다보니 얼굴은 대부분 안다. 허리가 굽은 할머니는 흰 두건을 쓰고 날마다 1학년생 손자를 데려다 주고 데리러 오신다. 비가 오나 눈이 오나 폭풍우가 몰아치나 하루 네 번 오전과 오후에 늘 오신다. 자기 손자가 세상에서 가장 귀엽다는 듯 할머니는 손자의 외투를 벗겼다가 다시 입혀 주고, 넥타이를 고쳐 매 주고, 먼지를 털어 주고, 머리를 쓰다듬어 주신다. 마지막에는 공책까지 확인한다. 손자 말고는 아무도 눈에 들어오지 않는 것 같다.

포병대 대위인 로베티 아저씨도 자주 오신다. 승합마차에 치일 뻔한 남자아이를 구하다가 목발을 짚게 된 줄리오 로베티의 아빠다. 아들의 친구가 지나갈 때마다 모두 아들을 만지며 아는 척하므로, 아저씨도 그 아이들의 머리를 하나하나 쓰다듬고 경례해 주신다. 어떤 아이 앞이라도 머리를 숙이신다. 아저씨는 가난한 아이나 볼품없는 옷을 입은 아이일수록 더욱 다정한 미소를 띠며 인사하신다.

슬픈 장면을 볼 때도 있다. 한 달 전쯤 아들을 잃은 아빠는 너무 충격이 커서 학교에 오지 않게 되었다. 그래서 그 애 동생을 데려다주고 데리러 오는 일은 가정부가 한다. 요즘 드디어 아저씨가 다시 오게 되었지만, 죽은 아들의 친구를 본 순간 그만 참지 못하고 두 손으로 얼굴을 가린 채 구석으로 달려가 와락 울음을 터트려 버렸다. 교장 선생님이 그 아빠의 팔을 가만히 붙잡고 교장실로 데리고 가셨다.

학부형 가운데에는 아들 친구의 이름을 모두 외우는 사람도 있다. 근처 여자 학교나 중학교에서 동생을 데리러 오는 누나나 형도 있다. 애들이 길 한복판에서 공책이나 펜을 떨어뜨리면 친절하게 주워 주는, 옛날에 대위였던 신사도 있다.

곱게 차려입은 아줌마가 스카프를 쓰고 바구니를 든 평범한 아줌마와 친하게 이야기하기도 한다.

"이번 시험은 어려웠나 보더라고요."

"오늘 문법 수업이 지겨웠나 보던데요."

대충 이런 대화다. 반에 아픈 사람이 있으면 모두 걱정하고, 병이 나으면 다 함께 기뻐한다. 오늘 아침에도 열 명쯤 되는 엄마가 채소 장수 크로시 아줌마를 둘러싸고 대화를 나눴다. 남동생 반 학생이 병에 걸려서 상태가 나쁘다는 소식을 들은 것이다. 그 아이는 안뜰에 지은 집*1에 산다. 가엾게도 상태가 심각하다고 한다.

학교는 누구든 허물없이 친하게 대해 준다.

*1 안뜰에 지어진 초라한 집. 가난한 가정이 산다.

크로시네 아버지

3월 8일(수)

어제 수업이 끝난 뒤, 아주 감동적인 장면을 보았다.

크로시네 엄마는 며칠 전부터 데로시의 곁을 지날 때마다 동경하는 눈길로 그를 보셨다. 데로시가 그 잉크병과 크로시네 아빠의 비밀을 안 이후로, 팔이 마비된 빨강머리 크로시에게 아주 친절하게 대해 주기 때문이다. 교실에서는 공부를 봐 주고, 정답을 몰래 가르쳐 주고, 종이며 펜, 연필 등 뭐든지 준다. 크로시가 모르는 곳에서 일어난 아빠의 불행을 대신 보상해 주려는 듯이 말이다. 그래서 친동생에게 하는 것처럼 한다.

크로시네 엄마는 그런 데로시를 며칠 전부터 눈여겨보셨다. 지겹지도 않은지 언제까지나 그를 황홀하게 바라보셨다. 아줌마에게는 아들이 삶의 하나뿐인 기쁨이었다. 그래서 크로시를 도와주고 기를 살려 주는 예의 바르고 기품 있는 데로시가 아줌마에게는 왕이나 성자처럼 보였다.

아줌마는 이제까지 계속 뭔가를 말하려다가 수줍어서 우물쭈물하기만 했다. 하지만 어제는 마침내 용기를 내어 데로시를 교문 앞에서 불러 세우셨다.

"저기…… 미안하지만, 네가 우리 아들에게 늘 친절하게 대해 주는 아이지? 이 불쌍한 아줌마가 주는 감사의 표시란다. 받아 주렴."

그러면서 채소 바구니에서 하얀색과 금색 종이로 된 작은 상자를 꺼내셨다. 데로시는 얼굴이 새빨개져서 단호하게 거절했다.
"아니에요. 전 괜찮아요. 아드님한테 드리세요."
"아니다, 아니야. 기분 나빴다면 미안하구나……. 그냥 사탕이야."
아줌마는 데로시를 화나게 했을까 봐 당황해서 변명을 늘어 놓으셨다. 하지만 데로시는 고개를 가로저었다. 그러자 아줌마는 이번에는 바구니에서 무를 한 개 꺼내 어쩔 줄 몰라 하며 말씀하셨다.
"저기…… 그럼 이거라도 받아 줄래? 오늘 막 뽑은 거야. 어머니한테 갖다 드려……."
데로시가 방긋 웃으며 말했다.
"아니에요. 고맙습니다. 마음만 받을게요……. 크로시한테는 앞으로도 제가 할 수 있는 한 모든 걸 해줄 거예요. 하지만 아무것도 받을 수는 없어요. 마음만은 감사합니다."
"그럼…… 기분이 나빠진 건…… 아니지?"
"그럴리가요." 데로시는 웃으면서 사라졌다.
"오오, 어쩜 저렇게 반듯할까! 지금까지 저렇게 슬기롭고 착한 소년은 본 적이 없어!"
아줌마는 무척 기분이 좋아지셨다.
이야기는 여기서 끝나는 것 같았다……. 그런데, 오후 4시쯤이었다. 크로시네 어머니와 번갈아 이번에는 그 창백하고 어두운 얼굴을 한 아저씨가 다가오셨다. 데로시를 불러 세우는 그 태도로 보아 '이 애가 내 비밀을 알고 있을까?' 의심한다는 것을 곧 알 수 있었다. 아저씨는 데로시를 물끄러미 보더니 슬프지만 온화한 목소리로 말씀하셨다.
"네가 우리 아들에게 아주 잘해 준다던데…… 왜 그렇게 잘해 주지?"
데로시는 얼굴이 화끈거렸다. 사실은 이렇게 말하고 싶었다.
"그 애가 불쌍해서요. 그리고 아저씨도……. 아저씨는 죄를 지었다기보다 운이 나빴을 뿐이잖아요. 아저씨는 이미 당당하게 죄를 다 갚았어요. 참으로 훌륭하세요."

하지만 도무지 그렇게 말할 용기가 나지 않았다. 다른 사람을 다치게 해서 6년이나 형무소에 들어갔다 나온 남자 앞에서는 바들바들 떨려서 아무 말도 나오지 않았던 것이다. 아저씨는 그런 데로시의 마음을 곧 눈치채고 머뭇거리면서 귀에 대고 속삭이셨다.

"넌 우리 아들한테는 잘해 주지만…… 아빠인 나는…… 싫은가 보구나. 그렇지?"

"아니에요! 그 반대예요!" 데로시는 솔직한 마음을 표현했다.

아저씨는 감동한 나머지 데로시의 어깨를 꼭 끌어안고 싶어졌다. 하지만 꾹 참았다. 대신 데로시의 밝은 금발 머리를 한 줌 움켜쥐었다가 스르르 풀었다. 그러고는 '참으로 고맙구나' 말하는 듯이 촉촉해진 눈으로 데로시의 손을 자신의 입술에 댔다.

그러고는 크로시 손을 잡고 빠른 걸음으로 가 버렸다.

MASA

남동생 친구의 장례식

3월 13일(월)

1학년 연장반 남자애가 죽었다. 남동생과 같은 반인 아이로, 크로시가 사는 건물 안뜰에 있는 집에서 살았다. 토요일 오후, 그 애의 담임인 데르카티 선생님이 몹시 슬픈 얼굴로 페르보니 선생님에게 소식을 알리러 오셨다.

갈로네와 콜레티가 얼른 "저희가 도와 드릴게요" 하면서 관을 나르겠다고 나섰다. 죽은 아이는 성적이 아주 뛰어나서 지난주에도 메달을 받았다고 한다. 동생하고도 아주 사이가 좋았다. 엄마는 그 애를 볼 때마다 머리를 쓰다듬어 주셨다. 그리고 그 애는 동생에게 낡은 저금통을 선물한 적도 있다. 그 애 아빠는 역에서 짐 나르는 일을 하신다. 그래서 언제나 빨간 줄 두 개가 들어간 모자를 쓰고 다녔다.

어제 일요일, 오후 4시 반에 관을 교회로 옮기려고 모두 그 애 집으로 갔다. 안뜰에는 이미 같은 반 친구들이 저마다 엄마와 함께 촛불을 들고 모여 있었다. 다른 엄마 두 명은 각각 꽃다발을 들고 왔다. 여선생님과 이웃 사람들도 와 있었다. 빨간 깃털 선생님과 데카르티 선생님은 먼저 도착해 계셨다. 창문 너머로 두 사람이 방구석에서 우는 게 보였다. 자식을 잃은 엄마의 울부짖는 목소리가 들렸다.

5시 정각에 장송 행진이 시작되었다. 십자가를 든 남자가 앞장서고, 그 뒤로 신부님과 검은 천으로 덮은 작은 관이 따랐다. 나는 너무나 가슴이 아팠다! 관의 양 옆으로는 엄마 두 명이 꽃다발을 들고 딱 붙어서 걸었다. 검은 천 한쪽에 그 애가 1년 동안 받았던 메달이 세 개 달려 있었다.

관은 갈로네와 콜레티, 그리고 안뜰에 있던 두 소년, 이렇게 넷이서 날랐다. 그 뒤를 데르카티 선생님과 다른 선생님들이 따랐다. 데르카티 선생님은 마치 친자식이 죽은 것처럼 서럽게 우셨다.

아이들이 한 손에 제비꽃 다발을 들고 그 뒤를 따라 걸었다. 아직 어린 아이도 있었다. 엄마 손을 잡고 무서운 듯이 관을 바라보는 그 아이의 촛불은 그 애 엄마가 대신 들어 주었다.

"그럼 이제 학교에 안 와?" 누군가가 물었다.

관이 안뜰에서 나갈 때, 창에서 비명과도 같은 울음소리가 났다. 죽은 아이의 엄마였다. 그러나 곧 방 안으로 끌려 들어갔다. 거리로 나오자 고등학생들이 두 줄로 서서 걷고 있었다. 그들은 메달이 달린 관과 데르카티 선생님을 보더니 모자를 벗고 깊숙이 고개를 숙였다.

불쌍한 동생의 친구, 그는 자기가 받은 메달과 함께 영원히 잠들어 버렸다. 이제 그 빨간 두 줄이 들어간 모자를 쓴 모습을 다시는 볼 수 없다. 병이 다 나아가더니 나흘 만에 갑자기 상태가 나빠져서 세상을 떠나버리다니.

마지막 날에는 남은 힘을 쥐어짜서 단어 숙제를 한 다음 "내 메달, 누가 뺏어가지 못하게 침대 밑에 잘 감춰줘" 이렇게 부탁했다고 한다.

"아무도 네 메달을 가져가지 않아. 불쌍하기도 하지. 안녕, 잘 가렴. 우리 발렌티 초등학교 어린이들은 널 절대로 잊지 않을 거야. 편안히 잠들렴, 작은 친구야."

내일은 3월 14일이다!

어제에 비하면 오늘 3월 13일은 조금 밝은 하루였다.

내일은 상장수여식*2이 있는 날이다! 해마다 비토리오 에마누에레 극장에서 열리는 성대하고 멋진 행사다. 이번에는 무대 위 상장을 주는 사람 옆에서 그 사람을 도와줄 아이가 신중하게 뽑혔다.

수업이 끝날 무렵, 교장 선생님이 들어오셔서 말씀하셨다. "여러분, 좋은 소식이 있어요!" 그러더니 칼라브리아에서 온 전학생 코라치를 부르셨다.

코라치가 쓱 일어났다.

"내일 행사장에서 옆에서 시장님께 상장을 전해 드리는 역할을 해 주겠니?"

교장 선생님 말씀에 코라치는 "네!" 씩씩하게 대답했다.

"좋아! 이제 칼라브리아 대표도 정해졌으니, 수상식은 틀림없이 아주 멋질 거예요. 올해 시청에서는 상장 수여를 도와 줄 소년 열두 명을 정하면서 되도록 많은 학교에서 이탈리아 각지 출신자를 대표로 뽑고 싶다고 했어요. 이 지역에는 스무 개 학교와 다섯 개 분교가 있어요. 모두 합쳐 7천 명의 어린이가 있어서 그리 어려운 일은 아닐 거라고 생각했어요. 토르콰토 타소 초등학교에서는 사르데냐와 시칠리아섬 출신인 두 명이 대표로 뽑혔고, 본콤파니 초등학교에서는 피렌체에서 온 목각 기술자의 아들, 톰마제오 초등학교에서는 로마 토박이 아이가 뽑혔어요. 베네치아, 롬바르디아, 에밀리아 로마냐 출신은 많아서 금방 정해졌고, 몸비소 초등학교에서는 나폴리에서 온 장교의 아들이 뽑혔습니다. 이 학교에서는 제노바 출신의 아이와 칼라브리아 출신의 코라치예요. 코라치와 피에몬테 대표를 합쳐서 모두 열두 명입니다. 참으로 멋져요! 여러분도 그렇게 생각하지요? 상장을

---

*2 비토리오 에마누에레 2세와 아들 움베르토 1세의 생일이 우연히 3월 14일로 일치했다. 국가적 기념일임을 강조하기 위해 학교에서는 상장수여식 등을 거행했다.

전달하는 사람이 이탈리아 전국에서 모인 여러분의 형제니까요. 열두 명이 다 함께 무대에 오를 겁니다. 큰 박수로 맞이해 주세요. 그들은 아직 어리지만, 어른과 똑같이 이탈리아를 대표하는 거니까요. 아주 작은 삼색기도 커다란 깃발과 똑같이 이탈리아를 뜻하는 상징이잖아요. 그렇죠?

그들에게 진심에서 우러나오는 따뜻한 박수를 보내주세요. 작은 가슴도 드높게, 여러분 10대의 혼이 조국에 대한 거룩한 의식을 자랑스럽게 지켜본다는 사실을 보여주세요."

교장 선생님은 그렇게 말하고 교실에서 나가셨다. 페르보니 선생님이 싱글벙글 웃으며 말씀하셨다.

"……자, 이렇게 해서 코라치는 칼라브리아의 국회의원이 되었구나."

모두 교실이 떠나가라 웃음을 터뜨렸다.

교실을 나오자마자 모두 코라치를 둘러싸고 입을 모아 "으랏차! 칼라브리아의 국회의원님 만세!" 외치며 헹가래를 쳤다. 모두 들뜨기는 했으나 결코 놀린 것은 아니었다. 진심으로 축하하고 싶었기 때문이다. 모두가 코라치를 마음속 깊이 좋아하고, 코라치 또한 그런 친구들의 마음을 알기에 기뻐하며 미소 지었다.

코라치를 어깨에 태우고 큰길까지 나오자, 거기에 검은 수염을 기른 남자가 서 있었다. 그 사람이 우리에게 미소 지었다.

"우리 아빠야."

코라치가 갑자기 그렇게 말하는 바람에 우리는 놀라서 아저씨 팔에 코라치를 떠밀고 뒤도 돌아보지 않고 도망갔다.

상장수여식

3월 14일(화)

아직 오후 2시도 안 됐는데 대극장은 사람들로 넘쳐났다. 1층 정면석, 2층석, 박스석, 그리고 무대 위. 어디나 사람들로 가득 찼다. 선생님, 가족들, 학생들, 거기다 갓난아기까지. 사람들 머리와 손이 꿈틀거리고, 깃털 장식과 리본, 머리카락이 물결쳤다. 떠들썩한 말소리는 그칠 줄 몰랐고, 그것이 오히려 분위기를 더욱 북돋웠다. 행사장 전체가 빨강, 하양, 초록의 삼색 리본으로 장식되어 있었다.

1층에는 작은 계단이 두 군데 만들어졌다. 오른쪽 계단을 밟고 무대로 올라가 상장을 받은 다음 그대로 왼쪽 계단으로 내려오는 구조였다. 무대 앞에는 빨간 안락의자가 한 줄로 놓이고, 정중앙 자리 등받이에는 월계수 관이 두 개 걸려 있었다. 무대 쪽으로는 멋진 행사용 국기가 걸려 있고, 그 한쪽에 놓인 초록색 탁자에는 삼색 리본으로 묶은 상장들이 놓여 있었다.

무대 아래 1층석은 음악대가 차지했다. 선생님들의 자리는 특별석 맨 앞줄이었다. 1층석도 통로도 악보를 든 100여 명의 학생으로 꽉 찼다. 곧 노래를 부를 학생들이었다. 뒤쪽에서는 선생님들이 왔다갔다하면서 상을 받은 사람들을 줄 세우고 있었다. 수상자의 부모님들이 나갈 순서를 앞둔 아들의 머리를 꼼꼼히 매만져 주고 넥타이를 고쳐 매 주는 모습이 보였다.

내가 부모님과 앉은 박스석 앞에는 빨간 깃털 선생님이 앉아 계셨

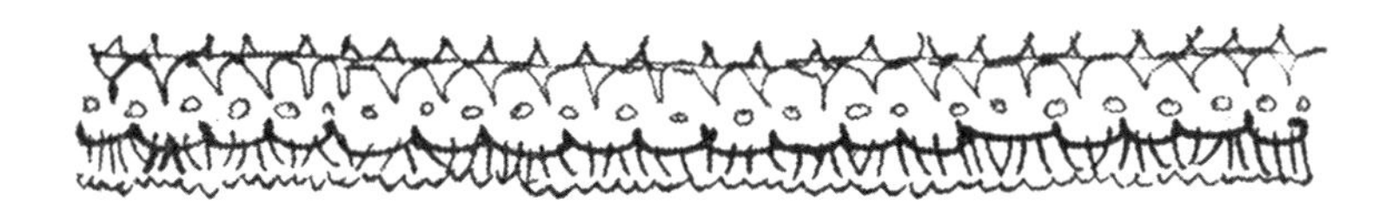

다. 선생님은 뺨에 귀여운 보조개를 옴폭 띄우고 계셨다. 남동생의 담임인 데르카티 선생님과 머리 위에서 발끝까지 검은 옷만 입는 '수녀 선생님'도 계셨다.

1학년 때 선생님은 가엾게도 파리한 얼굴로 콜록콜록 기침을 하고 계셨다. 괴로워 보이는 그 기침 소리는 행사장 전체에 울려 퍼졌다.

1층석에는 갈로네가 있었는데, 바로 옆에는 넬리의 금발머리가 나란히 보였다. 조금 뒤에는 부엉이 코를 가진 가로피가 있었다. 그는 수상자가 적힌 종이를 모으는 데 정신이 없어 보였다. 이미 두툼하게 다발을 만들어 가지고 있었다.

'대체 저걸 뭐랑 바꿀 셈이지? 뭐, 내일이면 알게 되겠지만…….'

문 근처에는 콜레티의 아버지와 어머니가 콜레타와 함께 정장을 입고 앉아 있었다. 콜레티는 평소에 쓰던 고양이 가죽 모자를 쓰고 있지 않았다. 입은 옷도 초콜릿색 스웨터가 아니었다. 3학년 때 받았던 3등상 메달을 달고 있었는데, 마치 어느 집 도련님 같아 보였다.

2층석에 잘난 척쟁이 보티니가 앉은 것이 얼핏 보였다. 커다란 레이스 깃이 달린 옷을 차려 입었는데, 금세 시야에서 사라지고 말았다.

특별석에는 수많은 내빈 가운데 포병대 대위인 로베티 아저씨도 있었다. 남자아이를 승합마차에서 구해 주다가 다쳐 목발을 짚고 다니는 줄리오 로베티의 아빠다.

오후 2시를 알리는 소리와 함께 음악대가 연주를 시작했다. 그와 동시에 오른쪽 계단에서 시장, 구청장, 문교위원, 교육장, 그밖에 신사들이 줄줄이 등장했다. 그들은 무대에 놓인 빨간 안락의자에 앉았다. 모두 검은 정장을 입고 있었다.

연주가 멈추고, 음악 학교 교장 선생님이 지휘봉을 들고서 앞으로 나오셨다. 선생님이 신호를 보내자 1층석 학생들이 다 같이 일어나 다음 신호에 맞춰 노래를 부르기 시작했다. 7백 명 가까이 모인 학생들이 아름다운 목소리로 제창했다.

'참 멋지다!'

행사장에 있는 모든 사람들이 그 노래에 빠져들었다. 느릿한 노랫소리는 교회에서 듣는 것 같은 달콤하고 맑은 멜로디였다. 노래가 끝나고 모두 박수를 보냈지만, 곧 조용해졌다.

드디어 상장을 수여하는 순서가 왔다. 3학년 때 담임이던 빨강머리 선생님께서 수상자 이름을 부르셨다. 선생님은 이미 무대로 올라가, 열두 명 소년이 입장하기를 긴장한 얼굴로 기다리고 계셨다.

"이탈리아 각 지역 대표자 총집합!"

열두 명의 소년은 이미 신문에 소개되어 있었다. 시장님과 다른 신사들을 포함해 행사장 전체가 소년들의 등장을 목이 빠지게 기다렸다.

행사장이 한순간 조용해졌다. 그리고 갑자기 열두 명의 소년이 종종걸음으로 등장하나 싶더니 재빨리 곧은 자세로 줄을 맞춰 섰다. 모두 기쁜 표정이었다. 행사장에 있던 3천 명이 한꺼번에 일어나 우레와 같은 박수를 보냈다. 순간 당황한 듯한 소년들에게 "이것이 이탈리아다!"라는 기운 찬 목소리가 날아들었다.

칼라브리아의 코라치가 늘 그랬듯 검은 옷차림으로 서 있는 것이 금방 눈에 들어왔다. 옆에 앉은 시청 직원이 그들을 다 안다며 우리 엄마한테 한 사람씩 설명해 주었다.

"저 금발머리 꼬마는 베네치아 대표지요. 로마 대표는 저기 키 큰 곱슬머리 소년이고요."

아주 부유해 보이는 차림을 한 소년도 두서넛 있었지만, 나머지는 대부분 소박한 옷차림을 한 노동자의 자식이었다. 그중에서도 가장 작은 피렌체 소년은 허리춤에 파란 스카프를 두르고 있었다.

"피렌체, 나폴리, 볼로냐, 팔레르모……."

시장님 옆에 앉은 신사가 웃는 얼굴로 소년들의 출신 지역을 천천히 부르자, 시장님은 앞에 선 소년들 이마에 입을 맞추었다. 한 사람 한 사람에게 박수가 쏟아졌다.

선생님이 수상자의 학교명, 학년, 이름을 읽었다. 이름이 불린 소년은 한 사람씩 상장을 받으러 초록색 탁자 앞으로 재빨리 나갔다. 수상자들은 차례대로 무대로 올라가 줄을 맞췄다.

우등상 수상자가 다 올라가자, 무대 뒤에서 맑고 아름다운 바이올린 연주가 흘러나왔다. 연주는 표창이 이어지는 동안 계속되었다. 부드러운 멜로디의 반복으로, 수많은 목소리가 조그맣게 속삭이는 것처럼 들렸다. 엄마들과 선생님이 한 목소리로 진심어린 가르침을 주고 부드러운 설교를 하는 듯한, 기도와도 비슷한 달콤한 음색이었다.

수상자가 한 사람씩 무대 위에서 상장을 받으면, 시장님은 격려의 말을 건네며 머리를 쓰다듬어 주었다. 아주 어린 소년과 척 보기에도 낡은 옷차림을 한 소년, 머리가 텁수룩한 소년, 빨강과 하양이 섞인 옷을 입은 소년에게는 1층석과 2층석에서 유난히 커다란 박수를 보냈다.

한 학년 위의 소년들이 등장했다. 그들은 긴장한 탓에 어디를 봐야할 지 몰라 우왕좌왕했다. 여기저기서 웃음소리가 터져 나왔다. 등에 커다란 분홍 리본을 맨 작은 아이가 아장아장 걸어 나오다가 양탄자에 걸려서 넘어졌다. 구청장님이 재빨리 일으켜 세웠다. 그 모습을 지켜보던 사람들은 활짝 웃으면서 박수를 보냈다.

계단을 내려가다가 굴러 떨어진 아이도 있었다. 모두 깜짝 놀라서 비명을 질렀다. 다행히 아이는 한 군데도 다치지 않았다. 장난꾸러기 같은 얼굴을 한 아이, 잠시도 가만히 있지 않는 아이, 사과처럼 볼이 빨간 아이, 정면을 보고 우스꽝스러운 표정을 짓는 아이가 줄줄이 등장했다. 그 애들은 1층석으로 내려가자마자, 기다리고 있던

MASA

부모님에 의해 밖으로 끌려 나갔다.

드디어 우리 학교 순서가 되었다! 아는 얼굴들이 줄줄이 등장하자 더욱 기뻤다! 머리 위에서부터 발끝까지 새로 지은 옷으로 차려입은 콜레티가 등장했다. 가지런한 하얀이를 드러내며 사람들에게 평소와 같은 웃음을 지어 보였다. 그런 그가 아침에 장작을 10kg나 나르다가 왔으리라고 누가 상상이나 할까!

시장님이 콜레티에게 상장을 주시면서 그의 어깨에 손을 얹고 물으셨다. "그 이마의 상처는 어쩌다 난 거니?"

1층석에 앉아 있던 콜레티의 엄마, 아빠는 입을 손으로 가리고 부끄러운 듯 방긋방긋 웃으셨다.

다음은 드디어 데로시였다. 그 애는 번쩍거리는 금단추가 달린 푸른 양복 차림으로 상쾌하게 등장했다. 풍성한 머리에 똑똑해 보이는 얼굴. 주눅 든 기색 하나 없이 얼굴을 꼿꼿이 들고 당당하게 걸어갔다. 그 모습이 아주 멋있어서 나도 모르게 입맞춤을 던질 뻔했다. 시장님, 교육장님을 비롯해 모두가 데로시에게 한마디씩 하며 악수를 건넸다.

"줄리오 로베티!"

선생님이 커다란 목소리로 이름을 부르셨다. 로베티가 목발을 짚고 나왔다. 그 사고를 모르는 아이가 없었으므로 행사장에는 한순간에 귓속말이 퍼졌다. 그리고 극장이 떠나갈 듯한 박수와 환성이 터져 나왔다. 남자들은 일어나고 여자들은 손수건을 흔들었다. 그러자 불쌍하게도 로베티는 어찌할 바를 모르고 무대 가운데에 우두커니 서 있었다.

시장님이 그런 그를 손짓해서 부른 다음 상장을 주고 뺨을 비볐다. 그리고 의자에 걸려 있던 월계수 관 두 개를 집어서, 로베티가 양 옆구리에 낀 목발 손잡이에 끼웠다. 그러고는 포병대 대위 로베티 아저씨가 앉아 있는 내빈석까지 그를 데려다 주었다. 로베티 아저씨

는 줄리오를 번쩍 안아 의자에 앉히셨다. 그 순간,

"장하다!"

"만세!"

대극장 안은 귀가 떨어져 나갈 듯한 함성에 휩싸였다. 그 사이에도 바이올린의 경쾌한 곡조는 조용히 행사장에 흐르고 있었다. 그리고 소년들은 계속해서 무대에 등장했다. 콘솔라타 초등학교의 학생들은 거의 노점상의 자식이었다. 반키리아 초등학교 학생들은 공장 노동자의 자식이고, 본콤파니 초등학교의 학생들은 농부의 자식이었다. 라이넬리 초등학교 학생들을 마지막으로 수여식이 끝났다.

모두 무대에 오르자 1층석에 앉은 7백 명의 학생이 다시 한 번 아름다운 노랫소리를 들려주었다. 그런 다음 시장님의 말씀이 있고, 그 다음으로 문교위원의 인사말이 있었다. 위원은 이야기 끝에 "……하지만 여러분을 위해 무척 수고하신 분들께 감사의 말씀을 전하지 않고는 퇴장할 수가 없습니다. 여러분을 위해 모든 정성을 바치고, 앞으로도 계속 지켜 주실 분들입니다. 그렇습니다. 저기 계신 여러분들입니다!" 선생님들이 앉아 계신 2층석을 가리키며 인사말을 맺으셨다.

소년 소녀들은 모두 일어나 선생님들에게 감사하는 마음을 담아 외치면서 손을 내밀었다. 선생님들도 감동해서 모두 일어나서 손을 흔들며 환성으로 응답해 주셨다. 모자나 손수건을 흔드는 선생님도 계셨다.

음악대가 다시 연주를 시작했다. 열두 명의 소년들은 작은 꽃다발이 휘날리는 가운데 손을 마주잡고서 줄을 맞췄다. 사람들은 그 이탈리아 대표들에게 아낌없는 박수와 떠나갈 듯한 환성을 올리며 응원했다.

콜레티와의 말다툼

3월 20일(월)

아니다! 콜레티는 상장을 받고 나는 받지 못해서가 아니다. 절대 부러워서 그런 것도 아니다! 그래서 그 애와 말다툼을 한 것이 아니다! 시기해서도 아니다! 하지만…… 내가 잘못했다.

이번 달부터 콜레티가 내 짝꿍이 됐다. 내가 3월의 이야기 〈로마냐의 소년 페루초〉를 옮겨 쓰고 있는데, 콜레티가 팔꿈치로 치는 바람에 공책에 잉크 방울이 떨어졌다. 그건 병에 걸려 아픈 미장이에게 주려고 쓰던 것이었다. 그래서 나는 더 화가 나서 콜레티에게 한마디 했다. 그러자 그 애가 웃으면서 "일부러 그런 건 아니야" 대답했다. 나도 그건 알고 있었다. 하지만 왠지 그 애가 웃는 게 마음에 들지 않았다. '아하! 상 좀 받았다고 잘난 척하는 거로군.' 나는 이렇게 생각했다. 그래서 앙갚음할 마음에, 그 애가 가지고 있던 공책이 못쓰게 될 만큼 세게 몸을 부딪쳤다.

콜레티는 얼굴이 새빨개져서 화를 냈다. "뭐야! 너 지금 일부러 그랬지?" 그러면서 손을 들어 올렸다가, 페르보니 선생님이 지켜보는 걸 깨닫고는 얼른 내렸다. 그리고 나에게 말했다. "이따가 밖에서 기다리겠어! 알겠지!"

화가 조금 가라앉자 나는 곧 후회스러웠고 마음이 무거워졌다. '맞아, 콜레티는 일부러 그럴 애가 아니야. 효자잖아.' 그 애 집에 갔을 때, 그 애가 얼마나 열심히 일하는지 보지 않았던가. 병 든 엄마를 돕던 모습이 아직도 눈에 선했다. 그가 우리 집에 왔을 때 아빠가 얼마나 반갑게 맞이해 주셨던가! 그런 말은 하는 게 아니었다. 그런 분풀이는…… 하는 게 아니었다. 이럴 때 아빠라면 뭐라고 말할까 그런 생각을 했다.

'네가 잘못했니?'

'네.'

'그럼 사과해라.'

하지만 이번만큼은 그러고 싶지 않았다. 먼저 머리를 숙이기가 쑥스러웠다. 콜레티의 스웨터 어깨 부분에 실이 풀어져 있는 것을 보고 '장작을 많이 날랐구나' 생각했다. 갑자기 미안한 마음이 솟구치더니 마음속에서 '용기 내서 사과해!' 외치며 나를 부추겼다. '미안해'라는 말이 목구멍까지 올라왔지만 나는 끝내 내뱉지 못했다.

콜레티가 나를 가끔 째려봤다. 하지만 그 눈은 화가 났다기보다는 조금은 슬퍼 보였다. 그래도 나는 하나도 무섭지 않다는 듯 그 눈빛을 맞받아쳤다. 콜레티는 밖에서 보자는 말을 거듭했다.

나도 그러자고 말했지만, 계속 아빠의 말이 떠올랐다.

'네가 정말 잘못했다면 먼저 사과해라. 그리고 무슨 말을 들어도 절대로 폭력을 써서는 안 돼.'

나는 '좋아, 사과하자. 주먹을 휘두르진 않겠어!' 나 자신을 타일렀다. '그런데…… 어쩌다 이렇게 됐지?' 이렇게 생각하자 한심해서 눈물이 나오려고 했다. 선생님 말씀도 더는 귀에 들어오지 않았다. 그러는 사이에 수업이 끝나 버렸다.

내가 밖으로 나가자, 뒤에서 콜레티가 바짝 따라왔다. 나는 멈춰서서 경계 자세를 취하며 자를 휘둘렀다.

"아니야, 엔리코!" 그는 늘 그랬듯이 웃는 얼굴로 내 자를 피하면서 말했다. "이제까지 그랬던 것처럼 다시 친하게 지내자."

나는 순간 움찔했지만, 정신을 차렸을 때는 이미 콜레티에게 안겨 있었다. 누가 내 등을 세게 떠민 것 같은 기분이었다. 그가 내 뺨에 자기 뺨을 비비며 말했다.

"우리 다시는 다투지 말자. 알겠지?"

"응, 다시는 그러지 말자!" 얼떨결에 나도 대답했다.

우리는 사이좋게 헤어졌다. 집에 돌아와서 오늘 학교에서 무슨 일이 있었는지 아빠한테 다 이야기했다. 나는 칭찬을 받을 줄 알았다. 그런데 아빠는 못마땅한 표정을 지으셨다.

"네가 잘못했으니까 먼저 악수를 청했어야지. 너보다 훌륭한 친구에게, 그것도 군인의 아들에게 자를 휘두르다니, 참으로 옳지 못한 짓이었다!"

아빠는 내 손에서 자를 빼앗아 두 동강을 내더니 벽에 집어 던지셨다.

실비아 누나의 편지

3월 24일(금)

엔리코, 콜레티에게 옳지 못한 짓을 해서 아빠한테 그렇게 혼나고도 왜 다시 나한테 그런 짓을 했니? 내가 얼마나 속상했는지 아니? 너는 네가 날 얼마나 화나게 했는지 잘 모르는 모양이야.

네가 아직 아기였을 때, 난 친구들과 놀고 싶은 것도 참고 너의 요람을 지켰어. 네가 병에 걸렸을 때는 밤마다 침대에서 빠져나와 몇 번이나 네 이마를 짚으며 열을 쟀었는데 넌 하나도 모르지? 만약 우리에게 무서운 재앙이 닥쳤더라면, 난 기꺼이 널 내 아들처럼 귀여워하면서 네 엄마 노릇도 했을 거야. 엄마랑 아빠가 이 세상을 뜨셨을 때, 두 분의 추억과 네 어린 시절 이야기를 들려줄 수 있는 사람은 나밖에 없어. 널 먹이고 학교에 보낼 돈이 필요해지면 난 언제든 일할 각오가 되어 있어. 그리고 엔리코, 이 점을 알아주기 바라. 네가 어른이 되어 멀리 간다 해도 난 계속 널 사랑하고 마음속에 언제나 너의 모습을 그리게 될 거라는 걸.

우리는 줄곧 함께 자라 왔으니까. 그리고 무엇보다도 한 핏줄이니까. 오, 엔리코. 네가 어른이 돼서 불행이 닥치거나 혼자가 된다면 넌 반드시 날 찾아와서 이렇게 말할 거야. '실비아 누나, 함께 살고 싶어. 우리가 행복했던 시절을 이야기하자. 기억해? 우리 엄마, 우리 집. 아주 먼 옛날 즐거웠던 날들을 이야기하자.' 오, 엔리코. 언제나 널 위해 두 팔 벌리고 기다리는 누나가 있다는 걸 잊지 마라. 정말이야, 사랑하는 엔리코. 이런 잔소리도 용서해 줘.

너의 지난 잘못은 모두 잊을게. 앞으로도 지금처럼 나한테 걱정을 끼쳐도 돼. 네가 영원히 내 동생이라는 사실에는 변함이 없으니까. 갓난아기던 너를 꼭 껴안아 주었던 날을 절대로 잊지 않을 거야. 함께 엄마랑 아빠를 사랑했던 것도. 하루가 다르게 쑥쑥 크는 너를 보면서 기뻐했던 것도.

난 너의 가장 믿음직한 친구였다고 생각해. 그러니까 부탁해, 엔리코. 이 공책에 따뜻한 말을 적어서 나에게 줘. 저녁에 다시 여기 와서 읽을 거야. 아무튼, 네가 피곤할 것 같아서 3월의 이야기 〈로마냐의 소년 페루초〉는 내가 대신 옮겨 적었어. 내가 이미 화를 풀었다는 뜻으로 말이야. 아픈 미장이를 위해서 쓰던 거지? 책상 왼쪽 서랍을 찾아 봐. 네가 자는 사이에 다 옮겨 적었으니까.

엔리코, 부탁이야. 나를 위해 따뜻한 말을 써 줘.

너를 사랑하는 누나 실비아가

오, 우리 누나! 난 누나의 손등에 입을 맞출 자격이 없는 사람이야.

엔리코

로마냐의 소년 페루초

[3월 이야기]

그날 밤 페루초 집은 여느 때보다 고요했습니다. 잡화상을 하는 아버지는 어머니와 어린 여동생 루이자를 데리고 포를리라는 마을로 물건을 사러 가셨습니다. 루이자가 눈 수술을 받아야 했기 때문에, 세 사람은 다음 날 아침까지 돌아올 수 없었습니다.

자정 무렵이었습니다. 낮에 와 있는 가정부도 저녁이 되자 집으로 돌아갔습니다. 집에는 다리가 불편한 할머니와 열세 살 난 페루초, 두 사람뿐이었습니다. 페루초네는 작은 1층짜리 집으로, 로마냐 지방에 있는 포를리라는 마을 변두리에 있었습니다. 옆집은 본디 술집이었지만, 두 달 전 불이 나는 바람에 이제는 간판만 휑하게 남아 있었습니다. 집 뒤에는 작은 채마밭이 있었고, 빛바랜 출입구가 달린 나무 울타리가 둘러쳐져 있었으며 그 앞으로는 정성들여 가꾼 넓은 뽕밭이 쓸쓸히 펼쳐져 있었습니다. 잡화점 문과 집 문은 둘 다 큰길 쪽으로 나 있었습니다.

시계가 막 자정을 가리키려던 참이었습니다. 사나운 바람과 함께 비가 내리기 시작했습니다. 아직 잠자리에 들지 않은 페루초와 할머니는 식당에 있었습니다. 식당과 채마밭 사이에는 헛간이 있었는데, 거기에는 낡은 가구가 잔뜩 들어 있었습니다. 그날 밤도 훌쩍 밖으로 나간 페루초는 몇 시간이나 놀다가 열한 시가 넘어서야 겨우 돌아왔습니다.

페루초가 무척 걱정된 할머니는 안락의자에 앉아서 하염없이 기다렸습니다. 주로 할머니는 낮 동안만 그 의자에서 지내시지만, 숨이 막혀서 누워 있기 힘들 때는 밤새 그러고 있을 수밖에 없었습니다.

굵은 빗줄기와 세찬 바람이 쉴 새 없이 유리문을 두드렸습니다. 밖은 캄캄했습니다. 페루초의 옷은 여기저기 찢어지고 진흙투성이에 꼬깃꼬깃했습니다. 돌에 맞아 이마에는 푸른 멍이 들었습니다. 친구와 돌팔매질을 하다가 어김없이 주먹다짐을 한 것입니다. 게다가 내기에 져서 돈도 모조리 잃었습니다. 그것도 모자라, 쓰고 있던 모자를 화풀이로 내던지고 오는 길이었습니다.

식사를 하는 방은 컴컴했습니다. 식탁 구석에 놓인 작은 석유등이 희미하게 타오를 뿐이었습니다. 안락의자에 앉은 할머니는 손자인 페루초 모습이 심상치 않다는 것을 눈치챘습니다. 대충 짐작은 갔지만, 페루초의 입으로 그 이야기를 듣자 너무 한심해서 그만 울고 말았습니다. 할머니는 페루초를 눈에 넣어도 아프지 않을 만큼 귀여워했기에 그만큼 실망도 컸습니다.

"아아, 참 무심도 하구나!"

할머니는 이렇게 외치고는 한동안 입을 다물었습니다. 그러다가 이윽고 그동안 마음에 담아 뒀던 이야기를 토해내듯이 쉬지 않고 말했습니다.

"넌 이 늙은이가 가엾지도 않니? 엄마 아빠가 집을 비웠다고 해서 기회는 이때다 하며 망나니짓을 하고 다니다니! 이 늙은이를 왜 이렇게 슬프게 하니! ……할미는 종일 집에 혼자 내버려 두고! 이 늙은이가 외로웠을 거라는 생각은 안 하는 거니! 페루초, 잘 들어라. 넌 나쁜 길로 발을 들이려 하는 거야. 난 이제까지 그런 사람을 숱하게 보았다. 처음에는 모두 지금의 너처럼 밤늦게까지 나쁜 친구들과 어슬렁거리며 싸움과 내기를 했어. 그러다가 그것만으로는 만족하지 못하고 점점 못된 짓을 하는 거야. 집을 나가버리고, 패싸움을 하고,

도박으로 돈을 잃지. 싸울 때도 지금은 돌을 던지는 정도에 그치지만, 나중에는 칼까지 휘두르게 된단다……. 도박판에서 더 못된 짓을 배워서 마침내는 도둑질까지……."

페루초는 할머니에게서 조금 떨어진 식기 선반에 기댄 채 듣고 있었습니다. 턱을 가슴에 파묻듯이 고개를 푹 수그린 자세는 무척이나 반항적으로 보였습니다. 싸움의 흥분이 아직 가시지 않았던 것입니다. 밤색 앞머리를 이마에 길게 늘어뜨린 채, 눈은 줄곧 한 곳을 노려보고 있었습니다.

"도박에서 도둑질로 발전하는 거야……." 할머니가 울먹이며 되풀이했습니다. "페루초, 잘 생각해 보렴. 비투 모초니가 어떻게 됐는지를 말이야. 그는 이 마을의 수치다! 개망나니야. 스물네 살 때는 두 번이나 구치소에 들어갔었다. 난 그 애 엄마를 잘 아는데, 가엾게도 아들 걱정에 건강을 해쳐서 죽고 말았지. 그 녀석이 죽인 거나 마찬가지야. 아버지도 더는 이 마을에서 살 수가 없어서 도망치듯이 스위스로 갔단다. 그 불효자를 잘 생각해 봐. 네 아빠는 그 녀석과 말을 섞기조차 창피하다고 말한다. 그런데 넌 일 년 내내 더 못된 녀석들하고만 어울려 다니고. 조만간 너도 구치소에 처박히게 될 거다. 그래도 어쩔 수 없지. 다 네가 저지른 일이니까. 난 그 녀석을 어릴 때부터 알았는데, 예전에는 그러지 않았다. 딱 지금의 너처럼 말이야. 친구 따라 재미삼아 하던 장난질이 그 지경까지 된 것이지. 너도 조만간 소중한 엄마, 아빠를 그 녀석의 부모랑 똑같은 신세로 만들지 모른다. 그래도 좋으냐, 응? 잘 생각해 봐."

페루초는 할머니의 말씀을 묵묵히 듣고만 있었습니다. 가족의 품 안에서 깊은 애정을 받으며 자란 그는 절대 비뚤어진 성격은 아니었습니다. 아버지는 "사내아이는 조금 짓궂은 편이 건강해서 좋다. 본바탕은 착한 아이다. 훌륭한 감성도 지니고 있다. 조만간 스스로 판단을 하게 될 거다. 그때까지는 아들이 하고 싶은 대로 내버려 두자"

는 생각으로 그를 길러 왔습니다. 그런데 그것이 오히려 그를 응석받이로 만들어, 고집스럽고 제멋대로인 성격이 되고 만 것이었습니다. 아무리 자기 잘못인 줄 알아도 마음속으로는 후회할지언정 겉으로는 "네, 제가 잘못했어요. 다시는 안 그럴게요. 약속해요. 정말 죄송해요" 말할 줄 모르는 아이가 된 것입니다. 때로는 솔직하게 사과하고 싶기도 했지만, 비뚤어진 자존심이 그것을 가로막았습니다.

할머니는 아무리 타일러도 아래만 노려본 채 반성하지 않는 페루초를 괘씸하게 여기면서 계속 말했습니다.

"어째 죄송하단 말 한마디가 없냐, 응? 이 할미 몸이 안 좋아서 조만간 저세상으로 떠난다는 것쯤은 너도 잘 알 거 아니야! 난 네 소중한 엄마의 엄마다! 그런 할미를…… 전에는 이런 애가 아니었는데! 그렇게나 널 귀여워했던 이 늙은이를, 이제 살날도 얼마 안 남은 불쌍한 늙은이를……. 가게 일로 바쁜 엄마 대신, 갓 태어난 너를 보살펴 준 게 바로 이 할미다. 먹고 자는 시간도 아껴가면서 말이야. 그런 걸 기억이나 하니? 난 '이 앤 틀림없이 든든한 기둥이 되어 줄 거야' 입버릇처럼 말하곤 했었다. 그런데 지금 꼴을 보렴! 내 속을 이렇게 태우고도 어쩜 그렇게 아무렇지 않을 수가 있니! 네가 전처럼 순진하고 착한 아이로 돌아온다면, 내 남은 목숨과 바꾼다 해도 아깝지 않을 것 같구나. 어렸을 때 이 할미가 널 교회에 데려가곤 했던 걸 기억하니? 넌 내 주머니에 조약돌이고 풀이고 닥치는 대로 가득 집어넣고 그대로 잠들어 버렸어. 그런 널 내가 집까지 안고 돌아왔지. 그 시절 너는 참 나를 잘 따랐다. 아아, 지금 이 할미는 너의 따뜻한 애정이 앞으로 살날만큼이나 아니, 그 무엇보다 절실하구나. 이제 죽을 일만 남은 불쌍한 할미한테는 이 세상에 너밖에 없어. 아아, 하느님!"

잠자코 듣던 페루초의 따뜻한 마음이 마침내 살포시 눈을 떴습니다. 할머니의 말씀에 가슴이 뜨거워진 것입니다. 페루초는 저도 모르게 달려가 할머니를 꼭 끌어안았습니다.

그때 무슨 소리가 들린 것 같았습니다. 옆방에서 나무가 삐걱거리는 소리가 들린 것입니다. 바람에 덧문이 내는 소린지 다른 소린지 알 수 없었습니다. 페루초는 귀를 기울였습니다. 줄기차게 내리는 빗소리만 들렸습니다. 그때 다시 소리가 났습니다. 이번에는 할머니도 똑똑히 들었습니다.

"뭐지?" 할머니가 불안한 목소리로 말했습니다.

"아무것도 아니에요. 그냥 빗소리일 거예요." 페루초는 할머니를 안심시키려고 그렇게 중얼거렸습니다.

"어쨌거나 페루초." 할머니가 눈물을 닦으며 말했습니다. "이제 다시는 이 불쌍한 늙은이를 울리지 않겠다고 약속해다오……." 그때였습니다. 또 똑같은 소리가 할머니의 말을 막았습니다.

"비가 아니야! 잠깐 보고 와라." 그러나 할머니는 곧 새파랗게 질려서 "아니, 그냥 여기 있어라" 말하며 페루초의 손을 잡고 붙들어 세웠습니다.

두 사람은 숨을 죽이고 조용히 주변을 살폈습니다. 들리는 것이라고는 빗소리뿐이었습니다.

그때 갑자기 두 사람은 누군가가 살금살금 들어오는 소리를 듣고 얼어붙었습니다. "누, 누구야!" 페루초가 겨우 소리를 질렀습니다.

대답이 없었습니다.

"거기 누구야!"

두려움에 얼어붙은 페루초가 다시 한 번 외쳤습니다.

그 순간, 복면을 쓴 남자 두 사람이 툭 튀어 들어왔습니다. 그중 한 사람이 너무 놀라서 비명조차 지르지 못하는 페루초의 팔을 붙잡고 그의 입을 손으로 틀어막았습니다. 또 다른 사람은 뒤에서 할머니의 목을 세게 졸랐습니다.

"죽고 싶지 않으면 얌전히 있어!"

"조용히 해!"

두 사람은 저마다 외치며 칼을 꺼내 들었습니다.

한동안 방 안에는 네 사람의 거친 숨소리와 세찬 빗소리만 가득했습니다. 할머니는 괴롭게 숨 쉬면서 눈을 커다랗게 뜨고 가만히 있었습니다.

남자가 페루초의 귀에 대고 말했습니다. "돈은! 너희 아빠는 돈을 어디다 두시냐!"

"저, 저쪽 장롱 안에요." 페루초가 이를 딱딱 부딪치면서 가느다란 목소리로 대답했습니다.

"따라와!" 남자가 페루초의 목을 움켜잡고 그대로 방으로 끌고 갔습니다. 등잔만이 마룻바닥에 어슴푸레한 빛을 던졌습니다. "장롱이 어디냐!"

페루초는 두려움에 목소리도 나오지 않아 손가락으로만 겨우 가리켰습니다.

"이 안에 있는 게 확실하겠지!"

남자는 페루초를 장롱 앞에 거칠게 꿇어 앉혔습니다. 조금이라도 비명을 지르면 언제든지 목을 조를 수 있도록 그 위에 올라타더니 두 팔로 페루초의 머리를 꽉 붙들었습니다. 입에는 칼을 물고, 한 손으로는 등잔을 들고, 다른 한 손으로는 주머니에서 철사를 꺼냈습니다. 그것을 열쇠 구멍에 꽂고 철걱거리며 돌린 다음 자물쇠를 부수고 문을 확 열었습니다. 남자는 안에 든 물건을 마구잡이로 꺼내서 주머니에 쑤셔 넣었습니다. 그리고 문을 닫았다가 무슨 생각에서인지 다시 열고는 마구 휘저었습니다. 그러더니 다시 페루초의 목을 붙잡고 아까 있던 방으로 거칠게 밀쳤습니다.

방에서는 다른 한 사람이 할머니의 머리를 뒤로 젖혀 붙잡고 있었습니다. 할머니는 입을 벌린 채 잔뜩 굳은 엉굴을 하고 있었습니다.

"찾았어?"

"응."

"입구 좀 살피고 와."

두 사람이 주고받는 말소리가 들렸습니다. 한 남자가 밖으로 나가서는 휘파람으로 나오라는 신호를 보냈습니다. 다른 남자가 페루초와 할머니에게 칼을 들이대며 "한마디라도 했단 봐! 그랬다가는 돌아와서 너희 둘의 목을 따 버릴 테니!" 하고 위협하면서 무시무시한 눈빛으로 두 사람을 노려보았습니다.

바로 그때, 큰길 건너편에서 많은 사람이 노래하는 소리가 들려왔습니다. 남자가 깜짝 놀라 그쪽으로 고개를 돌렸습니다. 그러다 그만 복면이 홀렁 벗겨지고 말았습니다.

"너, 너는! 모초니 아니냐!" 할머니가 외쳤습니다.

그 남자는 아까 할머니가 이야기했던 망나니 모초니였던 것입니다.

"쳇! 이젠 살려둘 수가 없겠군!"

얼굴이 들통 난 모초니는 할머니를 향해 칼을 높이 쳐들었습니다. 할머니는 너무 놀라 그만 기절해 버렸습니다. 모초니가 칼을 내리친 순간, 페루초가 비통한 비명을 지르며 할머니 몸을 재빨리 자기 몸으로 덮었습니다.

당황한 모초니는 탁자를 걷어차서 등잔을 쓰러뜨린 다음 도망을 쳤습니다. 불이 꺼지고 방은 어두컴컴해졌습니다.

페루초는 할머니 위에서 미끄러져 내려와 무릎을 꿇었습니다. 그리고 할머니 허리를 감싸 안아 자신의 얼굴을 할머니의 부드러운 가슴에 묻었습니다.

그대로 시간이 흘렀습니다. 주위는 캄캄해서 아무것도 보이지 않았습니다. 농부들의 노랫소리도 뽕밭 쪽으로 조금씩 멀어져 갔습니다. 의식을 되찾은 할머니가 이를 덜덜 떨면서 힘없이 페루초를 불렀습니다.

"페, 페루초……."

"할머니……." 페루초가 대답했습니다. 할머니는 온 힘을 다해 뭔가 말하려고 했지만, 두려움에 혀가 말을 듣지 않았습니다. 이윽고 할머니는 몸을 부들부들 떨면서 말했습니다. "그놈들은…… 갔지?"

"네, 갔어요."

"안 죽고 살았구나."

할머니가 목이 메인 소리로 중얼거렸습니다.

"이제…… 괜찮아요……. 할머니는…… 살았어요." 페루초가 힘겹게 말했습니다. "살았어요, 할머니는……. 놈들한테…… 돈은 조금…… 빼앗겼지만…… 하지만 아빠가…… 대부분 갖고 계시니까 걱정 없어요."

할머니는 가슴을 쓸어내렸습니다. 페루초는 할머니에게 매달리듯이 말했습니다. "할머니…… 다정한 우리 할머니……. 절 지금도 좋아하세요?"

"오, 페루초! 별걸 다 묻는구나." 두 손으로 페루초의 머리카락을 쓰다듬으면서 할머니가 말했습니다. "무서웠지? 불 좀 켜 다오……. 아니, 이대로 어두운 게 좋겠다. 아직 무서워서 말이야."

"할머니……." 페루초가 고통스러운 목소리로 다시 말했습니다. "저, 전…… 할머니를…… 계속…… 계속 속상하게만 해 드렸어요……."

"괜찮다, 괜찮아, 페루초. 그런 건 괜찮아. 이젠 아무렇지도 않다. 이미 다 잊어버렸어. 암, 암, 널 좋아하고말고."

"죄송해요, 할머니. 제멋대로만 굴어서. 하지만…… 할머니가 싫었던 적은…… 한 번도…… 없어요. 절 용서해 주시겠지요? 절 용서해 주세요, 할머니." 페루초는 목소리를 떨면서 그 말만 되풀이했습니다.

"그럼, 그럼, 용서하지, 용서하고말고. 귀여운 페루초. 이 할미가 왜 너를 용서 안 하겠니? 자, 그만 일어서렴. 이제 절대로 혼내지 않을 테니까. 넌 정말 착한 애야. 아주 순진하고 착한 애야. ……슬슬 용기를 내서 불을 켜자. 페루초, 자, 일어나렴."

"고마워요…… 하…… 할머니." 페루초의 목소리에서 차츰 힘이 빠져갔습니다. "다행이에요. 이제…… 전…… 기뻐요. 절 영원히 기억해 주세요. 할머니, 꼭 약속해요. 절대로 잊으면 안 돼요……. 할머니가 사랑했던 페루초를……."

"왜 그러니, 페루초!"

그제야 할머니는 페루초의 상태가 이상하다고 느꼈습니다. 황급히 무릎 위에 놓인 페루초의 얼굴을 들여다보았습니다. "오, 하느님! 맙소사!"

깜짝 놀란 할머니가 페루초의 머리를 쓰다듬으며 외쳤습니다.

"저…… 절 잊지 마세요. 그리고 엄마랑 아빠, 그리고 어린 루이자를 사랑해 주세요. 아, 안녕, 사랑하는…… 할머니."

기어 들어가는 목소리로 페루초가 겨우 말했습니다.

"페루초! 페루초! 페루초! 내 귀여운 손자 페루초! 천국에 있는 천사들이여, 부디 이 애를 살려 주십시오!"

할머니는 죽을 힘을 다해 부르짖었습니다. 그리고 무릎에 놓인 손자의 목 언저리를 계속해서 문질렀습니다. 페루초는 더는 대답할 힘이 없었습니다.

목숨을 걸고 소중한 할머니를 구해낸 로마냐의 작은 영웅은 등에 칼을 맞고 아름답고 용감한 영혼과 함께 하느님 곁으로 떠났습니다.

중병에 걸린 미장이

3월 28일(화)

가엾게도 미장이가 심하게 아프다.

페르보니 선생님은 우리에게 미장이를 찾아가 보라고 말씀하셨다. 나는 갈로네와 데로시와 함께 가기로 했다. 스타르디도 올 예정이었다. 그런데 갑자기 스타르디는 카보우르 백작의 기념상을 보러 가야 한다고 했다. 선생님이 백작의 기념상에 대해 작문을 써 오라고 숙제를 내 주셨는데, 정확하게 쓰려면 똑똑히 봐야 한다는 것이었다. 혹시나 싶어 잘난 척쟁이 노비스에게도 함께 가자고 해 보았다. 하지만 돌아온 대답은 "난 못 가"였다. 보티니에게도 말했지만 미안하다며 거절했다. 석회로 옷을 더럽히기 싫었던 것이다.

오후 4시. 수업이 끝나기만을 목 빠지게 기다리던 우리는 서둘러 미장이의 집으로 출발했다.

비가 내리고 있었다. 큰길로 나오자 갈로네가 빵을 우적우적 씹으며 멈춰 섰다. 그러고는 주머니 속의 돈을 짤랑대면서 "뭘 좀 사갈까?" 물었다. 우리는 저마다 돈을 모아 커다란 오렌지 세 개를 샀다.

미장이네 집은 다락방이었다. 우리는 다 함께 꼭대기로 올라갔다. 데로시는 문 앞에 다다르자, 달고 있던 메달을 떼서 주머니에 넣었다.

내가 왜 그러냐고 묻자, "글쎄, 잘은 모르겠지만…… 이렇게 하는 게 좋을 것 같아서" 이렇게 대답했다.

문을 두드리자 커다란 몸집의 아저씨가 나타났다. 아저씨는 우리를 보더니 당혹스러운 표정을 지으셨다.

"너희들은 누구니?"

"우리는 안토니노의 반 친구들이에요. 병문안을 왔어요. 오렌지도 세 개 사 가지고 왔어요." 갈로네가 대답했다.

아저씨는 고개를 설레설레 저으며 외쳤다.

"아아, 불쌍한 토니노!(안토니노의 애칭) 너희 마음은 고맙다만, 그 오렌지를 토니노가 먹을 수 있을지 모르겠다."

그러고는 손등으로 눈물을 훔치고, 우리를 방으로 안내해 주셨다.

미장이는 천장이 기울어진 방에서 딱딱한 철제 침대에 누워 있었다. 그 애 엄마는 손에 얼굴을 묻은 채 침대에 기대 계시다 우리 목소리에 고개를 드셨다.

방 벽에는 솔, 곡괭이 두 자루, 석회용 체 하나가 걸려 있었다. 미장이의 발치에는 회반죽으로 하얗게 된 아저씨의 작업복이 걸려 있었다.

불쌍하게도 미장이는 바싹 말라서 코가 보통 때보다 뾰족해져 있었다. 얼굴색도 안 좋고, 괴로운 듯이 숨을 몰아쉬고 있었다.

'오오, 토니노! 그토록 활발하고 착했는데! 내 사랑스러운 친구. 너의 그 토끼 얼굴을 다시 한 번 볼 수 있다면 난 뭐든 하겠어.'

이렇게 생각하니 몹시 괴로웠다. 불쌍한 미장이!

갈로네가 침대로 다가가 미장이의 얼굴 옆에 오렌지를 한 개 놓았다. 그 냄새에 미장이가 눈을 떴다. 그리고 오렌지를 집어 들었으나 힘이 없어서 금방 놓쳐 버렸다. 미장이는 갈로네를 멍한 눈으로 바라봤다.

"나야, 갈로네! 나 모르겠어?" 갈로네가 목소리를 높여 불렀다.

미장이가 희미하게 웃었다. 그리고 안간힘을 써서 그 작은 손을 갈로네에게 내밀었다. 갈로네가 그 손을 두 손으로 감싸 쥐고 볼에 비비며 말했다.

"힘내. 알았지? 꼭 힘내, 미장이! 금방 나아서 학교에도 올 수 있을 거야. 그러면 선생님이 널 내 옆에 앉혀 주시겠대. 좋지?"

그러나 미장이는 대답하지 못했다. 아줌마가 더는 참지 못하고 울음을 터트리며 탄식했다.

"오오, 내 사랑하는 토니노! 불쌍한 토니노! 이렇게 똑똑하고 착한 애가. 하느님, 저에게서 이 아이를 빼앗아 가시려는 건가요!"

"조용히 해!" 아저씨가 버럭 소리를 지르며 아줌마를 야단쳤다. "제발 부탁이니까 조용히 하라고! ……정말 미쳐 버리겠군."

신경이 곤두선 아저씨는 우리에게도 힘겹게 말하셨다.

"미안하지만 오늘은 그만 돌아가 주겠니? 아무튼 고맙구나. 이제 그만 돌아가려무나."

미장이는 눈을 감은 채 꼼짝도 하지 않았다. 꼭 죽은 사람 같았다.

"저기…… 제가 뭐 도와드릴 일이라도……?"

갈로네가 물었다.

"아니, 고맙다. 착하구나. 하지만 그만 돌아가렴."

그러고는 우리를 억지로 계단 앞까지 밀어내고 문을 잠가 버리셨다. 우리는 어쩔 수 없이 계단을 터덜터덜 내려왔다.

그런데 우리가 계단을 반도 채 내려가기 전에 "갈로네! 갈로네!" 외치는 아저씨의 목소리가 들렸다. 우리는 서둘러 다시 계단을 뛰어 올라갔다.

"갈로네!" 아저씨가 흥분한 나머지 잔뜩 붉어진 얼굴로 소리 지르셨다. "네 이름을 불렀다! 이틀 동안 아무 말도 못 하던 애가! 두 번이나 네 이름을 불렀어! 네가 보고 싶은가 보다. 어서 들어와라. 아아, 하느님! 부디 이게 좋은 징조이기를!"

"미안. 난 여기 있을게."

MaGda

갈로네가 우리에게 그렇게 말하고 황급히 아저씨를 따라 방으로 들어갔다.

데로시의 눈에는 눈물이 그렁그렁 고였다. 내가 놀라서 "미장이는 이제 괜찮아. 갈로네의 이름을 불렀다잖아. 금방 좋아질 거야" 하자 데로시가 말했다.

"그건 나도 알아. 내가 우는 건 미장이 때문이 아니야……. 갈로네는 좋은 친구고, 정말이지 아름다운 마음씨를 지녔다고 생각해서야."

카보우르 백작

3월 29일(수)

카보우르 백작*3의 기념상에 대해 쓰라는 숙제가 있다지? 너라면 쓸 수 있을 게다. 한번 해 보렴. 하지만 카보우르 백작이 어떤 사람이었는지는 아직 잘 모르지? 네 나이쯤 됐으면 적어도 그 정도는 알아 둬야지.

그는 몇 년이나 피에몬테의 재상이었던 사람이란다. 크림 전쟁 때 피에몬테군을 파병한 사람이 바로 그야. 노바라 패배로 땅에 떨어진 이탈리아군의 명예를 체르나이아 승리로 되찾으려고 했던 사람이란다. 롬바르디아에서 오스트리아군을 몰아내려고 15만 프랑스군을 알프스에서 남진시켰던 것도 그야. 그는 혼란스러웠던 혁명기 최전성기 때 이탈리아를 다스려 몇 년 만에 조국통일이라는 거룩한 위업을 이룩한 가장 큰 공로자란다.

그는 빛나는 재능과 절대 굴하지 않는 강인한 의지, 그리고 누구도 흉내낼 수 없는 근면함을 갖춘 인물이었다.

하지만 많은 장군이 전장에서 공포의 시간을 보내는 동안 그는 자기 집무실에서 훨씬 큰 공포에 시달려야 했단다. 그의 장대한 전략이 차례차례 무너졌기 때문이지. 대지진에 건물이 맥없이 무너지

---

*3 정식명 카밀로 벤소 디 카보우르(1810~1861). 이탈리아 왕국 초대 수상. 토리노 명문귀족 출신. 1847년 《일 리소르지멘토(국가재부흥)》라는 신문을 창간, 정치 활동을 시작한다. 이탈리아 통일 직후인 1861년 6월 6일에 사망했다.

듯이 말이야. 그런 공포가 저녁마다 이어지자 그는 이성과 평정심을 잃고, 불안과 갈등 속에서 기나긴 나날을 보냈단다. 어깨를 나란히 하는 열강의 책략에 온힘을 쏟은 결과, 그의 목숨이 20년은 줄었다고 해도 과언이 아니지.

고열에 시달리다 죽어가면서도, 그는 조국에 도움이 되고 싶다는 생각 하나로 병마와 끈질기게 싸웠다. 죽음을 앞두고 그는 병상에서 괴로워하면서 이렇게 말했다고 한다.

"이상하다……. 이제 더는 읽히지가 않아. 앞날이 전혀 읽히지 않아."

치료를 위해 피를 뽑을 때건 고열에 시달릴 때건 늘 나라를 생각하고, 의사에게 이렇게 명령했지.

"날 고쳐 주게! 머리가 멍해. 이탈리아 통일이라는 큰 목표를 이루려면 누가 뭐래도 내 모든 능력이 필요해!"

그래서 그가 더는 가망이 없다는 걸 알았을 때 온 이탈리아가 술렁였단다. 국왕 비토리오 에마누엘레 2세도 그의 베개 맡을 떠나지 않았지. 그런 국왕에게 카보우르 백작은 가쁜 숨을 몰아쉬면서 탄식했단다.

"폐하! 아직 폐하께 드릴 말씀이 산더미처럼 많습니다. 보여 드릴 것이 아직, 아직…… 하지만…… 제가 이 병에게는 지고 말았습니다……."

백작의 뜨거운 열정은 늘 이탈리아를 향해 있었다. 하나가 된 새로운 제국을 어떻게 통치해 갈까 하는, 아직 풀어가야 할 산더미처럼 쌓인 문제를 향해서 말이다. 정신이 혼미한 상태에서도 그는 "어린이를! 어린이를 교육하라!" 비명을 질렀지. "어린이를, 그리고 젊은이를 교육하라. 자유를 위한 정치를 하라!"

마침내 죽음이 가까워졌을 때에도, 생각이 달라 서로 대립하던 가리발디 장군과, 아직 해방되지 않은 베네치아와 로마의 이름을 헛소리하듯이 중얼거렸단다. 그는 이탈리아와 유럽의 미래에 대해 커다란 전망을 갖고 있었다. 다른 나라 군대가 침입해 오는 악몽에 시달리고 이탈리아 국민의 안위를 걱정하며 "우리 군대는 어디 있느냐! 장군들은 어디에 있어!" 물었다고 한다.

엔리코, 넌 카보우르 백작의 커다란 고뇌를 이해할 수 있니? 자기 목숨을 잃는 것보다도 조국이 멀어져 간다는 느낌이 얼마나 괴로운지? 그는 아직 이탈리아에 필요한 사람이었다. 하지만 바로 그 이탈리아 때문에 제 명을 다 못 살고 죽고 말았다. 남다른 체력을 가진 사람이었는데도 말이야.

그만큼 가혹한 임무였다는 뜻이다. 그는 전장에서 우렁찬 함성을 지르며 죽어간 거나 다름없단다. 그렇기에 그의 죽음은 그가 살아온 인생처럼 위대한 거야.

한번 생각해 보렴, 엔리코. 우리가 힘들다고 느끼는 일이 뭔지. 세계를 상대로 싸우는 그런 사람들의 고통과 고뇌, 지옥과 종이 한 장 차이밖에 나지 않는 삶과 비교하면 우리의 고통이란 얼마나 하찮은지. 아들아, 이 점을 잘 생각해 보렴. 그리고 조각상이 되어 칭송받는 사람들 앞을 지날 때는 그 사람들을 바라보며 마음속으로 이렇게 외치렴. "영광 있으라!"

〈아빠가〉

4월

aprile

반가운 봄

4월 1일(토)

오늘은 4월 1일! 이제 석 달만 있으면 4학년도 끝이다. 최근 1년 사이에 오늘 아침만큼 멋진 아침은 없었다. 수업 중에도 행복한 기분이었다.

먼저, 콜레티가 "내일모레 아빠랑 국왕폐하를 환영하러 가는데 함께 갈래? 우리 아빠는 국왕폐하랑 아는 사이야" 말해 주었다. 또 그날은 엄마가 발도코 거리에 있는 보육원을 방문하시는 날인데 오후에 날 데려가 주신다고 약속하셨다. 게다가 미장이의 병이 나은 것도 기뻤다. 또 어제저녁에는 페르보니 선생님께서 아빠한테 "엔리코는 아주 훌륭하게 지내고 있습니다" 말씀해 주셨다.

더구나 오늘은 올봄 들어 가장 화창하다. 교실 창으로 새파란 하늘과 운동장의 연둣빛 나무들, 창문을 활짝 연 집들이 또렷하게 보인다. 창문마다 초록색 새싹을 틔운 화분이 쪼르르 놓여 있다. 좀처럼 환하게 웃지 않으시는 페르보니 선생님도 기분이 좋아 보인다. 평소 이마에 깊이 새겨져 있던 주름이 오늘은 거의 보이지 않기 때문이다. 선생님은 가벼운 농담을 하며 칠판에 문제를 쓰고 읽어 주신다. 창문으로 들어오는 산들바람 덕분이 틀림없다. 바람은 학교 운동장의 흙과 이파리에서 풍기는 상쾌한 냄새를 잔뜩 품고 날아온다. 그래서 마음이 소풍날처럼 들뜬다.

어느 거리에서 대장장이가 뚱땅뚱땅하고 쇠를 두드리는 소리가 들린다. 길 건너에 사는 젊은 엄마가 노래를 불러서 갓난아기를 재운다. 체르나이아 거리에 있는 막사에서는 나팔 소리가 아득하게 울려 퍼진다. 모두 들뜬 마음이다. 늘 찌푸린 인상을 한 스타르디조차……. 젊은 엄마가 큰 소리로 노래하면 대장장이는 더 신이 나서 쇠를 두드린다.

선생님은 수업을 멈추셨다. 그리고 귀를 기울인 채 여유롭게 창밖을 바라보면서 이렇게 말씀하셨다.

"미소 짓는 하늘, 노래하는 엄마, 열심히 일하는 대장장이의 망치 소리, 그리고 즐겁게 공부하는 아이들. 아, 이렇게 멋질 수가!"

교실에서 나오자, 다른 반 아이들도 모두 즐거워 보였다. 구두 소리에 맞춰 노래를 부르며 삼삼오오 줄지어 걸어갔다. 마치 내일부터 연휴가 시작되는 날 같은 모습이었다.

여선생님들도 들떴다. 빨간 깃털 선생님은 초등학생으로 돌아간 것처럼 아이들과 하나가 되어 이리저리 뛰어다니셨다. 자식들을 데리러 온 부모님들도 웃는 얼굴로 수다를 떨었다.

크로시네 엄마가 제비꽃이 가득 담긴 바구니를 들고 오신 탓에 넓은 대기실은 순식간에 달콤한 향기로 가득 찼다.

난 오늘만큼 기쁜 적이 없었다. 길에서 기다리는 엄마를 발견하고 말했다.

"왜 이렇게 신나지?"

"이 멋진 계절과 네 착한 마음씨 때문이지."

엄마가 방긋 웃으면서 대답해 주셨다.

움베르토 국왕과 콜레티 아저씨

4월 3일(월)

아침 10시. 아빠가 창문으로 얼굴을 내밀자 콜레티와 그 애 아버지가 보였다.

"콜레티가 광장에서 기다리는구나. 자, 국왕폐하를 환영하러 가야지."

나는 허둥지둥 내려갔다.

오늘 콜레티와 그 애 아버지는 평소보다 훨씬 생기가 감돌고 있었다. 특히 오늘따라 두 사람은 더 닮아 보였다. 아저씨는 겉옷에 기념메달 두 개와 그 사이에 공로훈장까지 달았다. 콧수염은 뾰족하게 꼬아 비틀어 올렸다. 우리는 곧바로 포르타 노바 역으로 걸어갔다. 10시 반에는 국왕폐하가 도착할 예정이었다.

콜레티 아저씨가 담뱃대를 물고 손을 마주 비비면서 기쁜 듯이 말씀하셨다.

"1866년 전투 이래로 한 번도 만난 적이 없어. 15년 하고도 여섯 달이나 지났다고. 3년은 프랑스에 있었고, 그 다음엔 몬도비에 있었지. 여기 토리노에서도 폐하가 계실 때는 내가 없었어. 계속 어긋나기만 했지."

콜레티 아저씨는 국왕폐하를 마치 친구 부르듯이 "움베르토" 이름으로 불렀다.

"그때 움베르토는 제16사단을 이끌었어. 갓 스물두 살이 된 움베르토는 말 타는 솜씨가 영 아니었지. 맙소사, 15년이라니!"
콜레티 아저씨는 발걸음을 재촉하며 커다란 목소리로 말씀하셨다.
"아아, 꼭 만나고 싶구나. 헤어질 때 그분은 황태자였지. 그런데 이제는 국왕폐하야. 물론, 그렇게 말하는 나도 변했지. 병사에서 나무장수가 됐으니까." 그러고는 껄껄 웃으셨다.
콜레티가 아저씨에게 물었다.
"국왕폐하가 아빠를 알아볼까요?"
아저씨가 버럭 화를 냈다.
"그런 바보 같은 말이 어딨냐! 날 어떻게 알아봐! 움베르토가 보기에 나는 그저 파리 같은 존재란 말이다. 그 많은 사람을 어떻게 다 기억하겠냐?"
비토리오 에마누엘레 거리에 다다르자 사람들이 구름떼처럼 역으로 몰려가고 있었다. 알프스 산악대 병사가 나팔을 들고 행진하고 있었다. 말에 걸터앉은 근위병 두 사람이 종종 뛰어서 앞질러 갔다. 눈부시게 맑고 푸른 날씨였다.
"사단장님을 만날 수 있다니 참으로 기쁘군! 아아! 그건 그렇고 세월이란 화살처럼 빨라. 나도 늙었고. 6월 24일 결전의 아침, 혼란 속에서 배낭을 짊어지고 총을 들고 돌격하던 그날이 바로 엇그제 같은데 말이야. 멀리서 대포 소리가 고막을 찢는 가운데, 움베르토는 부하 장교와 함께 전쟁터에서 거침없이 움직였어. 우리는 그런 그를 보면서 입을 모아 말했지. '부디 전하가 총알을 맞지 않으셔야 할 텐데!' 그런데 그런 말을 한 바로 뒤였단다. 오스트리아의 최전선에 있는 창기병 앞으로 폐하가 나타나신 거야. 꿈에도 생각하지 못했지. 하늘이 거울처럼 맑은 화창한 날이었어. ……하지만…… 그건 그렇고 오늘은 그날에 비하면 왜 이렇게 흐린 거야! 자, 안으로 들어가 볼까? 좀 보고 와야지."

역에 도착하자 수많은 사람들로 매우 혼잡했다. 더구나 마차며 경관, 헌병대, 깃발을 든 단체들로 발 디딜 틈이 없었다. 거리에는 군악대의 연주 소리가 울려 퍼졌다.

콜레티 아저씨는 아치형 지붕이 있는 통로로 들어가려고 시도했지만 곧 포기했다. 대신 입구에 몰려 있는 사람들을 헤치고 맨 앞으로 가기로 했다. 팔꿈치로 밀쳐가며 빠르게 앞으로 나아갔다. 우리도 뒤따라갔지만, 사람들에 휩쓸려 이리저리 떠밀려 다녔다. 콜레티 아저씨가 이번에는 회랑 제일 앞 기둥을 노렸다. 하지만 그곳에는 아무도 접근하지 못하도록 경찰이 지키고 있었다. 그때 콜레티 아저씨는 우리를 보고 "따라 와!" 하시더니 손을 잡고 틈새를 비집으며 나아갔다. 우리는 겨우겨우 도착했다.

경찰이 달려와서 "안 돼! 여긴 안 돼!" 무서운 얼굴로 말했다.

그러자 콜레티 아저씨가 "난 49연대 제4대대에 있던 사람이오!" 겉옷에 단 메달에 손을 대면서 외쳤다.

경찰이 그것을 보더니 말했다.

"아, 그럼 그냥 계십시오."

"봤지?" 콜레티 아저씨가 자랑스럽다는 듯이 큰소리로 말했다.

"이 '49연대 제4대대'는 마법의 이름이다. 부하였던 내가 상관님 좀 뵙겠다는데 뭐가 문제야! 그때 옆에서 상관을 지킨 몸이라고. 지금 가까이서 본다고 나쁠 것 하나 없지, 암. 난 그분을 '장군님'이라고 부른다. 그분은 내 대장이었어. 그때 30분은 넉넉히 계셨지. 정신없는 전쟁터 한복판에서 군대를 이끌었던 건 바로 그분이야. 울리히 소령이 아니라!"

귀빈실뿐만 아니라 밖에도 수많은 신사와 장교들이 있었다. 문 앞에는 빨간 제복을 입은 하인을 거느린 마차가 몇 대나 줄지어 서 있었다.

"전쟁터에서는 움베르토 폐하도 칸을 들었어요?"

콜레티가 물었다.

"물론 들었지. 창으로부터 몸을 보호하려면 들어야 해. 동생*1처럼 당하지 않으리란 법도 없으니까. 아아, 적은 무슨 짓을 할지 모르는 놈들이야. 놈들은 뒤에서 공격해 왔어. 닥치는 대로 부수면서 분대, 진영, 대포 사이를 폭풍우처럼 휩쓸었지. 알렉산드리아의 기병대, 포지아의 창기병부대, 보병대, 저격대가 뒤엉켜 싸웠어. 적군인지 아군인지 알 수도 없는 지옥 같은 전쟁터였지. 그럴 때 나는 들었다. '전하! 전하!' 외치는 소리를. 창이 빗발처럼 쏟아졌어. 우리는 총을 마구 쏴댔지. 연기가 온 주위를 감싸고…… 그리고 연기가 사라지자…… 땅바닥에는…… 다친 병사, 죽은 병사, 숨이 끊어지기 직전인 말이 여기저기에 널브러져 있었지. 나는 뒤를 돌아봤어. 그때 보았지. 아군 진영에서, 말에 걸터앉은 움베르토가 침착하게 주위를 둘러보는 모습을. '내 부하 가운데 다친 사람은 없는가!' 외치는 듯했어. 그 모습을 본 순간 나는 미친 듯이 만세를 외쳤지. 그분 코앞에서 말이야. 얼마나 감동적이던지! ……오오, 열차가 도착했다."

군악대가 연주를 시작했다. 장교들이 서둘러 달려갔다. 사람들은 등을 곧게 폈다.

"바로 내려오시진 않을 거야. 지금쯤 모두 폐하께 인사하고 있을걸." 경찰이 말했다.

콜레티 아저씨가 초조해하며 말했다.

"아아, 생각나는 건…… 그즈음 그분의 모습뿐이야. 콜레라가 번졌을 때*2는 환자를 다정하게 위로해 주시고, 대지진*3 때는 재해를 입은 사람들을 열심히 위로방문 하셨어. 그분은 늘 용감했지. 그건 잘

---

*1 아메데오 공. 움베르토 왕의 동생이자 아오스타의 공작. 1866년에 전쟁터에서 배에 부상을 입었다.

*2 1884년 5월에는 쿠네오에서, 1885년 9월에는 나폴리에서 콜레라가 퍼졌다.

*3 1882년 9월 이스키아섬 카사미촐라 지진. 움베르토 왕은 왕비 마르게리타와 함께 재해 지역을 방문했다.

안다. 하지만 언제나 머리에서 떠나지 않는 것은, 우리와 함께했던 그 시절 얼굴이야. 무슨 일에도 꿈쩍 않던 그 얼굴. 국왕폐하가 되신 지금도 49연대 제4대대는 반드시 기억하고 계실 거야. 다시 한 번 그 시절 전우들과 자리를 함께한다면 참으로 기뻐하실 텐데. 지금이야 군인이나 대부호, 관리들에게 둘러싸여 계시지만, 그때는 주위에 나 같은 일개 병사들밖에 없었거든. 한마디라도 좋으니 마주앉아서 이야기할 수 있으면 좋으련만. 스물두 살 젊은 장군님의 목숨을 지킨 건 우리가 가지고 있던 총검이라고. 벌써 15년이나 만나지 못한 셈인가. 우리의 움베르토. 아아! 이 곡이야! 이 곡을 들으면 피가 끓지."

갑자기 터져 나온 환성에 콜레티 아저씨의 말은 중단되었다. 엄청나게 많은 모자가 공중에서 흔들렸다. 검은 예복을 입은 신사 네 명이 맨 앞에 있는 마차에 올라탔다.

"앗, 저분이다!" 콜레티 아저씨는 이렇게 외치더니, 마법에 걸린 것처럼이 굳어 버렸다. 작은 목소리로 "아, 이럴 수가! 저렇게 머리가 하얗게 새었다니……." 하고 중얼거렸다.

우리 셋은 모자를 벗었다. 마차는 사람들이 흔드는 모자와 환성 속에서 우리 쪽으로 천천히 다가왔다. 나는 콜레티 아저씨를 쳐다봤다. 콜레티 아저씨는 기둥에 딱 붙어서 등줄기를 곧게 펴고 있었다. 몹시 긴장한 표정이었다. 굳어 버린 아저씨는 키가 커진 듯이 보였다. 마차가 우리 바로 앞에 있는 기둥까지 다가왔다. 모두가 입을 모아 소리쳤다.

"만세!"

"만세!"

한 박자 늦게 콜레티 아저씨도 따라 외쳤다. 국왕폐하의 시선이 한순간 콜레티 아저씨의 얼굴과 세 개의 메달 위를 향했다. 그러나 곧 반대편으로 돌아가고 말았다.

"저는 49연대 제4대대 소속입니다!"

그 목소리가 들렸는지, 국왕폐하가 다시 우리 쪽을 돌아보셨다. 콜레티 아저씨를 빤히 보시더니 마차에서 손을 내미셨다. 콜레티 아저씨는 팔을 휘저으며 달려 나가 그 손을 꼭 붙잡았다.

마차는 순식간에 지나갔다. 사람들이 밀치고 들어와 우리는 뿔뿔이 흩어졌다. 순간 콜레티 아저씨의 모습을 놓쳤지만, 금방 다시 발견했다. 아저씨는 숨을 씩씩거리며 촉촉한 눈으로 손을 높이 흔들면서 우리를 부르고 계셨다.

"여기다, 여기야 꼬맹이들아!"

콜레티가 아저씨한테 달려갔다.

"봐라, 아직 따뜻하다! 국왕폐하의 온기야!"

콜레티 아저씨가 그렇게 말하면서 콜레티의 뺨에 손을 댔다. 그리고 이미 멀어진 마차를 언제까지고 바라보셨다. 담뱃대를 두 손으로 꼭 쥐고 기쁨의 미소를 띠고서 멍하니 서 계셨다.

주위에 있던 사람들이 그런 콜레티 아저씨를 신기하다는 듯이 바라봤다.

"저 사람, 49연대에 있었대."

"국왕폐하를 안다는구먼."

"폐하도 알아보셨어."

"국왕폐하가 저 사람에게 손을 내미셨어."

하지만 다음 말에 콜레티 아저씨는 버럭 화를 내셨다.

"틀림없이 폐하께 탄원서를 낸 거야!"

아저씨가 그 사람을 홱 돌아보며 받아쳤다.

"당치 않은 소리! 난 저분께 탄원서 같은 건 내지 않았소! 하지만 다른 거라면 기꺼이 낼 거요. 저분이 바라신다면……."

모두가 호기심어린 눈빛으로 콜레티 아저씨를 바라보았다. 콜레티 아저씨가 힘차게 말했다.

"이 내 목숨도!"

보육원 아이들

4월 4일(화)

어제 포르타 누보 역에서 돌아와 늦은 아침을 먹고 엄마는 약속대로 나를 발도코 거리에 있는 보육원으로 데려 가 주셨다. 프레코시의 여동생을 원장 선생님에게 맡기러 가는 것이었다. 나는 한 번도 보육원에 가본 적이 없었다.

무척 재미있었다! 그곳에는 남자아이와 여자아이를 합쳐 200명이나 있었다. 모두 아직 너무 어렸다. 그 아이들과 비교하니 우리 학교 1학년생은 아주 어른처럼 여겨졌다.

우리가 도착했을 때는 마침 모두 한 줄로 서서 식당으로 들어가는 참이었다. 식당에는 긴 탁자가 두 줄로 놓여 있고, 가운데는 구멍이 뻥뻥 뚫려 있었다. 그 뚫린 곳에 수프 그릇이 놓이고, 그 안에는 밥과 까치콩이 들어 있었다. 옆에는 숟가락이 가지런히 놓여 있었다.

아이들 중에는 식당에 들어와서 벌렁 드러누워, 선생님이 일으키러 올 때까지 바닥에서 움직이지 않는 아이도 있었다. 어떤 아이는 아무 접시 앞에 멈춰 서서 자기 것인 양 날름 먹었다. 선생님이 와서 "앞으로 가!" 재촉해도 서너 발자국 걷다가 다시 한 입 날름 먹었다. 그 아이는 그런 식으로, 자기 자리에 앉을 때까지 접시 절반 만큼을 먹어 치웠다.

선생님은 등을 떠밀며 "빨리 가! 어서!" 몇 번이나 소리를 지르고서야 겨우 아이들을 제자리에 앉혔다. 기도가 시작되었다. 중간 줄에 앉은 아이들은 기도하려면 등을 돌려야 했다. 그 아이들은 누가 자기 접시를 가져가지나 않을까 불안해서 줄곧 고개를 뒤로 돌리면서 기도했다. 두 손을 맞잡고 하늘을 올려다보아도 마음은 접시 생각으로 가득 했다.

드디어 식사가 시작됐다. 아아, 참으로 천진난만한 모습이었다! 숟가락 두 개를 써서 먹는 아이가 있는가 하면, 손으로 움켜쥐고 먹는 아이도 있었다. 까치콩을 한 알씩 주머니로 나르는 아이도 있고, 앞치마에 싼 다음 눌러서 찌부러뜨리는 아이도 있었다. 날아다니는 파리에 정신을 빼앗겨 먹는 것도 잊어버린 아이, 기침을 하다가 입 안에 있는 음식물을 사방으로 튀기는 아이. 식당은 그야말로 닭장과 같았다. 너무나 천진하고 사랑스러운 모습이었다.

두 번째 앉은 여자아이들은 머리를 하나로 꼭대기에다 묶고 빨강, 파랑, 초록 리본을 달았는데 아주 귀여웠다. 선생님이 탁자에 앉은 여덟 명의 여자아이에게 질문했다.

"쌀은 어디서 나지요?"

"밭에서요!" 여덟 명 모두가 밥풀을 입에 한가득 넣은 채 입을 모아 노래하듯이 대답했다.

"대답할 사람은 손을 드세요." 선생님이 말하자 이번에는 모두 작은 팔을 번쩍 치켜들고 팔랑팔랑 흔들었다. 겨우 몇 달 전까지만 해도 아기 옷으로 덮여 있던 가녀린 팔뚝은 하얀색과 분홍색 나비들이 나폴나폴 날아다니는 것처럼 아름답게 흔들렸다.

다음은 놀이 시간이었다. 각자 벽에 걸린 작은 바구니를 들고 마당으로 나갔다. 그것은 맛있는 도시락이었다. 저마다 마음대로 흩어져 바구니 안에 있는 음식을 꺼냈다. 빵, 자두, 치즈, 삶은 달걀, 사과, 삶은 콩, 닭튀김 등 모두 아이들이 좋아하는 것들이었다.

순식간에 마당이 빵부스러기투성이가 됐다. 새떼에게 모이를 뿌린 것 같았다. 아이들은 저마다 특이한 방법으로 먹었다. 토끼나 쥐나 고양이처럼 찢어 먹고, 핥아 먹고, 빨아 먹었다. 어떤 남자아이는 긴 막대 모양 빵을 가슴에 딱 붙이고, 칼에 윤을 낼 때처럼 비파 열매로 두드려서 끈적끈적하게 만들었다. 또 다른 여자아이는 리코타 치즈를 힘껏 쥐어서 찌부러뜨렸다. 즙이 손가락 사이로 우유처럼 흘러나와 소매를 적셨지만 전혀 신경 쓰지 않았다. 사과나 빵을 문 채 강아지처럼 폴짝폴짝 뜀박질하는 아이들도 있었다. 보석이라도 꺼내는 것처럼, 삶은 달걀을 조심조심 도려내는 아이도 있었다. 하지만 대부분은 땅바닥에 아무렇게나 흘리고는 다시 진주알 줍듯이 하나하나 조심해서 주웠다.

낯선 음식이 든 도시락에는 벌떼처럼 모여들어, 우물 안에 비친 달을 구경하듯이 바구니 안을 호기심 어린 눈으로 들여다봤다. 키 크고 홀쭉한 남자아이가 설탕을 갖고 있었다. 스무 명의 아이들이 그 애 주위로 몰려들었다. 모두들 빵에 그 설탕을 발라 먹고 싶어 남자아이에게 잘 보이려고 애를 썼다. 몇 명은 발라 먹었지만, 핀잔만 잔뜩 듣고 설탕이 묻은 그 남자아이의 손가락만 핥은 아이도 있었다.

그러는 사이 엄마도 마당으로 나가서 아이들 머리를 골고루 쓰다듬어 주었다. 수많은 아이들이 엄마를 둘러싸고, 높은 곳을 쳐다볼 때처럼 고개를 젖혀 입을 벌리고, 뺨을 비벼 달라고 졸랐다. 마치 젖을 달라고 조르는 것 같았다.

한 번 입에 넣은 오렌지를 도로 꺼내 남한테 보여 주는 아이, 빵 조각이나 나뭇잎 한 장을 내미는 아이도 있었다. 그때 진지한 얼굴로 검지를 보여 주러 온 아이가 있었다. 엊그제 밤에 촛불에 데어 화상을 입고 손가락 끝이 부어올랐다고 했다. 하지만 자세히 보지 않으면 못 알아볼 정도였다. 작은 곤충, 코르크 마개 절반, 셔츠 단추, 꽃병에서 떨어진 꽃잎을 엄마 눈앞에 늘어놓고는, 엄마의 놀란 얼굴을 보며 까르르 웃는 아이도 있었다. 도대체 그런 걸 어디서 어

떻게 찾아냈을까?

머리에 붕대를 감은 아이가 더듬더듬 말을 걸어왔지만, 무슨 말을 하는지 전혀 알아들을 수가 없었다. 그 애는 자기가 머리부터 넘어졌다는 사실을 어떻게든 전달하고 싶었던 모양이다. 어떤 애는 엄마한테 허리를 숙이라고 하더니 귀에다 대고 속삭였다.

"우리 아빠는 빗을 만들어요."

곳곳에서 소동이 일어났다. 선생님들은 여기저기 뛰어다니느라 정신이 없었다. 손수건의 매듭이 풀리지 않는다며 우는 여자아이. 사과씨를 빼앗으려고 서로 할퀴며 고래고래 소리를 지르는 아이. 쓰러진 의자에 걸려 넘어진 채 일어나지 못하고 빽빽 우는 남자아이.

돌아갈 시간이 되자 엄마는 서너 명을 안아 주었다. 그러자 얼굴에 달걀노른자며 오렌지 즙을 묻힌 다른 아이들도 "나도! 나도" 외치며 달려왔다. 엄마 손을 붙잡고 "반지 보여 줘!"라고 조르는 아이, 시곗줄이며 묶어 올린 머리를 잡아당기는 아이 때문에 엄마는 정신을 못 차렸다.

"부인, 조심하세요. 옷이 못쓰게 되겠어요."

선생님은 안절부절못하셨다. 하지만 엄마는 괜찮다며 계속 뺨 인사를 해 주었다. 아이들은 갈수록 신이 나서 날뛰었다. 엄마 등에 기어오르는 아이도 있었다. 앞의 아이가 기어오르려고 팔을 뻗치면 뒤의 아이는 자기가 올라가고 싶어서 있는 힘껏 앞의 아이를 밀쳤다.

"안녕! 안녕! 안녕!" 아이들이 목이 쉬어라 소리쳤다.

엄마는 겨우 빠져나올 수 있었다. 그러자 이번에는 우리를 배웅하겠다며 달려와서는 철책 사이로 얼굴을 내밀었다. 그리고 손에 든 것을 건네주려고 손을 뻗으면서 입을 모아 외쳤다.

"안녕! 안녕! 내일 또 와요!"

엄마는 대답 대신 아이들의 귀여운 손바닥을 손가락으로 부드럽게 쓸어 주었다. 아이들의 손은 싱그러운 장미꽃 같았다.

무사히 큰길로 나왔을 때 엄마의 옷은 빵부스러기와 얼룩이 잔뜩 묻은 채 꼬깃꼬깃해져 있었다. 머리도 다 헝클어져 있었다. 그렇지만 파티장에서 나왔을 때처럼 손에 꽃을 한 아름 들고 빨간 눈을 하고서 기쁜 표정을 짓고 있었다.

귓전에는 아이들의 목소리가 새의 지저귐처럼 여전히 맴돌았다.

"안녕! 안녕! 또 와요. 아줌마—!"

체육 수업에서 힘을 낸 넬리

4월 5일(수)

화창한 날씨가 이어져 체육 수업은 실내에서 나와 운동장에서 했다.

어제 갈로네가 교장실에 있는데, 넬리네 엄마가 찾아와서 이렇게 부탁하셨다.

"이번 체육 시간에…… 우리 아들은 그냥 구경만 하게 해 주세요." 금발머리에 언제나 검은 옷을 입는 아줌마다. 아줌마는 넬리 머리에 손을 얹고 망설이며 "이 애한테는…… 도저히 무리일 것 같아서……" 힘들게 말했다고 한다.

하지만 넬리는 조금도 기뻐하지 않았다. 다시 친구들에게 놀림거리가 되는 게 싫어서 이렇게 말했다.

"괜찮아요, 엄마. 나도 다른 애들처럼 할 수 있어요. 두고 보세요."

아줌마는 그런 아들을 더 안쓰럽다는 표정으로 바라보며 말씀하셨다.

"저, 솔직히 말씀드리자면, 반 아이들이…… 그러니까 저, 그 애들이 애를 놀리지나 않을까…… 그게…… 걱정이 돼서……."

하지만 넬리는 막무가내였다.

"난 그런 거 상관없어요! 갈로네도 옆에 있고, 그는 절대로 비웃지 않아요. 그러니까 괜찮아요."

마침내 넬리도 함께 체육 수업을 하게 되었다.

체육 선생님은 한때 가리발디 장군의 부하였다고 하는, 목에 칼자국이 있는 선생님이다. 선생님은 곧 우리를 아주 높은 수직 철봉*4이 있는 곳으로 데리고 가셨다. 그리고 꼭대기까지 기어올라가 그 위에 서 있으라고 하셨다.

데로시와 콜레티는 원숭이처럼 쉽게 훌쩍 올라갔다. 몸집이 작은 프레코시도 무릎까지 오는 긴 겉옷에 발이 휘감기면서도 가볍게 기어 올라갔다. 프레코시가 올라가는 동안 모두 그를 웃기려고 그의 입버릇인 "미안해, 미안해"를 계속 외치면서 까불었다. 스타르디는 칠면조처럼 새빨갛게 돼서 올라갔다. 콧김을 씩씩 내뿜고 이를 악문 게 마치 성난 개처럼 보였다. 그라면 틀림없이 몸이 터지는 한이 있어도 꼭대기까지 올라갔을 것이다. 노비스는 위로 올라가더니 황제 같은 자세를 취했다. 보티니는 두 번이나 떨어졌다. 이날을 위해 새로 지어 입은 파란 줄무늬 체육복이 민망해졌다.

모두 조금이라도 편하게 오르려고 송진가루를 손바닥에 묻혔다. 장사꾼 가로피가 작은 주머니에 넣어서 팔았던 것이다. 가로피가 그것으로 큰돈을 벌었다는 사실을 모르는 사람은 없다.

갈로네 차례가 돌아왔다. 그는 빵을 물고서, 별것 아니라는 얼굴로 가볍게 올라갔다. 그라면 소 만큼 힘이 세니까 우리 한 명쯤은 어깨에 태우고도 가볍게 올라갔을 것이다.

갈로네 다음은 드디어 넬리였다. 가느다란 손가락으로 철봉을 단단히 붙잡자 모두 놀려대며 비웃었다. 하지만 갈로네가 굵은 팔뚝을 가슴 앞에서 끼고 "너희들! 주먹맛을 보고 싶어? 선생님 앞이라고 봐 주지 않아!" 하는 듯이 노려보자 갑자기 웃음소리가 뚝 멎었다.

넬리는 기어오르기 시작했지만 마음대로 되지 않았다. 얼굴이 시뻘개져서 숨을 헉헉거렸다. 이마에서는 땀방울이 뚝뚝 떨어졌다.

---

*4 타고 올라갈 수 있게 만든 틀에다 철봉 따위를 세운 운동 기구.

"그만하면 됐다. 이제 내려오렴."

선생님이 안타까운 마음에 소리쳤지만 넬리는 들은 척도 하지 않고 안간힘을 썼다. 악에 받친 것처럼 보였다. 나는 그 애가 당장에라도 뚝 떨어질 것만 같아서 너무나 불안했다. '불쌍한 넬리! 우리 엄마가 저 모습을 본다면 얼마나 마음 아파 하실까! 아아, 가엾어라!' 그러자 넬리가 더욱 안타깝게 느껴졌다. '내가 투명인간이라면 뭐든지 해 줄 텐데. 아무에게도 들키지 않고 아래서 밀어줄 수도 있고! 그러면 넬리도 편하게 올라갈 텐데!' 그런 생각을 했다.

"넬리, 거의 다 올라갔어! 조금만 더 힘내!"

가로피도 데로시도 콜레티도 목이 쉬도록 응원했다. 그 소리에 넬리도 힘을 내서 끙끙대면서 있는 힘을 쥐어짰다. 그리고 마침내 꼭대기 바로 밑까지 올라갔다.

"장하다!" 우리가 소리쳤다.

"힘내! 이제 한 발짝이면 돼!"

드디어 넬리는 나무판에 매달렸다. 모두들 있는 힘껏 박수를 보냈다.

"장하다! 이제 됐다. 그만 내려와!" 선생님이 외쳤다.

하지만 넬리는 다른 애들처럼 나무판 위에 서고 싶었다. 조금 더 힘을 내어 나무판 위에 팔꿈치를 올렸다. 무릎을 올렸다! 발을 올렸다! 마침내 해냈다! 똑바로 섰다! 넬리는 거칠게 숨을 몰아쉬면서 기쁜 듯이 우리를 내려다봤다. 우리는 운동장이 떠나갈 듯이 박수 갈채를 보냈다.

넬리가 큰길 쪽으로 고개를 돌리는 걸 보고 우리도 따라서 그쪽을 봤다. 나무로 뒤덮인 울타리 너머로 넬리의 엄마가 보였다. 아줌마는 무서워서 제대로 바라보지 못하셨다.

"장하다, 장해!"

우리는 내려오는 넬리에게 격려의 말을 던졌다. 그는 무척 흥분해

서 뺨을 장밋빛으로 물들인 채 눈을 반짝반짝 빛냈다. 여느 때의 넬리 같지 않았다.

집으로 돌아갈 시간이 되자 넬리의 어머니가 와서 불안스레 그를 껴안고 물으셨다.

"아아, 괜찮다, 괜찮아. 어땠니? 응? 어땠어?"

우리는 입을 모아 말했다.

"멋지게 해냈어요, 아줌마."

"우리에게 뒤지지 않고 완벽하게 올라갔어요."

"우리랑 똑같이요. 끈기 있고 재빠르게요."

"넬리는 뭐든지 할 수 있어요."

그 말을 들은 아줌마가 얼마나 기뻐하시던지! 우리에게 고맙다고 말하려고 했지만, 목이 메어서 아무 말씀도 못 하셨다. 서너 명 아이들 손을 쥐고 갈로네의 머리를 쓰다듬는 게 전부였다.

이윽고 아줌마는 넬리에게 말을 건네면서 가벼운 발걸음으로 돌아가셨다. 두 사람의 그런 모습은 이제껏 본 적이 없었다.

아빠의 은사 크로제티 선생님

4월 11일(화)

어제 아빠랑 하루 동안 감동적인 여행을 했다. 참으로 멋졌다! 이야기하자면 이랬다.

엊그제 저녁 시간, 신문을 읽던 아빠가 느닷없이 외치셨다.

"이럴 수가! 하지만……. 12년 전에 돌아가셨다고 생각했는데…… 아직 살아계시다니! 여든네 살……. 아빠가 초등학교 때 처음 가르쳐 주셨던 빈첸초 크로제티 선생님 말이다. 여기 '60년 동안 교원 생활을 격려받는 뜻에서 장관에게 공로 메달을 받았다'고 쓰여 있구나. 엔리코, 상상할 수 있겠니? 60년이라니! 겨우 2년 전까지도 아이들을 가르치셨다니 무척이나 고생하셨어. 크로제티 선생님, 콘도베에 사시는구나. 여기서 열차로 한 시간 거리군. 조르조 아주머니가 사시는 곳이야. 키에리 별장에 옛날부터 정원을 손질해 주러 오시는 분 말이야. 그렇지, 엔리코, 선생님을 뵈러 가자!"

그 뒤 아빠는 밤새 크로제티 선생님 이야기만 하셨다. 신문기사에서 우연히 발견한 그 선생님의 이름이 아빠에게 반 친구들, 돌아가신 할머니 같은 어린 시절 속 온갖 추억을 생각나게 해준 것이다.

"그럼 크로제티 선생님은 아빠가 제자로 있을 때 마흔 살쯤이었다는 이야기군. 지금도 똑똑히 기억하지만, 그때 이미 등이 조금 굽으셨는데. 몸집이 작고, 눈이 맑으셨지. 수염은 늘 단정하게 깎으시고. 친아버지처럼 엄격하고도 다정하게 우리를 아껴 주시고, 누구든지 공평하고 깍듯하게 돌봐 주셨단다. 선생님이 태어난 곳은 농가인데, 생활이 넉넉하지는 않았지만 열심히 공부해서 교사가 되신 거야. 그리고 남들보다 두 배는 더 성실한 분이셨지. 우리 어머니는, 그러니까 네 할머니는 선생님을 무척 좋아하셨단다. 아버지도, 그러니까 너희 할아버지도 친한 친구처럼 대하셨지. 토리노에서 콘도베로 옮겨가서 어떻게 지내고 계실까? 당연히 아빠를 몰라보시겠지! 그래도 상관없어. 뵙는 것만으로 만족해. 44년만이라고, 44년! 엔리코, 내일 꼭 선생님을 뵈러 가자."

아침 9시. 우리는 수자 역에 도착했다. 갈로네에게도 함께 가자고 말했지만 그는 엄마가 아프셔서 갈 수 없다고 했다.

따뜻한 아침이었다. 열차는 푸른 초원과 꽃밭 사이를 달렸다. 바람에 실려 온 봄 향기가 물씬 풍겼다. 아빠는 완전히 들떠서, 또래 친구한테 하듯이 내 목에 몇 번이나 팔을 두르셨다. 창밖을 보고는 "크로제티 선생님이라……. 고생을 참 많이 하셨지" 중얼거리기도 했다.

"아빠가 기억하는 한, 아빠를 가장 귀여워해 준 사람은 아버지, 그 다음이 선생님이란다. 선생님의 충고는 늘 옳았어. 하지만 혼낼 때는 호랑이처럼 무서웠지. 툭하면 울먹이면서 집으로 돌아오곤 했단다. 다 잊지 못할 소중한 추억이지. 선생님은 통통한 손으로 교실에 들어와 먼저 지팡이를 옆에 놓고, 외투를 벗어 벽에 거셨지. 정해진 일과였어. 그 모습이 지금도 눈앞에 선하다. 감정의 기복 없이 늘 부드럽게 대해 주셨지. 수업은 언제나 처음 가르칠 때처럼 열정이 담겨 있었어. 절대로 기분에 흔들리지 않았지. 아빠 귀에는 '코티니, 펜을 쥘 때는 검지와 중지를 이렇게……' 하고 친절히 가르쳐 주시는 목소리가 지금도 들리는 듯하구나. 44년이라……. 선생님도 많이 변하셨겠지."

콘도베에 도착하자마자 우리는 조르조 아주머니를 찾아갔다. 아주머니는 골목에서 작은 가게를 하며 살고 계셨다. 아이들과 함께 있던 아주머니는 우리를 크게 반겨 주셨다. 3년 전에 그리스로 일하러 가신 조르조 아저씨가 곧 돌아온다는 이야기와 귀가 잘 안 들리는 딸의 학교 이야기를 들려주셨다. 그러고는 크로제티 선생님 집도 가르쳐 주셨다. 이 마을 사람들 중에 크로제티 선생님을 모르는 사람은 없었다.

우리는 그 집에서 나와, 길 옆으로 꽃이 활짝 핀 언덕길을 올라갔다. 아빠는 아무 말씀도 하지 않으셨다. 추억 속으로 깊이 빠지신 듯했다. 가끔씩 고개를 가로젓기도 하고 빙긋이 웃기도 했다.

갑자기 아빠가 걸음을 멈추셨다.

"앗, 선생님이다. 틀림없어. 선생님이 확실해!"

그 작은 백발노인은 챙이 넓은 모자를 쓰고, 지팡이에 몸을 기대듯이 허리를 굽히고, 다리를 끌면서 우리 쪽으로 걸어왔다. 손은 조그맣게 떨리고 있었다.

"틀림없이 선생님이야!"

아빠는 그 노인에게 달려갔다. 선생님도 아빠를 보고 멈춰 서서 나와 아빠를 번갈아 바라보셨다. 눈이 반짝반짝 빛나는 그 얼굴은 윤기가 돌고 생기가 넘쳤다.

"저…… 실례지만…… 혹시……." 아빠가 모자를 벗으며 말씀하셨다.

"빈체초 크로제티 선생님 아니신지요?"

선생님도 모자를 벗고 "그렇소만……" 조금 떨리기는 하지만 또렷한 목소리로 대답하셨다.

"아, 전 옛날의 선생님 제자입니다. 선생님을 뵈러 토리노에서 왔어요. 실례인 줄은 알지만……" 말하며 선생님의 손을 잡고 인사했다. 선생님은 어리둥절한 표정으로 아빠를 쳐다보며 말씀하셨다.

"이거…… 대단한 영광이긴 합니다만, 저…… 그러니까…… 그게 언젯적 이야긴지…… 실례지만…… 이름이 어떻게 되시오?"
"네, 알베르토 보티니라고 합니다." 그러면서 그때 학교 이름과 학년을 대고 "선생님은 절 기억 못 하시겠지요. 당연합니다. 하지만 전 이렇게 선생님을 생생하게 기억한답니다" 이렇게 덧붙이셨다.
"알베르토 보티니라…… 알베르토 보티니……."
선생님은 땅을 보고 골똘히 생각에 잠기셨다. 그동안 아빠는 웃는 얼굴로 선생님을 바라보았다.
"으응? 알베르토 보티니? 오오! 그 보티니 공학박사의 아들? 콘솔라타 광장에 살던?"
갑자기 생각난 듯한 선생님은 눈을 빛내시며 말씀하셨다.
"네, 제가 그 아들입니다."
아빠가 두 손을 내밀며 대답하셨다.
"세상에, 큰 실례를 저질렀구먼. 용서하거라."
선생님은 그렇게 말하며 아빠를 꼭 끌어안으셨다. 선생님의 작은 백발머리는 겨우 아빠 어깨에 닿았다. 그 이마에 아빠는 뺨을 올려놓으셨다.
"그래, 두 사람 모두 나랑 함께 가자."
아빠가 대답할 겨를도 없이 선생님은 댁으로 방향을 바꾸어 걷기 시작하셨다. 선생님 댁까지는 고작 몇 분 거리였다. 집 앞은 탈곡장이었고, 입구는 두 군데 있었다. 선생님은 두 번째 문을 열고 우리를 안으로 안내했다.
하얀 벽으로 둘러싸인 방의 한쪽 구석에는 하양과 파랑이 들어간 격자무늬 이불이 깔린 작은 침대가 놓여 있었다. 그리고 다른 한쪽에는 서가가 달린 책상과 의자 네 개만이 놓여 있는 아담한 방이 있었다. 벽에는 낡은 지도 한 장이 붙어 있었고 어디선가 향긋한 사과 향기가 났다.
우리는 방 안에 자리를 잡고 앉았다. 아빠와 선생님은 한동안 말없이 서로를 바라보았다. 벽돌이 깔린 바닥에 햇살이 비쳐 들어와 바둑판무늬를 그렸다.

"그래, 보티니라고? 아, 그렇지, 그래. 생각났다! 너희 어머니는 아주 품위 있는 분이셨지. 확실히 넌 1학년 때 한동안 왼쪽 창가 맨 앞줄에 앉았었어. 그래, 그래. 계속 생각나는구나. 머리 모양은 지금이나 그때나 똑같구나."

선생님은 잠시 생각하다가 다시 입을 떼셨다.

"넌…… 아주 활발한 아이였지? 3학년 때 디프테리아에 걸린 적이 있었지. 부모님께서 병이 나은 지 얼마 안 되는 너를 학교에 데리고 오셨던 날을 똑똑히 기억한다. 빼빼 말라 버린 네 목에 숄을 몇 겹이나 감고서……. 벌써 40년 전 일이라니! 내 말이 맞지? 나처럼 보잘것없는 선생을 기억해 주다니, 너도 참 유별나구나. 옛 제자가 찾아온 적은 몇 번 있었지……. 대령이 된 사람, 성직자가 된 사람, 출세한 사람도 몇 명인가 있었고. 그런데 넌 지금 뭘 하고 사느냐? 반갑다, 참으로 반가워. 정말 고맙구나. 요새는 통 찾아오는 사람이 없었거든. 네가 마지막이 될 줄이야……."

"선생님, 무슨 말씀을 하세요! 이렇게 건강하신데요! 그런 말씀 마세요!" 아빠가 단호하게 말했다.

"아니다, 아니야. 이 손을 봐라. 이렇게 떨리고 있잖아." 선생님이 두 손을 앞으로 내밀며 말씀하셨다.

"이건 이 몸이 아프다는 증거다. 3년 전부터 이래. 아직 교단에 서 있을 때 이렇게 됐단다. 처음에는 신경도 안 썼지. 그러다 좋아질 거라고……. 그런데 여전히 이 모양이구나. 아니, 갈수록 심해지고 있어. 이젠 글씨를 못 쓰게 되는 것도 시간문제겠지. 아아, 한번은 어떤 아이 공책에 써야 할 잉크를 얼굴에 묻히고 말았단다. 그때가 처음이었는데, 내 마음은 무너져 내렸어. 보티니, 그래도 한동안은 어떻게든 쓸 수 있었지만…… 이젠, 안 되겠더구나. 아이들을 가르친지 60

년 만에 나는 학교와 어린이들과 이 일에 작별을 고했단다……. 무척이나 가슴 아프고 괴로웠단다……. 마지막 수업 날, 아이들이 집까지 배웅해 주었지. 그리고 떠들썩하게 축하해 주었어. 하지만 솔직히 나는 슬펐다. 이로써 내 인생도 끝났다는 걸 알고 있었으니까. 작년에는 아내와 하나뿐인 아들을 잃었단다. 이제는 농사일을 물려받은 조카 둘만 남았어. 얼마 안 되는 연금으로 살고 있지만, 이제 난 할 일이 없단다. 하루하루가 죽을 만큼 길게 느껴져. 유일하게 하는 일이라고는…… 보다시피 오래된 교과서나 학교 신문 모으기, 그리고…… 선물 받은 책을 훌훌 넘겨보는 정도지. 여기 보이니?"

선생님은 책장을 가리키셨다.

"여기엔 먼 과거의 내 추억이 가득 담겨 있단다. 그것 말고는 아무것도 없어." 그런 다음 갑자기 밝은 목소리로 바꿔서 말씀하셨다.

"그렇지! 널 놀라게 해 주마, 보티니!"

그러고는 일어나서 책상 서랍을 여셨다. 거기에는 작은 종이봉투가 잔뜩 들어 있었다. 그것들은 모두 가느다란 끈으로 묶여 있었고 위에는 저마다 날짜가 적혀 있었다. 선생님은 그중 하나를 찾아서 열고 뒤지더니, 누렇게 된 종이 한 장을 꺼내 아버지에게 건네셨다. 그것은 40년여 전에 아빠가 쓴 것이었다. 위에는 "알베르토 보티니, 받아쓰기, 1838년 4월 3일" 이렇게 쓰여 있었다. 아빠는 그것이 자기가 소년 시절에 쓴 굵은 글씨라는 것을 알아보고 기뻐하며 읽기 시작하셨다.

그러더니 갑자기 눈이 촉촉해졌다. 내가 놀라서 왜 그러냐고 묻자, 아빠는 내 허리에 팔을 두르고 나를 끌어당겨 안으며 말씀하셨다.

"보렴, 알아보겠니? 이건 우리 어머니 글씨야. 네 할머니는 아빠의 'L'과 'T' 글자를 언제나 고쳐 주셨단다. 이 마지막 부분은 모두 할머니가 쓰신 거야. 아빠의 독특한 글씨체를 잘 아시는 할머니는, 지쳐서 잠든 아빠 대신 숙제를 해 주곤 하셨지. 다정한 어머니!" 그러고

는 그 종이에 입을 맞추셨다.

선생님은 다른 봉투들도 보여 주셨다.

"모두 내 추억들이지. 난 해마다 이렇게 내 제자들 숙제를 연대별로 나눠 번호를 매겨 놓았단다. 가끔 이렇게 들춰 보곤 하지. 그러면 지나간 시간속으로 돌아간 기분이 들어. 온갖 일들이 머릿속에 되살아나지. 대체 얼마나 많은 아이가…… 보티니! 이렇게 눈을 감으면 셀 수 없이 많은 소년의 얼굴이, 반이, 차례차례 떠오른단다. 그 가운데에는 벌써 죽은 사람도 있겠지. 얼마나 많은 제자가 죽어 버렸는지. 아이들은 몇 명이라도 기억해낼 수 있어. 남달리 착하거나 못됐던 아이는 더 기억나고. 날 기쁘게 한 아이도 있었고, 반대로 골치 아프게 했던 아이도 있었다. 나도 조금은 심술궂은 구석이 있었지. 하지만 너도 잘 알다시피 난 벌써 죽은 몸이나 다름없어. 이제는 아이들이 모두 귀여워."

그렇게 말하고, 선생님은 앉은 채 내 두 손을 꼭 잡으셨다.

"전 어땠나요? 전 어떤 아이였죠? 말썽부린 적은 없나요?"

아빠가 조금 장난스럽게 웃으면서 물으셨다.

"넌…… 글쎄…… 보티니는 어땠더라……?"

선생님이 웃으면서 말씀하셨다.

"글쎄다. 딱히 말썽부린 기억은 없는데. 하지만 전혀 없었던 건 아니란다. 하지만 아주 똘똘하고, 초등학생치고는 야무진 아이였지. 너보다는 네 엄마가 기억에 남는구나. 너에 대한 애정이 남다르셨어. 어쨌거나 이렇게 친절하게도 날 찾아와 줬다는 게, 네가 착한 아이였다는 가장 큰 증거 아니겠느냐! 일도 바쁠 텐데 이렇게 늙은 옛날 선생님을 찾아와 줘서 참으로 고맙구나."

"크로제티 선생님!"

아빠가 흥분한 목소리로 말씀하셨다.

"어머니가 절 처음 학교에 데리고 가 주셨던 때가 지금도 생생합니다. 그날은 어머니가 자식을 아버지가 아닌 낯선 남자에게 두 시간이나 맡겨야 하는 첫날이었지요. 또 이제껏 당신 품안에서만 기르던 저를 처음으로 세상 밖에 내놔야 하는 날이었어요. 괴롭지만 절대 피할 수 없는 시련의 첫째 날이었죠. 어머니는 아들을 잘 알고 계셨습니다. 낯선 세계가 시작된다는 것을. 어머니는 동요하셨습니다. 그건 저도 마찬가지였죠. 어머니는 선생님께 떨리는 목소리로 절 잘 부탁한다고 말씀하시고, 몇 번이나 뒤돌아보면서 떠나셨어요. 그리고 눈물이 그렁그렁한 눈으로 문틈으로 제게 작별 인사를 하셨지요. 그때였어요. 선생님께서 한 손을 선생님 가슴에 대시고, 다른 한 손으로 이런 동작을 하셨지요. '어머니, 제게 맡기십시오' 하듯이요. 그 동작과 눈빛을 보고, 전 선생님이 어머니의 마음을 깊이 이해하신다는 걸 알게 되었지요. 그것이 '안심하라'는 뜻임을요. 그때 선생님의 동작은 제 가슴 깊이 새겨졌답니다. 절대 잊을 수가 없어요. 그 기억이 오늘 이렇게 저 먼 토리노에서 발걸음하게 했습니다. 44년이 지난 오늘, 다시 한 번 선생님께 감사하다는 말씀을 드리고 싶어서 찾아온 거랍니다."

크로제티 선생님은 감격한 나머지 아무 말씀도 못 하셨다. 한 손으로 내 머리만 조용히 쓰다듬으셨다. 그 손은 가늘게 떨리며 내 머리에서 이마로, 그리고 어깨로 내려왔다.

그동안 아빠는 메마르고 스산한 벽과 쓸쓸해 보이는 작은 침대, 창가에 놓인 빵부스러기, 기름이 담긴 작은 병을 바라보셨다. 이렇게 말하고 싶어하시는 것 같이 보였다. '불쌍한 선생님. 60년이나 일하셨는데 겨우 이 정도입니까?'

그래도 선생님은 만족스러워 보이셨다. 우리 가족과 그 무렵 선생님들 이야기, 아빠의 반 친구들 이야기를 이것저것 즐겁게 이야기하셨다. 한 사람의 이야기에서 다른 사람 이야기로, 이야기는 꼬리에 꼬리를 물고 이어졌다. 아빠는 기억하는 이름도 많았지만, 몇 명은 기억하지 못했다. 아빠가 이야기 도중에 선생님께 식사를 청했다.
"선생님, 점심은 저희하고 함께 하세요."
"오오, 정말 기쁘구나. 고맙다. 하지만……."
선생님이 망설이는 기색을 보이자, 아빠는 선생님의 손을 잡고 다시 청하셨다. 그러자 선생님이 말씀하셨다.
"고맙다. 하지만…… 이 손으로 어떻게 먹겠니? 이렇게 덜덜 떨리는데. 다른 사람한테도 폐를 끼치는 행동이야."
"무슨 그런 걱정을 다 하세요. 저희가 도와 드릴게요, 선생님."
아빠의 말에 선생님은 쑥스러운 듯이 머리를 긁적이며 겨우 응하셨다.
"그건 그렇고, 오늘은 참 날씨가 좋구나. 아주 좋은 날이야, 보티니. 죽는 날까지 오늘을 절대로 잊지 못할 거다. 정말이야."
선생님이 문을 잠그며 기쁜 마음으로 말씀하셨다.
아빠가 선생님의 팔을 잡고 부축했다. 선생님은 반대편 손으로 내 손을 잡으셨다. 우리는 구불구불한 오솔길을 지나 호텔로 갔다. 가는 길에, 소를 몰고 가는 맨발의 두 여자아이와 어깨에 커다란 짐을 메고 걸어가는 소년을 만났다. 아직 3학년이라는 그 여자애는 오전에 가축에게 풀을 주고 맨발로 밭까지 갈면서 일하고 밤에는 신발을 갖춰 신고 학교로 간다고 했다. 정오가 가까운 시각이었으므로 그 여자애 말고는 아무도 만나지 못했다.
우리는 곧 호텔에 도착했다. 선생님을 중심으로 커다란 식탁에 앉은 우리는 바로 식사를 시작했다. 호텔은 수도원처럼 고요했다. 선생님은 무척 들떠 계셨다. 그 때문인지 평소보다 손이 더 떨려서 음식을 입까지 제대로 나르지도 못하셨다. 아빠가 선생님을 위해 고기를 잘라 소금을 뿌리고, 빵을 찢어 드렸다. 술을 마실 때는 잔을 두 손으로 꼭 붙들었지만, 그래도 이에 부딪쳐 덜그럭 소리를 내셨다.
그러나 젊은 시절 이야기가 나오자 침착하고 열정적으로 말씀하셨다. 그때 읽었던 책, 그 시절 시간표, 선배 선생님에게 칭찬받은 일, 은퇴 바로 직전 이야기 등등. 처음 뵀을 때의 아주 진지해 보였던 얼굴에 홍조를 띤 채 우렁찬 목소리로 껄껄대며 이야기하는 모습은 마치 청년처럼 보이기도 했다.

아빠는 그런 선생님을 흐뭇하게 바라보며 잠자코 이야기를 들으셨다. 그 얼굴은 집에서 자주 보는 얼굴이었다. 조금 머리를 기울이고 생각에 잠긴 듯하다가 갑자기 웃음을 터트려 나를 놀라게 할 때 지었던, 바로 그 얼굴이었다. 선생님이 가슴에 포도주를 엎지르자, 아빠는 얼른 일어나 냅킨으로 닦아 드렸다.

"보티니, 너한테 이런 일을 시켜서 너무 미안하구나."

선생님이 당황해서 말씀하셨다. 하지만 얼굴은 무척 기뻐 보였다.

선생님은 라틴어도 조금 할 줄 아셨다. 그래서 마지막에 진지한 얼굴로 "그럼 이곳에 있는 공학박사님을 위해, 그리고 가족의 건강과 당신의 훌륭한 어머니에 대한 추억에 건배!" 외치시며 떨리는 손으로 술잔을 드셨다.

"나의 훌륭한 은사님께!" 아빠도 선생님의 손을 잡고 다시 한 번 건배했다. 안쪽에서는 호텔 주인과 종업원들이 그 모습을 흐뭇하게 지켜봤다. 자기 마을에 사는 선생님이 축복받는 것이 자랑스럽다는 듯이 말이다.

2시간 뒤, 우리는 호텔에서 나왔다.

"내가 두 사람을 역까지 꼭 바래다주고 싶구나." 선생님이 말씀하셨다.

다시 아빠가 선생님의 팔을 부축하고, 나는 선생님의 손을 잡았다. 나는 선생님께 지팡이를 드렸다. 길에서 마주치는 사람마다 멈춰서서 인사했다. 그 마을 사람들은 누구나 선생님을 알고 있었다.

역으로 가는 길에 어느 창문에서 소년들의 목소리가 들려왔다. 그들은 한 줄씩 구분해서 한 목소리로 교과서를 읽고 있었다. 선생님이 갑자기 멈춰 서더니 쓸쓸한 목소리로 말씀하셨다.

"보티니, 바로 저거다. 내가 가장 괴로울 때는, 수업을 받는 소년들의 목소리를 들을 때야. 이제 학교는 나를 필요로 하지 않는다, 나 대신 다른 선생님이 있으니까…… 이렇게 생각하면…… 몹시 괴롭단다! 정말로 괴로워! ……저 목소리를…… 나는 60년이나 들었다. 내 모든 영혼을 바쳤어. 하지만 이제 내게 학교는 없다. 아들이라고 부를 아이들도 더는 없어."

"왜 그런 말씀을 하세요, 선생님!"

아빠가 다시 걸으면서 말씀하셨다.

"선생님께는 아들이 수없이 많잖아요. 선생님께서 세상에 내보내신 제자들 말이에요. 그들은 선생님을 절대로 잊지 않아요. 제가 줄곧 그랬듯이요."

"아니, 이제 나한텐 돌아갈 학교가 없어. 아들들도 없고. 내 인생은 끝난 거나 다름없다. 이제 살아갈 힘도 없는걸."

"선생님, 그런 말씀하지 마세요! 아예 생각도 하지 마세요." 아빠가 단호하게 말씀하셨다.

"선생님은 온 힘을 다해 좋은 일을 하셨어요. 이처럼 훌륭한 인생을 살아오셨잖아요!"

선생님은 백발머리를 아빠 어깨에 기대고 내 손을 꼭 잡은 채 잠시 동안 가만히 계셨다.

역에 도착하자 열차는 떠나기 직전이었다.

"그럼 그만 가보겠습니다."

아빠가 선생님의 두 뺨에 입맞춤으로 인사했다.

"잘 가렴, 고맙다, 잘 가렴."

선생님은 떨리는 두 손으로 아빠의 손을 꼭 잡고 내 가슴을 다독여 주셨다. 나도 선생님께 뺨인사를 했다. 선생님의 핼쑥한 볼은 눈물로 젖어 있었다.

아빠는 나를 먼저 열차에 태우더니, 선생님 손에서 낡은 지팡이를 재빨리 빼앗았다. 그리고 그 대신, 아빠의 이름 첫 글자가 들어간 은으로 만든 손잡이가 달린 지팡이를 건넸다. 이렇게 말하면서. "이걸 저라고 생각하고 써 주십시오……."

당황한 선생님은 값비싸 보이는 아빠의 지팡이를 물리치고 당신의 지팡이를 잡으려고 하셨다. 하지만 이미 아빠는 열차에 올라타고, 문은 닫힌 뒤였다.

"안녕히 계세요, 선생님. 선생님은 제 자랑이세요!"

아빠가 그렇게 외쳤을 때 열차는 이미 움직이고 있었다.

"잘 가라, 내 귀여운 아들!" 그렇게 말하면서 선생님은 손을 흔드셨다. 그리고 하늘에 대고 말씀하셨다.

"하느님, 저 제자에게 축복을 주십시오! 이 불쌍한 늙은 선생을 위로하러 와 준 저 신사에게!"

"또 뵐게요!"

아빠가 감격해서 목이 멘 소리로 외치셨다. 하지만 선생님은 고개를 가로저을 뿐이었다. 이렇게 말하는 것 같았다. '아니, 이젠 만나지 못할 거다.'

"아니에요! 꼭 뵐 수 있어요! 다시 올게요!"

아빠가 열차 밖으로 몸을 내밀고 말씀하셨다. 선생님이 떨리는 손으로 하늘을 가리키셨다. 그것은 이런 대답이었다.

'그래, 천국에서.'

선생님의 모습은 곧 우리 시야에서 사라졌다.

나도 중병에

4월 20일(목)

아빠랑 그토록 즐거운 여행을 다녀오자마자 내가 병에 걸릴 줄은 꿈에도 몰랐다. 열흘 동안 침대에 누운 채 바깥 구경은 하지도 못했다!

의사 선생님이 목숨이 위험하다고 할 만큼 중병이었다. 몽롱한 가운데 엄마가 흐느껴 우는 소리, 나를 바라보는 아빠의 창백한 얼굴, 실비아 누나와 동생이 오들오들 떨며 속닥거리는 소리로 알 수 있었다. 안경을 낀 의사 선생님이 몇 번이나 내 옆에서 뭐라고 말을 건넸던 것 같다. 정말로 모두에게 마지막 인사를 해야 할 만큼 내 병은 심각했다. 아아, 불쌍한 엄마!

적어도 사흘 밤낮 동안은 의식이 없었다. 거의 아무것도 기억나지 않는다. 악몽에 시달린 것 같았다. 그렇지만 1학년 때 선생님이 침대 옆에서 내게 방해가 되지 않도록 손수건으로 입을 가리고 조용히 기침하는 것은 알 수 있었다. 페르보니 선생님이 내 뺨에 선생님의 뺨을 부빈 듯한 느낌도 들었다. 선생님이 몸을 굽히셨을 때 수염이 닿아서 따끔했던 것을 희미하게 기억한다. 크로시의 빨강머리, 데로시의 금발머리, 코라치의 검은 옷이 안개처럼 흐릿하게 머물다가 지나간 것도 같다. 갈로네는 이파리가 달린 오렌지를 가지고 왔다. 하지만 엄마가 아프시다며 금방 돌아갔다고 한다.

나는 꽤 오랫동안 꿈속에 있었다. 하지만 꿈에서 깨자, 아빠와 엄마의 웃는 얼굴과 실비아 누나가 조그맣게 노래하는 것을 알 수 있었다. 그제야 나는 몸이 회복되기 시작했음을 깨달았다. 아아, 참으로 무서운 꿈이었다!

그 뒤부터는 하루가 다르게 좋아졌다. 미장이가 와서 그 '토끼 얼굴'을 보여 주었을 때, 나는 처음으로 웃을 수 있었다. 그 애도 병이 나은 지 얼마 안 돼서 그런지 얼굴이 홀쭉하니 그전보다 길어져 더 토끼 같아 보였다. 나는 몹시 가슴이 아팠다.

콜레티도 와 주었다.

가로피는 당첨된 제비뽑기를 두 장이나 놓고 갔다. 그가 생각해낸 것이다. 경품은 벨트라 거리에 있는 고물상에서 직접 산 '군용 주머니칼'이었다.

어제는 내가 자는 사이에 프레코시도 왔다. 그는 나를 깨우지 않으려고 내 손등을 자기 뺨에 살짝 대 보기만 하고 곧 돌아갔다. 잠에서 깨어나 소매에 하얀 석회 가루가 묻어 있는 걸 본 순간 나는 그가 다녀갔다는 걸 알았다. 그는 아버지의 작업장에서 달려오느라 얼굴이 석회로 시커맸을 것이다. 그걸 알고 나는 무척 기뻤다.

며칠 사이에 나무의 잎사귀는 더욱 짙어졌다! 아빠가 창가로 나를 데리고 가 주셨다. 골목을 뛰어다니는 소년들을 보자 참을 수 없이 부러워졌다. 그 애들은 저마다 책을 들고 학교에 가고 있었다. 나도 빨리 학교에 가고 싶었다. 조금만 더 참으면 된다. 친구들도 빨리 만나고 싶다. 내 책상, 교과서, 공책, 운동장, 등굣길! 1년은 보지 못한 기분이 들었다.

그동안 무슨 일이 있었을까? 뭐든 좋으니 빨리 다 알고 싶다. 불쌍한 엄마. 날 걱정하느라 살도 빠지고 얼굴빛도 나빠지셨다. 불쌍한 아빠. 얼굴에 피곤한 기색이 가득하다. 병문안 와 준 친구들. 발끝으로 살금살금 걸어와 이마에 뺨을 비벼 준 다정한 우리반 친구들.

'하지만 언젠가는 헤어져야겠지…….' 이렇게 생각하자 몹시 슬펐다.

아마 데로시와 다른 몇 명은 그 뒤에도 함께 공부하게 될 거다. 하지만 다른 아이들은? 그 애들하고는 5학년이 끝나면 각자의 길을 가게 될 것이다. 그러면 우리는 다시는 못 만나겠지. 내가 병에 걸려도 침대 맡까지 병문안 와 주지는 않겠지. 갈로네, 프레코시, 콜레티, 그밖의 많은 친구들. 착하고 다정한 친구들과 다시는 못 보게 되는 걸까!

평생 함께할 친구

왜 다정한 친구와 두 번 다시 못 만날 거라는 슬픈 생각을 하니, 엔리코? 그건 너 하기 나름이지 않을까?

초등학교 5학년이 끝나면 너는 중학교에 진학한다. 한편, 일을 시작하는 사람도 있겠지. 아무리 가는 길이 다르다고 해도, 이 마을에 사는 동안은 마음만 먹으면 언제든 만날 수 있을 거다. 그렇지 않니? 네가 고등학교나 대학에 진학한 뒤라도 그 애들의 일터를 찾아가면 돼. 옛 친구와 다시 만나는 게 얼마나 의미 있는 일이겠니?

그들은 한발 먼저 세상에 나가 어른들과 섞여서 일하는 거란다. 아빤 네가 콜레티나 프레코시가 어디에 있든 만나러 갔으면 좋겠구나. 단 몇 시간이라도 좋아. 거기 가서 동료들과 있는 그들을 보면, 인생이란 어떤 건지 세상이란 어떤 건지 자연스레 깨닫게 될 거다. 그들한테서 정말 많은 것을 배울 거야. 어느 누구도 그들이 속한 조직과 사회에 대해서 쉽게 가르쳐 주지 않는단다. 그런 것들은 모두 너와 관계있는 세계야.

그리고 그런 우정을 가볍게 여기면, 앞으로 다시는 손에 넣을 수 없다는 걸 마음에 새겨두렴. 요컨대 아빠가 말하고 싶은 건, 네가 속하지 않은 다른 계층에 있는 사람과의 우정을 특히 중요하게 여겼으면 좋겠다는 거야. 그렇지 않으면 너는 하나의 계층에서만 살게 될 거다. 같은 계층의 사람하고만 사귀면, 책만 읽는 학자처럼 몹시 시야가 좁은 사람이 된단다. 그러니까 앞으로는 아무리 친구들과 뿔뿔이 흩어지게 되더라도 우정을 소중히 여기겠노라고 다짐하렴. 그리고 무엇보다 먼저 그 애들과 더욱 깊은 우정을 나누도록 해. 그 애들은 성실한 노동자의 아들이니까.

상류층 어른은 장교고, 노동자는 일개 병사에 지나지 않는다고도 하지. 하지만 군대든 일반 사회든, 병사가 장교보다 능력이 떨어지는 건 아니란다. 모든 일은 고귀하지. 신분이 높고 낮은 게 문제가 아니라 어떤 일을 했느냐가 중요하단다. 그 가치의 높고 낮음을 매기자면, 병사인 노동자가 훨씬 뛰어나. 똑같이 일해도, 버는 돈은 그들이 적으니까. 그러니까 특히 노동자의 아들을 소중하게 여겨야 한다. 그리고 그들 가족의 고생과 희생을 칭찬해서는 안 돼. 친구들끼리 재산이나 가문을 따지지 마라. 상대에 따라 말투나 태도를 바꾸는 사람은 비열한 사람이다. 조국 해방을 위해 흘린 고귀한 피는 대부분 노동자나 농민의 것이었다는 사실을 잊어선 안 돼.

갈로네와 프레코시를 소중히 여기렴. 콜레티와 미장이를 평생 함께 할 친구로 삼으렴. 그 애들은 한결같이 이탈리아를 사랑하는 마음을 갖고 있단다. 앞으로 어떤 일이 있더라도 옛 친구와의 우정을 깨는 일은 하지 않겠노라고 가슴에 손을 얹고 맹세하렴.

40년이 지나서 예컨대 네가 상원의원이 돼 있더라도 말이다. 역에서 얼굴을 시커멓게 하고 일하는 기관사가 된 갈로네를 보면, 네가 먼저 열차에 올라타 그의 어깨를 감싸 안고 "안녕, 친구! 잘 지냈어?" 말을 건네렴. 아빠는 네가 꼭 그러리라 믿는다.

〈아빠가〉

갈로네의 엄마

4월 25일(화)

병이 나아 오랜만에 학교에 갔는데 느닷없이 슬픈 소식이 들려왔다. 갈로네 엄마가 토요일 밤에 돌아가셨다는 것이다.

갈로네 엄마는 꽤 오래전부터 몸이 좋지 않으셨다. 그 때문에 갈로네는 어쩔 수 없이 학교를 쉬어야만 했다. 어제 수업 시작 전, 페르보니 선생님이 우리에게 그 소식을 알려 주셨다.

"갈로네가 불행한 일을 당했다. 가엾게도 어머니가 돌아가셨어. 그것은 어린이의 인생에서 가장 괴롭고 슬픈 일이란다. 내일은 갈로네가 학교에 올 텐데, 모두 갈로네가 어떤 심정일지 잘 헤아려 주기 바란다. 갈로네가 교실에 들어오면 진심으로 따뜻한 말을 건네주렴. 절대로 큰 소리로 장난치거나 웃지 말도록. 알겠지? 모두들 잘 부탁한다."

오늘 아침 갈로네는 우리보다 조금 늦게 등교했다. 파리한 얼굴에 빨갛게 부은 눈을 하고서, 서 있지도 못할 만큼 허약해져 있었다. 아줌마는 한 달이나 병상에 누워 계셨다고 한다. 나는 갈로네가 너무 딱해서 제대로 바라볼 수 없었다. 여느 때의 갈로네 같지 않았다. 갈로네는 머리 위에서 발끝까지 검은 옷을 입고 있었다. 모두 그런 갈로네를 동정 어린 눈으로 숨죽인 채 바라보았다.

갈로네는 먼저 교실 전체를 둘러보았다. 그리고 자기 책상을 보더니 와락 울음을 터트렸다. 엄마가 생각난 모양이었다. 교실은 아줌마가 날마다 오시던 곳이었다. 책상은, 시험 전이 되면 아줌마가 몸을 굽히고 갈로네에게 몇 번이나 마지막 당부를 하던 곳이었다.

페르보니 선생님이 갈로네를 꼭 끌어안고 말씀하셨다.

"그래, 마음껏 울어라. 울어도 좋아. 가엾은 것. 하지만 그런 다음에는 꼭 기운내야 한다. 네 엄마는 이제 이 세상에 안 계셔. 하지만 널 언제나 지켜보고 계신다. 변함없이 널 사랑하면서 네 곁에 살아 계시는 거야. 그리고 언젠가 너도 틀림없이 엄마를 만나게 될 거다. 넌 엄마가 바라시는 대로 정직하고 착한 아이니까. 자, 기운을 내렴."

그러고는 갈로네를 내 옆자리에 앉히셨다. 나는 갈로네를 똑바로 바라볼 수가 없었다. 갈로네가 겨우 교과서를 폈는데, 거기에는 엄마와 아들이 사이좋게 손을 잡고 있는 그림이 들어 있었다. 갈로네는 다시 책상에 엎드려 흐느끼기 시작했다.

선생님은 우리에게 그냥 울게 내버려 두라는 신호를 하시고 수업을 시작하셨다. 나는 뭐라도 한마디 건네고 싶었다. 하지만 무슨 말을 해야 좋을지 알 수 없었다. 갈로네 팔에 손을 얹고 속삭인 게 다였다.

"울지마, 갈로네."

대답이 없었다. 하지만 갈로네는 내 손에 자기 손을 얹고 한동안 가만히 있었다.

하교 시간이 될 때까지 아무도 갈로네에게 말을 걸지 못했다. 그저 주위에 모여들어 조용히 지켜볼 뿐이었다. 나는 나를 데리러 온 엄마를 발견하고 그리로 달려갔다. 그렇지만 엄마는 내 손을 뿌리치고 갈로네를 바라보셨다. 나는 처음에 그 이유를 몰랐다. 하지만 서서히 다가오는 갈로네를 보고 알았다. 홀로 쓸쓸히 나를 바라보는 그 눈은 뭐라 말할 수 없이 슬픈 빛을 띠고 있었다.

그 눈은 이렇게 말하고 있었다.

'넌 좋겠다. 그렇게 껴안아 주는 엄마가 계셔서. 하지만 난 없어!

Masa

너희 엄마는 살아 계시지만, 우리 엄마는 이제 죽었어!'
그래서 엄마는 내 손을 뿌리치신 것이다. 엄마랑 나는 손을 잡지 않고 돌아왔다.

주세페 마치니

4월 29일(토)

오늘 아침에도 갈로네는 창백한 얼굴에 빨갛게 부은 눈을 하고서 학교에 왔다. 그를 위로하려고 책상 위에 올려놓은 우리의 선물에도 잠깐 눈길만을 주었다.

페르보니 선생님은 갈로네에게 들려주려고 책 한 권을 가지고 오셨다. 용기를 북돋워주기 위해서였다. 선생님은 읽기 전에 우리에게 말씀하셨다.

"내일 오후 1시에 모두 시청으로 오렴. 포강에 빠진 어린 남자아이를 구한 소년에게 시민공로 메달이 수여된단다. 그리고 월요일에 그 모습을 '4월의 이야기'로 쓰도록 하겠다."

그런 다음, 고개를 푹 수그리고 있는 갈로네에게 말씀하셨다.

"갈로네, 기운 내렴. 너도 선생님이 읽는 걸 받아 적어라."

모두 펜을 집어 들자 선생님이 읽기 시작하셨다.

〈주세페 마치니에 대해〉

주세페 마치니는 1805년 제노바에서 태어나, 1872년 피사에서 죽음을 맞았습니다. 이탈리아를 더없이 사랑한 그는 문장력이 뛰어나고, 또 사상가로서 이탈리아 혁명을 맨 처음 이끈 인물입니다. 그는 나라를 사랑하는 마음이 너무 강한 나머지 40년이나 되는 긴 세월 동안 비참하게 살았습니다. 박해를 받고, 망명자로서 떠돌아다니기도 했습니다. 그러나 그런 상황에서도 그는 늘 용감했으며, 원칙과 주장을 고집스럽게 굽히지 않았습니다.

어머니를 숭배했던 주세페 마치니는 어머니가 가진 다정한 성격을 그대로 물려받았습니다.

그가 누구보다 신뢰한 친구가 가장 큰 불행을 만났을 때, 그 친구를 격려하기 위해 쓴 편지를 보아도 주세페 마치니의 고상하고 순결한 정신을 읽을 수 있습니다. 다음은 그 편지에 대한 글입니다.

〈친구, 자네는 이 세상에서 두 번 다시 어머니를 만날 수 없네. 잔혹하지만 그게 현실이야. 하지만 난 자네를 위로하지 않겠네. 지금 자네가 겪는 고통은 자네가 직접 이겨내야 할 숭고하고 신성한 고통이니까. 아래의 글로 내가 말하고자 하는 바를 짐작해 주기 바라네. '처음부터 고통에 싸워 이길 필요가 있으랴?'

고통에는 여러 가지가 있네. 그 가운데 그리 신성하지도 고결하지도 않은 고통, 즉 자신의 과업에서 비롯한 고통은 마음을 넓게 하기는커녕 약하고 저속하게 만드네. 그런 고통과는 싸워서 반드시 이겨야 해.

하지만 반대로 숭고한 고통도 있네. 그것은 마음을 넓혀주고 정신을 일깨우지. 그런 고통은 절대로 버려선 안 돼. 내내 가지고 가야 할 고통이야. 그리고 어머니를 잃은 슬픔이야말로 바로 그 숭고한 고통이네. 크게 괴로워하고 슬퍼한들 누가 뭐라고 하겠나? 어머니의 다정함을 대신할 수 있는 것은 이 세상에 아무것도 없다.

어머니를 잃은 슬픔보다 더 큰 고통은 자네 인생에서 다시 없을 걸세. 아무리 괴로워하고 위로받아도, 자네는 절대로 어머니를 잊지 못할 거야. 어떤 때라도 어머니를 잊지 않고 계속 사랑하라고 뼈아픈 고통이 있는 걸세. 그게 어머니에 대한 가장 마땅한 사랑의 표현이 아닐까. 그러니까 마음껏 괴로워해도 좋네.

아아, 친구여, 내 말의 뜻을 잘 헤아려 주기 바라네. 죽음에는 큰 의미가 없어. 생명은 생명에 지나지 않네. 인간은 반드시 죽게 돼 있어. 자연의 규칙에 따르는 수밖에 없네. 죽음은 생명이 앞으로 한 발짝 나아간 것에 지나지 않아.

어제 자네한테는 어머니가 계셨네. 하지만 오늘은 천사가 되어 다른 곳에 계시지. 천사가 된 사람의 사랑은 더 강력해져서 땅 위에 있는 어떤 것보다 오래 지속된다네. 자네 어머니에 대한 사랑도 그렇지. 지금, 어머니는 이전보다 더 자네를 사랑하고 계실 거네. 그러니까 자네는 어머니를 위해, 평소 행동에 전보다 훨씬 큰 책임을 져야 하네. 다시 태어나 어머니와 다시 만날 수 있을지 없을지는 자네 행동에 달렸어. 자네는 어머니에 대한 사랑과 존경의 표시로 더 훌륭한 사람이 되어 그 기쁨을 어머니에게 바쳐야 하네. 앞으로는 뭐든 행동하기에 앞서 스스로 물어보게. '어머니가 내 행동을 칭찬해 주실까?' 이렇게 말이야.

자네 어머니의 육체는 사라졌을지언정, 자네를 위해 수호신이 되어 여전히 이 세상에 남아 계시네. 자네는 그 수호신에게 모든 것을 말해 주어야만 하네. 자네가 강해지기 바라네. 그리고 다정해지기 바라네. 어찌할 수 없는 저속한 고통에는 반드시 싸워 이기게. 위대한 영혼에 깃드는 위대한 고뇌는 온화하게 받아들이게. 자네 어머니는 그걸 바라고 계시네.〉

"갈로네!" 페르보니 선생님이 갑자기 갈로네를 부르시더니 이렇게 덧붙이셨다.

"강해지렴. 그리고 마음을 진정시켜라. 너희 어머니는 그걸 바라신단다. 알겠니, 갈로네?"

갈로네는 고개를 끄덕였다. 그러나 그 눈에서 떨어진 굵은 눈물방울이 공책과 책상을 적셨다.

포강에 빠진 아이를 구한 소년

[4월 이야기]

오후 1시. 우리는 페르보니 선생님과 시청 앞에 있었다. 포강에 빠진 아이를 구한 소년에게 시민공로 메달이 수여되기 때문이었다.

시청사 정면 테라스에는 멋진 삼색기가 펄럭이고 있었다. 우리는 건물 안뜰로 들어갔다. 이미 많은 사람들로 붐볐다. 안쪽에는 빨간 천이 덮인 책상이 있고, 위에 서류가 몇 장 놓여 있었다. 그 뒤로 시장님과 수행원들이 앉을 금색 의자가 나란히 놓여 있었다. 파란 조끼에 흰 양말을 신은 시청 수위들이 보였다. 안뜰 오른쪽에는 훈장을 잔뜩 단 시민경관이 늘어서 있고, 그 옆에는 세무경관들이, 그 반대편에는 정장한 소방수들이 줄지어 서 있었다. 당번을 설 차례가 아닌 병사들도 우르르 견학을 와 있었다. 들뜬 표정으로 서 있는 신사들과 일반인, 군인 부부, 아이들이 그 주위를 에워싸고 있었다.

우리가 떠밀려 간 한쪽 구석에는 이미 다른 학교 아이들이 선생님을 따라 와 있었다. 근처에는 열 살에서 열여덟 살 사이의 소년들이 모여서 왁자지껄하게 웃으며 떠들고 있었다. 그들은 오늘 메달을 받을 소년의 친구들로, 보르고 포(포 강변에 새로 개발된 시가지)에서 온 아이들이라는 걸 금방 알 수 있었다.

위를 보니, 창문마다 시청 사람들이 얼굴을 내밀고 있었다. 시립도서관 테라스에도 사람들이 잔뜩 나와서 난간에 다닥다닥 붙어 있었다. 반대편 정문 위 회랑에는 공립학교 학생들과 파란색 스카프를 한 '여군학교'*5 생도들이 빽빽하게 모여 마치 극장 같았다. 모두 즐겁게 이야기하고 있었다. 그러면서 누가 나타나지는 않을까 궁금해하며 빨간 책상을 힐끔힐끔 바라보았다.

복도 안쪽에서 음악대가 느린 음악을 연주하고 있었다. 건물 꼭대기는 햇빛을 받아 반짝반짝 빛이 났다.

갑자기 안뜰과 테라스, 그리고 모든 창문에서 커다란 박수가 터져 나왔다. 나는 나도 모르게 등을 쭉 폈다.

빨간 책상 뒤에 있던 사람들이 길을 비키자, 부모님의 손을 잡고 한 소년이 나타났다. 그가 바로 물에 빠진 아이를 구한 소년이었다. 소년의 아빠는 미장이로, 오늘은 깔끔하게 정장을 차려입고 있었다. 금발머리의 왜소한 엄마도 검은 예복을 입었고, 금발이 사랑스러운 그 소년도 회색 재킷을 차려입었다. 세 사람 모두 엄청난 환성에 발이 얼어붙어 그 자리에서 얼굴도 들지 못하고 서 있었다.

시청 사람이 세 사람을 오른쪽 책상으로 안내했다. 회장은 한순간에 고요해졌지만, 곧바로 우레와 같은 환호성이 터져 나왔다. 소년은 처음에 창문으로 눈길을 주었다가, 다음에는 '여군학교' 생도가 있는 테라스로 시선을 옮겼다. 그는 모자를 벗어 꼭 쥐고 '지금 내가 대체 어디 있는 거지?' 하는 표정을 하고 있었다.

'저 앤 콜레티를 많이 닮았는데……. 하지만 그 애보다 얼굴이 조금 빨갛군.' 나는 그렇게 생각했다.

소년의 부모님은 책상 위를 바라보고 있었다. 주위에 있는 보르고 포의 소년들이 몸을 내밀고 조그맣게 그를 불렀다.

"핀! 핀! 피노토!(주세페의 애칭)."

그들이 몇 번이나 힘껏 부른 덕에, 소년은 그 목소리를 들을 수 있었다. 그는 그 목소리를 향해 수줍어하며 웃더니, 들고 있던 모자

---

*5 1889년 7월 4일 개교. 이탈리아 육군 군인의 딸들이 다니는 학교.

로 살며시 얼굴을 가렸다.

그때 경찰 모두가 차렷 자세를 취함과 동시에 시장님이 수많은 수행원들을 거느리고 입장했다. 삼색기를 어깨에 두른 백발의 시장님이 책상 앞에 서자, 수행원들은 시장님을 둘러싸는 모양으로 뒤에 나란히 섰다. 음악대의 연주가 멎었다.

시장님이 짧게 신고하자 이야기소리가 순식간에 멎었다. 회장 전체가 찬물을 끼얹은 듯이 조용해졌다. 이윽고 시장님의 말씀이 시작됐다. 처음에는 잘 들리지 않았지만, 소년에 대해 이야기하고 있다는 것은 알 수 있었다. 시장님 목소리가 조금씩 커져서 똑똑히 들리기 시작했다. 안뜰 전체에 울려 퍼지는 목소리는 나에게도 잘 들렸다.

시장님의 말씀

"강에 빠져 허우적대는 아이를 발견한 소년은 다리 난간에서 한 치의 망설임도 없이 옷을 벗어던지고 달려갔습니다. 물에 빠진 아이는 이미 죽음의 공포에 사로잡혀 소년은 한시도 지체할 수 없었습니다. 주위 어른들이 입을 모아 외쳤습니다. '그만둬, 그러다 네가 빠져 죽겠다!'

그러나 소년은 들은 척도 하지 않았습니다. 어른들은 그를 말렸지만, 소년은 팔을 뿌리치고 물에 뛰어들었습니다. 강물이 불어서 어른도 위험한 상태였습니다. 그러나 몸은 작을지언정 커다란 용기를 지닌 그 소년은 눈앞의 죽음을 무릅쓰고 있는 힘을 다해 몸을 던진 것입니다.

소년은 위험한 순간에 다행히 물에 빠진 아이에게 닿았습니다. 이미 강바닥에 잠겨 있던 남자아이를 붙잡아 가까스로 물 위로 끌어올렸습니다. 소년은 온 힘을 다해 매달리는 남자아이를 안고, 두 사람을 저 아래로 떠나보내려는 세찬 물살과 격하게 몸싸움을 했습니다. 그러는 동안 두 사람은 몇 번이나 강바닥에 가라앉았다가 혼신의 힘으로 다시 떠올랐습니다.

그 모습에서는 포기하지 않는 정신과 거룩한 결의가 느껴졌습니다. 그것은 단순히 그 아이를 살리고자 하는 소년의 모습이 아니라, 어른의, 즉 아버지가 자기 목숨과 바꿔서라도 아들을 구하고자 죽을힘을 다하는 모습과 같았습니다.

하느님은 이처럼 용감한 행동이 헛되이 되는 것을 허락하지 않으셨습니다. 마침내 소년은 거대한 강에서 남자아이를 구해냈습니다. 헤엄쳐서 강가에 닿아 땅바닥으로 기어오른 것입니다. 그 다음에는 어른들이 나서서 응급처치를 했습니다. 이윽고, 마음을 놓은 소년은 아무 일도 없었다는 듯이 홀로 집으로 돌아가 가족들에게 무슨 일이 있었는지 이야기했습니다.

여러분, 어떻습니까! 어른의 용감함도 물론 존경할 만합니다. 하지만 어린이는 아무런 야심도 이해관계도 없습니다. 아이는 어리고 약할수록 대담하게 행동하는 법입니다. 그러니까 우리 어른들은 어린이에게 용감하게 행동하라고 요구할 필요가 없는 것입니다. 무릇 어린이는 아무리 어려도 다른 사람을 위해 희생하기를 마다하지 않습니다. 그렇기에 어린이의 용감함은 신성합니다.

여러분, 이만 말을 마치고자 합니다. 이토록 순수하고 위대한 행동을 쓸데없는 찬사로 장식할 필요는 없겠지요.

여러분 앞에 그 용감한 구세주가 서 있습니다. 바로 이 소년입니다. 오늘 여기에 모이신 군인 여러분, 마치 친동생을 대하듯 이 소년에게 따뜻한 말을 걸어 주세요. 어머니 여러분, 아들에게 하듯이 진심으로 그를 축복해 주세요. 학생 여러분, 그의 이름을 잘 기억해 주세요. 그리고 여러분의 마음에서 절대 지워지지 않도록 그의 얼굴을 살 봐 누세요.

학생, 이리 오세요. 이탈리아 국왕폐하를 대신해 제가 시장으로서 이 시민공로 메달을 수여합니다."

회장에서 커다란 만세소리가 높이 울려 퍼져 건물 전체에 메아리쳤다. 시장님은 책상에서 메달을 들어 소년의 가슴에 달아 주셨다. 그리고 그를 껴안고 뺨을 비볐다. 소년의 엄마는 손으로 눈시울을 훔쳤고, 아빠는 어쩔 줄 몰라 하며 가만히 시선을 떨어뜨리고 있었다.

시장님은 그의 부모님과도 악수하고, 리본으로 묶은 표창장을 엄마에게 주었다. 그런 다음 소년을 돌아보고 말했다.

"오늘은 너에게 아주 영광스러운 날이다. 부모님에게도 더없이 기쁜 날이고. 오늘의 영광을 더럽히지 말고 앞으로도 네 인생의 길을 훌륭하게 똑바로 걸어가렴."

시장님이 퇴장하자 악대가 연주를 시작했다.

그로써 모든 것이 끝난 듯했다. 그런데 그때 소방단원이 길을 열어 주자, 여덟 살쯤 돼 보이는 남자아이가 어떤 여자에게 등을 떠밀리듯 하며 앞으로 나왔다. 그리고 그 여자는 금방 모습을 감췄다. 남자아이가, 메달을 받은 소년에게 달려가 그 품에 폭 안겼다.

"만세!"

다시 환성이 울리고, 엄청난 박수소리가 안뜰을 뒤흔들었다.

사람들은 그 아이가 포강에서 구출된 아이이고, 생명을 구해준 소년에게 인사를 하러 왔다는 것을 한눈에 알아볼 수 있었다. 남자아이는 소년에게 뺨인사를 하고는, 소년의 한쪽 팔에 매달리는 자세로 퇴장했다. 두 사람을 앞세우고 부모님이 그 뒤를 따랐다. 네 사람은 수많은 사람들을 헤치고 겨우 출구에 도착했다.

통로 양 옆에는 그들을 가까이서 보려는 사람들이 몰려들었다. 경찰도 군인도 소년들도, 조금이라도 그들을 잘 보려고 몸을 앞으로 내밀고 등을 쭉 폈다. 그리고 소년의 손을 만지려고 했다. 보르고 포

에서 온 소년들 앞을 지날 때 환호는 절정에 이르렀다. 저마다 모자를 흔들고 소년의 팔과 겉옷을 잡아당기면서 "핀! 멋지다, 핀! 훌륭해, 피노토!" 이렇게 외쳤다.

그가 내 바로 앞을 지나갔다. 메달에는 빨강, 하양, 초록 리본이 달려 있었다. 소년은 감격해서 얼굴이 빨갛게 달아올라 있었다. 엄마는 울다 웃다 하느라 바빴다. 아빠는 그저 콧수염만 비틀었다. 그 손은 쥐가 났는지 덜덜 떨리고 있었다.

안뜰 위쪽에서는 사람들이 모든 창문과 발코니마다 밖으로 몸을 쑥 내밀고 박수를 열렬하게 보내고 있었다. 네 사람이 복도에 접어들자, '여군학교' 학생들이 모여 있는 발코니에서 소년과 부모님 머리 위로 팬지며 마가레트 꽃다발이 비 내리듯 떨어졌다. 사람들은 얼른 주워서 소년의 엄마에게 주었다.

안뜰 안쪽에서는 음악대가 느리고 아름다운 곡을 연주했다. 그 곡조는 강가에서 유유히 멀어져 가는 잔잔한 노랫소리 같았다.

5월
maggio

몸이 불편한 아이들

5월 5일(금)

오늘은 속이 조금 안 좋아서 학교에 가지 않았다. 엄마는 관리인 아저씨의 아기를 시설에 맡기러 가시면서 나도 데리고 가셨다. 그곳은 몸이 불편한 아이들이 다니는 학교였다. 하지만 엄마는 내게 안에 들어오지 말고 밖에서 기다리라고 하셨다.

엔리코, 왜 엄마가 널 학교 안으로 데리고 가지 않았는지 아니? 널 불쌍한 그 아이들 앞에 데리고 가면, 건강하고 튼튼한 아들을 자랑하는 것 같아서 그랬단다. 그 얼마나 무심한 짓이니? 그건 안 될 일이지. 그 아이들은 벌써 몇 번이나 다른 아이들과 비교당하면서 슬픔을 견뎌 왔어.

거기에는 아직 어린 아이가 60명이나 있단다. 모두 가여운 아이들이지. 들어가는 순간 눈물이 나오려고 해. 그 아이들은 병에 걸려서 몸이 다른 아이들과 다르단다. 심하게 굽은 등뼈, 뒤틀리고 마비된 작은 손과 발. 변형된 가느다란 몸뚱이. 그렇지만 모두 똘똘하고 다정한 눈을 가진 아주 사랑스러운 얼굴을 하고 있지.

거기에는 할머니처럼 뾰족한 코와 턱을 가진 여자아이도 있어. 하지만 웃으면 천사처럼 달콤한 미소를 띤단다. 앞에서 보면 귀엽고 평범한 아이 같지만, 뒤를 보면…… 가슴이 미어져서 차마 보지 못할 때가 있단다. 엄마가 갔을 때는 마침 의사 선생님께서 아이들을 진찰하러 와 계셨어. 애들을 책상 위에 똑바로 세운 다음 옷을 들춰서 볼록한 배나 부풀어 오른 관절을 만져도 아무도 부끄러워하지 않는단다. 가엾게도 그 애들은 알몸으로 여기저기 보내지고 보여지는 데에 익숙해져 있거든.

이제는 꽤 좋아졌다고 해도, 처음에는 얼마나 괴로웠을까? 몸의 형태가 변하기 시작하고, 고통이 점차 퍼져나가기 시작했을 때. 세상이 자신에게 차가워졌다고 느꼈을 때, 외톨이가 되어 제대로 먹을 것도 받지 못하고 방구석이나 마당에 남겨진 채 놀림 받았을 때. 몇 달 동안 아무런 의미도 없이 붕대와 정형 기구를 달고 살았을 때는 얼마나 갑갑했을까? 그 고통은 아무도 몰라. 하지만 지금은 치료와 영양가 있는 식사, 그리고 재활 치료 덕분에 많이 좋아졌단다.

때마침 여선생님이 아이들에게 운동을 시키고 계셨어. 이름이 불리면 아이들은 탁자 아래로 다리를 뻗는단다. 그 다리는 붕대에 감겨 있거나, 부목이 덧대어져 있거나, 관절이 툭툭 불거져 나와 있어. 그걸 보고 있으면 너무 가슴이 아파 그 다리에 입을 맞추며 뺨을 비비고 싶어진다. 아이는 한쪽 팔에 고개를 꺾어 얹고 목발만 쓰다듬고 있단다. 일어설 수가 없는 거야. 다른 아이들이 부축해 줘도 숨을 헐떡거리며 새파랗게 질린 얼굴로 주저앉고 말지. 하지만 고통을 참고 쑥스러워하며 웃는 거야.

아아, 엔리코. 너희는 건강하다는 게 얼마나 고마운 일인지 모를 거야. 사람들은 두 팔과 두 다리가 멀쩡한 걸 자연스럽게 생각하지! 건강하고 귀여운 개구쟁이 아들을 엄마가 자랑스럽게 데리고 걷는 모습을 보면, 그 불쌍한 아이들이 눈에 밟힌단다. 그리고 그 아이들을 이 품에 꼭 껴안고 싶어져. 내게 가족이 없었다면 그 애들한테 이렇게 말했을 거야.

"이제 어디에도 안 갈게. 내 인생을 오직 너희에게 바치마. 너희들의 엄마가 되어 줄게. 내 목숨이 다하는 날까지……."

그런 생각을 하고 있는데, 아이들이 노래를 부르기 시작하더구나. 무척이나 가녀리고 달콤하고, 슬픈 목소리로 말이야. 그 목소리는 영혼을 뒤흔들 듯 울려 퍼졌어. 아이들은 선생님에게 칭찬받으면 아주 기쁜 표정을 짓는단다. 선생님이 책상 사이를 지나가면 모두 선생님의 손이나 팔에 뺨을 갖다 대. 저희에게 은혜를 베풀어 주는 사람에게 진심으로 감사를 전하는 거지. 하나같이 따뜻한 마음을 가진 아이들이야.

"이 아이들은 천사처럼 다정하고, 재능도 있고, 공부도 곧잘 한답니다."

선생님은 이렇게 말씀하셨어. 젊고 다정한 그 선생님 얼굴에는 슬픔 같은 게 깃들어 있었지. 자기가 귀여워하고 위로해 주는 불행한 아이들 얼굴을 그대로 비추듯이 말이야. 그때 엄마는 생각했어. '모든 일하는 여성 가운데 당신만큼 고결한 일을 하는 사람은 없을 거예요. 나의 사랑하는 딸이여!'

〈엄마가〉

가족을 위해 할 수 있는 일

5월 9일(화)

우리 엄마는 자애로운 사람이다. 실비아 누나는 그런 엄마를 쏙 빼닮았다. 남을 아주 잘 배려하기 때문이다.

어젯밤 나는 5월의 이야기 〈마르코의 아페닌산맥에서 안데스까지〉에서 내가 맡은 부분을 옮겨 적고 있었다. 이 이야기는 엄청나게 길어서 페르보니 선생님께서는 우리 모두에게 조금씩 나눠서 해 오라고 숙제를 내 주셨다.

누나가 살금살금 방으로 들어와 재빠르게 속삭였다.

"같이 엄마한테 가자. 오늘 두 분이 말씀하시는 걸 엿들었어. 아빠는 일이 잘 안 풀려서 기운이 없으시대. 엄마가 애써 위로했지만…… 이제 우리 집에 돈이 없다면서 '본디 생활로 돌아가려면 엄청난 절약이 필요해' 이렇게 말씀 하셨어. 그러니까 우리도 참아야 해! 이제까지처럼 갖고 싶은 건 뭐든 가질 수 있다는 생각은 버려야 해! 내가 가서 엄마한테 말할 테니 넌 옆에서 고개나 끄덕여. 알겠지? 그리고 내가 약속하겠다고 말하면, 너도 날 따라서 맹세해. 알겠지?"

그러더니 실비아 누나는 내 손을 붙잡고 엄마한테 끌고 갔다.

엄마는 걱정이 가득한 얼굴로 바느질을 하고 계셨다. 실비아 누나는 나를 소파 한쪽에 앉히고 자기도 내 옆에 앉았다. 그리고 곧 말을 꺼냈다.

"엄마, 할 이야기가 있어요. 엔리코랑 같이요."

엄마는 느닷없는 상황에 놀라 우리를 번갈아 보셨다. 실비아 누나가 진지한 얼굴로 말을 이었다.

"엄마, 아빠 일이 잘 안 되죠? 우리 집에는 이제 돈이 없죠?"

"무, 무슨 말을 하는 거니? 그렇지 않아! 누가 그런 소릴 해?" 엄마는 얼굴빛이 바뀌었다.

"저도 다 알아요." 실비아 누나가 단호하게 말했다. "괜찮아요, 엄마. 우리도 가족을 위해 할 수 있는 건 다 할 생각이에요. 엄마는 5월 말이 되면 저한테는 부채를 사 주고, 엔리코한테는 그림물감을 사 주겠다고 약속하셨어요. 하지만 우리는 이제 그런 건 필요하지 않아요. 쓸데없는 데 돈을 쓰면 안 되잖아요. 아무것도 없어도 우린 여전히 행복해요. 우리 마음 아시죠?"

엄마가 뭐라고 말하려고 했지만, 실비아 누나는 가로막듯이 말을 이었다.

"아무 말씀도 더 하지 마세요! 우리는 이미 마음을 정했어요! 아빠가 돈이 없으면, 식사는 수프로도 충분해요. 과일 같은 건 필요 없어요. 아침은 빵만 있으면 돼요. 그러면 많이 절약되겠죠? 그리고 이제까지 우리는 너무 돈을 낭비했어요. 아무것도 없어도 우리는 감사할 수 있어요. 엄마도 이해해 주시리라 믿어요. 그렇지, 엔리코?"

나는 누나가 시킨 대로 "응"이라고 대답했다. 엄마가 다시 뭔가를 말하려고 했지만, 이번에도 실비아 누나가 가로막았다. 그리고 "정말 그걸로 만족해요. 그 이상은 아무것도 바라지 않아요!" 되풀이했다.

"그것 말고도 옷이든 뭐든 참을게요. 기꺼이요. 우리에게 좋은 생각도 있어요. 가진 걸 팔아서 조금이라도 살림에 보태려고 해요. 뭐든지 해서 엄마를 도와 드릴게요. 그러니까 가정부는 이제 그만 오라고 하세요. 저도 종일 집안일을 도울게요. 세탁이든 청소든 다 할게요. 뭐든지요. 우린 지금까지 너무 많은 것을 누리고 살았어요."

그렇게 말하며 실비아 누나는 엄마 목에 매달렸다. 그리고 빙긋 웃으며 외쳤다.

"아빠랑 엄마가 더는 고민하지 않고, 지금까지처럼 맘 편하고 기분 좋게 계셔 주신다면 아무것도 필요 없어요. 우리에게 웃는 얼굴만 보여 주신다면…… 굶어도 좋아요."

그때 엄마의 표정이란! 그렇게 기뻐하는 엄마를 본 적은 처음이었다. 우는 건지 웃는 건지 모를 얼굴로 우리에게 몇 번이나 뺨을 비비면서 "실비아, 네가 오해한 거란다. 다행히도 우리 집은 네가 생각하는 것만큼 어렵지는 않아" 누나를 안심시키셨다. 그리고 몇 번이나 고맙다는 말을 되풀이 하셨다.

엄마는 저녁이 되어 돌아온 아빠에게도 대견한 듯 이 일을 이야기 했다. 하지만 아빠는 아무 말씀도 하지 않으셨다. 불쌍한 우리 아빠.

오늘 아침 식탁에 앉자, 냅킨 밑에 나의 그림물감과 실비아 누나의 부채가 놓여 있었다. 무척 기뻤지만……. 아빠 엄마의 마음을 생각하자, 기뻐해도 되는 건지 매우 복잡한 기분이 되었다.

용감한 소방수 로비노 대장

5월 11일(목)

오늘 아침 〈마르코의 아페닌산맥에서 안데스까지〉에서 내가 맡은 부분을 다 옮겨 적었다. 그래서 나머지 숙제인 '자유 작문'의 주제를 생각해 보았다. 그때 계단 아래서 낯선 목소리가 들리는가 싶더니, 곧바로 소방수 두 명이 들어왔다. 그리고 아빠에게 말했다.

"지붕에서 연기가 보였습니다. 어느 댁인지는 모르겠지만, 일단 난로를 점검할 테니 양해 바랍니다."

"어서 하세요. 꼼꼼히 살펴 주시고요."

아빠가 대답하셨다.

우리 집에서는 불을 쓰지 않았지만, 방이란 방은 모조리 점검했다. 그들은 벽에 귀를 대고, 난로 연통에서 탁탁하고 불꽃 튀는 소리가 나지는 않는지 확인했다.

아빠가 갑자기 나에게 말씀하셨다.

"엔리코, 이렇게 좋은 작문 주제가 어디 있니! 소방수 이야기 말이야. 아빠가 이야기해 줄 테니, 그걸 참고해서 쓰려무나."

〈아빠의 이야기〉

이건 2년 전*[1] 어느 밤 발보 극장에서 돌아오는 길에, 화재 현장에

---

*1 1880년 1월 27일 깊은 밤에 일어난 화재. 실화에 바탕을 둔 이야기.

서 용감하게 일하는 그들을 직접 봤을 때 이야기이다.
아주 깊은 밤이었다. 로마 거리에 접어들자 주위가 이상하게 밝아지면서, 사람들이 뛰어다니는 것이 보였다.
불이었다! 불길이 지붕이며 창문을 모조리 집어삼키고, 검은 연기가 자욱하게 깔려 있었다. 창문에서 한 사람이 몸을 내밀고 구조를 요청했지만, 금방 연기 속으로 모습이 가리워졌다.
"저대로 있다가는 불타 죽겠소! 어서 가서 구해 주시오, 소방수 양반!"
건물 근처에 있던 구경꾼들은 저마다 외쳐댔다.
드디어 소방차 한 대가 도착했다. 시청에서 대기하던 소방대 제1진이 달려온 것이었다. 소방수 네 사람이 재빨리 뛰어내려 집으로 들어갔다. 한 여자가 4층 창문에서 비명과 함께 얼굴을 내미나 싶더니, 난간을 뛰어넘으려고 했다. 그때 발이 미끄러져 허공에 대롱대롱 매달리게 된 그녀는 구부러진 등을 바깥 쪽으로 보인 채 난간을 붙잡고 있었다. 방에서는 쉴 새 없이 연기와 화염이 사납게 뿜어져 나와 더는 불길이 없어 보이는 무서운 모습이었다.
소방수가 벽을 부수고 뛰어 들어간 곳은 3층이었다. 착각을 한 것이었다. 그곳에도 공포에 질린 가족이 있었지만…….
"아니오! 아니오! 거기가 아니오! 4층이오! 4층!"
밑에서 지켜보는 사람들이 목청을 높여 외쳐서 알렸다.
소방수들은 나뉘어 곧 4층으로 올라갔다. 그곳은 이미 지옥을 떠올리게 하는 불바다였다. 무너져 내린 지붕의 잔해, 불길에 휩싸인 복도, 숨도 쉴 수 없을 만큼 자욱한 연기. 주민들이 갇혀 있는 방까지 가기 위해서는 지붕을 밟고 가는 수밖에 없었다. 그들은 곧바로 몸을 내밀고 눈 깜짝할 사이에 연기를 헤치면서 지붕으로 뛰어올랐다. 그 모습은 마치 검은 유령과도 같았다. 가장 먼저 올라간 사람은 대장이었다. 하지만 그곳에서 불길에 휩싸인 방 위에 있는 지붕으로 가려면 지붕에 낸 창과 기와 사이에 있는 좁은 배수구를 지나야 했다. 다른 부분은 모두 불길에 싸여 있었기 때문이다. 그러나 그 좁은 공간은 눈과 얼음이 꽉 차 있어서 붙잡을 곳도 없었다.

"저런 곳을 지나가야 하다니, 도저히 무리야!"

밑에서 구경꾼들이 외쳤다.

대장은 지붕 끝을 밟고 나아갔다. 모두 등골이 서늘해져서 마른 침을 삼키며 조용히 지켜봤다. 대장은 망설임없이 다시 달리기 시작했다. 그리고 여자가 있는 방 바로 위에 도착하자, 갖고 있던 도끼로 세차게 내리치기 시작했다. 안으로 들어가기 위해 구멍을 뚫으려고 기와와 서까래와 대들보를 부수는 것이었다.

그동안에도 여자는 창문 밖에 대롱대롱 매달려 있었다. 불길은 여자의 머리 위에서 날름거렸다. 이제 조금만 있으면 땅에 떨어질 것 같은 매우 급박한 순간이었다.

드디어 구멍이 뚫렸다! "됐다! 만세!"

밤하늘에 환호성이 울려 퍼졌다.

대장은 어깨 띠를 풀고 아래로 내려갔다. 다른 소방수들도 달려와 대장의 뒤를 따랐다. 공중 사다리가 도착해 건물 처마에 걸렸다. 하지만 창문에서는 엄청난 소리와 함께 이글거리는 불길이 치솟았다. '이미 늦었어!' 모두 생각했다. 아래서는 사람들이 발을 동동 구르며 저마다 외치고 있었다.

"이제 아무도 살지 못할 거야."

"소방수들은 모두 불타 죽을 거야!"

"끝이야."

"다 죽었어!"

그때 창문 난간에 대장의 검은 모습이 나타났다. 대장의 몸이 머리 위에서 발끝까지 시뻘건 불길에 비춰졌다. 힘겹게 매달린 여자가 대장의 목에 달라붙었다. 대장이 두 팔로 여자의 허리를 단단히 붙잡고 끌어올려 집 안에 내려주었다. 구경꾼들은 환호성을 질렀다. 그 목소리는 고함이 오가는 화재 현장을 뒤덮을 만큼 컸다.

"그런데 다른 사람들은? 내려올 수 있을까?"

지붕에 세워진 사다리와 창문 사이에는 조금 틈이 벌어져 있었다. 사다리 쪽에 있던 소방수 한 사람이 창문 쪽으로 몸을 내밀고 오른발은 창문 난간에, 왼발은 사다리에 걸치고서 공중에 똑바로 섰다. 그리고 안에 있는 소방수로부터 주민들을 건네받고, 아래서 올라온 다른 소방수에게 넘겨주는 방법으로 구출하기로 했다. 사다리로 확실히 옮기고, 밑에 있는 동료 소방수의 손을 빌려 그들을 순서대로 내려 보내기로 한 것이다.

난간에 매달려 있던 여자, 어린 여자아이, 노인 순으로 모두 무사히 구출되었다. 그리고 노인 다음으로, 방에 남아 있던 소방수가 내려왔다. 마지막으로 내려온 사람은 불속으로 가장 먼저 뛰어들었던 대장이었다.

사람들은 그들을 우레와 같은 박수로 맞이했다. 그 가운데에서도 구조에 앞장서 누구보다도 먼저 용감하게 불바다로 뛰어든 대장이 나타나자, 마치 적과의 싸움에서 이기고 돌아온 장군을 맞이하듯이 칭찬과 감사의 목소리가 여기저기서 튀어나왔다. 모두 감격해서 팔을 뻗어 그에게 악수를 청했다.

만일 누구 한 사람이라도 목숨을 잃었다면, 그건 틀림없이 그 대장이었을 것이다. 곧 사람들 입에서 그때까지는 아무도 몰랐던 '주제페 로비노'라는 그의 이름이 외쳐졌다. 그리고 그 이름은 온 주위로 울려 퍼졌다.

"어떠냐, 알겠지? 이게 용기라는 거다. 참된 용기란, 죽음을 맞닥뜨린 사람의 외침을 들으면 망설이지 않고 무조건 재빠르게 달려가는 거야. 언젠가 널 소방수 훈련장에 데려가 주마. ……너도 그 로비노 대장을 만나면 좋겠지? 응, 어떠냐?"
나는 "좋아요!" 대답했다.
"만나게 해 주마. 자, 그 대장님이다!" 아빠가 말씀하셨다.
나는 뒤를 돌아봤다. 점검을 마친 두 소방수가 방에서 나온 참이었다. 아빠가 완장을 찬 몸집이 작은 사람을 가리키며 말씀하셨다.
"로비노 대장님과 악수하렴."
대장님이 웃음을 머금고 멈춰 서서 내게 손을 내미셨다. 나는 그 손을 잡았다.
대장님은 악수를 마치자 고개 숙여 인사하고 나가셨다.
아빠가 내게 말씀하셨다.
"오늘을 잘 기억해 두렴. 앞으로도 넌 악수할 기회가 수도 없이 많을 거다. 하지만 긴 인생을 살면서 저 대장님의 손만큼 가치 있는 손은 만나기 어려울 거야."

마르코의 아페닌산맥에서 안데스까지(엄마 찾아 3만리)
[5월 이야기]

1

열세 살 소년이 홀로 엄마를 찾기 위해 제노바 항에서 남아메리카 대륙으로 여행을 떠났습니다.

소년의 어머니는 2년 전 아르헨티나 공화국 수도 부에노스아이레스로 떠난 뒤 소식이 끊겨 버렸습니다. 아버지가 사업으로 엄청난 빚을 지는 바람에, 어머니가 생계를 위해 아르헨티나에 있는 어느 부자 집에 하녀로 들어가기로 했던 것입니다. 그즈음은 이런 이유로 긴 항해를 견뎌가며 일하러 가는 용기 있는 여성이 적지 않았습니다. 그러나 막상 떠나게 되자, 어머니는 아들들과 이별에 눈물을 흘리며 후회했습니다. 맏아들은 열여덟 살이고, 막내는 이제 막 열한 살이었습니다. 그래도 어머니는 희망을 가슴에 품고, 괴로움을 떨치고서 출발했습니다.

항해는 순조로웠습니다. 부에노스아이레스에 도착하자마자 사촌의 도움으로, 아르헨티나에서도 특히 상류 가정에 들어가 살면서 일할 수 있었습니다. 돈도 많이 받을 수 있었습니다. 그 사촌은 오래전 이탈리아를 떠나 이 나라에 와 있었습니다. 오랫동안 고생한 끝에 겨우 자리를 잡고 작은 가게를 차려 일하고 있었습니다.

제노바의 가족들과도 한동안은 정기적으로 편지를 주고받았습니다. 연락 방법은, 먼저 아버지가 사촌에게 쓴 편지를 어머니에게 전달하고, 어머니는 다시 사촌을 통해 가족에게 보내는 식이었습니다. 왜 그렇게 귀찮은 방법을 썼느냐 하면, 어머니는 하녀로 일한다는 사실을 친정에 비밀로 했기 때문이었습니다. 이름도 가명을 썼습니다. 어머니는 받은 돈을 자신을 위해서는 한 푼도 쓰지 않고, 석 달에 한 번씩 보냈습니다. 아버지의 빚은 순식간에 줄어들어 다행히 신용을 되찾을 수 있었습니다. 아버지는 하루라도 빨리 아내가 돌아오기를 기도하며 열심히 일했습니다.

어머니가 없는 집은 텅 빈 것 같았습니다. 특히 어머니밖에 모르는 막내아들은 누구보다도 슬퍼했습니다. 더는 떨어져서 지내는 것이 불가능해 보일 정도였습니다.

이윽고 1년이 지났을 무렵, 어머니의 건강이 그다지 좋지 않다는 편지를 마지막으로 소식이 뚝 끊겨 버렸습니다. 걱정이 된 아버지는 사촌에게 몇 번이나 편지를 보냈지만, 답장이 없었습니다. 어머니가 일한다는 집에도 편지를 보냈지만, '수취인 불명'이라며 되돌아왔습니다. 불길한 예감에 이탈리아 영사관에 실종신고를 냈지만, 아무런 소식이 없었습니다. 석 달 뒤에 겨우 도착한 통지서에는 "신문에 광고를 냈지만 아무도 나타나지 않았으며, 단서도 얻지 못했다" 이런 내용만 쓰여 있었습니다. 이탈리아의 유서 깊은 가문 출신인 어머니가 다른 나라에서 가정부로 일한다는 소식이 알려지면 집안의 명예에 흠집이 날까 봐 진짜 이름을 숨긴 탓에 찾지 못한 것 같았습니다.

무심하게도 시간은 흘러 몇 달이 지났습니다. 가족들은 절망에 사로잡혔습니다. 특히 막내아들은 보기에 안쓰러울 만큼 풀이 죽어 있었습니다. 도대체 어떻게 하면 좋을까…… 누구에게 도움을 구해야 할까!

마침내 아버지는 직접 찾으러 가야겠다고 생각했습니다. 그러나 겨우 신용을 되찾은 마당에 일을 내팽개칠 수는 없었습니다. 또 남은 아들들은 누가 돌본단 말입니까? 그래서 맏아들을 보낼까 싶었지만…… 그것도 무리였습니다. 가족들에게는 이제 갓 일자리를 얻은 아들의 수입도 필요했기 때문입니다. 가족들은 아무런 해결책도 없이 그저 묵묵히 답답한 나날을 보내는 수밖에 없었습니다.

어느 날, 막내 마르코가 갑자기 좋은 생각이 떠올랐다는 얼굴로 말을 꺼냈습니다.

"내가 아르헨티나로 갈게요!"

'이렇게 든든한 말도 할 줄 알다니! 기특하기도 하지.' 아버지는 생각했지만, 슬퍼하며 고개를 가로저었습니다. 도저히 무리였기 때문입니다. 열세 살 아이가 한 달이나 걸려, 그것도 홀로 남아메리카까지 가다니!

그러나 마르코는 포기하지 않았습니다. 다음 날도, 그 다음 날도 끈질기게 조르며 아버지를 설득했습니다. 다 큰 어른처럼 이렇게 말하는 것이었습니다.

"다들 잘만 가잖아요! 나보다 어린 애들도요. 괜찮아요. 배에만 올라타면 알아서 데려가 주니까. 거기 도착만 하면 다 된 거예요. 친척 아저씨네 가게를 찾으면 되잖아요. 아르헨티나에는 이탈리아인이 수도 없이 가 있어요. 말을 몰라도 누군가가 틀림없이 가르쳐 줄 거예요. 그 가게를 찾으면, 이젠 엄마를 만난 거나 다름없어요. 만일 못 찾으면 영사관에 가서 부탁하면 되죠. 그 나라에는 일자리가 얼마든지 있어요. 이탈리아에서 많은 사람들이 가서 큰돈을 벌고 있죠. 제가 할 수 있는 일도 있을 거예요. 적어도, 돌아오는 배 값쯤은 문제없다고요."

아버지는 막내의 말에 감동했습니다. 어릴 때부터 똑똑하고 분별력 있는 아이인 줄은 알았지만 이 정도일 줄이야! 어머니를 만나겠다는 생각만으로 밤새 고민했을 걸 생각하니 감동이 밀려왔습니다. '이 애라면 틀림없이 어떤 어려움도 헤치고 엄마를 찾아낼 거야.' 이렇게 생각하게 되었습니다. 그리고 마침 이야기를 듣던 선장인 친구가 배의 3등표를 공짜로 주기로 했습니다.

아버지는 약간의 돈과, 옷을 잔뜩 넣은 보따리를 마르코에게 챙겨 주었습니다. 그런 다음, 사촌이 살고 있는 주소를 적은 종이를 주머니에 넣어 주고 마르코를 배에 태웠습니다. 별이 쏟아지는 4월의 밤이었습니다.

"마르코, 우리 귀여운 마르코!"

배에 오르기 직전, 기다란 사다리 아래서 아버지는 눈물을 글썽이며 마르코를 껴안았습니다.

"힘내렴! 하느님께서 지켜 주실 거야."

2

마르코는 울지 않았습니다. 자기가 꺼낸 말이었기 때문입니다. 어머니를 찾기 전까지는, 아무리 괴로운 일이 있어도 참아내겠노라고 각오했습니다. 그러나 아름다운 고향 제노바가 조금씩 멀어지자, 그런 마르코도 울음이 터져 나올 것만 같았습니다.

배는 미국으로 이민 가는 농부들로 발 디딜 틈이 없었습니다. 누구 하나 아는 사람이 없었습니다. 짐이라고는 작은 보따리 달랑 하나였습니다. 그것이 지금 자신이 기댈 수 있는 유일한 것이라고 생각하자 마르코는 절망의 구렁텅이에 빠진 듯한 불안감을 느꼈습니다.

이틀 동안은 거의 아무것도 먹지 못하고, 펑펑 울고 싶은 기분을 힘들게 억누르면서, 개처럼 등을 구부린 채 뱃머리에 웅크리고 있었습니다.

그러고 있으니 슬픔이 차츰 마르코의 머릿속을 가득 채웠습니다. 그가운데에서도 가장 두려운 것은 엄마가 이미 죽은 건 아닐까 하는 가장 나쁜 사태를 상상해 버리는 일이었습니다. 생각하지 않으려 해도, 그 무서운 악몽은 파도처럼 밀려와 마르코를 괴롭혔습니다. 때로는, 깜빡 잠이 든 새에 낯선 남자가 꿈속으로 찾아와 귓가에 이렇게 속삭였습니다.

'너희 엄마는 벌써 죽었다!'

그 목소리에 너무 놀라 번쩍 눈을 떴습니다. 그 뒤로도 그런 일은 몇 번이나 되풀이되었습니다.

지브롤터 해협을 건너 처음으로 드넓은 대서양이 눈앞에 펼쳐졌습니다. '이 넓은 바다 건너에 엄마가 계셔!' 이렇게 생각하자 그나마 희미한 용기와 희망이 샘솟았습니다.

그러나 그것은 짧은 위로밖에 되지 않았습니다. 가도 가도 끝없는 바다, 바다, 그리고 또 바다. 잡아먹을 듯한 열기. 여기저기에서 신음하는 사람들. 할 일 없는 단조로운 나날이 마르코를 무디게 했습니다. 1년 전부터 같은 곳에 있는 듯한 착각에 빠졌습니다. 아침에 일어나도 어제와 같은 곳에 있는 것 같았습니다. 미국 대륙에는 영원히 도착할 수 없을 것만 같았습니다.

이따금 배로 날아드는 아름다운 물고기도, 뭉게뭉게 피어오르는 구름을 빨갛게 물들이며 가라앉은 새빨간 석양도, 분화한 화산에서 흘러나오는 용암처럼 한밤의 바다를 환히 비추는 인광도, 마르코에게는 현실이 아닌 듯이 느껴졌습니다. 꿈속에서 일어나는 신기한 일처럼 보였습니다.

파도가 사나워지면 침실에 틀어박혀 가만히 있을 수밖에 없었습니다. 미친 듯이 날뛰는 바다의 저주와 같은 신음이 곳곳에서 들려와 부르르 몸서리가 쳐졌습니다. 주위에 있는 모든 것이 펄쩍 뛰어올랐다가 부서지고, 이 세상이 끝나는 게 아닌가 싶을 만큼 무시무시한 광경이 펼쳐졌습니다.

그것이 끝나면 이번에는 정지한 듯이 고요한 회색빛 바다가 끝없이 이어졌습니다. 숨 막히는 더위와 따분함만이 가득한 나날이었습니다. 끝도 없는 불길한 시간에 지친 승객들이 갑판에 힘없이 쓰러진 모습은 시체가 뒹구는 것 같았습니다.

다음 날도 그 다음 날도 같은 바다와 하늘. 어제인지 오늘인지 시간 감각을 완전히 잃은 채 멍하니 난간에 기대어 바다만 바라보는 하루하루. 어머니를 생각하려고 하면, 갑자기 졸음이 밀려와 눈꺼풀이 무거워지고 자연스레 머리가 앞으로 떨어졌습니다. 그러면 다시 그 얼굴이 귓가에 대고 같은 말을 속삭였습니다. 마르코를 딱한 눈빛으로 바라보면서 '너희 엄마는 벌써 죽었다!' 이렇게 말입니다. 그 목소리에 눈을 뜨면, 마르코 앞에는 다시 그 수평선이 몽롱하게 펼쳐질 뿐이었습니다. 그런 여행이 27일이나 이어졌습니다.

그나마 마지막 며칠은 말상대가 생겼습니다. 그 사람은 롬바르디아에서 아르헨티나로 아들을 만나러 가는 다정한 아저씨였습니다. 마르코는 자신의 사정을 그 사람에게 이야기했습니다. 아저씨는 마르코의 목덜미를 부드럽게 쓰다듬으며 말해 주었습니다.

"기운 내렴, 얘야. 너라면 틀림없이 엄마를 찾을 거다. 건강하고 행복하게 지내고 있는 엄마를 말이야."

그 말이 참으로 기쁜 예감처럼 들려 마르코는 용기를 얻었습니다. 그동안에 있던 불안한 마음을 단숨에 날려 버리는 기분이 들게 해 주었습니다.

밤하늘 아래 배 갑판에서 담뱃대를 피워 무는 아저씨 옆에 앉아 이민단 사람들의 노랫소리에 귀를 기울이면서 마르코는 부에노스아이레스에 도착했을 때를 상상했습니다.

'앗, 이 거리다! 저기 가게가 있다! 실례합니다, 제노바에서 온 마르코라고 하는데요, 우리 엄만 어디 계시죠? 바로 데리고 가 주세요!'

'응? 마르코라고? 자, 이리 오렴. 지금 데려다 주마!'

마르코는 친척 아저씨의 뒤를 쫓아가 계단을 올라갑니다. 문이 열리고…….

마르코의 상상은 언제나 거기서 그쳤습니다. 잠시였지만 마르코는 말할 수 없이 달콤한 꿈결 속에서 헤맸습니다. 초조한 마음에, 목에 걸린 작은 십자가를 살며시 꺼내어 기도했습니다.

'제발 엄마를 만나게 해 주세요!'

3

배가 드넓은 라플라타강에 닻을 내린 것은 새벽하늘이 붉게 빛나는 5월의 아름다운 아침이었습니다.

항해 날로부터 정확히 27일째였습니다. 강가 일대에는 아르헨티나의 가장 큰 도시 부에노스아이레스가 펼쳐져 있었습니다. 멋진 5월의 푸른 하늘은 마르코에게 '기운 내! 틀림없이 좋은 일이 있을 거야' 격려하는 것 같았습니다.

"엄마가 계신 곳에 드디어 왔다! 엄마는 여기서 몇 마일 떨어진 곳에 계셔. 이제 몇 시간이면 만날 수 있어. 난 지금 남아메리카 대륙에 있다! 마침내 혼자서 온 거야!"

마르코는 잔뜩 들떴습니다. 그동안 몸부림쳤던 괴로움이 마치 거짓인 것 같고, 아무 일도 없었던 것 같았습니다. 꿈에서 깨고 보니 어느새 도착해 있는 기분이었습니다.

떠날 때 두 개로 나눠 갖고 있던 지갑 중 하나를 잃어버린 것도 그다지 신경쓰지 않았습니다. 그 만큼 행복했기 때문입니다. 그 두 개의 지갑은 아버지가 만일을 대비해 돈을 절반씩 나눠서 넣어 주신 것이었습니다. 그 가운데 하나를 도둑맞았으니 이제 돈은 얼마 남지 않았습니다. 하지만 마르코는 걱정하지 않았습니다. '곧 엄마를 만날 수 있어. 그럼 돈이 무슨 문제야!' 잃어버린 지갑은 지금 마르코에게 중요한 일이 아니었습니다.

배에서 작은 증기선을, 그리고 안드레아 오리아 호라는 작은 배를 차례로 타자 드디어 육지였습니다. 그곳에서 롬바르디아 아저씨와도 헤어졌습니다. 마르코는 어머니가 사는 땅에 씩씩하게 첫 발을 내딛었습니다.

"저기, 로스 아르테스 거리가 어느 쪽이죠?"

마르코가 처음으로 길을 물은 사람은 다행히도 이탈리아인이었습니다. 그 남자가 마르코를 신기한 듯이 바라보며 "글자는 읽을 줄 아

Masa

냐?" 묻기에 마르코는 "네" 대답했습니다.

"그러냐? 그럼 됐다. 이 거리를 쭉 걸어가. 모퉁이마다 거리 이름이 쓰여 있다. 그걸 읽으면서 가. 알겠지? 그러면 너희 어머니가 사는 길이 나올 거다"

친절하게 가르쳐 주었습니다. 마르코는 그 사람에게 고맙다고 말하고, 가르쳐 준 대로 척척 걸어갔습니다.

그 좁은 길은 사방으로 이어져 있었습니다. 지붕이 낮고 하얀 건물이 늘어서고, 사람과 마차와 커다란 화차가 바쁘게 오가고, 여기저기에 커다란 깃발이 나부꼈습니다. 각양각색으로 된 그 깃발에는 커다란 글씨로 증기선의 가는 곳이 쓰여 있는 것 같았습니다. 그러나 마르코에게는 무척 낯선 마을이었습니다.

조금 걸어가니 갈림길이 나왔습니다. 어느 길에나 지붕이 낮은 하얀 집들이 늘어서 있고, 거기서도 사람과 마차와 커다란 화차가 오갔습니다. 그런 거리를 두 개쯤 더 지나갔습니다. 어떤 거리도 똑바로 뻗어 있고, 그 앞은 평원의 끝없는 지평선처럼 이어져 있는 듯했습니다. 가면 갈수록 끝이 안 보이는 마을 같았습니다. 그래서 몇 날 며칠을 걸어도 똑같은 곳에 닿을 것만 같았습니다. 모퉁이가 나올 때마다 주의해서 거리 이름을 살폈지만, 잘 알 수 없었습니다. 처음 듣는 이름뿐이었기 때문이었습니다. '틀림없이 다음은 엄마가 사시는 거리일 거야. 다음, 그 다음, 이번에야말로!' 마르코는 가슴을 두근대며 걸었습니다.

여자만 보면, 혹시 엄마가 아닐까 생각했습니다. 엄마랑 똑같이 생긴 사람이 마르코 앞을 지나갔습니다! 그는 순간 흥분해서 얼른 그 사람을 쫓아가 얼굴을 쳐다봤습니다…… 그러나 엄마가 아니었습니다.

걸음이 점점 빨라졌습니다. 어느 십자로에 멈춰 서서 얼굴을 들고 거리 이름을 읽었습니다.

"로스 아르테스…… 여기다!" 마르코가 이렇게 외치고 순간 그 자리에 못이 박힌 듯 섰습니다. 아저씨 가게는 로스 아르테스 175번지, 여기는 171번지. "이제 금방이다! 바로 코앞까지 왔어! 엄마, 정말로 곧 만날 수 있어요!"

정신없이 달려가다 보니 작은 오두막에 이르렀습니다. 그곳에는 마르코가 찾던 가게가 있었습니다. 마르코는 터질 듯한 가슴을 진정시키며 안을 들여다봤습니다. 안경을 쓴 여자가 보였습니다.

"얘, 무슨 볼일이니?" 그 사람이 스페인어로 물었습니다.

"저기…… 여기가 프란체스코 메렐리 씨의 가게 아닌가요?"

마르코가 겨우 소리를 내서 이탈리아어로 물었습니다.

"아아, 그분이라면 이미 돌아가셨는데."

그 사람도 이탈리아어로 대답했습니다.

마르코는 귀를 의심했습니다.

"네? 언제, 언제요?"

"글쎄, 꽤 됐는데. 몇 달 됐을걸. 장사가 잘 안 돼서 도망갔어. 여기서 멀리 떨어진 바이아 블랑카라는 곳으로 갔다는 소문이 있던데. 하지만 가자마자 죽었대. 이 가게는 그 사람한테 내가 산 거고."

마르코 얼굴에서 핏기가 사라졌습니다.

"우리 엄마가 계신 곳을 아는 사람은 메렐리 아저씨밖에 없는데. 우리 엄마는 이 마을에 사는 메키네스라는 사람 집에서 가정부로 일했어요. 전 엄마를 찾아 제노바에서 왔고요. 메렐리 아저씨는 엄마한테 우리가 보낸 편지를 전달해 주셨어요. 전…… 전 엄마를 찾아야 해요……."

"쯧쯧, 딱하기도 해라……. 하지만 미안하구나. 난 아무것도 몰라……. 아! 그 애라면 알지도 모르겠다. 메렐리 씨 밑에서 일하던 사람하고 아는 사이거든. 한번 물어보마. 뭔가 가르쳐 줄지도 모르겠다." 그러면서 안뜰에 있는 소년을 불렀습니다.

소년은 곧장 달려왔습니다.

"얘, 뭐 좀 묻자. 메렐리 씨 밑에서 일하던 소년이 가정부한테 편지를 자주 갖다 주러 가던…… 우리랑 고향이 같은 그 사람 집, 기억하니?" 여자가 그 소년에게 물었습니다.

"아, 메키네스 씨요? ……네, 마님. 저도 몇 번인가 갔었죠. 로스 아르테스 거리 끝에 있는 집이에요."

"고맙습니다, 아줌마!" 마르코가 뛸 듯이 기뻐하며 외쳤습니다. "저, 저에게 그 주소를 가르쳐 주시겠어요? ……모른다고요? 그럼 절 그리로 데리고 가 주세요! 얘, 안내해 줄래? 돈이라면 여기 얼마든지 있으니까."

마르코가 너무 간절히 부탁하자, 소년은 부인의 허락도 받지 않고 "좋아, 어서 가자" 말하며 쏜살같이 밖으로 뛰어 나갔습니다. 마르코는 서둘러 그를 따라갔습니다.

두 사람은 한 마디도 하지 않고 로스 아르테스 거리 끝으로 달려가, 하얗고 작은 집의 철책 앞에 섰습니다. 울타리 밖으로, 화분이 빽빽하게 놓인 아름다운 안마당이 보였습니다.

마르코가 초인종 줄을 잡아당기자, 안에서 한 소녀가 나타났습니다.

"저기, 여기가 메키네스 씨네 집이지……?"

안내해 준 소년이 불안한 말투로 소녀에게 물었습니다.

"응, 전에는 그랬지. 하지만…… 지금은 우리 제발로스 가족이 살아."

소녀가 스페인어 억양이 섞인 이탈리아어로 대답했습니다.

"그럼 메키네스 가족은 어디로 갔어?"

마르코가 두근거리는 심장으로 물었습니다.

"다 코르도바로 갔어."

"코르도바? 코르도바가…… 어딘데? 가정부는? 그 사람은 우리 엄마야. 그 사람도 함께 갔니?"
소녀가 마르코의 진지한 얼굴을 딱하다는 듯이 바라보며 말했습니다.
"미안해, 나도 잘 몰라……. 아, 아마 아빠라면 알 거야. 그 가족이 떠날 때 직접 만나셨거든. 잠깐만 기다려."
그렇게 말하고 안으로 가더니, 곧 한 남자와 함께 돌아왔습니다. 그 사람은 턱수염을 기른 키 큰 신사였습니다. 제노바에서 왔다는 어린 마르코를 따뜻한 눈빛으로 바라보고는, 그다지 유창하지 않은 이탈리아어로 물었습니다. "너희 엄마는 제노바 사람이니?"
"네, 맞아요."
"그렇구나. 확실히 제노바 출신의 가정부도 함께 갔을 거다. 틀림없어."
"어디로 갔는데요?"
"코르도바라는 마을이야."
지친 마르코는 한숨을 쉬었습니다. 그리고 어쩔 수 없다는 듯이 말했습니다. "그럼…… 코르도바로…… 가야겠네."
"오, 얘야. 안 됐지만……." 신사가 딱한 얼굴로 마르코를 바라보며 말했습니다. "코르도바는 여기서 수백 마일이나 떨어져 있단다."
마르코는 온몸에서 기운이 다 빠져나가는 기분이었습니다. 절망한 나머지, 죽은 사람처럼 얼굴이 하얗게 질려서 철책을 붙잡고 겨우 서 있었습니다.
보다 못한 신사가 마르코를 가엾게 여기며 문을 열어 주었습니다.
"자, 자, 안으로 좀 들어와라. 뭔가 좋은 방법이 없나 생각해 보자꾸나." 그리고 의자에 앉아서 말했습니다. "너도 이리 와서 앉아라. 처음부터 차근차근 이야기해 봐."
그동안 있었던 일을 다 들은 신사가 마르코를 살피며 물었습니다.
"너…… 돈은 있니?"

"아, 네. 아직 조금은…… 하지만 이제 조금밖에 안 남았어요."
마르코는 솔직하게 대답했습니다.
신사는 다시 생각에 잠겼다가 옆에 있는 탁자로 향해 돌아앉아 편지 한 통을 써서 봉투에 넣은 다음 마르코에게 건넸습니다.
"이 편지를 보카라는 마을로 가지고 가라. 여기서 두 시간 거리야. 그 마을에 사는 사람의 절반 이상이 제노바 출신이란다. 거기에 가면 누구한테 물어도 길을 가르쳐 줄 거다. 그리로 가거라. 그리고 이 편지에 쓰여 있는 남자를 찾아가. 이게 그 사람한테 보내는 편지다. 그는 모르는 사람이 없단다. 그에게 편지를 보여 주면, 내일 당장에라도 로사리오라는 마을로 널 떠나게 해 줄 거다. 누군가에게 그가 부탁하면, 그 부탁을 받은 사람도 네가 무사히 코르도바에 도착할 수 있도록 최선을 다해 손을 써 줄 거야. 코르도바에 가기만 하면, 메키네스 씨 일가와 너희 엄마도 곧 찾을 수 있을 거다. 알겠니? 자, 그리고 이걸 더 보태 써라."

그러면서 조금의 돈을 마르코의 손에 쥐어 주었습니다.

“자, 가거라. 기운 내고. 이 나라에는 어딜 가든 제노바에서 온 사람이 있단다. 널 모른 척하는 일은 없을 테니 안심하고 가. 그럼, 몸조심하렴.”

“고맙습니다.”

마르코는 겨우 그 말만 하고, 보따리를 들고 밖으로 나왔습니다. 신사의 친절함에 울컥해서 다른 감사의 말이 떠오르지 않았기 때문입니다.

여기까지 안내해 준 소년에게 작별인사를 하자, 앞으로 어떤 일이 벌어질지 모른다는 불안감이 마르코의 머리를 가득 채웠습니다. 그러나 다시 힘을 내서, 떠들썩한 대도시를 뒤로하고 보카라는 마을로 터벅터벅 걷기 시작했습니다.

4

그 순간부터 다음 날 밤까지 자기에게 무슨 일이 일어난 건지 마르코는 전혀 기억하지 못했습니다. 그저 열에 들뜬 기분이었습니다. 그만큼 지치고, 낙심하고, 기운이 빠져 있었습니다.

그래도 어찌어찌 해서 보카 마을에 사는 남자에게 편지를 건네는 데 성공했습니다. 남자는 작은 방에서 하룻밤 마르코를 재워 주었습니다. 이튿날 낮에는 선착장에서 높다랗게 쌓인 목재 위에 걸터앉아, 눈앞을 오가는 기선과 화물선을 멍하니 바라보았습니다. 그리고 정신을 차렸을 때는, 과일을 잔뜩 싣고 로사리오로 가는 돛단배 뒤에 타고 있었습니다.

그 돛단배는 제노바 출신의 세 남자가 조종했습니다. 새카맣게 그을은 다부진 체격의 그들이 쓰는 그리운 제노바 말이 마르코의 마음을 조금이나마 위로해 주었습니다.

배 여행은 사흘 밤낮동안 이어졌습니다. 마르코 같은 어린 여행객에게는 놀라움의 연속이었습니다. 어마어마하게 넓은 파라나강을 며칠이고 거슬러 올라갔습니다. 그 크기는 이탈리아의 포강과는 비교도 되지 않았습니다. 총 길이는 이탈리아 땅의 4배도 넘었습니다. 포강도 여기서는 매우 좁고 작은 개천에 지나지 않았습니다.

배는 드넓은 큰 강 상류로 느릿느릿 나아갔습니다. 도중에 길쭉한 섬들 사이를 수도 없이 빠져나갔습니다. 이곳은 틀림없이 옛날에 뱀과 맹수들의 소굴이었을 것입니다. 하지만 이제는 오렌지 나무와 버드나무가 무성한 싱그러운 숲 같았습니다. 배는 한번 들어가면 두 번 다시 나오지 못할 것 같은 구불구불 좁은 물길로 들어가는가 하면, 이번에는 물이 가득찬 조용한 호수로 나왔다가, 다시 섬과 섬 사이를 누비며 펼쳐진 운하를 미끄러져 거대한 숲속 사이를 빠져나갔습니다.

온 주위가 깊은 정적에 싸여 있었습니다. 가도 가도 물뿐이었습니

Masha

다. 가면 갈수록 마르코는 강이 괴물처럼 보였습니다. 그리고 이 돛단배가 세계 최초로 이 강을 탐험하러 가는 듯한 기분이 들어 불안해졌습니다. 이 강 상류 어딘가에 어머니가 있다는데, 그곳엔 평생이 걸려도 닿지 못할 것만 같은 생각이 갑작스레 들기도 했습니다.

식사는 선원들과 하루에 두 끼, 빵과 소금에 절인 고기를 아주 조금 먹는 게 전부였습니다. 선원들은 마르코를 가엾게 여기면서도 말을 걸어 주지는 않았습니다.

밤에는 갑판에서 잠을 잤습니다. 가끔 눈을 뜨고 주위를 둘러보아도, 여전히 물과 강기슭을 하얗게 비추는 달빛만 보였습니다. 마르코는 불안함에 숨이 턱턱 막혀 왔습니다.

"코르도바, 코르도바."

마르코는 마을 이름을 몇 번이나 중얼거렸습니다. 옛날이야기에 나오는 이상한 마을 이름처럼 느껴졌습니다. 그러나 차츰 '우리 엄마도 이곳을 지나갔어. 틀림없이 지금 나와 같은 기분으로 이 섬들을, 이 기슭을 바라봤겠지' 생각하게 되었습니다. 그러자 놀랍게도 더는 그곳이 음침하고 쓸쓸한 곳으로 보이지 않았습니다.

'엄마도 이곳을…….'

밤이 되자 어느 선원이 노래를 불렀습니다. 그 목소리는 엄마가 자기 전에 다정하게 불러 준 자장가처럼 들렸습니다. 가만히 듣던 마르코는 훌쩍훌쩍 울고 말았습니다. 놀란 선원이 노래를 멈추고 물었습니다.

"왜 그러니? 기운 내렴. 집에서 조금 멀어졌다고 겁쟁이처럼 우는 거 아니다. 제노바의 아이라면 말이야! 예로부터 제노바 남자는 온 세계의 바다를 가슴을 펴고 당당하게 누볐지."

그 말에 마르코는 자신의 몸에 흐르는 제노바인의 뜨거운 긍지를 느끼고 정신을 차렸습니다. 주먹으로 가슴을 두드리면서 얼굴을 꼿꼿이 들고 자기 자신에게 힘차게 외쳤습니다. "그래! 난 제노바의 소넌이다!"

"좋아! 나도 엄마를 찾을 때까지 온 세계를 돌아다닐 테다! 몇 년이 걸리더라도, 몇 백 마일이라도 걸어갈 테다. 엄마를 찾을 거야! 목숨을 잃는다 해도 상관없어. 엄마 곁에서 쓰러져 죽을 수 있다면 더 바랄 것이 없다! 다시 한 번 엄마를 만날 수 있다면 어떤 일에도 좌절하지 않겠다!"

마르코는 굳은 결의를 가슴에 깊이 새겼습니다.

이윽고 새벽이 불그스름하게 물듦과 동시에 배는 로사리오에 도착했습니다. 그 마을은 파라나강 기슭 고지대에 펼쳐져 있었습니다. 선착장에는 다른 나라 배가 몇 백 척이나 정박해 있었습니다. 갖가지 색깔의 깃발로 장식한 배가 물 위로 아름답게 비쳤습니다.

5

로사리오에 도착하자 마르코는 보따리를 들고 용기를 내어, 아르헨티나 남자를 찾아 걸어갔습니다. 보카에서 배를 태워 준 사람이 그 남자 앞으로 소개장을 써 주었던 것입니다.

마르코는 마을 중심가로 들어섰습니다. 그 지역은 처음 온 곳 같지 않았습니다. 끝없이 이어지는 직선도로와 하얗고 낮은 집들이 보였습니다. 지붕 위에는 전깃줄이 몇 줄씩 하나로 묶여 두껍고 거대한 거미줄처럼 여기저기로 뻗어 있었습니다. 사람들의 떠들썩한 말소리, 마차와 짐수레가 땅을 밟는 힘찬 소리. 이런 것들은 마르코의 머리를 어지럽게 했습니다.

'부에노스아이레스로 되돌아온 기분이야. 처음부터 다시 시작인가. 다시 아빠의 사촌 동생인 메렐리 아저씨를 찾아야하는데…….'

마르코는 생각을 했습니다. 초조한 마음으로 걷는데, 같은 거리를 몇 시간이나 맴도는 기분이 들었습니다.

몇 번이나 같은 질문을 반복해 가며 걸은 끝에, 드디어 소개장에 쓰인 집을 찾아냈습니다.

초인종을 울리자, 무뚝뚝해 보이는 커다란 몸집의 남자가 얼굴을 내밀었습니다. 집사로 보이는 그 남자가 마르코에게 "무슨 일이냐!" 퉁명스럽게 말했습니다.

"보카에서 이 소개장을……."

"주인님은 어젯밤 가족과 함께 부에노스아이레스로 떠나셨다."

"하지만…… 전…… 이 마을에 달리 의지할 데가 없어요. 아무도 모른다고요."

남자는 소개장을 흘깃 보더니 쌀쌀맞게 말했습니다.

"내가 할 수 있는 일은 없다. 주인님께서 다음 달에 돌아오시면 전해 드리지."

"안 돼요! 전 아무것도 모른다니까요." 마르코가 사정했습니다.

"그만두지 못해! 로사리오에는 너희 나라에서 온 거지들이 득실득실하단 말이다! 당장 어디로든 가 버려!"

소리치며 문을 쾅 닫아 버렸습니다.

이토록 매정한 말에 마르코는 돌처럼 굳은 채 멍하니 서 있었습니다. 한참 뒤에야 겨우 보따리를 집어 들고 무거운 다리를 끌면서 힘없이 걷기 시작했습니다.

'이제…… 난…… 어쩌면 좋지?' 마르코는 말로 다 표현할 수 없을 만큼 불안감이 몰려와 어찌할 줄을 몰랐습니다. '어쩌면 좋아. 어디로 가야 하지? 여기서 코르도바까지는 열차로 가도 하루는 꼬박 걸리는데!'

마르코는 돈도 거의 다 떨어졌습니다. 그날 필요한 돈을 빼고 나면 얼마 남지 않았습니다. '나머지 돈을 어떻게 마련한담? 일을 하고 싶지만, 무슨 수로 일을 찾지……? 구걸을 할까? 아니, 안 돼! 아까 같은 굴욕은 당하고 싶지 않아! 절대 안 되지! 그건 이탈리아인의 수치야! 죽어도 싫어!'

눈앞에는 다시 어마어마하게 긴 거리가 펼쳐져 있었습니다. 끝없는 평원 끝으로 사그라져 들어가는 듯한 긴 거리였습니다. 그것을 보자, 그토록 깊이 가슴에 새겼던 굳은 결심도 한순간에 무너져 버렸습니다. 마르코는 보따리를 내던지고 그 자리에 주저앉아 손에 얼굴을 묻었습니다. 그러나 이상하게도 눈물은 나오지 않았습니다. 그런 마르코를 걷어차고 지나가는 사람도 있었습니다. 거리에는 마차가 달리며 내는 소음이 넘쳐나고, 아이들은 신기하다는 눈길로 멈춰 서서 마르코를 구경했습니다.

그때였습니다. 익숙한 목소리가 들렸습니다. “너 왜 그러니?”

마르코는 얼굴을 들었습니다. “아저씨!”

너무 놀란 마르코는 저도 모르게 벌떡 일어났습니다. 그 사람은 제노바에서 같은 배를 타고 오며 마르코를 격려해 준 롬바르디아 아저씨였습니다. 그 아저씨는 마르코보다 더 놀란 것 같았습니다. 마르코는 아저씨가 말할 틈도 주지 않고 자기에게 벌어진 일을 재빨리 이야기했습니다.

“지금 전 돈이 다 떨어졌어요! 그래서 당장 일을 해야 해요. 뭐든지 할게요. 그러니까 아저씨께서 일을 좀 찾아 주세요! 무거운 짐이라도 나를게요. 도로 청소든 잔심부름이든 밭일이든 뭐든지요. 빵만 주신다면 그걸로 충분해요. 하지만 전 하루빨리 떠나야 해요. 다시 엄마를 찾아야 하거든요. 부탁이에요. 제발 저한테 일을 주세요! 전…… 이제 갈 데가 없어요!”

“오오, 세상에…… 가엾게도! 그래, 그렇단 말이지!” 아저씨는 턱을 문지르면서 주위를 둘러보았습니다. “절대로…… 이건 보통 일이 아니다! ……일을 한다는 게…… 말은 쉽지만…… 하지만 일이…… 잠깐! 고향 사람이 이렇게나 많은데, 설마 한 사람쯤은 도움을 주겠지!”

마르코는 아저씨가 무척 듬직하게 느껴져 물끄러미 바라보았습니다.
"나랑 함께 가자!"
"어디를요?"
"자, 어서 따라오기나 해!"
마르코는 보따리를 들고서 빠르게 걷는 아저씨 뒤를 졸졸 쫓아갔습니다.
두 사람은 아무 말 없이 걸었습니다. 아저씨는 한참을 가더니 갑자기 한 술집 앞에 멈춰 서서 문 너머로 안을 들여다보았습니다. 그리고 마르코를 돌아보고 밝은 목소리로 말했습니다.
"마침 좋은 때에 온 것 같다."
별이 그려진 가게 간판에는 '이탈리아의 별'이라고 쓰여 있었습니다. 안으로 들어가자 빽빽하게 늘어선 탁자를 둘러싸고 많은 남자들이 술잔을 나누며 즐겁게 떠들고 있었습니다.
아저씨가 맨 앞에 있는 탁자에 앉더니 모두에게 인사했습니다. 그 모습으로 보아 이 가게의 단골손님인 것 같았습니다. 손님들은 술을 꽤 마셨는지 벌건 얼굴로 껄껄 웃고는 유쾌하게 술잔을 부딪쳤습니다.
"자자, 같은 고향 여러분!"
아저씨가 선 채로 모두에게 말했습니다.
"여기 불쌍한 소년이 있습니다. 우리처럼 저 멀리 제노바에서 홀로 엄마를 찾아 온 소년이지요. 아 그런데, 고생 끝에 부에노스아이레스에 도착하고 보니, 엄마는 이미 다른 곳으로 이사를 갔다지 뭡니까. 코르도바에 있다는 말을 듣고 사흘 밤낮에 걸쳐 로사리오까지 찾아왔는데 말입니다. 달랑 소개장 한 통만 들고요. 그런데 찾아간 그 집에서는 그 사람을 만나기는커녕 욕만 실컷 얻어먹었답니다. 그건 우리나라를 모욕한 겁니다. 그리고 가엾게도 땡전 한 푼 없이 여기서 갈 길을 잃었답니다. 이 애는 아주 건강해요. 이렇게 튼튼합니다. 이 애가 무사히 코르도바까지 갈 수 있는 방법이 없을까요? 같은 고향 사람들이 이렇게나 많이 있는데 이 애를 이대로 길 잃은 개처럼 모른 척할 겁니까?"

"오오, 말도 안 되지!"

"절대로 그렇게 두지 않겠소!"

모두 주먹으로 탁자를 쾅쾅 치며 저마다 소리쳤습니다.

"우리 고향 사람이라고!"

"자, 이리 오렴, 꼬마야."

"여기 이민 와 있는 우리들이 옆에 있다."

"봐, 꽤 귀엽게 생겼는데!"

"형제들, 조금씩이라도…… 돈을 모읍시다."

"오오, 물론 그래야지!"

"기특하구나, 혼자서 여기까지 오다니. 그 용기가 대단해!"

"자, 한잔해, 형제!"

"우리가 반드시 엄마 곁으로 보내줄 테니 안심해라!"

사내들은 그렇게 말하며 마르코의 볼을 가볍게 꼬집고, 어깨를 다정하게 다독이며 보따리를 내려 주었습니다. 이윽고 다른 탁자에 있던 손님들도 달려왔습니다. 아저씨의 모자에는 순식간에 돈이 가득 모였습니다. 마르코가 넉넉히 쓰고도 남을 만큼 많은 돈이었습니다.

사내들이 마르코에게 술잔을 내밀며 말했습니다.

"어떠냐, 아르헨티나에는 말이 통하는 사람들만 있지?"

"자, 꼬마야, 한잔 더 마셔라."

"네 엄마를 위해 건배!"

모두 하늘 높이 술잔을 들었습니다. 마르코도 함께 외쳤습니다.

"건배! 우리……."

마르코는 기쁨의 눈물이 솟구쳐 올라 그 다음 말을 이을 수가 없었습니다. 술잔을 탁자에 놓고 "고맙습니다, 아저씨! 정말 고맙습니다, 여러분!" 외치며 아저씨의 목에 매달렸습니다.

6

이튿날 아침, 마르코는 해가 뜨기 전에 코르도바로 떠났습니다. 마르코의 얼굴에는 행복한 예감만이 가득해 웃음꽃이 활짝 피어 있었습니다.

그러나 대자연의 음침한 표정 앞에서는 그것도 오래가지 못했습니다. 하늘은 잿빛으로 무겁게 가라앉아 있었습니다. 열차는 끝없는 평원을 덜컹대며 쉬지 않고 달렸습니다. 마르코는 환자를 나르는 기다란 기차에 홀로 있는 것 같았습니다. 오른쪽, 왼쪽 어디를 봐도 창밖에는 거친 들판만이 끊임없이 이어졌습니다. 사람이 사는 흔적은 조금도 없었습니다. 뒤틀린 줄기와 가지를 가진 낮은 나무들만이 군데군데 자라 있었습니다. 태어나 처음 보는 그 나무들은 초조함과 불안함 때문인지 더욱 무섭게 보였습니다. 때때로 나타나는 무성하고 쓸쓸한 숲속은 아주 큰 무덤 같이 보였습니다. 30분쯤 졸다가 깨도 주위에는 똑같은 풍경이 펼쳐지고 있을 뿐이었습니다.

어떤 역이든 세상에서 잊혀진 듯 덩그러니 서 있었습니다. 열차가 서도 사람 목소리 하나 들리지 않았습니다. 마르코는 사막 한가운데 버려진 열차 안에 홀로 남겨진 기분이었습니다. 역에 도착할 때마다 '혹시 여기가 마지막일지도 몰라. 이 앞은 사람도 살지 않는 무서운 미개지인 거야' 이런 생각이 들었습니다. 뭐가 나타날지 모르는 낯선 땅으로 억지로 끌려가는 듯했습니다.

마르코의 얼굴에 얼음처럼 차가운 바람이 와 닿았습니다. 그렇습니다. 그곳은 지구의 반대편이었습니다. 제노바를 떠난 것이 4월 마지막 주. 남아메리카에 도착할 무렵에 겨울이 되리라고는 생각도 하지 못했습니다. 그래서 마르코는 여름옷밖에 없었습니다. 몇 시간

MASA

쯤 지나자 뼛속까지 시렸습니다. 그러나 그동안의 피로와 불안감에 잠 못 이루는 나날이 이어진 탓에, 마르코는 어느새 곤히 잠들었습니다.

예상치 못한 추위 탓에 마르코는 감기에 걸렸습니다. 이번에는 '이대로 죽어 버리는 건 아닐까……' 하는 말할 수 없는 공포심이 몰려왔습니다. '이대로 죽으면, 황량한 대평원 한복판에 내던져져 들짐승들의 먹이가 되겠지' 마르코는 여행 도중에 본 말과 소의 시체처럼, 자신도 눈을 돌리고 싶어지는 참혹한 모습으로 갈기갈기 찢길지도 모른다는 생각이 들었습니다.

마르코의 상상은 차츰 어두운 쪽으로 흘러갔습니다. '엄마를 찾을 수 있을까? 어렵게 도착했는데 또 없으면? 엄마가 벌써 죽었다면?' 그런 생각 속에서 마르코는 다시 잠에 스르르 빠졌습니다.

꿈속에서 마르코는 코르도바에 있었습니다. 마르코를 둘러싼 문과 창문에서 '너희 엄마는 없다! 이미 죽었다!' 외치는 소리가 나서 두려움에 떨며 눈을 떴습니다.

객차 안쪽에 화려한 색깔의 숄을 두르고 수염이 텁수룩한 남자 세 명이 보였습니다. 그들은 마르코를 보며 뭐라고 속닥거리고 있었습니다. 마르코는 순간적으로 죽음의 위험을 느꼈습니다. 추위와 불안감에 공포가 더해져 마르코의 머릿속은 몹시 혼란스러웠습니다.

세 사람은 다시 마르코를 뚫어지게 바라봤습니다. 그 가운데 한 사람이 이쪽으로 다가왔습니다. 마르코는 더는 참지 못하고 그 남자에게 먼저 달려들었습니다. 그리고 두 팔을 활짝 벌리고 이렇게 소리쳤습니다.

"난 아무것도 가진 게 없어요! 그냥 불쌍한 아이예요. 이탈리아에서 엄마를 찾아 왔어요! 혼자서요. 그러니까 날 해치지 말아요!"

생각지도 못한 말이 갑자기 자기 입에서 튀어나오자 마르코는 당황했습니다. 세 사람은 이탈리아인은 아니었지만, 마르코의 말을 이해한 것 같았습니다. 그리고 어린 마르코가 불쌍했는지, 다정하게 쓰다듬으며 낯선 말로 뭐라고 위로해 주었습니다. 마르코가 추워서 이를 딱딱 부딪치는 걸 보고는 안심하고 자라는 듯이 자신들의 숄을 살며시 덮어 주었습니다.

마르코는 그제야 편안히 잠들 수 있었습니다. 그들이 다시 깨웠을 때, 그곳은 코르도바였습니다.

7

'아, 다행이다!'

마르코는 가슴을 쓸어내리며 크게 심호흡했습니다. 세 사람에게 작별인사를 한 마르코는 기차에서 기운차게 뛰어 내렸습니다.

역무원에게 메키네스 씨의 집을 물으니, 교회 옆집이라고 가르쳐 주었습니다. 날은 이미 캄캄해져 있었습니다. 마르코는 달렸습니다.

마을 중심가에 도착하자 쭉 뻗은 길이 나왔습니다. 지붕이 낮은 하얀 집이 늘어선 끝없는 길이었습니다. 마치 로사리오로 돌아간 것 같았습니다. 그러나 사람들은 그리 많지 않았고, 몇 개 안 되는 가로등의 어슴푸레한 불빛 때문에 어쩌다 마주친 사람들의 얼굴은 짙은 초록색으로 보였습니다.

멈춰 서서 위를 쳐다보자, 이탈리아에서는 본 적도 없는 기묘한 형태의 교회가 밤하늘에 검은 그림자처럼 우뚝 솟아 있었습니다. 그리고 온 마을에는 어둠에 싸인 듯한 고요한 모습이 이어졌습니다. 하지만 이제 막 넓은 들판을 가로질러 온 마르코에게는 그것도 조금은 활기차게 느껴졌습니다.

도중에 한 신부님을 만나 길을 물은 덕에 다행히 교회 옆집은 금방 찾을 수 있었습니다.

마르코는 떨리는 손으로 초인종을 눌렀습니다.

'엄마를 만날 수 있어!' 그렇게 생각하자 마르코는 당장에라도 심장이 마구 튀어나올 것만 같았습니다. 심장 고동 소리가 들리는 듯하자 마르코는 저도 모르게 가슴을 지그시 눌렀습니다.

등불을 손에 든 할머니가 문을 열었습니다. 마르코가 뭐라고 말해야 좋을지 몰라 우물쭈물하고 있으니, 할머니가 누굴 찾아 왔느냐고 스페인어로 물었습니다.

"저…… 메키네스 씨를……."

그러자 할머니가 팔짱을 끼고 고개를 절레절레 가로저으며 말했습니다.

"맙소사, 너도냐? 메키네스 씨라고? 이제 진절머리가 나는구먼. 벌써 석 달 동안이나 너도나도 메키네스 씨를 찾으니, 원! 신문에 광고를 냈는데도 말이야. 아니면 '메키네스 씨는 투쿠만으로 이사갔습니다' 이렇게 벽보를 써서 모퉁이마다 붙여야 하나?"

마르코는 크나큰 충격을 받았습니다. 그리고 그 충격은 곧 거센 분노로 바뀌었습니다. 할머니가 말을 마치기도 전에 마르코의 입에서는 쉴 새 없이 말이 튀어나왔습니다.

"도대체 이게 뭐야! 엄마를 만나지 말고 길거리에서 죽으란 말인가? 아! 머리가 돌아 버릴 것 같아! 그래, 차라리 죽어 버리자! 아, 하느님!" 그러다가도 다시 돌변해서 말했습니다. "……그 마을이 어디죠? 이름이 뭐라고요? 여기서 얼마나 가야 하죠……?"

"……쯧쯧…… 불쌍한 것…… 여간 먼 거리가 아닌데…… 대충 어림잡아도 4, 500마일은 될걸……."

할머니는 마르코를 가엾게 여기며 대답했습니다.

"그럼 전…… 이제 어떻게 해야 하죠……?"

마르코는 손에 얼굴을 묻고 울먹이며 물었습니다.

"안 됐지만…… 어떻게 하면 좋을지…… 나도 잘…… 아, 그렇지! 좋은 생각이 났어! 그렇지, 그래. 이 거리를 오른쪽으로 돌아 세 번째 건물에 카파타스라는 상인이 산다. 그 남자가 내일 아침 마차와 황

소를 끌고 투쿠만으로 떠난다고 들었어. 그 대장에게 부탁해 보렴. 뭐든지 시키는 대로 하겠다고 해. 모르긴 몰라도, 너 하나 태울 자리쯤은 있을 거다. 자, 어서 가봐."

마르코는 보따리를 얼른 줍고, 고맙다는 말도 하는 둥 마는 둥 하고 서둘러 달려갔습니다.

몇 분 뒤, 마르코는 가로등이 밝게 비추는 으리으리한 저택 앞에 서 있었습니다. 서커스 이동마차 같은 짐마차 위에서 수많은 사내가 밀가루 포대를 쌓고 있었습니다. 둥근 포장이 덮인 짐마차에는 마르코 키만큼이나 커다란 바퀴가 달려 있었습니다. 그 옆에는 키가 크고 콧수염을 기른 남자가 그들에게 일을 시키고 있었습니다. 무릎까지 올라오는 부츠에 하얀색과 검정색이 섞인 망토를 입은 그 사람에게 마르코는 쭈뼛쭈뼛 다가가 떨리는 목소리로 말했습니다.

"저기, 부탁이 있는데요. 절 짐마차에 태워 주실래요? 전 이탈리아에서 엄마를 찾아 왔어요."

주인 카파타스가 마르코를 위아래로 쓱 훑어보더니 퉁명스럽게 말했습니다. "빈자리 따위는 없다!"

"돈이라면, 보세요, 여기 얼마든지 갖고 있어요. 다 드릴게요. 그리고 시키는 대로 뭐든지 할게요. 소한테 먹일 풀이랑 물도 줄게요. 어떤 일이든 상관없어요. 빵만 조금 먹여 주시면 충분해요. 부탁이에요. 절 태워 주세요, 어르신!"

마르코는 두 손을 모으고 간절히 부탁했습니다. 주인은 마르코의 몹시 간절한 표정을 보고 이번에는 조금 목소리를 누그러뜨려서 말했습니다.

"안 됐지만…… 빈자리는 없다. 게다가…… 우린 투쿠만으로 가지 않아. 목적지는 산티아고 델 에스테로라는 다른 마을이야. 가는 길에 널 두고 갈 수도 없는 노릇이고, 거기서는 걸어서 꽤 먼 거리란 말이다."

"그 두 배라도 걸을 수 있어요!" 마르코는 소리 높여 외쳤습니다. "걸어갈 수 있다니까요. 걱정하지 마세요. 무슨 일이 있어도 반드시 갈 거예요. 자리는 아주 조금만 내어 주셔도 돼요. 어르신! 제발 절 이대로 두고 가지 마세요."

"20일이나 되는 길고 힘든 여행이다."

"어떤 것이든 견디겠어요."

"중간부터는 혼자 여행해야 하는데도?"

"괜찮아요! 엄마를 만날 수만 있다면요! 제발 절 버리지 마세요!"

주인은 석유등으로 마르코의 얼굴을 비췄습니다. 애원하는 그 눈빛이 너무도 진지해서, 잠시 생각한 뒤 말했습니다. "뭐, 좋다."

"고맙습니다!" 마르코는 저도 모르게 주인의 손을 잡고 자기 뺨에 비볐습니다.

"오늘밤은 짐마차에서 푹 자라. 내일 새벽 4시에 깨우러 올 테니까."

그리고 주인은 스페인어로 잘 자라는 말을 남기고 떠났습니다.

8

새벽 4시. 아직 어둑어둑한 하늘 아래서 짐마차의 기다란 행렬이 시끄러운 소리를 내며 움직이기 시작했습니다. 여섯 마리의 황소가 끌고, 교대로 마차를 끌 소들이 그 뒤를 따랐습니다. 아직 잠이 덜 깬 마르코는 다른 짐마차로 옮겨가 다시 깊은 잠에 빠졌습니다. 이윽고 눈을 떴을 때는 해가 이미 하늘 높이 떠 있었습니다.

마차들은 사람이 없는 곳에 멈춰 섰습니다. 페오네스라고 불리는 남자들은 모닥불을 둘러싸고 둥그렇게 앉아 송아지를 통째로 구웠습니다. 거센 바람이 불어와 불을 활활 태웠습니다. 송아지는 땅에 똑바로 박아 세운 칼에 꽂혀 있었습니다.

마차에 탄 남자들은 늘 행동을 함께 했습니다. 식사도 잠도 행진도 군대처럼 규칙적으로 이어졌습니다. 아침 5시에 떠나 9시에는 일단 휴식을 취하고, 오후 5시에 다시 출발하여 10시에 정지하는 생활이 날마다 반복됐습니다. 페오네스들은 말에 앉아 기다란 채찍을 들고 소를 몰며 씩씩하게 행진했습니다. 마르코는 고기를 굽기 위한 불을 지피고, 소와 말에게 먹이를 주고, 석유등 청소부터 물 긷기까지 부지런히 일했습니다. 아무것도 생각하지 않았으며, 주위 경치도 전혀 눈에 들어오지 않았습니다. 그저 멍하니 하루하루를 보낼 뿐이었습니다.

키가 작은 갈색 나무만이 무성한 커다란 숲과 빨간 벽돌집들이 늘어선 마을, 옛날에는 소금물이었던 호수가 말라 소금이 하얗게 빛나는 저지대를 지나는 여행은 가도 가도 끝없이 이어졌습니다. 외로움과 정적만이 길동무였습니다. 가끔 두세 명 지나가는 여행자와 마주쳤지만, 그들은 말무리와 함께 바람처럼 금세 사라졌습니다. 매일매일 똑같은 날이 되풀이되었습니다. 제노바에서 배를 타고 올 때와 똑같았습니다. 끝없이 지루하고 긴 하루하루였습니다. 맑은 하늘이 그나마 위로가 되어 주었습니다.

그런데 페오네스들은 마르코를 갈수록 차갑게 대했습니다. 그리고 마치 자신들의 노예처럼 함부로 대하면서 뭐든지 시켰습니다. 그 가운데에는 마르코를 위협하고 거친 말로 명령하면서, 여물통을 나르게 하고 멀리까지 물을 길러 보내는 사람도 있었습니다.

마침내 마르코는 지쳐버렸습니다. 게다가 밤에는 짐마차가 심하게 흔들리고 수레바퀴가 삐걱대는 소리 때문에 좀처럼 잠을 잘 수가 없었습니다. 또 바람이 불면, 고운 흙들이 짐마차를 덮쳐 눈이며 귀, 속옷 안까지 들어왔습니다. 눈도 뜰 수 없고 숨도 쉬지 못할 만큼 괴로웠습니다. 잠이 부족해 마르코의 정신력도 바닥을 드러냈습니다. 옷은 다 헤지고 땀에 절어 있었습니다. 아침부터 밤까지 터무니없는 잔소리를 들어야만 했습니다. 마르코는 날이 갈수록 쇠약해져 갔습니다. 주인이 가끔 따뜻한 말을 건네주러 오지 않았다면 완전히 절망에 빠졌을 것입니다.

마르코는 가끔씩 아무도 보지 않을 때 마차 구석으로 가서 보따리에 얼굴을 묻고 울었습니다. 그 보따리에는 이제 누더기밖에 들어 있지 않았습니다. 아침에 눈을 뜰 때마다, 몸은 더 약해져 있었고 절망감은 더 심해졌습니다. 눈앞에 펼쳐지는 진흙 밭 같은 끝없고 삭막한 평원을 볼 때마다 마르코는 마음속으로 중얼거렸습니다.

'아아, 이걸로 모든 게 끝일지도 몰라. 이대로라면 오늘밤까지 살아 있을 수 없을 것 같아. 난 이대로 죽는 거야. 엄마도 만나지 못하고!'

피로는 갈수록 쌓이고, 나쁜 사람들의 괴롭힘은 갈수록 더 심해졌습니다. 어느 날 아침, 페오네스들은 주인이 없는 틈을 타서 마르코를 심하게 구타했습니다. 물을 늦게 길어 왔다고 트집을 잡은 것입니다. 그 뒤에도 기회만 있으면 마르코에게 일을 시키고는 이렇게 소리치며 때렸습니다.

"이 떠돌이 새끼, 이거나 먹어라!"

"하나 더! 이건 네 엄마 몫이다!"

마르코는 더는 견디지 못하고 끝내 드러눕고 말았습니다. 사흘이나 높은 열에 시달렸습니다. 담요로 몸을 둘둘 만 채, 움직이지도 일어나지도 못했습니다. 페오네스들은 병이 난 그를 돌봐주지도 않았습니다. 가끔 주인만이 마르코에게 물을 갖다 주고 맥을 짚으러 왔습니다. 그러나 마르코는 이제 정말 끝이라는 생각에 그리운 엄마의 이름을 몇 번이고 계속해서 불렀습니다.

"엄마! 도와줘요! 빨리 날 만나러 와요. 전, 이제, 죽어요! 그러면 엄마, 우린 이제, 영원히 만날 수 없어요!"

그리고 속으로 두 손을 모으고 기도했습니다.

주인의 정성어린 간호 덕분에 병도 서서히 나아 며칠 뒤에는 완전히 회복했습니다.

그러나 겨우 건강을 되찾은 마르코 앞에는 더 혹독한 날이 기다리고 있었습니다. 정말로 외톨이가 되는 날이었습니다. 2주일이 넘도록 이어진 여행도 드디어 투쿠만과 산티아고로 나뉘는 갈림길에 닿은 것입니다.

주인은 안타까운 얼굴로 마르코에게 앞으로 어떤 길로 가야할지 자세히 설명해 주었습니다. 그리고 걷는 데 방해가 되지 않도록 보따리를 어깨에 단단히 매 주었습니다. 마르코는 가슴이 꽉 막히고 목에 메어서 고맙다는 말도 나오지 않았습니다. 그저 주인의 팔에 조용히 얼굴을 묻었습니다. 그러자 주인은 마르코에게 작별인사를 하고 솟구치는 눈물을 보이지 않으려는 듯이 몸을 홱 돌려 가 버렸습니다.

마르코에게 그토록 못되게 굴었던 페오네스들도 그제야 조금은

안쓰러운 마음이 들었는지, 혼자가 된 마르코가 멀어질 때는 손을 흔들며 인사해 주었습니다. 마르코도 손을 들어 인사하며, 짐마차 무리가 대평원의 붉은 흙먼지 속으로 사라질 때까지 꼼짝 않고 서서 지켜보았습니다.

그러다가 이윽고 터벅터벅 걷기 시작했습니다.

9

무거운 다리를 끌면서 걷는 길에는 불안과 외로움 뿐이었습니다.

그래도 마르코에게 위안이 되는 것이 딱 하나 있었습니다. 끝없이 똑같은 풍경만 이어지는 평원을 걷다보니, 꼭대기에 하얀 눈을 덮어 쓴 산이 우뚝 솟아 있는 게 이따금 저 멀리 보이는 것이었습니다. 그것은 고향에 있는 아페닌산맥을 떠오르게 해 주었습니다. 그래서인지 이탈리아로 돌아온 기분이 들었습니다……. 하지만 그것은 아메리카 대륙의 등줄기에 해당하는 안데스산맥이었습니다. '불의 대지'라 불리는 푸에고섬에서 북극의 빙하까지 위도 110도 길이에 걸쳐 기다랗게 뻗은 산맥입니다. 더불어, 차츰 따뜻해지는 날씨도 기운을 북돋워 주었습니다. 북쪽으로 가면서 열대 지방과 점점 가까워지고 있었기 때문입니다.

군데군데 예쁜 집들도 보이기 시작했습니다. 작은 가게를 발견해 먹을 것을 샀습니다. 말을 탄 사람이 지나치기도 하고, 심각한 얼굴로 땅바닥에 주저앉은 여자와 아이들이 보이기도 했습니다. 누런빛 얼굴에 눈꼬리가 올라가고 광대뼈가 튀어나온 사람들. 마르코는 처음 보는 얼굴이었습니다. 그들은 마

르코를 뚫어지게 바라보고는, 마치 태엽 인형처럼 고개만 천천히 돌려서 끝까지 마르코를 눈으로 쫓았습니다. 인디언들이었습니다.

첫날은 힘이 닿는 데까지 걷다가 나무 아래에서 잠을 잤습니다. 그 바람에 이틀째는 너무 지쳐서 조금밖에 걷지 못했습니다. 신발은 너덜너덜해져 어느새 가죽이 벗겨졌습니다. 제대로 된 음식을 먹지 못해 속도 좋지 않았습니다. 게다가 밤은 더 무서웠습니다. 이탈리아에 있을 때, 이 나라에는 뱀이 득실득실거린다고 들었기 때문입니다. 밤이 되면, 그 뱀들이 여기저기 돌아다닐 것만 같은 생각에 마르코는 저도 모르게 도망치기도 했습니다. 그리고 가끔 그런 자신이 한심해서, 훌쩍훌쩍 울기도 했습니다.

'아아, 난 정말 겁쟁이야. 이런 모습을 엄마가 보시면 얼마나 슬퍼하실까.'

이런 생각을 하면 신기하게도 다시 용기가 샘솟았습니다. 그 다음부터 마르코는 두려움을 쫓으려고 엄마 생각을 하면서 걷기로 했습니다. 엄마가 제노바를 떠나면서 마르코에게 마지막으로 했던 말, 어렸을 때 이불을 다시 덮어 주던 다정한 손길, "잠시만 이러고 있자" 하시며 마르코를 안아 올려 이마와 이마를 맞대고 곰곰이 생각에 잠기는 모습을 떠올렸습니다. 속으로 '엄마, 언젠가 꼭 만나요! 그리운 엄마! 이 괴로운 여행도 언젠가는 반드시 끝나겠지요, 엄마!' 말하고는 다시 걸음을 옮겼습니다. 태어나 처음 보는 이상하고 신기한 형태의 나무 사이를, 사탕수수 밭을, 대초원을 계속해서 걸었습니다. 눈앞에는 푸른 산들이 있었습니다. 높은 꼭대기가 맑은 하늘을 찌를 듯이 우뚝 솟아 있었습니다.

나흘, 닷새가 지나고, 일주일이 지나자, 마르코의 체력은 빠르게 떨어지고, 발에서는 피가 배어나왔습니다. 그러던 어느 날 저녁, 투쿠만까지는 앞으로 5마일밖에 남지 않았다는 소리를 들었습니다. 너무 기뻐서 "야호!" 소리가 절로 나왔습니다.

그러자 사라져가던 기운이 거짓말처럼 되돌아와서 자연스레 걸음이 빨라졌습니다. 그러나 그것도 한순간이었습니다. 갑자기 힘을 잃고 도랑에 발이 걸려 풀썩 쓰러지고 만 것이었습니다. 그래도 마르코의 마음은 이상하게 행복으로 가득 찼습니다. 가슴이 두근두근 뛰었습니다. 이제껏 하늘에서 빛나는 별이 이토록 아름답다고는 생각해 본 적도 없었습니다. 풀숲에 드러누워 황홀하게 바라보고 있으니 솔솔 불어오는 바람에 잠이 쏟아져왔습니다.

'틀림없이 엄마도 어딘가에서 같은 별을 보고 있겠지.'

그러자 마르코의 입에서는 저도 모르게 말이 튀어나왔습니다. "엄마, 지금 어디서 뭘 하세요? 제 생각은 하세요? 저, 이제 이렇게 가까이에 와 있어요."

10

가엾은 마르코, 별을 바라보며 엄마에게 말을 걸어도, 이제 걸을 힘이 얼마 남아 있지 않았습니다. 하지만…… 그때, 엄마에게 무슨 일이 일어났는지 알았다면…… 마지막 힘을 쥐어짜서라도 계속 걸었을 것입니다. 그리고 조금 더 빨리 엄마 곁에 다가갔을 것입니다!

그즈음 마르코 엄마는 도대체 어디서 무엇을 하고 있었을까요?

사실 그 무렵, 마르코 엄마는 메키네스 씨의 집 침대에서 큰 병과 싸우고 있었습니다. 메키네스 일가는 가족처럼 정성껏 어머니를 돌봤습니다. 어머니는 이 집이 부에노스아이레스에서 갑자기 이사하게 되었을 때부터 이미 건강이 안 좋았습니다. 메키네스 씨는 코르도바의 좋은 공기를 마시면 틀림없이 좋아질 거라고 생각해서 어머니를 데리고 온 것이었습니다. 그렇지만 안타깝게도 어머니는 이사를 와서도 건강을 되찾지 못했습니다.

제노바에 있는 가족에게서 소식이 끊긴 것도 병을 악화시켰습니다. 어머니는 뭔가 안 좋은 일이 일어난 건 아닐까 걱정이 이만저만이 아니었습니다. 끝내 수술이 필요한 지경에 이르렀습니다. 어머니는 벌써 보름 넘게 앓아누워 있었습니다. 그대로 내버려 두었다가는 죽을 지도 모를 만큼 심각한 상태였습니다. 메키네스 부부는 하루 빨리 수술을 받으라고 설득했지만, 어머니는 울면서 끝끝내 거절했습니다.

어머니는 투쿠만의 유명한 의사에게도 진찰을 받았습니다. 그 의사도 수술 말고는 다른 방법이 없다고 했지만, 어머니는 "아니요, 이제 수술을 견딜 만한 체력도 없어요. 다정하신 주인님, 그리고 주인마님, 마음은 정말 고맙습니다. 하지만 수술을 받다가 죽기는 싫어요. 이대로 죽는 편이…… 제 인생은 다 끝났어요. 두고 온 가족에게 무슨 일이 생겼는지 알리기 전에 죽는 편이 차라리 나아요. 이제 목숨 따위는 아깝지 않아요" 이렇게 중얼거릴 뿐이었습니다.

하지만 부부는 끈질기게 설득했습니다.

"그런 생각은 그만둬요. 용기를 내세요. 제노바에 있는 가족에게 편지를 막 보냈으니 곧 답장이 올 거예요. 그러니 꼭 수술을 받으세요. 알겠죠? 아들들을 슬프게 하면 안 되잖아요!"

아들들이라는 말을 듣자, 어머니는 더욱 슬픔에 빠져 두 손에 얼굴을 파묻고 와락 울음을 터트렸습니다. 어머니는 아들들 생각만 하면 가슴이 아팠던 것입니다.

"오오, 우리 아들들! 소중한 내 아들들! 죽은 게 틀림없어! 차라리 나도 같이 따라가겠어! 아아, 참으로 다정하신 주인마님, 진심으로 감사드려요. 하지만 이젠 정말이지 죽고 싶어요. 수술을 받아도 좋아지진 않겠죠. 그건 제가 누구보다 잘 알아요. 이제까지 잘해 주셔서 참 고마웠습니다, 주인님, 주인마님. 아무리 의사 선생님이 계셔도 소용없어요. 여기서 죽는 게 제 운명인 걸요. 벌써 각오하고 있답니다."

그러나 메키네스 부부는 그녀를 격려하며 그녀의 손을 맞잡고서

"그런 소리는 하지 말라니까!" 속상한 마음에 몇 번이나 같은 말을 반복했습니다.

어머니는 죽은 듯이 축 늘어져서 눈을 감고 그대로 잠이 들어 버렸습니다. 메키네스 부부는 한참 동안 그녀의 잠든 얼굴을 바라보았습니다. 그리고 그들은 작고 희미한 등잔불 아래서 '이렇게 당차고 불쌍한 엄마가 또 있을까' 생각했습니다. '가족을 먹여 살리겠다고 이탈리아에서 6천 마일이나 떨어진 이 나라까지 왔는데, 이래서는 죽기 위해 찾아온 사람 같잖아! 쯧쯧, 불쌍한 사람. 이 세상에 이 사람만큼 불행한 사람이 또 있을까? 이렇게 성실하고 고운 마음을 가진 사람인데!'

11

그 무렵, 마르코는 날도 밝기 전에 힘들게 일어나 무거운 다리를 끌면서 투쿠만으로 떠났습니다. 마르코는 보따리를 어깨에서 내리고 등을 잔뜩 움츠린채 정신력만으로 버텼습니다.

투쿠만은 아르헨티나 공화국에서도 생긴 지 얼마 안 된, 활기찬 마을이었습니다. 하지만 고생 끝에 그 마을에 다다른 마르코의 눈에는 이제까지 죽도록 걸어온 코르도바나 로사리오, 부에노스아이레스처럼 보였습니다.

똑바로 이어진 기다란 길, 낮은 지붕과 하얀 집이 끝없이 이어졌기 때문입니다. 그러나 그 주위에는 신기하고 멋진 나무가 줄지어 서서 좋은 향기를 내뿜고 있었습니다. 또 하늘은 맑게 개어 따가운 햇살이 마르코를 감쌌습니다.

길을 걷다 보니, 부에노스아이레스에 처음 도착했을 때처럼 몸이 뜨거워지는 것을 느꼈습니다. 마르코는 집집마다 창문과 문을 빠짐없이 살피면서 걸었습니다. 지나가는 여자와 얼굴을 마주할 때마다 '혹시 엄마가 아닐까?' 간절한 바람을 가지고 쳐다보며 걸었습니다.

"우리 엄마를 모르세요?"

만나는 사람마다 붙들고 묻고 싶은 것을 간신히 참았습니다.

한 사람이 문간에 서서 마르코를 뚫어지게 바라봤습니다. 그 사람의 눈에 비친 마르코는 다 찢어진 옷을 입은 꼬질꼬질한 소년이었습니다. 그러니 멀리서 온 이방인임을 한눈에 알아본 것이겠지요. 마르코는 믿을 만한 사람을 찾아내서, 엄마가 있는 곳을 묻기로 마음먹었습니다. 하지만 다시 저번처럼 무서운 대답이 돌아올까 봐 용기가 나지 않았습니다. "여긴 없다!" 이런 차가운 대답 말입니다.

문득 간판을 쳐다보니, 가게 이름이 이탈리아어로 쓰여 있었습니다. 안을 들여다보자, 안경을 낀 남자와 여자가 있었습니다. 마르코는 살그머니 다가가 심호흡한 뒤 물었습니다.

"실례합니다…… 아저씨. 메키네스 가족이 어디에 사는지 아세요?"

"기사 메키네스 씨 말이냐?"

가게 주인이 스페인어로 되물었습니다.

"네, 그 메키네스 씨요……."

마르코가 머뭇거리며 조그맣게 대답했습니다.

"그 사람이라면 투쿠만에 없다."

"아—아!"

마르코는 칼에 찔린 듯이 날카로운 비명을 질렀습니다. 당장에라도 죽을 것 같은 그 목소리는 가게 안에 메아리쳤습니다. 가게에 있던 사람들이 놀라서 벌떡 일어났습니다. 비명을 듣고, 밖에서도 많은 사람이 뛰어 들어왔습니다.

"뭐야, 뭐야! 왜 그러냐! 응? 꼬마야!"

주인이 놀라서 마르코를 가게 안으로 끌고 들어가 앉혔습니다.

"그렇게 실망할 것 없단다! 메키네스 가족은 여기엔 없지만, 안심해도 된다. 여기서 그렇게 멀지 않은 곳에 있으니까. 여기서 몇 시간만 가면 되는 곳에 말이야."

“그게 어딘데요? 어떻게 가면 되죠?”

마르코는 마치 다시 살아난 사람처럼 벌떡 일어나 외쳤습니다.

“여기서 15마일쯤 떨어진 강기슭이야. 거기에는 커다란 설탕 공장을 짓고 있는데 메키네스 일가는 바로 그곳에 산다. 메키네스 씨를 모르는 사람은 없지. 몇 시간만 걸어가면 도착할 거다.”

“내가 한 달 전에 다녀왔는데.”

마르코가 내지른 비명을 듣고 달려온 젊은이가 말했습니다. 마르코가 눈을 크게 뜨고 그 청년을 바라보더니 진지한 눈으로 애원하듯이 물었습니다.

“그 집에 가정부는 없었나요? 이탈리아 여잔데요.”

“제노바에서 온 사람? 아, 그런 사람이 있던데.”

마르코는 대답을 다 듣기도 전에 훌쩍거리다가, 그만 참지 못하고 왈칵 울음을 터트렸습니다. 그러면서도 자기가 우는 건지 웃는 건지 알 수 없었습니다. 그런 다음 얼굴을 들고 기운차게 말했습니다.

"서둘러야지! 이러고 있을 틈이 없어! 어떻게 가면 되죠? 당장 가야 해요! 길을 가르쳐 주세요!"

"하지만…… 너의 그 조그만 발로는 하루가 넘게 걸릴 텐데. 그리고 지금 넌 몹시 지친 것 같고. 내일 아침 떠나는 게…… 그래, 좀 쉬는 편이 좋겠어."

"아니요, 안 돼요! 일 초도 기다릴 수 없어요. 당장 출발하고 싶어요. 어떻게 가면 되나요? 가는 길에 죽는 대도 상관없어요!"

더 이상 무슨 말을 해도 마르코의 마음이 바뀌지 않으리란 것을 알자, 모두 "그래. 그렇다면 하느님이 너를 보호해 주실 거다" 이렇게 말했습니다.

"숲을 지나는 길에서는 더욱더 조심해라."

"힘내렴, 이탈리아 소년!"

그러면서 저마다 용기를 북돋워 주었습니다. 한 사람이 마르코를 마을 어귀까지 데려다 주었습니다. 무사히 도착할 수 있도록 이것저것 충고해 주고는 떠나가는 마르코를 지켜보았습니다.

몇 분 뒤, 보따리를 어깨에 메고 다리를 절면서 걷는 마르코의 모습은 울창한 나무 덤불 속으로 사라졌습니다.

12

앓아누운 마르코 어머니는 힘겨운 밤을 맞이하고 있었습니다. 혈관이 터지는 게 아닐까 싶을 만큼 격렬한 통증에 비명을 질렀고 잠깐씩 헛소리도 했습니다. 주위에서 간호하는 사람들은 발만 동동 구를 뿐이었습니다.

메키네스 부인도 몇 번인가 부름을 받고 달려갔습니다. '그녀가 수술을 받겠다고 결심해도, 이대로라면, 이미 늦었을지도 몰라.' 그녀를 지켜보던 사람들은 모두 이렇게 생각했습니다.

통증이 가라앉아도 여전히 어머니를 괴롭히는 것은 멀리 떨어진 가족에 대한 짙은 그리움이었습니다. 주위에서 지켜보는 사람들도 그것을 생생하게 읽을 수 있었습니다. 어머니는 삐쩍 마르고, 낯빛도 더 나빠졌습니다. 예전과는 완전히 다른 사람이 되어 머리카락을 마구 헝클어뜨리며 울부짖었습니다.

"아아, 하느님! 고향에서 멀리 떠나 아들들도 보지 못한 채 이대로 죽어야 하다니요! 불쌍한 내 새끼들, 엄마 없이 어찌 살까. 내 핏줄들! 우리 마르코! 그 애는 아직 어리고 몸도 작은데. 그렇게 착한 애를 두고 가야 한다니! 아아, 마님께서 그 애를 아신다면…… 제가 제노바를 떠날 때는 이승에서 작별인사를 하는 것처럼 제 목에 매달려 서럽게 울었지요. 그 애를 떼어 놓기가 얼마나 괴롭던지, 마치 창자를 끊어내는 심정이었답니다. 아아, 마르코! 가슴이 갈기갈기 찢어지는 것만 같았어요. 아아, 그때 그 애와 헤어지고서 바로 죽었다면! 하지만 만일 내가 죽으면, 날 그토록 그리워하고 필요로 하는 그 애에게 이 세상 어디에도 엄마라는 존재는 없는 게 되지! 마르코, 오오, 우리 마르코! 싫어요, 하느님! 전 죽고 싶지 않아요! 당장 선생님을! 선생님을 당장 불러 주세요. 부탁이에요. 선생님, 빨리 와 주세요! 제 몸을 빨리 열어 주세요! 미쳐 버려도 상관없어요. 목숨만 살려 주세요. 무슨 방법을 써서라도 고쳐 주세요. 살아서 그 애한테 달려가고 싶어요. 내일에라도, 아니, 지금 당장에라도. 선생님, 제발 절 살려 주세요. 살려 주세요!"

지켜보던 여자들은 점점 흥분하는 엄마의 손을 꼭 잡고서 다정하게 쓰다듬으면서 "괜찮아요. 하느님께서 꼭 지켜 주실 거예요" 안심시키듯 말하고 간절히 기도해 주었습니다.

하지만 어머니는 이제 하느님한테 무엇을 빌어도 들어주시지 않으리라 체념하고 있었습니다. 흰머리가 늘어난 머리카락을 쥐어뜯고 신음하며 갓난아기처럼 목 놓아 울 뿐이었습니다.

"오오, 나의 제노바, 우리 집, 그 바다, 우리 귀여운 마르코, 지금 어디에 있니? 마르코……" 어머니는 힘없이 중얼거렸습니다.

한편 마르코는…….

15마일은 지칠 대로 지친 마르코의 가냘픈 두 다리로는 엄청나게 먼 거리였습니다. 시계는 이미 자정을 가리키고 있었습니다. 그래도 몸에 채찍질을 해가며 숲길을 터벅터벅 걸어갔습니다.

밤하늘을 올려다보았습니다. 거대한 나무와 커다란 이파리가 달린 괴물 같은 이상한 식물이 저 높은 곳에서 가지를 맞대고 있는 것이 보였습니다. 그 가지는 달빛에 비춰 은은하게 빛났습니다.

마르코는 울창한 나무들의 모습에 꼼짝도 하지 못했습니다. 나무는 저마다 모양이 달랐습니다. 똑바로 뻗은 것, 휘어진 것, 뒤틀린 것, 그 가운데에는 서로 휘두르며 싸우듯이 기묘한 형태로 뒤얽힌 것도 있었습니다. 높은 탑이 그대로 쓰러진 듯한 커다란 나무도 눈에 들어왔습니다. 쓰러진 나무에는 다른 식물이 빽빽하게 자라서,

무리지어 서 있는 군중처럼 보였습니다. 굵은 창을 다발로 묶은 듯한 모양도 있었습니다. 가지가 하늘을 찌를 듯 높이 뻗어 있었기 때문입니다. 거대하고 기묘한 형태의 나무들, 그러한 자연이 만드는 신비로운 풍경은 태어나 처음이었습니다.

그 모습에 침을 꿀꺽 삼킨 마르코지만, 마음은 곧 엄마에게 향했습니다. 무시무시한 숲속에서 마르코는 지금 혼자였습니다. 몸은 지치고, 욱신욱신 쑤시는 발에서는 피가 흘러 나왔습니다. 이따금 만나는 것이라고는 드문드문 있는 집과 길거리에서 잠자는 송아지뿐이었습니다. 집은 거대한 나무와 비교하면 개미집처럼 조그맣게 보였습니다.

그러나 신기하게도, 마르코는 피곤하지 않았습니다. 혼자여도 무섭지 않았습니다. 드넓은 숲이 마르코를 용감하게 해 주었습니다. 엄마가 바로 코앞에 있다는 생각이 그에게 남다른 용기와 어른 못지않은 대담함을 준 것입니다. 괴로웠던 바다에서의 기억이 그에게 자신감을 심어 주었습니다. 며칠이나 이어진 괴롭힘을 이겨냈다는 긍지도 있었습니다. 마르코 안에 있는 제노바의 혼이 뜨겁게 타오르는 파도가 되어 흘러넘쳐 자연스레 얼굴을 높이 쳐들게 만들었습니다.

헤어진 날부터 오늘까지 2년 동안 그저 어렴풋하게만 떠오르던 엄마 얼굴이 갑자기 또렷하게 떠올랐습니다. 너무나 아름다운 엄마의 얼굴이 고스란히 되살아났습니다. 마르코 바로 옆에서 그 아름다운 얼굴이 빛을 내며 말을 걸어 왔습니다. 아주 짧은 순간동안 그 눈이 반짝하고 그 입술이 달막달막 움직인 것 같았습니다. 짧은 순간 나타났다 사라지는 그 모습과 마음씨가 등을 떠밀어 마르코는 걸음을 빨리할 수 있었습니다. 이루 말할 수 없는 애틋함이 마르코의 마음에 새로이 싹트고, 따뜻한 눈물이 조용히 뺨을 적셨습니다.

마르코는 저도 모르는 사이에 엄마에게 말을 걸었습니다. 달콤한 그 말은 곧 만나게 될 엄마의 귓가에 속삭이기 위한 것이었습니다.

"엄마, 드디어 왔어요! 보세요, 저예요. 이제 다시는 헤어지지 않을 거예요. 함께 돌아가요. 돌아가는 배 안에서는 엄마 옆에 꼭 붙어 있을게요. 이제 그 누구도 저에게서 엄마를 떼어놓지 못해요. 엄마가 살아 계시는 한!"

그런 상상을 하며 걸으니 넘치는 기쁨에 몸이 부르르 떨려왔습니다. 우뚝 솟은 나무들 위에서 은은히 빛나는 달빛이 새벽 어스름 속에서 점차 흐려졌습니다.

13

아침 8시. 메키네스 씨 집에는 아르헨티나 청년 의사가 마르코 어머니의 베개 맡에 조수를 데리고 와 있었습니다. 어머니에게 수술을 받으라고 마지막 설득을 하려는 것이었습니다.

어머니는 수술을 받아 하루라도 빨리 마르코를 보고 싶었지만, 막상 받으려고 하니 좀처럼 결심이 서지 않았습니다. 기운이 너무 없었기 때문입니다. 수술을 받다가 바로 죽을 것 같았습니다. 또 힘든 수술을 견뎌도 몇 시간밖에 살아 있지 못할 것만 같았습니다.

메키네스 부부가 입을 모아 열심히 설득했지만, 모두 소용없었습니다.

"절 믿으십시오. 반드시 수술을 성공하겠습니다. 부인은 틀림없이 살 거예요. 하지만 수술을 받지 않는다면, 유감스럽게도 부인의 목숨은 장담할 수 없습니다."

의사의 진정어린 설득도 지친 어머니의 마음을 움직이지 못했습니다.

"아니에요, 이제 됐어요. 저 같은 사람이 더 산다고 무슨 의미가 있겠어요? 고통을 견딜 용기도 없고요. 지금이라면 죽는 것도 두렵지 않아요. 고맙습니다, 선생님. 이게 제 운명이었어요. 조용히 죽게 해 주세요."

마르코 어머니는 단호하게 말했습니다.

의사는 안타깝다는 듯이 절레절레 고개를 저으며 설득을 포기했습니다. 그 누구도 더는 마르코 어머니의 마음을 돌리지 못할 것 같았습니다.

어머니가 메키네스 부인을 돌아보며 가녀린 목소리로 부탁했습니다.

"마님, 여기 얼마 안 되지만 돈하고 제 소지품이 있어요. 이걸 우리 가족에게 전달해 주세요. ……모두 건강하게 있는지 어떤지도 모르겠지만…… 전 이제 틀린 것 같아요. 부디 저 대신 편지를 써 주세요. 부탁이에요. '나는 한시도 당신들을 잊지 않았습니다. 가족을 위해 일하는 건 하나도 힘들지 않았습니다. 하지만 가족을 만나지 못하는 것은 너무너무 괴로웠습니다. 당신들을 위해 죽는 건 무섭지 않았습니다'라고요. '메키네스 부부를…… 남편을, 큰아들을, 마르코를 축복하면서 하느님께 갔다'고요. 마지막까지 제가…… 마르코를……."

여기까지 말하던 어머니는 갑자기 감정이 북받쳐 오른 듯 두 손을 마주잡고 외쳤습니다. "우리 마르코! 내 목숨!"

그러나 그때…… 눈물이 그렁그렁한 어머니 눈에도, 그곳에 메키네스 부부 모습이 보이지 않았습니다. 부인은 어느새 방에서 나가고 없었습니다. 메키네스 씨도 없었습니다. 남은 사람은 간호사 두 사람과 조수뿐이었습니다.

옆방에서 바삐 움직이는 발소리와 빠르게 뭐라고 말하는 작은 목소리, 그리고 숨죽여 놀라는 소리가 들려왔습니다.

몇 분 뒤, 의사와 메키네스 부부가 나타났습니다. 눈은 흐려도, 어머니는 그들의 흔들리는 표정에서 무슨 일이 일어났음을 알 수 있었습니다. 세 사람은 고개를 갸우뚱거리며 어머니의 얼굴을 살피더니 저희끼리 몇 마디 쑥덕거렸습니다. 의사가 메키네스 부인에게 "당장 데리고 와 주세요! 그 편이……" 이렇게 말한 것이 들렸습니다. 그렇지만 확실히 뭐라고 했는지는 알 수 없었습니다.

부인이 감동한 목소리로 말했습니다.

"당신한테 좋은 소식이 있어요. 아주 멋진 소식이죠. 그러니까 단단히 마음 준비를 하세요."

어머니는 가만히 누워 부인의 입에서 나올 다음 말만 기다렸습니다.

"참으로 기쁜 소식이에요." 부인이 흥분한 투로 말을 이었습니다.

"어떤 사람이 당신을 찾아왔답니다. 당신이 그토록 보고 싶어 했던……."

어머니는 고개를 번쩍 들고 눈을 빛내며 문을 바라봤습니다.

"놀랍게도, 그 사람이 지금 막 도착했어요!"

부인이 들뜬 목소리로 그렇게 덧붙였습니다.

"그게 누군데요?"

어머니는 귀신에 홀린 듯한 얼굴로 중얼거렸습니다…… 그리고 갑자기, 유령이라도 본 것처럼 벌떡 일어났습니다. 눈을 크게 뜨고 두 손으로 머리를 감싸 안은 채 문을 바라보며 소리를 질러댔습니다.

"오오, 하느님! 우리 마르코!"

놀랍게도 그곳에는 마르코가 찢어진 옷을 입고 먼지투성이가 되어 의사의 부축을 받고 서 있는 게 아니겠습니까!

마르코는 꿈에서조차 그리던 어머니 곁으로 달려갔습니다. 어머니는 비쩍 마른 두 팔을 뻗어, 있는 힘껏 마르코를 껴안았습니다.

부둥켜안은 두 사람은 무척이나 기뻐했습니다. 그리고 동시에 웃음을 터뜨렸습니다. 하지만 그 웃음은 곧 흐느낌으로 바뀌었습니다. 어머니는 베개에 얼굴을 묻고 서럽게 울었습니다. 그러다 다시 고개를 들고 "여기까진 어떻게 왔니? 왜 왔어? 혼자 왔니? 누가 데려다줬니? 몸은 건강해? 정말 우리 마르코 맞니? 설마 꿈은 아니지?"

쉴 새 없이 질문을 던지며 감격해서 외쳤습니다.
"마르코, 뭐라고 얘기 좀 해 다오. 아니, 아무 말도 안 해도 된다. 잠깐!"
그러고는 의사에게 말했습니다.
"서둘러 주세요! 어서요, 선생님! 전 꼭 나아야겠어요. 결심했어요. 일 초도 헛되이 쓰지 말아 주세요. 그리고 이 애는 제 비명을 듣지 못하게 밖으로 내보내 주세요. 부탁이에요."
그리고 다시 마르코에게 말했습니다.
"마르코, 아무것도 아니다. 걱정 안 해도 돼. 네 이야기는 나중에 천천히 들으마. 저쪽으로 가 있으렴. 선생님! 제발 부탁이에요."
마르코는 방 밖으로 끌려 나갔습니다. 의사와 조수만 남고, 나머지는 서둘러 방에서 나갔습니다. 문이 쾅 닫혀버렸습니다. 메키네스 씨는 마르코를 소리가 잘 들리지 않는 먼 곳으로 데려가려고 했지만, 마르코는 꼼짝도 하지 않았습니다.
"대체 무슨 일이죠? 우리 엄마한테 무슨 일이 있는 거예요? 엄마를 어쩌려는 거죠!"
메키네스 씨는 마르코에게 차근차근 설명했습니다.
"이제부터 내가 하는 얘기를 잘 들으렴. 네 엄마는 큰 병에 걸리셨어. 수술을 해야 한단다. 더 자세히 설명할 테니 나와 함께 가자."
"싫어요! 여기 있을래요. 여기서 말씀해 주세요!"
마르코는 제자리에 버티고 서서 단호하게 말했습니다. 그러나 메키네스 씨는 마르코를 억지로 끌고 나가려고 했습니다. '무서운 일이 일어나려는 거야!' 마르코는 갈수록 두려워졌습니다.
갑자기 고통에 찬 날카로운 비명이 울려 퍼졌습니다.
"아아, 엄마! 엄마가 죽은 거야!"
그때 의사가 나타나 말했습니다.
"안심해라! 너희 엄마는 이제 괜찮아!"

마르코는 의사를 보자마자 "선생님, 고맙습니다!" 인사하며 말하고는 의사의 발밑에 쓰러져 서럽게 울었습니다.

의사가 말했습니다.

"괜찮다, 일어나렴. 넌 참으로 용감하고 훌륭한 소년이야. 엄마를 살린 건 바로 너란다."

바로 그때 방에서 어머니의 가냘픈 목소리가 들려왔습니다.

"마르코……. 마르코."

문에 기대 서 있던 마르코의 눈에서는 눈물이 하염없이 흘러내렸습니다.

"엄마……. 엄마……."

그토록 그리워하던 엄마를 몇 번인가 부르더니, 마르코는 바닥에 그대로 쓰러졌습니다.

여름이 왔다

5월 24일(수)

5월의 주인공 제노바의 마르코는 1년 사이에 읽은 이달의 이야기 가운데 마지막에서 두 번째 주인공이다. 이제 남은 것은 6월의 소년 한 명뿐이다.

여름방학까지 월말고사가 두 번, 수업이 26일, 목요일 휴일이 여섯 번, 일요일이 다섯 번 남았다. 하지만 기분만은 벌써 학년말이다.

잎이 더욱 무성해지고 꽃이 활짝 핀 학교 뜰에 있는 나무들은 철봉 위로 시원한 그늘을 만든다.

우리는 모두 여름 교복으로 갈아입었다. 교실에서 마주친 애들이 몇 달 전과 어떻게 달라졌는지 살펴보면 무척 재밌다. 어깨까지 자란 머리를 시원하게 자르고, 양말은 짧아졌다. 옷깃도 시원해졌다. 각양각색 밀짚모자를 쓰고, 등에서는 리본이 팔랑거린다. 셔츠와 넥타이 색깔도 제각각이다.

신입생은 셔츠에 튀는 색깔의 헝겊 조각을 달고 있다. 한눈에 이름과 학년을 알 수 있도록 엄마들이 귀엽게 만들어서 꿰매 주신 것이다. 서두르느라 그랬는지 모자도 쓰지 않은 채 학교에 오는 애도 있고 흰 체육복을 입은 애도 있다. 데르카티 선생님 반에는 머리 위에서 발끝까지 빨갛게 입고 다니는 애가 있는데 마치 데친 새우 같다. 세일러복을 입고 다니는 애들도 많다.

하지만 미장이가 그중 가장 웃기다. 커다란 밀짚모자는 전구에

씌운 갓처럼 보인다. 그 모자 밑에서 이 빠진 양초 같은 얼굴로 '토끼 얼굴'을 해 보이면 교실은 웃음바다가 된다. 콜레티는 고양이 가죽 모자를 벗어버리고, 여행길에 오르는 사람처럼 잿빛 베레모로 바꿔썼다. 멋 부리기 좋아하는 보티니는 스코틀랜드풍 옷으로 멋지게 차려입었다. 크로시는 앞섶을 풀어헤쳤고, 프레코시는 아저씨가 입던 파란색 헐렁헐렁한 작업복 차림이었다. 외투가 필요 없어진 가로피는 아이들에게 팔 잡동사니로 불룩한 주머니가 훤히 드러나는 옷을 입고 있다. 신문지 반쪽으로 만든 부채, 지팡이 손잡이, 새총, 잡초 등이 들어있는 주머니 밖으로 제비뽑기가 삐죽 튀어나왔다. 풍뎅이는 아예 주머니에서 기어 나와 겉옷을 느릿느릿 기어오른다.

어린 학생들은 선생님에게 드릴 꽃다발을 갖고 왔다. 여선생님도 대부분 밝은 색깔 여름 옷으로 갈아입으셨다. 하지만 수녀 선생님만은 여전히 검은 옷이다. 빨간 깃털 선생님은 여름 옷으로 바꿔어도 여전히 모자에 빨간 깃털을 꽂으신다. 목에 묶은 분홍색 모자 리본은 너도나도 잡아당기는 바람에 꼬질꼬질해졌다. 그래도 선생님은 아이들과 함께 웃으며 뛰어다니신다.

이 계절에 들판을 거닐면, 나무에는 빨강 앵두가 탐스럽게 잔뜩 열려 있고, 나비가 나폴나폴 날아다니고 있다. 게다가 나뭇잎이 산들바람에 살랑살랑 흔들리며 노래해서 아주 기분이 좋다. 5학년생의 대부분은 포강으로 물놀이를 하러 갔다. 마음은 이미 여름방학이다. 수업을 마치고 집에 돌아갈 때 손가락을 꼽으며 날짜를 셀 때마다 기분이 조금씩 들뜬다.

하지만 엄마를 잃은 갈로네와 1학년 때 담임 선생님을 떠올리면 어쩐지 마음이 아프다. 선생님은 점점 더 마르고 창백해지신다. 기침도 한층 심해지신 것 같다. 등을 구부리고 걸어가시면서 나한테 인사하셨을 때는 무척이나 아파 보이셨다.

학교의 시

5월 26일(금)

이제 너도 학교를 이해하게 되었나 보구나, 엔리코. 하지만 넌 아직 학교 안을 보고 있는 것뿐이란다. 그렇지만 삼십 년 뒤, 지금 아빠가 그런 것처럼 네 자식들을 데리러 가게 되면 밖에서도 학교가 보이게 될 거야. 그러면 학교가 더 훌륭하고 낭만적으로 보일 거다.

네 수업이 끝나기를 기다리는 동안, 아빠는 학교 건물을 빙 두른 조용한 길을 한가롭게 거닐면서, 가리개가 쳐진 1층 창문에 귀를 기울였단다.

그러자 그 창문에서 선생님 목소리가 들리더구나.

"맙소사! 'T'자를 이렇게 쓰면 어떡하니! 이걸 보면 너희 아빠가 뭐라고 하실까?"

옆 창문에서는 남자 선생님이 굵은 목소리로 천천히 문제를 불러주고 계셨단다.

"1미터에 4.5리라 하는 천을 50미터 샀습니다. 그것을 다시 팔았습니다."

그 다음 교실에서는 빨간 깃털 선생님이 높은 목소리로 말씀하고 계셨다. "……그러자 피에트로 미카*2는 시뻘겋게 불타는 약 심지를 들고……."

---

*2 1667년~1706년. 스페인 계승전쟁에서 프랑스군에게 포위당한 토리노는 탄광부 피에트로 미카의 자폭으로 반격에 성공하여 프랑스군을 물리쳤다. 그 뒤 피에트로 미카는 이탈리아의 영웅이 되었다.

옆 교실은 시끌벅적하더구나. 선생님이 잠시 자리를 비우셨겠지. 작은 새 백 마리가 지저귀는 것 같았어. 그 앞 모퉁이 교실에서는 어떤 아이의 울음 소리가 들렸단다. 여선생님이 그 아이를 혼내기도 했다가 달래기도 하고 계셨지. 다른 창문에서도 시를 읽거나 위인의 이름을 말하는 목소리가 들렸단다. 그리고 드문드문 "훌륭한 행동이란 무엇인가, 조국을 사랑하는 마음이란, 용기란 무엇인가"를 가르치는 목소리가 들렸어.

그런 뒤 잠시 조용한 시간이 흘렀다. 건물 전체가 텅 빈 듯한, 학교 안에 700명이나 되는 아이가 있다는 게 믿겨지지 않을 정도였지.

갑자기 선생님의 우스갯소리에 온 교실이 떠나갈 듯이 웃음바다가 되었단다. 우연히 지나가던 사람이 그 웃음소리에 멈춰 서서 건물을 쳐다봤어. 그리고 젊음과 희망이 가득한 즐거운 교실을 보고 덩달아 기분이 좋아졌지.

그러고는 갑자기 책을 탁하고 덮는 소리. 다가오는 발소리가 들리더니 건물이 소란스러워졌어. 기쁜 소식이 퍼져나갈 때 느껴지는 소란스러움이었지. 그것은 반에서 반으로, 아래층에서 위층으로 퍼져나갔어. 서무원이 수업이 끝났음을 알리러 돌아다니는 것이었지.

그 소란을 신호로 사람들이 여기저기에서 모여들었어. 자기 아들이나 형제, 손자가 나오기를 기다리는 사람들이었지.

교실에 있던 아이들이 외투와 모자를 가지러 쏜살같이 달려 나왔어. 바닥에서 뒹굴고 어슬렁어슬렁 걸어 다니는 아이들 사이로 서무원이 헤치고 들어가 한 사람 한 사람을 다그치듯이 교실로 돌려보냈지. 아이들이 밖에 시끄러운 발소리를 내며 줄지어 나타나자, 이번에는 기다리던 부모님들의 질문이 화살처럼 쏟아졌어.

"수업은 다 알아들었니?"

"숙제는 얼마나 내 주셨지?"

"내일 예습은?"

"월말고사는 언제야?"

글을 읽지 못하는 엄마들도 공책을 펴고 문제를 바라보며 점수를 들었어.

"겨우 8점?"

"이 10점은 뭐니?"

"낭독은 9점이구나."

걱정하는 엄마, 기뻐하는 엄마……. 그리고 선생님에게 시간표나 시험에 대해 질문하는 엄마.

학교는 아주 멋지고 훌륭한 곳이야! 학교는 온 세상에 커다란 희망을 약속하지!

〈아빠가〉

조르조 아저씨와 딸 지자

5월 28일(일)

오늘 아침, 조르조 아저씨가 방문해 주시지 않았더라면, 5월을 이토록 멋지게 마칠 수 있었을까?

호들갑스러운 초인종 소리에 우리는 다 함께 쪼르르 문으로 달려 나갔다. 그리고 아빠가 놀라는 소리를 들었다. "오오, 조르조, 돌아왔는가?"

그 사람은 우리 가족이 빌린 별장에서 옛날부터 정원을 손질해 주시는 조르조 아저씨였다. 조르조 아저씨는 그리스 철도 공사 현장에 돈을 벌러 갔다가 3년 만에 돌아오셨다. 어제 제노바항에 도착해서 그길로 우리 집에 들른 것이었다.

아저씨는 커다란 짐을 들고 계셨다. 조금 늙긴 했지만, 여전히 구릿빛 피부에 상냥한 얼굴이었다.

아빠는 집으로 들어오라고 권했지만, 아저씨는 그 자리에 서서 진지한 얼굴로 물으셨다. "아닙니다, 아니에요. 그보다…… 우리 가족은 어떻게 지냅니까? 우리 딸 지자는요? 건강합니까?"

"네, 얼마 전에도 봤는데, 건강했어요."

엄마가 대답하자 아저씨는 휴하고 가슴을 쓸어내리셨다.

"아, 다행이다. 부인께서 말씀해 주시기 전까지는 딸애 학교에 가볼 용기가 도무지 나지 않더라고요. 이 짐만 놓고 얼른 딸애한테 갔다 오겠습니다. 무려 3년이나 만나지 못했단 말입니다. 가족 누구하고도, 3년 동안 한 번도요!"

"엔리코, 너도 함께 다녀오거라." 아빠가 내게 말씀하셨다.

"죄송합니다만, 한 가지 더 묻고 싶은 게 있는데요……." 아저씨는 뭔가를 더 물으려고 하셨다.

하지만 아빠가 아저씨의 말을 가로막으며 질문하셨다. "그래, 일은 어떻습니까?"

"네, 잘 되고 있습니다. 덕분에 저금도 좀 했고요. 하지만…… 제가 찾아온 건, 저…… 우리 딸 지자 때문이랍니다. 학교는 잘 다니고 있나요? 말씀 좀 해 주세요. 그렇게 어린 딸을 남겨 놓고 갔잖습니까. 솔직히 그 학교는…… 전 그다지…… 수화는 외웠나요? 아내는 편지에 좋은 말만 쓰더라고요. 의사소통할 수 있게 되었다, 잘 한다, 라고요. 하지만 제가 걱정인 건, 딸애가 수화를 외워도 제가 알아듣지 못하면 아무 소용이 없다는 겁니다. 제 마음을 어떻게 전달해야 좋을까요? 불쌍한 딸. 서로 귀가 들리지 않는다면 수화도 좋겠지만……. 아무튼 좀 어떤가요? 어느 정도죠?"

아빠는 웃으면서 아저씨의 말을 듣고 계셨다. 그리고 말씀하셨다.

"전 뭐라고 말씀드릴 수 없습니다. 직접 확인해 보시죠. 자, 여기서 꾸물대지 말고 어서 가세요. 아, 어서 만나고 오시라니까요."

학교는 바로 가까이에 있다. 아저씨는 성큼성큼 걸어가면서 나에게 미안하다는 듯이 계속 말씀하셨다.

"아아, 불쌍한 지자. 그런 불행을 짊어지고 태어나다니! 이제까지 한 번도 딸애한테서 '아빠'라는 소리를 들어본 적이 없어! 딸애도 내가 '지자'라고 다정하게 불러도 전혀 듣질 못한다니까! 학비를 내 주시는 고마운 분이 있는 건 다행이지만, 그것도 여덟 살이 될 때까지 들어가지 못했단다. 집을 떠난 지 3년이야. 벌써 열한 살이 되었겠지……. 얼마나 자랐을까? 밝고 건강하게 지내고 있을까?"

"곧 알게 될 거예요." 나도 걸음을 재촉하면서 아저씨에게 말했다.

"그런데…… 그 학교는 어디냐? 설마 내가 집에서 나온 다음에 집 사람이 딸을 데리고 간 건 아니겠지?" 아저씨가 불안한 눈길로 물었다.

그러는 사이에 학교 앞에 도착했다. 우리는 곧장 면회실로 들어가 수위 아저씨한테 말했다.

"전 보시라고 합니다. 지자의 아빠입니다……." 아저씨가 인사했다. "지금 딸을 좀 만날 수 있을까요?"

"지금은…… 마침 쉬는 시간이군요. 선생님께 연락을 드리죠." 수위 아저씨는 그렇게 말하고 나가셨다.

아저씨는 안절부절못하셨다. 말없이 벽의 그림을 바라봤지만, 마음이 온통 지자로 가득해 눈에는 아무것도 들어오지 않는 것 같았다.

문이 열리고, 검은 옷을 입은 여선생님이 소녀의 손을 잡고 들어오셨다. 아저씨와 소녀는 순간 눈을 마주치더니 소리를 지르며 달려가 끌어안았다.

소녀는 하양과 빨강 줄무늬가 들어간 옷에 하얀 앞치마를 두르고 있었다. 키는 나보다 조금 컸다. 아저씨의 목을 꼭 끌어안고 소녀는 울음을 왈칵 터트렸다. 잠시 지나자 아저씨는 팔을 풀고 지자를 머리 위에서 발끝까지 훑어보셨다. 눈에는 눈물이 가득 고였고, 멀리서 달려온 사람처럼 숨을 헐떡이셨다.

"아아, 이렇게 컸구나! 아주 예뻐졌어! 오오, 사랑스러운 내 딸! 우리 지자! 불쌍한 내 딸! 그런데…… 당신은? 딸애 선생님 되십니까? 이 애한테 수화로 말 좀 해 보라고 해 주시겠습니까? 저도 조금씩 외울 테니까요. 뭔가 제가 알 만한 것을 해 보라고요."

선생님이 웃으시며 지자에게 작은 소리로 말했다.

"널 만나러 오신 이분은 누구지?"

그러자 지자가 대답했다. "우리, 아, 빠, 예요." 처음 인간의 말을 한

Masa

원시인처럼 탁하고 기묘한 목소리였다. 하지만 그 떨리는 목소리는 또렷했고, 지자는 매우 기뻐 보였다.

아저씨는 너무 놀라 뒷걸음질 치며 외치셨다.

"말을 했어! 맙소사! 믿기지가 않는군! 말을 할 수 있니? 네가? 정말로? 뭐라고 조금만 더 말해 보렴. 정말 말을 할 수 있는 거야?"

그러고는 지자를 다시 한 번 꼭 끌어안고, 이마에 몇 번이나 입을 맞추셨다.

"하지만 선생님, 이렇게 손가락을 쓰는 것 아니었습니까? 대체 이게 어찌 된 일이죠?"

"보시 씨, 이건 수화가 아니에요. 수화는 옛날 방법이죠. 여기서는 새로운 교수법으로 가르친답니다. '독순법'이라고, 입술 움직임을 읽는 방법이에요. 모르셨어요?"

"전혀요!" 아저씨는 크게 놀란 표정으로 대답하셨다.

"3년이나 집을 비웠더니……. 아니면 편지로 전해 들었을지 몰라도, 무슨 소린지 이해하지 못했던 거겠죠. 전 머리가 나빠서……. 그럼 넌 내가 무슨 말을 하는지 알아듣는 거니, 지자? 아빠 목소리가 들려? 대답 좀 해 봐라, 들리니? 아빠가 하는 말이 정말로 들려?"

"아니에요, 아버님. 들리지는 않아요. 청력이 좋지 않으니까요. 따님은 아버님이 말씀하실 때 입술의 움직임을 읽는 거예요. 그게 이 방법이죠. 아버님이 하시는 말도, 제가 하는 말도, 이 애한테는 들리지 않아요. 소리만 내는 거죠. 한 글자 한 글자 말할 때마다 입술과 혀가 어떻게 움직이는지, 가슴과 목구멍에 어떤 방법으로 힘이 들어가는지, 그걸 가르친 겁니다."

아저씨는 멍하니 입을 벌리고 계셨다. 선뜻 이해가 가지 않는 모양이었다.

"뭐라고 말 좀 해 봐라, 지자. 아빠가 돌아와서 기쁘니?"

지자의 귓가에 그렇게 말하고 나서 얼굴을 들고, 그녀의 대답을 기다렸다. 그러나 지자는 어리둥절한 표정으로 아무 말도 없이 아저씨만 쳐다봤다. 아저씨는 당황하셨다. 그걸 본 선생님이 웃음을 터트리셨다.

"아버님, 그렇게 하면 따님은 대답 못 해요. 귀에 대고 말씀하시면 아버님의 입술이 어떻게 움직이는지 전혀 알 수가 없잖아요. 따님이 입술을 똑바로 볼 수 있도록, 다시 한 번 따님 앞에서 물어 보세요."

아저씨가 지자의 얼굴을 똑바로 바라보면서 다시 말씀하셨다.

"아빠가 돌아와서 기쁘니? 아빠는 이제 아무데도 안 갈 거다."

지자가 아저씨 입술을 주의 깊게 바라보았고 심지어 입 안까지 들여다보려고 애를 썼다. 그리고 곧바로 대답했다. 더듬더듬했지만, 똑똑히 알아들을 수 있었다.

"네, 기뻐, 요. 돌아와서. 이제, 어디에도, 가지 마세요, 절대, 로."

아저씨는 지자를 와락 껴안고, 더 확인하고 싶어서 끊임없이 질문했다.

"엄마 이름은?"

"안, 토, 니아."

"동생 이름은?"

"아델, 라, 이데."

"이 학교는?"

"농, 아, 학, 교."

"2곱하기 10은?

"20."

"……."

난 아저씨가 웃으실 줄 알았는데 갑자기 울음을 터뜨리셨다. 기쁨의 눈물이었다.

"어머나, 왜 우세요, 아버님? 보세요, 따님까지 울려 버렸잖아요. 아무튼, 기쁘시지요?" 선생님이 말했다.

아저씨가 선생님의 손을 부여잡고 말했다.

"고맙습니다. 고맙습니다……. 정말이지 뭐라고 말해야 좋을지……. 선생님! 달리 감사의 말이 떠오르지 않네요. 용서해 주십시오."

그렇게 말하고 아저씨는 선생님 손에 몇 번이나 얼굴을 갖다 댔다.

"말만 하는 게 아니랍니다. 따님은 글도 쓸 줄 알고, 계산도 할 줄 알아요. 주위에 있는 모든 것의 이름을 안답니다. 역사와 지리도 조금씩은 알아요. 지금은 기초반이지만, 2년 뒤에 상급반으로 진학하면 더 잘 알게 될 거예요. 이곳을 졸업할 무렵이면 일도 할 수 있을 거고요. 이미 가게에서 종업원으로 일하는 아이도 몇 명 있거든요. 다른 사람들처럼 똑같이 야무지게 일하죠."

아저씨는 다시 놀라셨다. 믿지 못하겠다는 혼란스러운 얼굴이었다. 지자를 물끄러미 바라보고, 이마를 짚으며, 아저씨는 더 설명해 달라는 표정을 지었다. 선생님이 수위 아저씨를 돌아보며 말씀하셨다. "예비반 아이를 데리고 와 주세요."

수위 아저씨가 한 여자아이를 데리고 돌아왔다. 여덟아홉 살쯤 되어 보였다.

"이 애는 얼마 전에 입학했는데, 이렇게 'E'를 발음하도록 시킬 때는, 보세요……."

선생님은 입을 'E' 모양으로 벌리고, 여자아이에게도 똑같이 해 보라는 신호를 보냈다. 아이가 따라하자, 이번에는 그대로 소리를 내라고 시켰다. 여자아이는 소리를 냈지만, 그것은 'E'가 아니라 'O'였다.

"어머, 그게 아니야."

선생님은 여자아이의 두 손을 잡고 한 손은 목에, 다른 한 손은 가슴에 대고 'E'라고 반복했다. 그 아이는 선생님의 목과 가슴이 오르락내리락 움직임을 보고 이번에는 제대로 'E'라고 발음했다. 선생님은 같은 방법으로 'C'와 'D'도 시켰다.

"이제 아시겠죠?"

선생님이 아저씨에게 물으셨다.

"네, 전혀 몰랐습니다. 아아, 이렇게 하는 거군요!"

아저씨는 다시 감동했다.

"이런 식으로 말하는 법을 가르치다니, 참으로 인내심이 강하시군요. 한 사람 한 사람에게 조금씩 몇 년씩이나 걸려서……. 아무나 할 수 있는 일이 아닐 겁니다. 세상에! 선생님은 천사 같아요. 하지만 그 수고를 무엇으로 다 갚아야 할지. 뭐라고 드릴 말씀이 없군요……. 머리가 저절로 숙여질 뿐입니다. 아아! 딸애랑 잠시 둘이 있게 해 주시겠습니까? 아주 잠깐이면 됩니다."

아저씨는 지자를 조금 떨어진 곳으로 데려가 앉히셨다. 그리고 곧 이것저것 질문한 다음 대답하게 했다. 그 대답 하나하나에 무릎을 탁 치고 눈을 빛내며 껄껄 웃으셨다. 아저씨는 딸의 목소리를 듣는 기쁨에 푹 빠져 있었다. 하늘의 목소리를 듣는 사람처럼, 딸을 두 손으로 감싸 안고 얼굴을 들여다보았다.

"교장 선생님께 꼭 감사 말씀을 드리고 싶습니다만……."

아저씨가 말했다.

"교장 선생님은 지금 자리에 안 계세요. 하지만 마음을 표현할 방법은 그것말고도 얼마든지 있죠. 이곳의 모든 아이들은 자기보다 좀 더 큰 애들의 보살핌을 받아요. 누나나 엄마 역할을 하는 거죠. 지자에게는 열일곱 살짜리 빵집 딸이 곁에 있어요. 그 애도 귀가 들리지 않죠. 마음씨가 고와서 지자를 아주 귀여워한답니다. 2년 전부터 줄곧 옷 입는 것도 도와주고, 머리도 빗겨 주고, 바느질도 해 주고, 이불도 정리해 주는 등 참 잘해 주고 있어요."

그렇게 말하고 지자에게 물으셨다.

"루이자(지자), 여기서 네 엄마가 누구지?"

지자가 미소 지으며 "카테, 리나, 조르, 다노, 요"라고 대답하고, 이번에는 아저씨에게 "아주, 아주, 친, 절한, 언니, 예요" 이렇게 말했다.

선생님의 부탁을 받고 나갔던 수위 아저씨가 곧 금발 소녀를 데리고 왔다. 그 누나는 생기 넘치는 얼굴을 하고 있었고 체격도 좋았다. 지자와 같은 줄무늬 옷에 하얀 앞치마를 두르고 있었다. 입구에서 얼굴을 붉히고 수줍은 듯이 멈춰 섰다. 하지만 곧 웃는 얼굴로 인사했다. 몸집은 어른 같아도, 행동은 아직 어려 보였다. 지자는 금세 달려가 어린애처럼 그 언니의 팔을 붙잡고 아저씨 앞으로 끌고 왔다. 그리고 아주 또렷한 목소리로 말했다.

"이, 사람, 이, 카테, 리나, 조르, 다, 노예요."

"아아, 참으로 고맙구나!"

아저씨가 그렇게 외치며, 그 소녀의 머리를 쓰다듬으려고 팔을 뻗었다가 순간 거두며 다시 한 번 외치셨다.

"아아, 참 기특한 애야! 하느님, 이 애에게 모든 은총과 축복과 위로를 주소서. 이 애와 그 가족이 두루두루 복받기를! 이렇게 기도하는 저는 이 귀엽고 불쌍한 아이의 아비입니다. 가난하지만 성실한 공장 노동자지요!"

그동안 카테리나는 지자 쪽으로 머리를 기울이고, 미소 띤 얼굴로 어깨를 다정하게 쓰다듬고 있었다. 아저씨는 마치 성모 마리아를 쳐다보듯이 그 누나를 우러러 바라보셨다.

"오늘은 따님을 데리고 가셔도 좋습니다."

선생님의 말에 아저씨가 놀라서 다시 물었다. "그래도 됩니까?"

지자는 집으로 갈 준비를 하러 얼른 뛰어갔다.

"그렇게 허락해 주신다면…… 감사하지요! 콘도베에 데리고 갔다가 내일 아침 이리로 데리고 오겠습니다. 함께 돌아갈 수 있다니, 아아! 생각해 보세요. 3년이나 만나지 못했거든요. 그런데 이제는 말까지 할 수 있다니! 당장 콘도베로 데리고 가겠습니다. 하지만 그 전에, 딸애랑 팔짱을 끼고 토리노 시내를 걷고 싶어요. 마을 사람들한테 보

여 줘야지요. 친구 집으로 가서 딸애 목소리를 들려줄 겁니다. 아아, 오늘은 참으로 기쁜 날이야! 아빠로서 이보다 더 큰 기쁨이 있을까! 자, 아빠의 팔을 잡아라, 지자!"

앙증맞은 모자를 쓰고 코트를 입고 돌아온 지자가 아저씨의 팔에 팔짱을 꼈다.

"그럼 여러분, 고맙습니다. 진심으로 감사합니다. 다시 인사드리러 오겠습니다." 아저씨는 이렇게 말하고 돌아가셨다. 그러나 뭔가를 생각하더니 "아참!" 하면서 지자의 손을 살며시 내려놓고 조끼를 손으로 더듬으면서 돌아와 들뜬 목소리로 말했다.

"전 가난뱅이지만…… 이 돈을……. 새 금화입니다."

금화가 책상 위에서 짤랑 소리를 냈다.

"아니에요, 이러지 마세요, 보시 씨!" 선생님이 당황해서 말씀하셨다. "돈은 넣어 두세요. 전 절대 받을 수 없어요……. 교장 선생님이 계실 때 다시 와 주세요. 물론 교장 선생님도 받지 않으시겠지만……. 아무튼 그렇게 하세요. 이 돈을 벌려고 그렇게 고생하셨잖아요, 아버님! 그 마음만은 고맙게 받겠습니다."

"아닙니다, 받아 주세요. 받으셔도 됩니다."

아저씨는 막무가내였다. 하지만 선생님은 아저씨가 그 금화를 다시 내밀 틈도 주지 않고 아저씨 주머니 안에 억지로 집어 넣으셨다. 어쩔 수 없이 아저씨는 고개를 흔들며 주머니를 매만지셨다. 그리고 재빨리 선생님의 손을 잡고 머리를 숙이셨다.

아저씨는 지자의 팔을 붙잡고 "이리 오렴, 지자. 내 보물" 큰 소리로 말하시며 교문을 빠져 나가셨다.

지자가 또렷하고 해맑은 목소리로 말했다.

"아아, 해님이, 웃고 있어!"

6월

giugno

가리발디 장군이 죽은 날

6월 3일(토)—내일은 국경일*1

오늘은 온 이탈리아 국민이 슬픔에 잠겨 있구나. 어젯밤 가리발디 장군이 돌아가셨기 때문이다. 넌 그가 어떤 인물이었는지 아니? 1천만 이탈리아인을 부르봉 왕가의 독재에서 해방시킨 인물이란다. 그때 그의 나이 일흔다섯 살이었지. 화물선 선장의 아들로 니차(오늘날 프랑스 니스)에서 태어난 그는 '여덟 살에 여자의 목숨을 구하고, 열세 살에 친구들이 가득 탄 배가 떠내려가는 것을 건져 올리고, 스물일곱 살에 마르세유해에 빠진 젊은이를 구해내고, 마흔한 살에 태평양에서 불붙은 화물선을 구조한' 사람이지.

다른 나라 인민의 자유를 쟁취하기 위해 미국에서 10년이나 싸우고, 롬바르디아와 트렌티노 구출을 위해 오스트리아군과 세 번이나 싸웠단다. 1849년에는 프랑스군으로부터 로마를 지키고, 1860년에는 팔레르모와 나폴리를 구하고, 1867년에는 로마를 위해 다시 싸우고, 1870년에는 프랑스를 위해 독일군과 기꺼이 싸웠다.

그는 전쟁을 위해 태어난 용맹한 영웅이야. 40번의 전쟁에서 38번이나 승리를 거뒀지. 보통 때는 외딴 작은 섬*2에 틀어박혀 농사를 지었단다. 그는 교사, 선원, 공원, 상인, 병사, 장군, 그리고 독재관 등

---

*1 6월 4일. 1848년 사르데냐 왕국에 발포된 '알베르토 헌법'을 기념해 1861년 4월과 6월의 첫 번째 일요일을 '헌법기념일'로서 국경일로 정했다. (1898년에 3월 4일로 변경).

*2 가리발디는 카프레라섬(사르데냐 섬의 북동쪽)에서 만년을 보냈다

무척 다양한 얼굴을 갖고 있었어. 위대하고 성실하며 다정한 사람이었지. 독재자는 미워하고 인민을 사랑했으며, 늘 약한 사람들을 보호해 주었단다. 올바른 행동만 받아들이고, 명예도 거부했으며, 죽음도 아랑곳하지 않은 채 이탈리아를 진심으로 사랑했다. 그가 한 번만 외치면, 용감한 병사들이 이탈리아 곳곳에서 그에게로 달려왔지. 집주인은 집을, 노동자는 일터를, 젊은이는 학교를 뒤로하고, 모두 영광의 날을 위해 싸울 각오로 달려온 거야.

전쟁 중에는 붉은 셔츠를 입고 황금빛 머리카락을 휘날리며 싸움터를 쉼 없이 누비셨지. 참 매력 넘치는 사람이었어. 마음은 소년처럼 뜨겁게 불탔지만, 성자 같은 고뇌도 갖고 있었지. 많은 이탈리아인이 나라를 위해 목숨을 바쳤다. 하지만 그들은 멀리서 장군이 승리하며 돌아오는 모습을 그리며 행복하게 죽어 갔어. 얼마나 많은 병사가 그를 위해 목숨을 던졌는지 모른단다.

수백만 시민이 그를 칭송했어. 앞으로도 끊임없이 축복할 거고. 그는 죽었다. 지금 온 세계가 그를 위해 울고 있지. 넌 지금도 이해하지 못하겠지만, 앞으로 그의 군사에 대한 공적을 담은 책을 많이 읽고, 그가 살아온 이야기를 반복해서 듣게 될 거다. 네가 성장해 가면서 그의 존재는 점점 커져, 이윽고 네가 어른이 될 때는 그를 위인으로 여기게 될 거야. 네가 죽은 뒤, 그리고 네 자식들이 이 세상에서 사라진 뒤에도, 우리는 몇 세대에 걸쳐, 이탈리아 국민의 구세주인 그의 눈부신 조각상을 우러르게 될 거다. 화려한 별로 장식한 승리의 관을 쓴 그의 머리를 우러러 보게 될 거다. 그의 이름을 이야할 때, 모든 이탈리아인의 눈은 자랑스럽게 빛나게 될 거다.

〈아빠가〉

화려한 군대 행진

6월 11일(일)

오늘은 가리발디의 죽음으로 일주일 미뤄진 국경일이었다. 우리는 카스텔로 광장으로 열병식을 보러 갔다.

수많은 사람들이 곳곳에서 모인 가운데, 병사들은 육군사령관 앞을 행진하고 있었다. 아빠는 팡파르와 군악대의 연주에 맞춰 행진하는 부대의 이름과 그들의 영예로운 깃발에 대해 하나하나 설명해 주셨다.

맨 앞에는 사관학교 생도들이 서 있었다. 모두 앞으로 공병대나 포병대의 장교가 될 사람들이다. 300명쯤이 검은 군복을 입고서 질서 있고 씩씩하게 행진했다. 병사이자 학생이기도 한 그들은 문무를 두루 갖춘 귀족다운 분위기를 풍겼으며, 매우 우아했다.

그 다음은 보병대였다. 고이토와 산 마르티노에서 싸운 아오스타 여단과, 카스텔피다르도에서 싸운 베르가모 여단으로 이루어진 총 4개 연대가 중대별로 차례차례 행진했다. 그들이 달고 있는 장식 술은 붉은 피처럼 새빨개서, 꼭 여단장 두 사람이 빨간 꽃줄 장식을 끌고 가는 것 같았다. 그 기다란 꽃줄은 흔들거리며 구경꾼들 앞을 지나갔다.

그 뒤는 공병대였다. 그들은 전쟁터의 기술자다. 말갈기로 만든 검은 술이 달린 군모를 쓰고, 진홍빛 칼을 차고 있었다.

다음으로, 기다란 깃털을 꼿꼿이 세운 모자 수백 개가 이쪽으로 오는 것이 구경꾼들 머리 위로 보였다. 알프스 산악대다. 그들은 이탈리아의 북쪽 관문을 지키는 국경 경비대다. 모두 키가 크고 체격이 다부지며 피부는 구릿빛으로 그을었다. 칼라브레제 모자를 쓴 그들이 들고 있는 선명한 초록색 휘장이 아름다웠다. 그 초록색은 고향 산들에 새로 돋은 파릇파릇한 풀색과 같았다.

알프스 산악대가 다 지나가기도 전에 사람들이 술렁이기 시작했다. 전통 있는 제12보병 연대가 보인 것이다. 그 연대는 일찍이 성문 포르타 피아에서 로마로 진격해*3 들어온 부대다. 갈색 얼굴의 그들은 깃털 장식을 나부끼며 등을 곧게 펴고 씩씩하게 행진했다. 그들은 마치 검은 파도가 밀려오듯이, 순식간에 지나갔다. 동시에 높은 나팔소리가 환성처럼 광장에 울려 퍼졌다.

그러나 그 팡파르도 야전대포부대의 도착으로 지워졌다. 노란 스카프를 두른 병사들은 혈기 넘치는 300필의 말이 끄는 커다란 화약 상자 위에 앉아 뒤에는 청동과 강철로 된 덩어리처럼 보이는 거대한 대포를 거느리고서 위풍당당하게 지나갔다. 대포는 몸통을 번쩍거리며, 마차가 흔들릴 때마다 튕겨 올라갔다가 쿵하고 떨어졌다. 그때마다 땅이 크게 흔들렸다.

이어서, 아주 중후해 보이는 산악대포부대가 느릿느릿하고 엄숙하게 다가왔다. 그 부대는 떡 벌어진 체격의 병사와 튼튼한 산악이동용 차량을 갖고 있었다. 인간의 발로 오를 수 있는 곳이라면 언제, 어디라도 공포와 죽음을 싣고 가는 부대다.

마지막으로, 제노바 기병연대가 왔다. 산타 루치아에서 빌라프랑카까지 10개의 전장을 쑥대밭으로 만든 용감무쌍한 부대다. 그들은 하늘 높이 솟은 투구를 쓰고, 뾰족한 활을 똑바로 들고, 금과 은으로 빛나는 깃발을 바람에 펄럭이고, 말발굽 소리와 말의 울음소리

*3 1870년 9월 20일. 이날을 기념해 각지에 '9월 20일 거리'가 생겼다.

를 여기저기에 흩뿌리면서, 용감하게 빠른 걸음으로 지나갔다.

"우와! 멋있다!"

나도 큰 소리로 외쳤다. 그러자 아빠는 혼을 내셨다.

"군대는 구경거리가 아니다! 앞날이 창창한 청년들은 어느 날 갑자기 우리나라를 지키기 위해 불려 나간 것이다. 단 몇 시간 안에라도 모두가 포탄이나 산탄을 맞고 목숨을 잃을지도 모르는 거야. 경축일에 '군대 만세! 이탈리아 만세!' 소리를 들을 때마다, 지금 네 눈앞에서 행진하는 부대의 앞길에는 죽은 병사들의 피에 물든 전쟁터가 기다리고 있음을 생각하렴. 그러면 병사들에 대한 공경의 마음이 절로 우러날 거다. 그리고 이탈리아라는 나라가 더 소중하게 느껴질 거야."

이탈리아라는 나라

6월 13일(화)

국경일에는 이 나라, 이탈리아에게 이렇게 인사해라.

—우리 조국 이탈리아
기상 높고, 무엇과도 바꿀 수 없는 대지여.
아빠 엄마가 태어났고, 앞으로 묻힐 곳.
내가 지금 살고 있고, 영원히 운명할 곳.
내 자식들이 자라고, 죽어갈 곳.

—아름다운 이탈리아
수세기에 걸쳐 위대하고 영광에 찬 나라.
수년 전 해방되어 갓 통일된 새 나라.
당신은 전 세계에 하느님의 지혜와 빛을 던졌습니다.
이탈리아 통일을 위해 전쟁터에서 얼마나 많은 영혼이 하늘로 올라갔으며,
얼마나 많은 용감한 영웅이 형장의 이슬로 소리없이 사라졌는지요.

—어머니이신 이탈리아
300개 도시와 3천만 어린이의 거룩한 어머니.

어린 나는 아직 당신의 모든 것을 모릅니다.
하지만 나는 당신을 숭배하고 진심으로 사랑합니다.
당신에게서 태어난 것을, 그리고
당신의 아이로 불리는 것을 자랑스럽게 여깁니다.
이탈리아의 빛나는 바다를, 기상 높은 알프스를, 엄숙한 기념비와 불멸의 유적을,
이탈리아의 모든 영광과 아름다움을 사랑합니다.
내가 태어나 알게 된 이 나라를,
그 장소를 가장 사랑하는 땅으로 삼으며, 당신에게 모든 사랑을 바치고 숭배합니다.
당신께 유일한 사랑과 변함없는 감사를 바칩니다.
용감한 토리노, 긍지 높은 제노바, 학문의 볼로냐,
매혹적인 베네치아, 활기찬 밀라노, 우아한 피렌체, 용맹의 팔레르모,
끝없는 아름다움 나폴리, 그리고 영원한 도시 로마.
당신의 자식으로서, 이들 마을 모두를 존경하고 사랑합니다.

—거룩한 조국
국민을 형제로 여기고 아낄 것을 맹세합니다.
살아남은 사람이든 죽어가는 사람이든 마음속으로 똑같이 존경하고 칭송하겠습니다.
나도 당신에게 어울리는 시민이 되도록,
늘 성실하게 노력하겠습니다.
내 보잘것없는 힘으로 언젠가 이 이탈리아에서
빈곤, 무지, 불평등, 범죄를 없앨 수 있도록 노력하겠습니다.
이탈리아가 평화롭고 살기 좋은 나라가 되도록 애쓰겠습니다.
내게 주신 재능과 마음으로써

겸손하고도 열렬히 당신을 따를 것을 맹세합니다.
그리고 당신에게 이 목숨이 필요할 때는
언제든 기꺼이 바칠 것을 맹세합니다.
당신의 이름을 부르고, 거룩한 국기에 마지막 입맞춤을 하면서.

〈아빠가〉

기온이 32도로

6월 16일(금)

국경일로부터 고작 닷새 만에 기온이 3도나 올라갔다. 벌써 뚜렷한 한여름이다.

저마다 얼굴에서 봄 무렵의 장밋빛 발그레함이 사라지고, 더위에 지친 표정만 남았다. 목과 다리는 가늘어진 것 같고, 고개는 무겁게 축 늘어지고, 초점이 흐린 눈은 멍해 보인다. 더위에 약한 넬리는 양초처럼 새하얀 얼굴로 공책 위에 엎드려 병든 병아리처럼 꾸벅꾸벅 존다. 그러면 갈로네가 선생님한테 들키지 말라고 넬리 머리 앞에 책을 펴서 세워준다. 크로시는 책상 위에 빨강머리를 올리고 턱을 쭉 내밀고 있다. 머리와 몸이 따로 놓인 듯한 자세다. 꼭 책상 위에 놓인 누르스름한 호박 같다.

"이 교실엔 사람이 너무 많아! 공기가 탁해서 견딜 수가 없어!"

노비스는 불평만 늘어놓는다.

이렇게 고생해가면서까지 공부를 해야 하다니!

창문 밖으로 아름다운 나무들이 만든 시원한 그늘이 보인다. 당장에라도 그쪽으로 날아가고 싶다. 이렇게 책상에 묶여 있어야 하다니! 답답해서 짜증이 솟구친다.

하지만 수업이 끝나고 엄마의 밝은 얼굴을 보면 짜증은 금세 다 날아가 버린다. 엄마는 언제나 내 얼굴을 살피며 걱정하신다. 집에서 내가 숙제를 하고 있으면, "아직도 하니?" 물으시며 다정하게 말을 거신다.

아침마다 6시에는 "자, 오늘도 힘내렴" 어김없이 깨워 주신다. "이제 며칠 남지 않았잖니? 곧 여름방학이야. 그러면 저 나무그늘에서 얼마든지 쉴 수 있단다."

그렇다! 엄마 말씀이 맞다. 언젠가 엄마가 해 주신 말씀이 떠올랐다.

"햇볕이 쨍쨍 내리쬐는 논이나 화상을 입을 것처럼 뜨거운 강가 모래 위에서 해가 질 때까지 일하는 소년이나, 유리 공장에서 가스불에 얼굴을 들이밀고 하루 내내 꼼짝 않고 일하는 소년들이 많단다."

그들은 나보다 훨씬 일찍 일어나고, 쉬지도 않는다. 그 애들을 생각하면 나도 열심히 해야겠다는 생각이 든다……!

이럴 때도 우등생 데로시는 아이들과 다르다. 이까짓 더위쯤은 아무것도 아니라는 듯이 쌩쌩하다. 겨울에도 마찬가지다. 밝고 상큼한 얼굴로 열심히 공부한다. 그의 목소리를 들으면 주위 공기마저 산뜻해지고 쏟아지는 졸음도 날아가 버리니 참 신기한 일이다.

그밖에도 눈을 부릅뜨고 열심히 공부하는 애가 두 명 정도 더 있다. 그중 한 명은 스타르디다. 그 애는 졸지 않으려고 자기 코를 꼬집는다. 더우면 더울수록, 지치면 지칠수록 이를 악물고 선생님을 잡아먹기라도 할 듯이 쳐다보며 수업을 듣는다. 또 한 사람은 가로피다. 그는 빨간 종이로 뭔가를 열심히 만든다. 성냥갑에 있는 그림을 오려 만든 부채다. 또 우리에게 팔 생각이다.

하지만 그중 누구보다 열심인 사람은 콜레티다. 가엾게도 그 애는 아빠의 일을 도우려고 매일 아침 5시에 일어나서 장작을 나르고 학교에 온다. 그래서 11시만 되면 눈이 저절로 감기고 머리는 자꾸 가슴팍까지 떨어진다. 그래도 몸을 흔들고 목덜미를 치면서 "선생님! 세수 좀 하고 와도 돼요?" 당당히 말하거나 "내가 졸면 흔들어서 깨워 줘. 꼬집어도 되니까." 옆자리 친구에게 부탁한다. 졸지 않기 위해 노력하는 것이다.

하지만 오늘 아침에는 더는 견디지 못하고 끝내 잠들어 버렸다. "콜레티!" 선생님이 큰 소리로 불렀지만 들리지 않는 것 같았다. "콜레티!" 화가 난 선생님이 다시 한 번 불렀다.

콜레티네 옆집에 사는 베티가 일어나서 말했다.

"선생님, 걔는 새벽 5시에 일어나서 7시까지 장작더미를 나르고 왔어요."

그러자 선생님은 안쓰러운 마음에 더는 그 애를 깨우지 않으셨다. 그리고 30분 동안 수업을 하신 뒤에 콜레티를 조용히 깨우셨다. 그의 얼굴에 숨결을 불어넣듯이 아주 부드럽게 말이다.

눈을 뜬 콜레티는 바로 앞에 와 계신 선생님 얼굴을 보고는 깜짝 놀라며 몸을 뒤로 뺐다. 선생님은 두 손으로 콜레티의 머리를 다정하게 쓰다듬으셨다.

"안심하렴. 혼내지 않을 거야. 넌 게을러서가 아니라 일찍 일어나서 잠든 거니까."

아빠

6월 17일(토)

오오, 도대체 어떻게 된 거니, 엔리코? 아빠한테 그런 말대답을 하다니! 네가 콜레티나 갈로네라면 절대로 그러지 않았을 텐데! 앞으로 두 번 다시 그러지 않겠다고 맹세해라.

아빠가 무슨 말씀을 하실 때 또 입에서 그런 소리가 나올 것 같으면 그날을 생각하렴. 알겠니? 그날은 싫어도 언젠가는 찾아온단다. 그때 아빠는 널 침대 맡으로 불러서 이렇게 말씀하실 거야.

"엔리코, 널 두고 먼저 가지만……."

마지막 그 말을 들었을 때, 넌 틀림없이 홀로 엉엉 울게 될 거다. 아빠가 돌아가신 그 방에서, 아빠가 두 번 다시 펼칠 일 없는 수많은 책에 둘러싸여서 아빠에 대한 존경심이 부족했다고 깨닫게 될 거야. 그리고 마음속으로 '도대체 내가 왜 그런 짓을 했을까?' 뼈아프게 스스로 깊이 뉘우치겠지. 그때야 비로소 아빠가 너에게 얼마나 좋은 친구였는지를 알게 될 거다. 그 깨달음은 오랜 시간이 흘러도 영원히 지워지지 않을 거야.

아빠는 널 혼낼 때 속으로 울면서도 마음을 아주 독하게 잡수신단다. 넌 그걸 헤아리고서 네가 한 말을 후회하며 아빠 책상에 엎드려 울 거야. 아빠가 언제나 가족을 위해 힘들게 일하시던 그 책상에서 말이야.

지금은 이해하지 못할 거다. 네 앞에서는 늘 온화하고 다정한 모습밖에 보이지 않으시니까. 하지만 아빠에게도 일이 잘 안 풀려서 죽을 만큼 괴로운 때가 있었단다. 그럴 때면 네 이야기를 하셨지.

"내가 죽으면 그 애가 너무 불쌍하잖아. 그 애를 두고 먼저 죽을 수야 없지. 나 말고 누가 그 애를 지켜 주겠어?"

그런 걱정만 하셨단다. 그런 마음으로 네 방에 등불을 가지고 가서, 네 잠든 얼굴을 바라보신 적이 한두 번이 아니란다. 그러고는 지친 몸에 다시 채찍질해가며 일하시는 거야. 아빠는 남들 모르게 혹독한 세상과 싸우고 있단다.

아빠는 힘들고 괴로울 때 너와 함께 있는 것만으로 얼마나 위안을 얻으셨는지 모른다. 네가 얼마나 큰 힘이 됐는데. 그런데 그런 네가 차갑고 예의없게 느껴졌을 때, 아빠가 얼마나 낙담하셨겠니? 잘 생각해 보렴! 그게 아빠에게 얼마나 큰 상처였겠는지. 다시는 그러지 마라. 그건 은혜를 모르는 짓이야. 네가 아무리 훌륭한 사람이 된다 해도 아빠의 은혜를 갚을 수는 없단다. 아빠가 이제까지 해 오신 일은 그만큼 훌륭한 일이니까. 그만큼 아빠는 훌륭한 분인 거야.

내일 일은 아무도 모른다. 언제 불행이 찾아와 아빠를 빼앗아 갈지 몰라. 2년 뒤, 석 달 뒤, 아니, 당장 내일일지도 몰라! 아아! 불쌍한 우리 엔리코, 하룻밤 사이에 모든 것이 바뀌는 거란다. 그때, 검은 상복 차림을 한 엄마가 남긴 방은 얼마나 외로울까!

자, 아빠에게 다가가렴. 지금도 일을 하고 계실 거야. 그러니까 발소리를 죽이고 살며시 들어가. 방해되지 않도록 말이야. 그리고 아빠 무릎에 이마를 대고 '죄송해요.' 진심으로 말하면서 용서를 빌렴.

〈엄마가〉

소풍

6월 19일(월)

아빠는 이번에도 나를 용서해 주셨다. 참 다정하고 좋은 아빠다!

지난주 수요일에는 장작 장수 콜레티 아저씨와 약속한 소풍에도 보내 주셨다. 우리는 이 찌는 듯한 더위에서 벗어나기 위해 언덕 위에 있는 시원한 공기를 마음껏 마시고 싶어 몸이 근질거렸다. 곧 떠날 생각에 우리 모두 들떠 있었다.

어제 2시. 우리는 스타투토 광장에 모였다. 데로시, 갈로네, 가로피, 프레코시. 그리고 콜레티와 그 애 아버지, 나까지 모두 일곱 명이었다.

나는 과일과 소시지, 삶은 달걀을 싸 왔고, 갈로네는 호리병박에 백포도주를 넣어 갖고 왔다. 콜레티 아저씨는 군대용 물통에 적포도주를 잔뜩 담아 왔다. 프레코시는 아빠 작업복을 입고 둥근 빵 2kg을 거뜬히 안고 왔다. 그밖에도 저마다 컵과 그릇을 챙겨 들고 왔다.

승합마차로 그란 마드레 디 디오 광장으로 간 다음 그곳의 언덕을 오르기 시작했다. 울창한 나무들 아래로 시원한 숲의 그늘이 만들어졌다. 우리는 풀 위에서 재주를 넘고, 졸졸 흐르는 시냇물 소리를 듣고, 물에 발을 담방담방 담그고, 나무울타리를 폴짝 뛰어넘으며 계속해서 앞으로 나아갔다. 콜레티 아저씨는 겉옷을 어깨에 걸친 채 담뱃대를 입에 물고 걸으셨다. 그리고 이따금 저만치 앞에서 우리에게 '그러다 넘어져서 바지에 구멍 난다!'하는 몸짓을 하셨다.

프레코시가 손가락을 입에다 넣고 휘파람을 불었다. 그 애가 휘파람을 부는 모습은 처음 봤다. 콜레티는 걸으면서 이런저런 물건을 만들었다. 그 애는 어른처럼 칼을 써서 물레방아, 포크, 물대포 등등 뭐든지 뚝딱 뚝딱 만들어낸다. 남의 짐까지 지고서 말이다. 잔뜩 짊어진 짐에 때때로 휘청거리지만 땀범벅이 되어 척척 걷는 모습은 마치 노루처럼 보인다.

데로시는 몇 번이나 멈춰 서서 풀이며 나무, 곤충 이름을 가르쳐 주었다. 어떻게 그렇게 많은 이름을 아는지 매우 신기했다.

갈로네는 묵묵히 빵을 뜯어 먹었다. 불쌍하게도, 그 애는 엄마가 돌아가신 뒤로 예전 만큼 많이 먹지 않는다. 그래도 그 애는 타고난 성격이 착하다. 누가 도랑을 뛰어넘을 때 도움닫기를 시작하면, 앞으로 먼저 가서 손을 잡아 주었다. 또 프레코시 주변에 소가 있으면 앞을 가로막아 보호해 주었다. 프레코시는 어렸을 때 소 뿔에 받힌 적이 있어 소를 무서워하기 때문이다.

산타 마르게리타 교회부터는 내리막길이었다. 우리는 저마다 뛰고 구르고 엉덩방아를 찧으며 내려갔다. 프레코시는 풀숲에서 넘어져 겉옷이 북 찢어졌다. 찢어진 부분이 너덜거리자 프레코시는 창피해하며 걸음을 멈춰 섰다. 그때 갈로네가 늘 겉옷 주머니에 넣고 다니는 핀으로 고정해 주자, 그 부분은 다시 감쪽같이 보이지 않았다. 프레코시는 늘 그랬듯이 "아, 미안, 미안" 몇 번이나 갈로네에게 인사하고 다시 달렸다.

가로피는 절대로 시간을 헛되이 쓰지 않는다. 달리면서도, 샐러드에 쓸 풀을 뜯고 달팽이를 잡았다. 조금이라도 빛나는 돌을 발견하면, 금이나 은이라도 섞여 있을까 싶어 주머니에 얼른 넣었다.

우리는 해가 내리쬐는 언덕길을 헐떡거리며 올라가고, 시원한 나무그늘 아래를 상쾌하게 달렸다. 그리고 가파른 길은 굴러내려 오면서 드디어 언덕 꼭대기에 도착했다. 그곳에서는 넓은 평원과 꼭대기에 눈이 남아 있는 알프스 산들을 마음껏 감상할 수 있었다.

우리는 풀밭에 앉아 점심을 먹었다. 모두 배가 몹시 고팠던 탓에 고소한 빵은 게 눈 감추듯 사라졌다. 콜레티 아저씨가 호박잎 위에 소시지를 한 개씩 올려 주셨다. 프레코시가 수줍어하며 거절하자, 갈로네가 자기 것을 억지로 그의 입에 넣어 주었다. 점심을 먹고 나서는 다 함께 즐거운 수다를 떨었다. 선생님 이야기, 같이 못 온 반 친구들 이야기, 시험 이야기 등 이야기는 끊임없이 이어졌다.

콜레티는 아저씨 옆에 아빠다리를 하고 앉았다. 둘 다 얼굴이 벌게져서는 가지런한 흰 이를 드러내며 웃었다. 이렇게 두 사람을 나란히 보니 아버지와 아들 사이가 아니라 마치 형제 같았다. 콜레티 아저씨는 포도주를 맛있게 한입에 털어 넣으셨다. 그리고 우리 것도 비우면서 말씀하셨다.

"애들한테 포도주는 아직 이르다. 내가 대신 마시지" 그러면서 콜레티의 코를 잡고 흔들며 계속 말씀하셨다. "얘들아! 내 아들을 잘 부탁한다. 얜 참 신사다워. 내 말이 틀림없다니까!"

모두 깔깔 웃었다. 하지만 갈로네는……. 콜레티 아저씨가 다시 포도주를 한 모금 마시고서 말씀하셨다.

"참으로 안타까운 일이야. 지금 너희는 사이좋은 친구로서 함께 있지만, 몇 년만 지나면 엔리코와 데로시는 변호사나 교수가 되어 있겠고, 다른 네 명은 어느 가게에서 일하거나 어디에 취직해 있겠지. 아무도 알 수 없겠지만 말이야. 아무튼 그렇게 되면 다 뿔뿔이 흩어지고 말 거란다."

"아니에요!" 데로시가 말했다. "저에게 갈로네는 언제까지나 갈로네고, 프레코시는 프레코시예요. 다른 애들도 마찬가지고요. 만일 제가 러시아 황제가 된대도 변함없이 친구들을 찾아갈 거예요."

"오오, 기특하구나!" 콜레티 아저씨가 컵을 높이 치켜들며 외치셨다. "자, 다들 컵을 부딪쳐라! 멋진 친구들 만세! 학교 만세! 학교는

MASA

부자도 가난뱅이도 한 가족으로 만드는구나!"
우리는 콜레티 아저씨가 든 컵에 우리 잔을 부딪쳤다.
"49연대 만세! 제4대대 만세!"
콜레티 아저씨는 벌떡 일어나 외치며, 마지막 한 모금을 단숨에 들이키셨다. 그리고 말씀하셨다. "너희도 군대에 들어가게 되면 우리처럼 열심히 싸워야 한다."
저녁 해가 뉘엿뉘엿 기울기 시작했다. 이제 돌아갈 시간이었다. 우리는 팔짱을 끼고 노래를 부르면서 언덕을 달려 내려왔다. 붉게 노을 지는 포강에 도착하자 벌레가 잔뜩 날아다녔다.
우리 일행은 스타투토 광장에서 헤어졌다. 그전에, 다음 주 일요일에 비토리오 에마누엘레 극장에 가기로 약속했다. 야간학급의 상장 수여식이 있기 때문이다.
여기까지, 그러니까 그 선생님을 만나기 전까지는 참 멋진 하루였다!
나는 우연히 계단에서 내려오시는 1학년 때 선생님과 마주쳤다. 이미 주위는 캄캄했다. 하지만 선생님은 곧 날 알아보시더니 두 손으로 내 팔을 어루만지며 귀에 대고 속삭이셨다.
"잘 있으렴, 엔리코. 선생님을 잊지 마!"
선생님은 울고 계셨다.
집에 돌아와 엄마에게 선생님을 만났다고 말하자, 엄마가 슬픈 얼굴로 나를 물끄러미 바라보셨다.
"선생님은 이제 침대에 누우셔야 한단다. 슬프게도…… 건강이 아주 안 좋으시네."
엄마의 눈은 새빨겠다.

야간학급 상장수여식

6월 25일(일)

약속대로 우리는 비토리오 에마누엘레 극장에 갔다. 야간학급의 상장수여식이 있기 때문이었다. 행사장은 3월 14일 때처럼 장식되어 있었고, 직공들의 가족들로 붐볐다.

1층 자리에는 음악학교를 다니는 남녀 학생들이 차지하고 앉아, 크림 전쟁에서 죽은 병사에게 보내는 애도가를 부르고 있었다. 그 노래가 아주 훌륭해서 모두 일어나 환호성과 박수를 보냈다. 학생들은 그에 응해서 처음부터 다시 한 번 불렀다.

그 뒤 곧바로 수상자들이 시장님과 교육장님 앞을 순서대로 지나갔다. 그들에게는 상장과 메달 말고도 책과 저금통장이 주어졌다.

1층 구석에는 미장이가 엄마와 나란히 앉아 있었다. 반대편에는 교장 선생님이, 그 너머에는 3학년 때 담임인 빨강머리 선생님이 보였다.

야간제도학교 학생들이 먼저 시상대에 올랐다. 금은세공 기술자, 석공, 석판공, 목수, 미장이들이다. 그다음은 야간상업학교, 또 그다음은 고등음악학교였다. 여공들도 꽤 있었다. 한껏 차려입은 그녀들은 커다란 박수 소리에 매우 뿌듯해했다.

마지막은 야간초등학교 학생들이었다. 그때 멋진 광경이 펼쳐졌다. 다양한 나이와 직업을 가진 사람들이 가지각색 옷차림으로 시상대 앞을 지나갔다. 머리가 희끗희끗한 남자, 공장에서 일하는 소년을 비롯해 얼굴에 수염이 텁수룩하게 난 직공들도 많았다. 아이들은 떨리는 기색 없이 당당한데, 오히려 어른들은 바들바들 떨리는 모양이었다. 나이가 가장 많은 사람과 가장 적은 사람은 특히 큰 박수를 받았다. 그러나 관객석에는 우리 때처럼 장난을 치거나 낄낄대는 사람은 없었다. 저마다 진지한 얼굴로 바라보고 있었다.

1층석에는 수상자의 부인이나 자식들이 앉아 있었다. 그들은 자기 남편이나 아빠가 무대에 올라갔을 때 큰소리로 이름을 부르며 반갑게 손을 흔들었다.

농부와 역무원들이 지나갔다. 본콤파니 초등학교 학생들이다. 치타델라 초등학교에는 우리 아빠랑 친한 구두닦이 아저씨도 계셨다. 아저씨는 교육장님한테 졸업증서를 받았다.

그 뒤에 덩치가 좋은 남자가 보였다. 어디서 많이 본 듯한 얼굴이었다. 바로 미장이의 아빠였다. 2등상을 받은 것이다. 나는 아픈 미장이를 만나러 갔을 때를 떠올렸다. 그리고 곧 나는 1층석에 앉아 있는 미장이를 찾아냈다. 축하해! 안토니노! 그 애는 눈을 반짝반짝 빛내며 아저씨를 보고 있었다. 쑥스러움을 감추려고 그 애는 '토끼 얼굴'을 하고 있었다.

갑자기 행사장이 떠나갈 듯한 박수소리가 들렸다. 무슨 일인가 보니, 무대에 굴뚝청소부 소년이 서 있었다. 얼굴은 깨끗이 씻었지만, 여전히 작업복 차림이었다. 시장님이 그와 악수를 하면서 말을 건네고 계셨다.

다음으로, 요리사와 라이넬리 초등학교에 다니는 시청 청소부가 메달을 받았다.

내 가슴은 이루 말할 수 없는 감동과 존경하는 마음으로 벅차올랐다. 이 사람들은 오늘을 위해, 저마다 문제에 시달리면서도 가족을 뒷바라지하고, 일과 공부를 동시에 해온 것이다. 얼마나 힘들었을까? 못 견디게 쏟아지는 졸음과 싸우느라 얼마나 애썼을까? 고된 노동에 쩍쩍 갈라진 손으로 익숙하지 않은 공부를 하느라 얼마나 노력했을까?

아직 어린 소년 직공이 지나갔다. 이날을 위해 아빠에게 빌린 겉옷을 입고 있었다. 소매를 몇 겹이나 둘둘 말아 올리고도 무대 위에서는 상장을 받는 데 거치적거리는지 팔을 더 걷어붙였다. 처음에는 모두 웃었지만, 얼마 지나지 않아 그 웃음은 커다란 박수소리에 가려졌다.

다음으로, 머리숱이 적고 흰 수염을 기른 사람이 지나갔다. 이어서 보병대원과 세무서 직원, 시청과 학교 경비원이 걸어갔다. 그들은 우리 학교의 야간학급생이었다.

다시 크림 전쟁 전사자들에 대한 슬픈 노래가 시작되었다. 하지만 이번에는 힘찬 목소리였다. 거기에는 진심에서 우러나오는 순수한 감정이 담겨 있었다. 사람들은 감동한 나머지 박수도 잊고 노래에 빠져버렸다.

이윽고 모두 조용히 행사장을 빠져나갔다. 거리는 금세 사람들로 가득찼다.

극장 문 앞에는 상을 받은 굴뚝 청소부 소년이 서 있었다. 상품으로 받은, 빨간 리본이 묶인 책을 가슴에 안은 채 몇몇 신사들에게 축하받고 있었다. 거리 여기저기서 직공들과 소년들, 경비원들, 선생님들이 인사를 나누는 소리가 들렸다. 3학년 때 담임이셨던 빨강머리 선생님이 포병대 두 병사 사이에서 나오셨다.

직공들의 부인은 모두 갓난아기를 안고 있었다. 갓난아기의 고사리 같은 조그만 손에는 주위 사람들에게 자랑이라도 하는 듯이 자기 아빠가 받은 상장이 꼭 쥐어져 있었다.

1학년 때 선생님이 돌아가셨다

6월 27일(화)

내가 비토리오 에마누엘레 극장에 있던 일요일 2시 무렵, 1학년 때 담임 선생님이 돌아가셨다. 엄마를 찾아온 날로부터 7일 뒤였다.

어제 아침, 교장 선생님이 우리 교실로 그 소식을 알리러 오셨다.

"선생님 반이었던 사람은 선생님이 얼마나 다정하고 너희를 사랑하셨는지 알 거예요. 참으로 엄마 같은 분이셨지요. 하지만 이젠 이 세상에 계시지 않는답니다. 꽤 오래 전부터 큰 병이 선생님 몸을 괴롭혔어요. 생활을 위해서라고는 하지만 그처럼 무리해서 일하지 말고 몸을 더 돌봤더라면 나았을지도 모르죠. 더 많이 쉬셨더라면, 적어도 몇 달은 더 사셨을 텐데. 하지만 선생님은 마지막 날까지도 교실에서 아이들과 함께 있기를 바라셨답니다. 17일 토요일 저녁, 수업이 끝날 무렵에 거듭해서 아이들에게 진심어린 훈계를 하시고, 모두를 꼭 껴안아 준 다음, 울면서 집으로 돌아가셨습니다. 다시는 만날 수 없다는 걸 알고 계셨던 거겠지요. 여러분, 절대로 그 선생님을 잊지 말아 주세요."

1학년 때 선생님 반이었던 프레코시는 책상에 엎드려 울음을 터트렸다.

저녁에 학교에서 돌아오는 길에 우리는 선생님 집에 들렀다. 교회까지 배웅하기 위해서였다.

거리에는 이미 말 두 필이 끄는 영구마차가 도착해 있었다. 수많은 사람들이 둘러서서 속닥거리고 있었다. 교장 선생님을 비롯한 선생님들도 빠짐없이 계셨다. 전에 근무했던 학교의 선생님들도 달려오셨다. 선생님이 담임으로 있던 반 아이들은 엄마 손을 잡고 촛불을 들고서 거의 다 와 있었다.

바레티 초등학교 학생들 50여 명이 화환과 장미꽃다발을 들고 모였다. 영구마차에는 많은 꽃다발이 놓여 있었고, 커다란 아카시아 화환이 걸려 있었다. 거기에는 검은 글씨로 "선생님께, 5학년 여자 일동" 이렇게 씌어 있었다. 일이 있어 엄마 대신 가정부가 온 집도 있었다. 저마다 촛불을 들고 있었다.

제복을 입고 뒤따르는 두 사람은 횃불을 들었다. 안이 파란 비단으로 된 자가용 마차에 탄 사람은 부자 아빠였다. 사람들은 문 앞에 모였다. 여자아이들은 줄곧 눈물을 훔치며 슬퍼했다.

조용히 기다리고 있으니 드디어 관이 실려 나왔다.

아이들은 관이 영구마차에 들어가는 것을 보고 엉엉 울었다. 어떤 애는 그제야 선생님을 다시 볼 수 없다는 것을 깨닫고 숨이 넘어갈 듯 꺼이꺼이 울었다. 끝내 그 애는 너무 심하게 울어서 밖으로 끌려나가고 말았다.

사람들은 줄을 지어 천천히 움직였다. 맨 앞에는 초록색 옷을 입은 콘체치오네회 소속 수녀가 서 있었다. 다음은 흰 옷에 푸른 리본을 맨 마리아회 수녀가, 그리고 주교님이 그 뒤를 이었다. 그리고 영구마차 뒤를 선생님, 1학년 상급반 아이들, 그리고 다른 전 학년 아이들이 뒤따랐다.

집집마다 창문과 입구에서 사람들이 얼굴을 내밀었다. 아이들과 화환을 보고 저마다 "저 애들 선생님이 돌아가셨구나" 안타까워하며 고개를 숙였다. 아이들의 손을 잡고 있던 엄마들도 참지 못하고 흐느껴 울었다.

영구마차가 교회에 도착하자 다 같이 관을 꺼내 제단 앞으로 옮겼다. 관 위에 화환을 얹고, 그 주위를 아이들이 가져온 꽃다발로 뒤덮었다. 저마다 촛불을 들고 모여, 넓고 어두운 교회에서 기도의 노래를 시작했다.

주교님이 "아멘" 말하자 모두 촛불을 끄고 조용히 밖으로 나왔다. 교회 안에는 선생님의 싸늘한 시신만이 남아 있었다.

불쌍한 선생님! 나한테 그토록 잘해 주셨는데! 벌써 몇 년이나 고통스러운 병을 참아 오셨다니!

선생님은 자신이 가진 얼마 안 되는 책을 아이들을 위해 남기셨다. 그리고 어떤 애한테는 잉크병을, 또 다른 애한테는 얇은 공책을 남기셨다. 그것들은 선생님의 소중한 소지품이었다. 돌아가시기 이틀 전에는 교장 선생님에게 이렇게 부탁했다고 한다.

"제가 세상을 떠나도 애들은 오지 못하게 해주세요. 울리고 싶지 않으니까요."

> 선생님은 좋은 일만 하시다가 고생 끝에 돌아가셨다.
> 아아, 선생님! 이젠 어두운 교회 안에 홀로 계시는군요!
> 안녕, 영원한 이별. 내 다정한 선생님.
> 달콤하고도 슬픈, 내 어린 시절의 소중한 추억!

고마워

6월 28일(수)

아아, 불쌍한 선생님! 이번 학년을 끝마치고 싶으셨을 텐데 겨우 사흘을 남겨 두고 돌아가시다니!

내일모레 학교에 가서 이달의 이야기 〈난파선, 마리오와 줄리에타〉를 들으면…… 그걸로 4학년도 끝이다. 7월 1일 토요일부터는 드디어 시험이다. 그 시험에 통과하면 5학년으로 올라간다! 선생님이 건강하게 살아계셨다면 그 진급이 한결 더 기뻤을 텐데!

작년 10월을 떠올려 봤다. 수많은 사건이 바로 어제 일처럼 생생하게 떠오른다. 그동안 열심히 공부한 덕분에, 내 생각을 정확히 말할 수 있게 되었고 글씨도 예쁘게 쓸 수 있게 되었다. 계산도 제법 술술 할 수 있다. 뿐만 아니라 다른 사람 대신 계산을 척척 해 줄 수도 있다. 난 아주 만족스럽다. 하지만 여기까지 오는 데 얼마나 많은 사람들이 날 도와주었는지 모른다. 공부 방법을 가르쳐 주고, 의욕을 북돋워 준 사람이 참 많았다.

집에서도, 학교에서도, 길거리에서도, 내가 가는 곳에 있던 모두가 내 선생님이었다. 오늘, 나는 그 모든 사람들에게 감사를 드리고 싶다.

누구보다 먼저 선생님에게 인사하고 싶다. 선생님은 저한테 아주 잘해 주셨어요. 그리고 언제나 깊은 사랑으로 대해 주셨죠. 지금 제가 이렇게 만족할 수 있는 것도 모두 선생님이 고생해서 가르쳐 주신 새로운 지식 덕분이에요.

다음은 데로시한테 감사한다. 내가 가장 존경하는 친구. 네가 나에게 친절하게 설명해 준 덕에 어려운 문제도 이해할 수 있었고, 시험도 무사히 통과할 수 있었어. 매번 그랬지. 고마워. 다음은 스타르디다. 넌 나한테 뭐든지 해낼 수 있는 강철 같은 의지를 보여 주었어. 그리고 갈로네. 남을 위할 줄 알고 마음이 넓은 너를 알면, 누구든 마음이 따뜻해진단다.

프레코시와 콜레티도 고마워. 너희는 나에게 괴로움을 이겨내는 법과 일하는 기쁨을 가르쳐 주었어. 너희에게 고맙다고 말하고 싶어.

다른 사람들한테도 이 마음을 표현하고 싶어.

하지만 아빠한테는 '고맙다'는 말로는 부족할 만큼 매우 감사해요. 제게 가장 좋은 선생님은 아빠예요. 때로는 가장 좋은 친구이기도 하고요. 많은 충고를 해 주시고, 온갖 것들을 가르쳐 주셨죠. 아빠가 느낀 괴로움이나 슬픔은 저에게 전혀 내비치지도 않으시고, 가족을 위해 일하고, 공부의 중요성과 즐거움을 깨우쳐 주시고, 제가 미래에 훌륭한 사람이 될 수 있도록 이끌어 주셨어요.

그리고 누구보다도 엄마한테 감사해요. 애정 넘치는 나의 마돈나. 제 모든 기쁨을 당신 일처럼 품어 주시고, 저의 모든 고통을 저 대신 받아 주셨지요. 한 손으로 제 이마를 쓰다듬고 다른 한 손으로는 저 앞길에 있는 지평선을 가리키면서 함께 배우고, 고생하며 울어 주셨어요.

어렸을 때처럼, 당신들 앞에 무릎 꿇고 감사드립니다. 12년 동안 저에게 쏟아 주신 애정에 감사드립니다. 저의 모든 마음을 담아서요.

난파선, 마리오와 줄레에타

[6월 이야기(마지막 '이달의 이야기')]

벌써 몇 년 전 일입니다. 12월 어느 아침, 200명이 넘는 사람들을 태운 커다란 증기선이 영국 리버풀항을 떠났습니다. 승조원 70명 가운데 선장과 선원 대부분은 영국인이었지만, 승객 가운데에는 이탈리아인도 몇 사람 있었습니다. 귀부인 세 명과 주교 한 명, 그리고 악단 단원들이었습니다.

잔뜩 흐린 하늘 아래, 배는 몰타섬으로 물결을 가르면서 나아갔습니다. 3등선실의 여행객 중에는 열두 살 난 소년이 섞여 있었습니다. 소년은 작지만 다부진 체격에, 시칠리아인다운 용감하고 성실해 보이는 얼굴을 하고 있었습니다. 몇 가지 소지품이 든 낡은 여행 가방에 손을 올리고, 돛대 가까이에 둘둘 말려 있는 밧줄 위에 얌전히 앉아 있었습니다. 갈색 피부에, 어깨까지 기른 검은 머리를 바람에 나부끼면서 말입니다.

허름한 옷에 더러운 담요를 걸치고, 낡은 가죽 주머니를 목에 걸고 있었습니다. 소년은 주위 승객들과 바쁘게 뛰어다니는 선원들, 파도치는 바다를 멍하니 바라보았습니다. 그 얼굴은 집안에서 뭔가 큰 일을 겪은 사람처럼 어른스러운 표정을 띠고 있었습니다.

떠난 지 얼마 안 되어, 한 이탈리아인 선원이 여자아이 손을 잡고 소년 앞에 나타났습니다.

"여행 친구가 생겼다, 마리오."

선원은 그렇게 말하더니 휙 가 버렸습니다. 소녀는 마리오 옆에 앉았습니다. 얼굴을 보자마자 먼저 마리오가 물었습니다. "너, 어디까지 가니?"

"나폴리를 지나 몰타까지. 아빠랑 엄마가 날 기다리고 계셔." 소녀는 살짝 웃으며 덧붙였습니다. "내 이름은 줄리에타야."

마리오는 자기 이야기는 하나도 하지 않았습니다. 그리고 잠시 있다가 주머니에서 빵과 말린 과일을 꺼내어 먹기 시작했습니다. 줄리에타는 비스킷을 꺼내어 먹었습니다.

"바다가 거칠어졌다! 배가 흔들려도 겁먹지 마라!"

이탈리아인 선원이 고함을 지르면서 눈앞을 뛰어갔습니다.

바람은 갈수록 거칠어지고, 배는 크게 흔들리기 시작했습니다. 그러나 두 아이는 배 멀미도 하지 않고 태연했습니다.

줄리에타는 내내 웃는 얼굴이었습니다. 나이는 마리오와 비슷했지만, 키가 더 크고 말라서 가녀려 보였습니다. 소녀 또한 갈색 피부였습니다. 옷차림은 소박했고, 짧게 자른 머리에 빨간 스카프를 두르고, 은 귀걸이를 하고 있었습니다.

마리오는 조금씩 마음을 열어 줄리에타에게 자기 이야기를 해주었습니다. 마리오 부모님은 이미 이 세상에 없었습니다. 직공이었던 아버지는 이탈리아 시칠리아에서 영국으로 건너와 살다가 며칠 전 리버풀에서 돌아가셨습니다. 그래서 영국에 있던 이탈리아 영사는, 홀로 남겨진 마리오를 고향 시칠리아의 대도시 팔레르모로 되돌려 보내기로 한 것입니다. 팔레르모에는 마리오의 먼 친척이 살고 있었습니다.

줄리에타 또한 자기 이야기를 해주었습니다. 그녀는 작년에 홀로 계신 숙모를 따라 런던으로 왔습니다. 가난한 줄리에타의 부모님이 평소 그녀를 귀여워하던 숙모에게 그녀를 맡긴 것이었습니다. 숙모는 재산이 많았는데, 유산을 모두 줄리에타에게 물려주겠다고 약속했습니다. 그러나 숙모는 승합마차에 치여 덧없이 죽고 말았습니다. 게

Masa

다가, 물려준다던 유산은 한 푼도 없었습니다. 그래서 줄리에타도 영사의 도움으로 이 배에 타게 된 것이었습니다. 두 사람 모두 우연히 그 이탈리아인 선원에게 맡겨진 것입니다.

"……그렇게 된 거야. 우리 아빠 엄마도 처음에는 내가 부자가 돼서 돌아올 거라고 믿으셨어. 하지만 난 보다시피 여전히 가난해. 그렇지만 날 따뜻하게 반겨 주실 거야, 내 동생들도 함께 말이야. 난 맏딸이고, 어린 남동생이 넷이나 있어. 그 애들을 돌보는 건 다 내 몫이야. 옷 입히는 것부터 뭐든지 다. 내 얼굴을 보면 많이 놀라겠지? 도착하면 깜짝 놀라게 살금살금 들어가야지. ……그건 그렇고, 바다가 너무 거세다. 그러면 넌 이제 친척이랑 살게 되는 거니?"

"으, 응…… 그러라고 한다면……."

"다 너를 반가워하지 않니?"

"……난…… 잘 모르겠어……."

마리오의 슬픈 얼굴을 본 줄리에타는 곧바로 말을 돌렸습니다.

"난 크리스마스에 열세 살이 돼."

그 뒤로 두 사람은 한시도 떨어지지 않았습니다. 꼭 붙어서 이런 저런 이야기를 나누어, 승객들은 두 사람을 남매라고 여겼습니다. 이윽고 줄리에타는 뜨개질을 시작했고 마리오는 점점 높아지는 파도에 불안해했습니다.

밤이 되었습니다.

"잘 자."

피곤한 줄리에타가 말했습니다.

"미안하지만, 오늘밤은 아무도 푹 자지 못할 거다."

이탈리아인 선원이 그렇게 말하고 선장에게 달려갔습니다.

마리오도 줄리에타에게 잘 자라고 말하려던 순간이었습니다. 갑자기 무시무시한 파도가 덮쳐 마리오를 쓰러뜨렸습니다.

"이를 어쩌면 좋아! 피가 나잖아!"

줄리에타가 마리오의 몸을 감싸며 외쳤습니다. 승객들은 허둥지둥 아래층으로 도망가기에 바빠서 두 아이들에게 신경을 쓸 여유가 없었습니다. 줄리에타는 반쯤 의식을 잃은 마리오 옆에 무릎을 꿇고 앉아, 이마에서 흐르는 피를 닦아 주었습니다. 그리고 빨간 스카프를 풀어 마리오 머리에 감아 주었습니다. 스카프를 꼭 묶으려고 자신의 가슴으로 마리오 머리를 끌어당긴 순간, 입고 있던 노란 옷에 있는 허리띠 주변이 피로 새빨갛게 물들어 버렸습니다.

마리오는 곧 정신을 차리고 일어났습니다.

"조금 나아졌어?"

"응, 이제 괜찮아."

"그럼 잘 자."

"잘 자."

두 사람은 저마다 침실로 내려갔습니다.

이탈리아인 선원의 말은 정확했습니다. 심한 폭풍우였습니다. 파도가 미친 듯 날뛰어 두 사람은 무서워 잠들 수가 없었습니다. 눈 깜짝할 새에 돛대가 부러져, 매달려 있던 배 세 척과 배 앞머리에 있던 소 네 마리가 겅중겅중 뛰며 달아나 버렸습니다. 갑자기 집채만 한 파도가 배를 덮쳤습니다. 배 안은 물건이 부서지는 소리, 사람들의 울부짖는 소리, 기도하는 소리가 뒤엉켜 순식간에 아수라장이 되었습니다.

밤새 이어진 폭풍우는 새벽녘이 되어도 멈출 줄을 몰랐습니다. 어마어마한 파도가 뱃전을 때리고 갑판 위를 삼켜 모든 것을 바다로 끌고 갔습니다.

배가 나아가는 방향을 조종하는 조타실은 기계를 보호하는 천장이 무너져 커다란 소리와 함께 바닷물이 쏟아져 들어왔습니다. 기관사들은 불빛이 사라진 조타실에서 가까스로 도망쳐 나왔습니다. 바닷물이 여기저기에서 밀려오고, 사람들의 비명이 천둥처럼 울렸습니다.

"펌프다!"

선장의 목소리에 선원들은 펌프로 몸을 던지듯 달려갔습니다. 그 동안에도 뒤에서는 거대한 파도가 쉴 새 없이 없이 덮쳐왔습니다. 난간과 옆면 창이 산산조각 나고, 그 사이로 바닷물이 쏟아져 들어왔습니다. 승객들은 절망하며 저마다 이리저리로 뛰어 다녔습니다. 그곳에 선장이 나타나자 승객들은 한꺼번에 달려들어 외쳤습니다.

"선장님!"

"선장님! 우린 어찌 되는 건가요?"

"어떻게 해야 하죠?"

"희망은 있나요?"

"제발 우리를 살려 주세요!"

선장은 괴로운 표정으로, 잠시 조용해지기를 기다렸습니다. 그리고 냉정한 목소리로 말했습니다.

"안타깝지만…… 포기하는 수밖에요."

"그럴 수가! 제발 살려 주세요!"

한 여자가 울며 울부짖었습니다. 다른 사람들은 무서워서 아무 말도 못 하고 그 자리에 얼어붙어 있었습니다. 마치 묘지에 있는 듯했습니다.

무거운 침묵 속에서 몇 시간이 흘렀습니다. 사람들은 겁에 질린 얼굴로 서로를 말없이 바라볼 뿐이었습니다. 그러는 동안에도 바다는 갈수록 미친 듯이 날뛰고, 배는 불안하게 흔들렸습니다.

선장은 작은 배에 선원 다섯 명을 태우고 바다로 내려갔습니다. 그러나 어마어마한 파도의 힘에 금세 뒤집어지고 말았습니다. 타고 있던 선원 가운데 세 명은 밧줄을 붙잡고 겨우 살았지만, 남은 두 사람은 그대로 빠져 죽고 말았습니다. 그중 한 사람은 이탈리아인 선원이었습니다. 눈앞에서 그런 모습을 본 사람들은 도저히 작은 배에 올라탈 용기가 나지 않았습니다.

그렇게 두 시간이 지났습니다. 배 안은 계속해서 바닷물이 흘러들어 이미 높은 곳까지 잠겨 버렸습니다. 어머니는 울면서 자식을 품에 꼭 끌어안았고, 친구들은 이제 마지막이라는 듯 서로 부둥켜안았습니다. 어떤 사람은 바다를 보기 무서워서 아래층 객실로 내려갔습니다. 어떤 여행객은 이미 살 수 없다고 생각했는지 머리가 돌아버렸는지, 갑자기 권총을 집어 들고 자기 머리를 쏘았습니다. 그는 계단 위에 풀썩 쓰러져 그대로 숨을 거두었습니다.

사람들은 광기에 휩싸인 채 서로 꼭 부둥켜안고 두려움과 싸웠습니다. 주교 주변에는 수많은 사람이 무릎 꿇고 구원을 기도했습니다. 어린아이들이 울부짖는 소리와 흐느껴 우는 소리에 섞여, 그 기도 소리는 음침한 대합창처럼 들렸습니다. 동공이 풀린 눈을 커다랗게 뜨고 있는 사람, 동상처럼 굳어 버린 사람이 가득해 어디를 봐도 모두 미친 사람 뿐이었습니다.

마리오와 줄리에타가 할 수 있는 일이라고는 돛대에 매달려 바다를 바라보는 것밖에 없었습니다. 바다는 조금씩 잠잠해지기 시작했지만, 배는 여전히 천천히, 그리고 확실히 가라앉고 있었습니다. 이제 몇 분만 지나면 완전히 침몰할 것 같았습니다.

"구명보트를 바다에 띄워!"

다급한 선장이 외쳤습니다. 마지막으로 남은 구명보트가 바다에 던져졌습니다. 이번에는 승객 세 사람과 선원 열네 명이 무사히 옮겨 탔습니다. 선장은 내려갈 기미를 보이지 않았습니다.

"선장님! 저희와 함께 가세요!" 구명보트에서 선원들이 외쳤습니다.

"아니, 난 이대로 배에 남겠다. 선장으로서 의무를 다해야지."

"그러지 말고 얼른 여기 같이 타세요. 그러면 다른 배를 만나 구조를 요청할 수 있어요. 어서 내려오세요. 안 그러면 죽어요."

선원들은 계속해서 선장을 설득했습니다.

"아니, 난 이대로 있겠다!"
"아직 자리는 있습니다. 어서 올라 타세요!"
"이 부인을 태워라!"

선장이 한 여자를 가리키며 외쳤습니다. 그러나 그녀는 배와 구명 보트 사이가 너무 멀어 뛰어내릴 용기가 나지 않았습니다. 끝내 그녀는 다리를 후들거리며 갑판에 주저앉아 버렸습니다. 다른 여자들도 죽은 듯이 실신해 있었습니다.

"저 남자아이를 태워라!"

보다 못한 선장이 외쳤습니다. 그 소리에, 이제껏 두려움에 돌처럼 굳어 있던 마리오와 줄리에타는 앞다투는 두 마리 짐승처럼 삶에 대한 본능을 되찾았습니다. 두 사람은 동시에 돛대에서 손을 놓고 서로 밀치락달치락하며 뱃전으로 몸을 내밀었습니다.

"이미 배는 가득찼다! 작은 아이를 태워!"

그 말에 줄리에타는 단념했습니다. 두 손을 축 늘어뜨리고 마리오를 바라보며, 딱딱하게 굳어 버린 조각상처럼 움직이지 않았습니다. 마리오도 살고 싶은 마음이 간절했습니다. 그러나 그때 그녀 옷에 묻은 핏자국을 본 마리오는 그녀에게 따뜻하게 간호 받았던 때를 떠올렸습니다.

아래서는 여전히 선원들이 초조하게 외치고 있었습니다.

"작은 아이를 태워! 더는 기다릴 수 없어! 우린 서둘러 가야 해!"

그때 마리오는 하느님 목소리가 들린 것 같았습니다. 그리고 다음 순간, 자기 자신조차 믿을 수 없는 말을 외치고 있었습니다.

"얘가 더 가벼워요! 얘를 태워 주세요! 네가 타, 줄리에타! 너한테는 엄마아빠가 계시잖아. 난 외톨이야. 슬퍼할 사람도 없다고. 너한테 양보할게. 자, 어서 내려가!"

"그 애를 바다로 던져! 어서!"

선원들이 외쳤습니다. 마리오가 줄리에타를 번쩍 안아 바다로 던

졌습니다. 줄리에타는 짧은 비명과 함께 바다로 떨어졌습니다. 곧 선원들이 그녀의 팔을 붙잡아 구명보트로 건져 올렸습니다.

마리오는 줄리에타가 무사한 것을 보고 가슴을 쓸어내렸습니다. 머리카락을 바람에 휘날리며 얼굴을 꼿꼿이 들고 마리오는 그 자리에 꼼짝 않고 서 있었습니다. 오히려 그의 표정은 매우 온화했습니다.

구명보트는 뒤집히기 직전에 움직이기 시작해 무사히 큰 배에서 멀어졌습니다. 줄리에타는 그저 멍했습니다. 자기에게 대체 무슨 일이 일어났는지 아직 이해하지 못한 얼굴이었습니다. 하지만 멀어져 가는 배에 남은 마리오를 본 순간 울음을 터트렸습니다.

"마리오! 고마워. 안녕!"

"안녕!"

마리오는 손을 높이 들어 줄리에타에게 인사했습니다. 바다는 아직도 미친 듯이 날뛰고 있었습니다.

잔뜩 찌푸린 하늘 아래서 구명보트는 빠르게 멀어졌습니다. 이제 배 위에서는 사람의 비명도 들리지 않았습니다. 이미 바닷물은 갑판 위까지 모두 뒤덮었습니다. 마리오는 뭔가에 얻어맞은 것처럼 두 손을 모으고 무릎을 꿇고 앉아 하늘을 우러러 보았습니다.

줄리에타는 더는 참지 못하고 얼굴을 무릎 위에 묻었습니다. 그리고 잠시 뒤 다시 바다를 바라봤을 때, 배는 이미 어디에도 없었습니다.

7월
luglio

엔리코에게 보내는 마지막 글

7월 1일(토)

곧 4학년도 끝이구나, 엔리코. 이달의 이야기 〈난파선, 마리오와 줄리에타〉는 한 소년이 소중한 친구를 위해 자신의 목숨까지 내놓은 참으로 슬프고도 아름다운 이야기였다. 학년 말에, 기억에 남을 만한 훌륭한 이야기를 듣게 돼서 무척 다행이구나. 용감한 소년의 모습은 언제까지나 네 가슴속에 남아 있을 거란다.

넌 선생님이나 친구들과 잠시 헤어진다고 생각할지도 모르겠다. 하지만 엄마가 네게 슬픈 소식 한 가지를 전해 주어야겠구나. 실은 여름방학 동안만이 아니야. 앞으로도 쭉 헤어져 지내야 한단다.

아빠가 일 때문에 토리노를 떠나게 되셨거든. 물론 우리도 함께 말이야. 가을에는 다른 마을에서 새로운 학교에 다니게 될 거야. 많이 실망했지? 그렇지 않니?

네가 지금 다니고 있는 학교를 많이 좋아한다는 건 엄마가 가장 잘 안단다. 4년 동안 매일처럼 하루에 두 번씩 가서, 배우는 기쁨을 알고, 정해진 시간에 가족 같은 선생님과 다정한 친구들 사이에서 시간을 함께 보낸 곳이니까. 엄마, 아빠도 이 학교를 아주 좋아했단다. 공부를 끝내고 나오는 너를 목 빠지게 기다리던 곳이니까.

또 학교는 네 재능을 키워 주고, 좋은 친구를 만나게 해 준 곳이란다. 거기서 배운 말과 체험은 모두 네게 소중한 것이지. 예컨대 싫은 일이 있었다 할지라도 앞으로 네 인생에 쓸모없는 경험은 하나도 없단다. 그러니까 친구들에게 마음을 담아 작별인사를 하렴.

그 가운데에는 앞으로 불행을 겪을 사람도 있을 거야. 머지않아 부모님을 여의는 사람도, 젊어서 세상을 떠나는 사람도 있겠지. 어쩌면 전쟁터에서 귀한 피를 흘리는 사람도 생길지 몰라. 네 친구들은 대부분 자기 아버지의 뒤를 이어 열심히 일해서 뛰어나고 성실한 직공이 될 거다. 하지만 그 애들 중에서도, 자기가 태어난 이 조국에 은혜로 보답하거나 훌륭한 행동으로 이름을 남길 사람이 나오지 말란 법은 없어. 그건 누구도 모를 일이야.

그러니 마음을 담아 작별인사를 하고 오렴. 가족 같은 학교에, 너에 대한 기억 하나를 남겨두고 오렴.

학교는 아직 어린 네가 입학하고, 성장해서 나오는 곳이란다. 아빠와 엄마에게도 소중한 곳이었지. 네가 그 어떤 곳보다도 좋아했던 곳이라는 걸 아니까. 학교는 엄마 같은 곳이란다, 엔리코.

학교는 말을 갓 배운 널 내 품에서 빼앗아 갔지만, 이제는 이렇게 건강하고 훌륭한 소년으로 길러 나에게 돌려주었지. 참으로 고마운 곳이야. 그런 학교를 절대로 잊어서는 안 된다. 알겠지?

아니, 굳이 당부하지 않아도 넌 절대로 잊지 않을 거다! 어른이 되면 넌 세계를 두루두루 걸어서 여행하게 될 거야. 대도시와 눈이 휘둥그레지는 건축물을 많이 보겠지. 하지만 그것들은 언젠가 기억에서 사라져 버린단다. 그렇지만 네 학교의 하얗고 소박한 건물, 닫힌 창문에 내려진 블라인드 색, 조그만 운동장과 뜰은 네 뇌리에서 영원히 떠나지 않을 거야. 네가 인생을 마치는 그날까지 말이다.

그곳은 네 지식의 꽃봉오리가 처음으로 열린 곳이니까.

내가 네 첫 울음소리를 들은 이 집을 평생 잊지 못하는 것처럼 말이다.

〈엄마가〉

필기시험

7월 4일(화)

드디어 시험이 시작됐다. 학교 주변에서는 부모님들과 가정교사 그리고 애들까지도 시험, 점수, 문제, 평균, 추가시험, 진급 같은 따분한 이야기만 한다.

어제는 작문 시험이었고, 오늘은 산수 시험이다.

부모님들은 자식을 학교에 데려다 주면서 마지막 충고를 해 준다. 많은 엄마가 교실까지 따라와서, 책상 위 잉크병에 잉크가 가득 담겨 있는지, 펜촉 상태는 좋은지 하나하나 점검한다. 감동적일 만큼 열성적인 모습이다. 그러고는 교실 문에서 몇 번이나 뒤를 돌아보고 말한다.

"열심히 하렴!"

"서두르지 말고!"

"시험 잘 봐라!"

나는 그런 모습들을 보고 감동했다.

우리 교실에 들어온 시험감독은 검은 수염이 난 코아티 선생님이었다. 사자처럼 우렁찬 목소리를 내지만, 절대로 벌을 주지 않는 선생님이다. 그런데 한 애는 시험이 무섭다며 벌써부터 파랗게 질려 있었다.

선생님이 문제지를 꺼내셨다. 우리는 마른침을 꿀꺽 삼켰다. 선생님이 무서운 눈초리로 한 사람 한 사람을 노려보시며 커다란 목소리로 문제를 읽으셨다. 하지만 얼굴은 '정답을 알려줄 수 있다면, 다 함께 진급해서 기뻐할 수 있을 텐데……' 말하고 있는 것 같았다.

문제는 매우 어려웠다. 한 시간쯤 지나자 모두 끙끙대며 여기저기서 신음했다. 우는 애도 있었다. 크로시는 주먹으로 머리를 때렸다. 하지만 모르는 건 죄가 아니다. 공부할 시간이 없는 애나 부모님이 공부를 봐 주지 못하는 안타까운 애들도 많이 있기 때문이다.

그럴 때 데로시가 도움을 주니까 참 고맙다. 선생님에게 들키지 않도록 몰래 정답을 알려 준다. 그리고 선생님처럼 하나하나 신경 쓴다. 산수를 잘하는 갈로네도 도와준다. 벼랑 끝에 몰려있다는 듯이 신호를 보내는 저 밉살스러운 노비스한테도 가르쳐 주다니 갈로네는 참으로 좋은 녀석이다. 스타르디는 한 시간도 넘게 문제를 노려보고 관자놀이에 주먹을 댄 자세로 움직이지 않았다. 하지만 5분이 남자 갑자기 적어내려가기 시작하더니 순식간에 끝내 버렸다.

"침착하게 해! 서두르지 말고! 제발 침착하게 해라!"

선생님이 그렇게 말하며 책상 사이를 돌아다니셨다. 풀이 죽은 애가 있으면, 입을 크게 벌리고 입맛을 다시는 사자 흉내를 내서 웃음으로 기운을 북돋워 주셨다.

열한 시가 가까워 오자, 창문 가리개 너머에서 초조하게 서성이는 부모님들이 보이기 시작했다. 프레코시 아빠도 파란 작업복 차림으로 와 계셨다. 일을 하다 오셨는지 얼굴이 시커멨다. 열두시 조금 전에는 우리 아빠도 와서 교실 창문을 올려다보고 계셨다. 아아, 불쌍한 아빠!

열두 시. 드디어 시험이 끝났다.

교실에서 나오자, 굉장한 광경이 펼쳐졌다. 대부분의 부모님들이 자기 자식에게 달려가 이것저것 물으며 공책을 넘겨보고, 다른 아이와 견주느라 정신이 없었다.

"계산은 얼마나 나왔니?"

"합계는 얼마가 나왔지?"
"빼기는 풀었어?"
"정답은 맞게 썼어?"
"소수점은 제대로 찍었니?"
선생님도 여기저기에서 질문공세에 시달리셨다.
아빠는 내 손에서 답안지를 받아 들고 쓱 보더니 말씀하셨다. "좋아." 옆에 서 있던 대장장이 아저씨는 프레코시가 쓴 답안지를 불안스레 살펴보고 있었다. 프레코시 아저씨는 봐도 잘 모르겠다는 눈치였다. 아빠에게 점수를 매겨 달라고 부탁하셨다. 아빠가 점수를 말해 주자, 프레코시 아저씨는 "대단하구나, 우리 꼬맹이!" 만족스럽게 외치셨다. 아빠와 프레코시 아저씨는 전부터 친구였던 것처럼 얼굴을 마주보고 껄껄 웃으셨다. 아빠가 손을 내밀자, 아저씨가 그 손을 꼭 잡았다.
"다음은 면접시험이군요."
"네, 그때 다시 뵙죠."
그렇게 말하고 우리는 헤어졌다. 몇 발짝 가자, 누군가 노래를 부르는 소리가 들렸다. 우스꽝스럽게 가느다랗고 여린 목소리였다. 뒤를 돌아보니, 노래를 부르는 사람은 프레코시 아저씨였다.

구술시험 날(마지막 시험)

7월 7일(금)

오전은 구술시험이었다. 우리는 8시에 모두 교실로 모였다. 8시 15분이 되자 네 명씩 홀로 불려 나갔다. 거기에는 초록색 천이 덮인 커다란 책상이 있고, 주위에 교장 선생님과 선생님 네 분이 앉아 계셨다. 페르보니 선생님도 계셨다.

가장 먼저 이름이 불린 네 명에는 나도 들어 있었다. 아아, 페르보니 선생님! 그때 나는 선생님이 우리를 얼마나 아끼시는지 절실히 깨달았다. 다른 선생님이 질문하는 동안, 페르보니 선생님은 우리 얼굴만 보고 계셨다. 서툰 대답에는 초조해하시고, 잘 대답하면 마음이 놓이는 표정이 되었다. 우리가 말한 것을 놓치지 않고 듣고 있다가 두 손과 머리를 써서 우리에게 신호를 보내주셨다. 이런 식으로 말이다.

"좋아! ……아니야, 틀렸어! ……주의해서! ……잘 생각해 봐! 그래, 잘한다!"

말하는 게 허락되었다면, 선생님은 우리에게 은근히 암시를 주셨을 게 틀림없다. 학부형은 자기 자식 순서에 맞춰 순서대로 앉는다 해도, 선생님보다 열성적으로는 못했을 것이다. 나는 앞에 누가 있건 "선생님, 고맙습니다!" 외치고 싶었다. 드디어 시험관 선생님이 "좋아요. 교실로 돌아가세요" 말하자, 페르보니 선생님은 눈을 빛내셨다.

나는 곧장 교실로 돌아가 아빠를 기다렸다. 아직 아이들이 남아 있었다. 갈로네 옆에 앉았지만, 조금도 즐겁지 않았다. '이렇게 옆에 앉는 것도 이게 마지막인가!' 자꾸만 슬픈 생각이 들었다. 그 애한테는 아직 이야기하지 않았다. "난 함께 5학년에 올라갈 수 없어. 아빠를 따라 토리노를 떠나게 됐거든"이라고 말이다.

갈로네는 아직 모른다. 그 애는 몸을 반으로 접고 커다란 머리를 책상에 박은 채 열심히 뭔가를 적고 있었다. 기관사복을 입은 아빠 사진에 열심히 장식을 그리는 것이었다. 아저씨는 덩치가 크고 우락부락하다. 목은 소만큼이나 굵다. 갈로네 아빠답게 성실하고 정직해 보였다. 허리를 숙인 탓에 들려 올라간 셔츠 아래로 탱탱한 맨살이 드러나 보였다. 가슴에는 작은 십자가를 걸고 있었다. 넬리의 엄마가 아들을 지켜 준 보답으로 주신 금 십자가다.

이윽고 나는 용기를 내서 털어놓았다.

"갈로네, 우리 가족은 이번 가을에 아빠랑 토리노를 떠나게 됐어. 앞으로 만나기 힘들 거야."

"너도 가?" 갈로네가 물었다.

나는 그렇다고 짧게 대답했다.

"그럼 함께 5학년에 못 올라가는 거야?"

"응."

갈로네는 아무 말도 없이 다시 그림을 그리기 시작했다. 그리고 얼굴을 들지 않고 물었다. "그래도 4학년 때 친구들은 잊지 않을 거지?"

"물론이지! 하나하나 다 잊지 않을 거야. 특히 너는……. 어떻게 널 잊겠니!"

갈로네는 뭐라 설명하기 어려운 눈빛으로 나를 물끄러미 바라봤다. 그리고 조용히 왼손을 내밀었다. 얼굴은 오른쪽으로 돌린 채, 계속 그림 그리는 척을 했다. 나는 그 성실해 보이는 손을 꼭 쥐었다.

페르보니 선생님은 붉어진 얼굴로 교실에 들어오셨다. 그리고 작은 목소리로 재빠르게 "장하다! 이제까지는 모두 잘해 주었어. 남은 아이들도 힘내렴. 장하구나, 과연 내 제자들이야. 선생님은 기쁘다" 하셨다. 그러고는 서둘러 나가면서 괜히 비틀거리며 벽을 짚는 시늉을 하셨다. 그것은 선생님이 얼마나 기쁜지 우리에게 보여 주려는 연기였다. 여간해서는 장난을 치지 않는 저 페르보니 선생님이 말이다! 우리는 깜짝 놀라 웃지도 못했다. 저마다 얼굴에 미소를 지었지만, 소리는 내지 않았다.

왜 그런지는 모르겠다…… 선생님의 그런 순수한 행동이 오히려 나를 괴롭게 했다. 저 보람찬 한순간이 선생님이 받으신 유일한 상이라니! 아홉 달 동안 보여 주신 선의와 인내심에 대한 상이 선생님의 얼굴에 웃음꽃을 가져다 준 것이다. 선생님은 오로지 아이들을 위해 오랜 시간 참고 또 참으면서, 몇 번이나 아픈 몸을 채찍질해가며 수업하셨다. 가엾은 선생님! 한없는 사랑을 베푼 선생님이 아이들을 통해 손에 넣은 것은 바로 아이들이 나아갈 밝은 미래였다.

오늘 이 순간은 앞으로 몇 년이 지나도 선생님의 행복한 얼굴과 함께 다시 떠오를 것이다. 내가 어른이 되었을 때까지 선생님이 건강하시다면 꼭 찾아뵙고 이 이야기를 해야겠다. 그리고 선생님께 감사하다고 말할 것이다.

“모두 안녕! 건강하게 잘 지내!”

7월 10일(월)

오후 1시. 우리는 모두 교실에 모였다. 시험 결과를 듣고 진급증을 받기 위해서다. 그리고 오늘은 내가 이 학교에 오는 마지막 날이다.

거리는 부모님들로 북적였고, 대기실도 발 디딜 틈이 없이 꽉 찼다. 교실 벽에서 통로까지 보호자들이 가득 메웠다. 그들은 교탁까지 밀고 들어왔다. 그곳에는 갈로네 아빠도 계셨다. 데로시 엄마도, 대장장이 프레코시 아저씨도, 나무장수 콜레티 아저씨, 채소장수 크로시 엄마, 미장이네 아빠, 스타르디네 아빠까지 모두 오셨다. 처음 보는 사람들도 많았다. 웅성웅성 시끄러워서 마치 광장에 있는 듯했다.

선생님이 들어오시자 교실은 찬물을 끼얹은 듯 조용해졌다.

선생님이 성적표를 꺼내 읽으셨다.

“아바투치. 진급, 70점 만점 중 60점. 아르키니. 진급, 55점.”

미장이도 크로시도 진급이다.

“데로시 에르네스트. 진급, 70점 만점. 우등상입니다.”

선생님이 힘주어 읽으셨다. 데로시를 모르는 어른은 없다.

“훌륭하다, 훌륭해! 데로시!” 너도나도 말했다. 그는 아름다운 금발을 나부끼며 겸손하게 웃으면서 엄마에게 손을 흔들었다. 무척 멋있었다! 가로피, 갈로네, 코라치도 진급했다.

하지만 추가시험을 쳐야 하는 애도 서너 명 있었다. 그 가운데 한 아이는 입구에 있던 아빠가 야단치려 손을 들자 울음을 터뜨리려고 했다. 선생님이 그 아저씨에게 말씀하셨다.

"아닙니다, 아버님. 죄송하지만…… 꼭 아이 책임이라고만은 할 수 없습니다. 뭐…… 운이 없었던 거죠. ……이번에는 어쩌다 그렇게 된 겁니다."

그러고는 다시 성적을 발표하셨다. "넬리. 진급, 62점."

아줌마가 넬리에게 부채로 "해냈다!"는 신호를 보냈다. 스타르디도 67점으로 진급했다. 하지만 그는 그 점수가 불만스러운지 미소조차 짓지 않았다. 주먹을 관자놀이에 대고 조용히 주저앉아 버렸다. 마지막은 보티니였다. 그 애는 오늘도 한껏 차려입고 머리는 단정히 빗어 넘겼다.

성적 발표가 다 끝나자 페르보니 선생님은 일어나서 말씀하셨다.

"여러분 모두가 이렇게 모이는 것도 오늘이 마지막입니다. 우리는 1년 동안 사이좋게 함께 공부했습니다. 하지만 오늘은 그 친구들과도 헤어져야 합니다. 선생님도 여러분과 헤어지기가 무척 괴롭습니다. 소중한 나의 제자들과……."

선생님은 조금 목이 메었지만, 다시 말씀하셨다.

"저도 모르게 화를 내거나 잘못을 저질렀을지도 모릅니다. 지나치게 심한 말을 한 적도 몇 번인가 있었겠죠. 용서해 주기 바랍니다."

"아니에요, 그런 적 없었어요!"

"아니에요, 선생님. 무슨 말씀을 하십니까! 절대로 그런 적 없었습니다!"

어른도 아이도 모두 한목소리로 말했다.

선생님은 용서해 달라는 말을 되풀이하셨다. 그리고 덧붙이셨다.

"이것만은 말해 두겠습니다. 새 학년이 되면 여러분은 이제 선생님 반이 아닙니다. 하지만 선생님은 여러분을 계속 지켜볼 것입니다. 그리고 여러분은 언제나 선생님 마음속에 있을 겁니다. 안녕, 사랑하는 내 제자들!"

그러고는 우리 한 사람 한 사람에게 다가오셨다. 우리는 책상 옆에 똑바로 서서 선생님에게 손을 내밀었다. 선생님의 팔과 옷자락을 붙잡았다. 두 볼에 얼굴을 대고 인사했다. 그리고 모두 입을 모아 말했다.

"선생님, 안녕히 계세요!"

"고맙습니다, 선생님!"

"건강하세요!"

"우리를 절대로 잊지 마세요!"

그 소리에 선생님은 가슴 깊이 감격한 표정으로 교실을 뒤로하셨다.

우리는 밀치락달치락하며 교실을 나갔다. 다른 학년 아이들도 교실에서 우르르 나왔다. 운동장은 학생과 학부형들로 발 디딜 틈이 없었다. 저마다 선생님에게 작별인사하고 서로 인사를 나누었다. 빨간 깃털 선생님은 스무 명쯤 되는 아이들에게 둘러싸여 계셨다. 선생님 등에 애들이 잔뜩 매달리는 바람에 선생님은 숨도 제대로 못 쉴 지경이었다. '수녀 선생님'은 아이들에게 모자를 빼앗겼다. 그리고 검은 옷에 있는 단춧구멍과 주머니 안에는 꽃송이가 가득 꽂혔다.

친구들은 로베티에게 "축하해! 잘됐다!" 말을 건넸다. 그날 겨우 목발에서 벗어난 것이다.

여기저기서 인사말이 들렸다.

"새 학기에 보자!"

"10월 20일에 만나자!"

"성인식 날 만나자!"

우리도 작별인사를 나누었다. 아아! 다퉜던 일은 모두 다 까맣게 잊고! 보티니는 두 팔을 활짝 벌리고 가장 먼저 데로시의 품에 뛰어들었다. 그토록 시기했던 데로시에게 말이다.

나는 미장이와 인사했다. 그 애는 마지막으로 '토끼 얼굴'을 보여 주었다. 그걸 보자마자 나는 그 애 얼굴에 뺨을 마구 비볐다. 귀여운 친구! 프레코시하고도 인사했다. 가로피에게도 인사했다.

"네가 뽑은 제비가 당첨됐어. 상품은 마요르카섬에서 구운 바람에 날라지 않도록 누르는 귀여운 문진이야!"

가로피가 그렇게 말하며 내게 이 빠진 문진을 주었다.

다른 애들한테도 빠짐없이 인사했다.

무엇보다도 넬리가 갈로네에게 딱 달라붙어 있는 모습은 아주 흐뭇했다.

"갈로네와 헤어지다니! 절대 싫어!"

넬리가 그렇게 말하는 것만 같았다.

저마다 갈로네 주위로 몰려들었다.

"안녕, 갈로네. 또 만나자."

모두 갈로네를 만지고 껴안고 하느라 야단법석이었다. 갈로네의 아빠는 놀라면서도 그 모습을 흐뭇하게 지켜보셨다. 나는 마지막으로 갈로네와 포옹했다. 그리고 그의 품에서 그만 훌쩍훌쩍 울어 버렸다. 그는 내 이마에 입맞춤을 해 주었다.

그런 다음 나는 아빠와 엄마에게 뛰어갔다.

아빠가 물으셨다. "친구들에게 인사 다 했니?"

"네."

"네가 친구에게 잘못한 일이 있으면 얼른 가서 사과하고 와라. 모두 잊고 용서해 달라고 부탁해. 그런 친구는 없니?"

"없어요."

"그래, 그럼 이걸로 정말 이별이구나. 안녕."

아빠는 마지막으로 한 번 더 학교를 바라보셨다. 엄마도 울먹이며 "안녕" 인사를 되풀이하셨다. 나는…….

나는 아무 말도 하지 않았다.

우리 마음속 영원한 학교《쿠오레》

배움이란 무엇인가

배움이란 무엇인가? 배움이란, 깨닫는 것이다. 깨달음이란 무엇인가? 깨달음이란 그 그릇됨을 아는 것이다. 그릇됨은 어떻게 알 수 있을까? 나날의 생활 속 생각하는 마음에서부터 그릇됨을 알고 바른 행동으로 나아가야 한다. 이제 선생님 그리고 아빠 엄마 아이들 모두 아미치스 '마음의 학교'로 들어가 수업을 받아 보자.

에드몬도 데 아미치스는 독립한 지 얼마 되지 않은 이탈리아의 민중과 아이들을 사랑했다. 그 민중과 아이들에게 큰 희망과 용기를 주는 한편, 우정과 사랑 애국심을 불러일으키기 위해 이 작품을 썼다. 작가의 이런 마음은 이탈리아뿐만 아니라 세계 여러 나라의 독자들에게도 전해져, 작품이 발표된 지 130여 년이 지난 오늘날까지도 세계인들의 애독서 가운데 하나로 꼽히고 있다. 33개 나라 언어로 번역되어 세계 곳곳에서 널리 읽히며, 유네스코의 대표 문학작품 컬렉션에도 올라 있다.

1948년에는 영화로도 만들어졌다. 명장 비토리오 데 시카 감독이 배우로 변신해 엔리코의 담임 페르보니 선생님을 연기했다. 1984년에는 루이지 코멘치니 감독이 제작한 TV 프로그램을 RAI(이탈리아 방송협회)에서 방영하여 국민적 기쁨과 감동의 화제를 불러 일으켰다.

《쿠오레 *Cuore*》(1886)가 이처럼 전세계 사람들의 마음을 사로잡는 가장 큰 이유는 바로 엔리코가 그리고 있는 일기 속 동급생들, 더 정확이 말해서 〈이달의 이야기〉에 나오는 매력 때문일 것이다. 달콤한 감상에 지나지 않는다는 것을 알면서도 마르코의 여행에 가슴 두근거리거나, 프레코시나 크로시에게 성원을 보내거나, 또 때로는 나도 모르는 사이 눈물을 흘리게 되는 이 모든 것이 이야기의 힘이다.

데 아미치스(1846~1908)

19세기 끝 무렵, 이탈리아의 어린 독자들(더러는 어른들)은 이 이야기를 통해 저마다 다양한 '쿠오레(마음)'를 발견했을 것이다. 오늘날의 독자들도 나름대로 이 이야기 속에 숨어 있는 쿠오레를 읽어 내리라 믿는다. 어쩌면 그것은 작가 아미치스나 이야기를 펼쳐가는 엔리코가 전하려 하는 '마음'과 다를지도 모른다. 그러나 오히려 독자마다 그 느낌이 다른 것이 더 자연스러우리라 생각한다.

고대 로마제국의 환영에 휩싸인 파시즘 체제이건, 또는 스스로 피 흘려 세운 민주주의 체제이건 결과적으로 《쿠오레》가 어린이를 위한 책으로서 끊임없이 '교육적 도구' 역할을 해 온 것은 틀림없다.

좀 더 깊이 들어가 보면, 이탈리아에서 아이들을 위한 책은 독자를 이야기 밖으로 내몲으로써 교육적 기능을 수행한 것과 맞바꾸어, 이야기 자체가 본디 갖추어야 할 보편타당한 기능을 희생해 왔다. 다시 말하면 독자에게 상상의 세계에서 '또 하나의 현실'을 살 수 있는 즐거움을 겪게 해주는, 이야기가 가진 특권을 빼앗아 왔다고 할 수 있다. 이를테면 이러한 이야기의 가능성을 박탈한 뒤에 남는 원판(原版)으로서 《쿠오레》는 그 존재를 끊임없이 드러내 보인다.

그러나 1950년대에 들어서 잔니 로다리의 《치폴리노의 모험》(1951)과 같은 풍자소설이 새로운 아이들 문학으로서 등장한 것을 보면, '아이를 위한 책'이 질적으로 전환하지 못한 이유가 반드시 '도구'로서의 문제만이 아님을 알 수 있다.

그 문제는 오히려 작가에게로 돌아온다. 그중에서도 이 시대에 발표된 C.S. 루이스, M. 놀튼, E. 파전의 작품이나 더 나아가 P. 피어스 등의 작품과 견주어 볼 때, 지리적 역사적 현실이 만들어낸 이탈리아의 작품은 그 밖의 것들과 차이가 날 수밖에 없다.

이야기 속에 있는 '또 하나의 현실'이 이야기 밖의 현실과 맞서거나 또는 전자가 후자를 뛰어넘기도 한다. 바로 그 점이, 아이들을 위한 책이 풍요로운 '이야기의 도구'로 바뀔 가능성이 있음을 말해 준다. 때문에 《쿠오레》는 그 점을 독자들에게 끊임없이 속삭임으로써 그 생명을 이어 가고 있는지도 모른다.

열 살 난 소년의 눈을 통해 그 마음의 주름까지 그려낼 수 있으리라고 생각할 만큼 아미치스는 경험 없는 작가가 아니었다. 따라서 소년으로서는 뚜렷이 밝힐 수 없는 '민중'의 모습이 독자의 눈에는 보이지 않을 것이라는 사실을 알았을 것이다. 이 작품은 발표된 지 한 세기가 지난 오늘까지도 꾸준히 읽히며, 수많은 독자를 확보하고 있다. 그럼에도 작품과 작가에 대한 비판이 끊이지 않는 까닭은 바로 이 보이지 않는 '민중'의 모습과 '마음'을 둘러싼 문제 때문일 것이다.

이 작품은 아이들뿐만 아니라 그 꿈꾸는 아름다운 시절을 거쳐 온 어른들, 이를테면 그 시절 순수의 마음을 잊고 살아가는 어른들이 읽어야 할 작품이기도 하다. 특히 아이들의 정서를 무엇보다 소중하게 여기는 부모는 물론, 아이들과 마주하는 시간이 부모보다 더 많은 선생님들이 반드시 읽어야 할 책이 아닐 수 없다. 어른의 눈에서 아이들을 보는 것이 아니라 아이들의 눈높이에 맞추어 아이들의 마음을 읽어주는 것이 어른들이 해야 할 몫이기 때문이다.

삶의 이기가 더없이 발달한 21세기를 살고 있는 우리. 겉으로는 화려하고 편안해 보이는 삶 속에서 눈에 보이지 않게 병들어 가고 있는 우리에게 《쿠오레》는 반드시 읽어야 할 마음의 양식이다. 다시금 마음의 여유를 찾게 하며 아름다운 동심의 세계를 되찾아 주고 잊고 있는 사람이 살아가는 마음, 나라 사랑하는 마음을 다시금 일깨워 준다.

영혼을 가꾸는 '좋은 책'

사람은 자신을 가꾸는 데 조금이라도 소홀해지면 어느덧 아름다운 모습은 사라져 버리고, 얼굴은 단번에 10년은 늙어 보인다. 주름이 생기고, 잡티가 생기고, 눈은 충혈되며, 눈빛도 흐려진다. 피부는 누렇게 뜨고 목에는 주름이 생기고 다리가 뻣뻣해지며 몸은 갈수록 쇠약해진다. 이처럼 잔혹한 변화 앞에서 인간은 자연이 더 이상 자신을 필요로 하지 않으며, 이제 자신의 시대는 지나가고 죽을 날이 가까워졌다는 사실을 깨닫게 된다. 그렇기에 사람은 나이가 들어 갈수록 자신을 가꾸기 위해 갖은 노력을 한다. 자신이 가진 재산을 아낌없이 투자하면서까지 말이다.

그런데 여기에서 우리가 지나치고 있는 것이 하나 있다. 바로 영혼을 가꾸는 일이다. 사람의 영혼도 육체처럼 영원히 젊음을 유지할 수는 없다. 육체가 늙어가는 동안 영혼은 너무나도 많은 영상을 받아들이기 때문에 이미 감광판도 낡아 버리고 감도도 아예 둔해진다. 영혼 또한 늙어간다는 것이다. 하지만 우리는 육체를 가꾸는 일에만

사로잡혀 영혼을 가꾸는 일은 등한시하고 있다. 어떤 이들은 영혼의 존재 자체를 믿지 않거나 그것의 노화를 부정하기도 한다.

건강한 영혼은 끝없는 상상을 가능케 한다. 그 상상은 사람이 살아가는 데 가장 큰 즐거움일 뿐만 아니라 자유의 상징이며 생명의 도약이다. 나아가 현실 세상의 갖은 역경을 이겨내는 힘이 되기도 한다. 이와 달리 건강하지 못한 영혼은 위의 모든 것이 불가능하다. 상상의 과정을 거치는 것 자체가 힘이 들기 때문이다.

그렇기에 성별, 나이, 인종에 관계없이 사람은 누구나 영혼을 가꾸어야 할 필요가 있다. 그리고 그 목표로는 나이가 어리고 아직 때가 묻지 않아 순수한 영혼, 즉 어린이로 정하는 게 좋다. 어린이는 이 세상의 그 어떤 생명체보다 건강한 영혼을 지닌 존재이기 때문이다.

어린이들은 마치 어른과는 다른 인종인 것처럼 온종일 지칠 줄을 모른다. 아침부터 밤까지 소리지르고, 싸우고, 화해하고, 폴짝폴짝 뛰면서 돌아다닌다. 그런 그들의 머릿속에는 건강한 육체처럼 남다르고 풍부한 생명력이 가득 차 있다. 즉 어린이들의 육체와 영혼은 미래를 향한 성숙을 간절히 바라고 있으며 동시에 그들은 아직 소유하지 않은 온갖 것을 소유할 수 있는 풍부한 가능성을 지니고 있다.

그렇다면 영혼을 가꾸고, 상상력을 기르기 위해, 그리고 나아가 건강한 삶을 위해서는 어떻게 해야 할까? 이 물음에 대한 답은 간단하다. 책을 읽는 것이다. 그중에서도 어린이를 위한 책은 영혼을 가꾸는 것에 더욱 알맞다. 앞서 말했듯이 어린이들의 영혼은 참으로 건강하다. 그러므로 그런 어린이를 위한 책에서는 너무나 다채로운 소재가 다루어진다. 그리고 그것은 온갖 인물로 표현되며 무궁무진한 이야기로 펼쳐진다. 이를 꾸준히 접하는 것만으로도 영혼은 자연스레 가꾸어질 것이다. 물론 '좋은 책'을 읽는다는 전제 아래 말이다.

또래에서 환영받지 못하는 아이는 누구일까? 바로 '말귀'를 알아듣지 못하는 아이이다. 《표준국어대사전》은 '말귀'를 '말이 뜻하는 내용, 남이 하는 말의 뜻을 알아듣는 총기'라고 정의한다. '말귀'란 이해력인 셈이다. 이해력을 키우려면 어휘력과 배경지식이 필요하고 이에 가장 효과적인 방법은 독서다.

2014년 2월 3일 프랑스 시사주간지 〈렉스프레스(L'Express)〉는 프랑스 교육부의 흥미로운 조사 결과를 발표했다. TV 리얼리티 프로그램과 드라마를 자주 보는 학생이 그렇지 않은 학생에 비해 성적이 낮다는 내용이었다. 성적 격차가 벌어진 원인은 어휘력이었다. 한 권의 책에는 평균 1000개의 단어가 쓰이는 데 비해 황금시간대 TV 프로그램은 절반 수준인 598개를 사용하는 데 그쳤다.

우리나라 학생도 어휘력 부족 문제가 심각하다. '논하시오'라는 단어를 이해하지 못했다는 중학생이 있을 정도이다. 사실 초등학교 교육과정은 가능한 한 한자어 사용을 지양하도록 설계되었다. 갑자기 중학교에 들어가 고난도 어휘를 접하게 되면 어려울 수밖에 없다. 하지만 책을 많이 읽은 아이라면 부담없이 적응할 수 있다. 문장의 흐름을 따라가면서 어휘력뿐만 아니라 공감능력 등 세상과 소통하는 힘도 자라게 된다. 좋은 책을 고르고 제대로 읽는 능력만 있다면 독서는 만병통치약이다.

그렇다면 어린이를 위한 책 가운데에서 '좋은 책'이란 무엇일까? 그것은 주로 다섯 가지로 구체화할 수 있다. 첫째, 예술의 본질에 충실한 책이다. 이는 직관에 호소하고 사물을 직접 느낄 수 있는 힘을 어린이들에게 주는 책, 어린이들도 읽자마자 이해할 수 있는 소박한 아름다움을 지닌 책, 어린이들의 영혼에 깊은 감동을 주어 평생 가슴 속에 추억으로 간직되는 책을 뜻한다.

둘째, 어린이들이 즐겨 머릿속에 그리는 것을 그대로 담은 책이다. 이는 온 세상 삼라만상 속에서 특히 어린이들의 취향에 맞추어 선택된 것, 어린이들을 해방하고 기쁘게 하며 행복하게 하는 이미지, 눈 깜짝할 사이에 어린이들한테 덤벼들어 그들을 현실 세계의 굴레로 얽매어 버리지 못하도록 지켜 주는 신비의 세계, 그런 것을 전달하는 책을 말한다.

셋째, 어린이들에게 감상이 아니라 감수성을 깨닫게 해 주는 책이다. 이는 인간다운 고귀한 감정을 어린이들의 마음에 불어넣는 책, 동식물의 생명뿐 아니라 삼라만상의 생명을 모두 중시하는 마음을 심어 주는 책, 천지의 만물과 그 만물의 영장인 인간 속에 있는 신비스러운 것을 헛되이 하거나 소홀히 하는 마음을 결코 어린이들에게 심어 주지 않는 책 등이다.

넷째, 지식을 주는 책이다. 이는 어설프게 다른 것으로 가장한 문법이나 수학이 아니라 솜씨 좋고 적당하게 지식을 가르치려는 의도로 쓰인 책을 뜻한다. 영혼 속에 지식의 씨앗을 뿌리고 건강하게 기르려는 책, 지식을 지나치게 부풀려 만물의 척도로 삼는 잘못을 저지르지 않는 책, 즉 지식의 한계를 올바르게 이해하고 있는 그런 책 말이다.

다섯째, 인간의 심성에 대한 인식을 어린이들에게 심어 주는 동시에 도덕성을 지닌 책이다. 여기서 말하는 도덕성은 가난한 사람에게 동전 두 닢을 주었다고 해서 자신을 자비로운 사람으로 여기는 그런 째째한 근성의 도덕이 아니다. 거짓 눈물을 흘린다든가 이웃 사랑을 모르는 경건주의, 부르주아와도 같은 위선처럼 한 시대 한 민족에 한정된 특수한 결점을 어떻게 해서든 장점인 양 가장하는 것도 아니다. 또 마음으로부터의 공감이나 개인의 노력 등은 완전히 무시하고, 앞뒤 가리지 않고 강한 자의 의지를 아랫사람에게 강요하는 그런 난폭한 도덕성도 아니다.

따라서 높은 도덕성을 가진 책이란 언제까지나 변하지 않는 진리, 인간의 영혼을 생기 있고 분발하게 하는 진리를 풍부하게 지니고 있는 책, 이기적이지 않고 성실한 애정을 갖고 있는 사람은 언젠가는 반드시 보답받을 것이고, 예컨대 다른 사람이 보답하지 않더라도 자신에게 득이 될 만한 점이 많다는 사실을 가르치는 책을 말한다.

나열된 조건들만 보아도 알 수 있듯이 어른을 대상으로 하는 좋은 책의 조건보다 어린이들 대상으로 하는 좋은 책의 조건이 훨씬 엄격함을 알 수 있다. 그렇기에 위의 조건에 맞아떨어지는 책들이 앞서 말한 영혼을 가꾸는 일에 알맞다는 것이다. 어른이라는 이유만으로 어린이 책에 대한 편견을 갖지는 말자. 이것은 영혼을 건강하게 가꾸기 위한 하나의 수단일 뿐이다.

그러한 의미에서 위의 조건을 두루 갖추고 있는《쿠오레》는 영혼을 가꾸기 위한 가장 좋은 수단이 될 수 있을 것이다.

아미치스의 삶

지은이 에드몬도 데 아미치스는 1846년 10월, 이탈리아 리구리아 주의 작은 마을 오넬리아에서 태어났다. 금융업을 하던 아버지 프랑코의 직업 때문에 두 살 때는 피에몬테 주의 쿠네오로 이사했다. 그곳에서 초등교육을 마치고, 대도시 토리노의 기숙학교에 진학한 해가 1862년. 그의 나이 열여섯이었으며, 이탈리아가 통일된 이듬해였다.

본디 변호사를 꿈꾸던 그는, 1863년에 아버지가 세상을 떠나자 진로를 바꾸어야만 할 상황에 놓여 모데나의 육군사관학교에 재입학하게 된다. 그가 열네 살이 되기 얼마 전, 그 무렵 이탈리아 애국시인 주세페 주스티의 시에 감동해 자기도 독립전쟁에 나가 싸울 각오로 가리발디가 이끄는 천인대(千人隊)에 지원했으나 거절당했다는 기록이 남아 있다. 이로 미루어 볼 때 비록 뜻을 세운 변호사의 길은 아니지만, 군인의 길 또한 어쩔 수 없는 선택은 아니었을 것이다. 그는 1866년에 일어난 이탈리아 독립전쟁(쿠스토차 전투)에 참가, 오스트리아군과 싸움으로써 소년시절의 꿈을 이루었다. 그러나 이듬해 새로 배속된 시칠리아에서 콜레라에 걸려 아미치스의 운명은 크게 달라지게 된다.

이탈리아왕국의 수도 피렌체로 발령받은 아미치스에게 〈이탈리아 육군〉이라는 군 기관지 편집이 맡겨졌다. 그 신문에 1868년부터 연재한 군대생활 소묘가 작가 아미치스의 첫 작품이 된다. 그리고 1870년 한 군인으로서 로마합병을 목격한 뒤, 스물네 살 청년 아미치스는 문필생활에 들어간다. 이듬해 1871년에는 단편집을, 1872년부터는 스페인 여행기를 시작으로 모로코, 네덜란드, 콘스탄티노플 등 이국적인 정서가 묻어나는 기행작가로서 명성을 쌓아갔다.

그 뒤 인기 작가이며 특히 군대 이야기로 대중의 주목을 받던 아미치스는 아들 훌리오를 마중하러 학교로 갔다가 아들이 초라한 옷차림의 한 소년과 함께 걸어 나오는 것을 보게 된다. 아들과 같은 반 친구인 그 소년은 우스꽝스러울 만큼 헐렁헐렁한 옷을 입고 있었다. 두 소년은 헤어지기 전에 서로 입을 맞추었다. 아미치스는 그 아름다운 우정을 눈앞에서 목격하고 감동해 그 순간 학교생활을 소재로 한 책을 쓰기로 결심한다. 훌리오는 학교생활을 매우 좋아했고, 선생님과 친구들을 아끼고 사랑하는 착한 아이였다. 아미치스는 이런 훌리오의 아름다운 마음을 통해, 학교를 무대로 한 어린이 책을 세상에 내놓았던 것이다.

이렇게 하여 탄생된 작품이 《쿠오레》이다. 이는 아미치스가 8년에 걸쳐 고민에 고민을 거듭한 끝에 완성한 작품으로, 아내 테레사와의 사이에서 태어난 아들 훌리오와 우고에게 바치는 마음으로 쓴 것이다.

아미치스와 《쿠오레》

이 책이 크게 성공한 까닭에 바탕해 아미치스를 아동문학 작가로

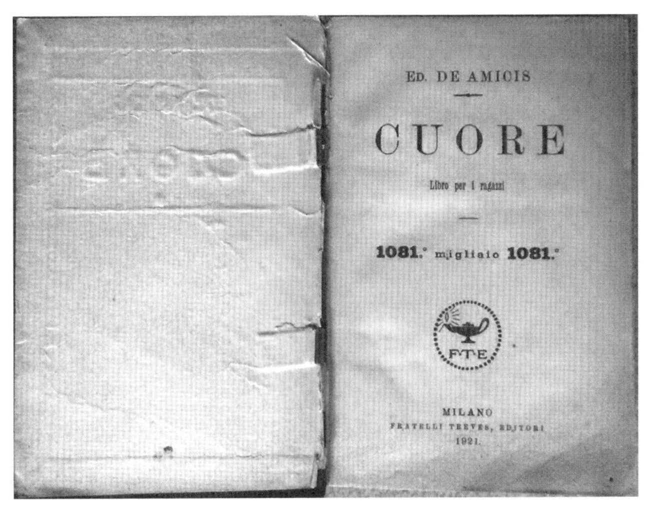

《쿠오레》(초판 발행, 1886) 속표지

여기기 쉽지만 앞에서도 살펴본 바와 같이 그는 수많은 여행기를 써서 여행가로서의 명성도 얻었다. 이 점은 《쿠오레》에 실린 〈엄마 찾아 삼만 리〉에서 대서양을 횡단하는 배의 모습이나, 아르헨티나 식민 문제 등을 샅샅이 묘사한 대목을 통해서도 그 이유를 충분히 알 수 있다.

아미치스의 작품은 교육적인 성향이 짙고, 특히 공화제에 대한 강한 염원을 드러내고 있다. 그는 언어나 국가의식의 통일, 초등교육의 보급으로 그 이상을 이루고자 끊임없이 노력했다.

애국심이 강했던 그는 군인에서 언론인으로, 또 사회주의자로 변신했다. 만년에는 어머니 테레사(아내와 이름이 같음)의 죽음에 이어 맏아들 훌리오의 자살(1898)이라는 비극이 덮쳤다. 그는 큰 슬픔과 괴로움을 작품 쓰는 일로 달랬다. 그때 쓴 작품이 《아름다운 말씨》(1906)이다.

아미치스는 그때 이미 30년이라는 오랜 세월 동안 가장 아름답다고 생각했던 피렌체 사투리를 연구하여 이탈리아의 국어 통일에 힘써 왔다. 그런 뜻에서 이 작품은 이탈리아에서 높은 평가를 받았다.

1908년 3월 11일, 그는 고향 인근의 보르디게라에서 갑작스런 뇌출혈로 안타깝게도 62년의 생애를 마감했다.

《쿠오레》에는 갓 태어난 이탈리아를 사랑하고 키워가려는 작가의 생각이 곳곳에서 넘쳐나고 있다. 훌륭한 사회의 일원이 되라고 어른의 입을 통해 말하는 것이 그 증거이다. 그래서 부모의 가르침, 선생님의 꾸짖음, 어른들이 아이들을 대하는 태도에는 오늘날에도 살아나는 교훈이 듬뿍 담겨 있다. 이러한 점이 아직까지도 《쿠오레》가 널리 읽히는 이유일 것이다.

엔리코의 일기에는 때때로 선생님이 엔리코에게 숙제로 낸 이야기가 실려 있다. 이것은 엔리코나 학급 친구들에게 하나의 이상형이 될 만한 이탈리아 어린이에 대한 이야기이다. 이 이야기들은 모두 엔리코가 쓴 것처럼 되어 있다. 그 대부분은 사람이 마땅히 지키고 행해야 할 가치관에 관한 것이며 그중에서도 눈에 띄는 것은 어려움에 처한 사람을 돕는 것, 가족과 친구에 대한 사랑, 그리고 이 작품에서 결코 잊어서는 안 되는 애국주의에 관한 이야기이다. 애국정신의 강조는 이탈리아 통일이라는 새 시대에 쓰인 작품임을 감안할 때 그리 놀랄 만한 것은 아니다. 아미치스 또한 독립전쟁에 참전한 경험이 있지 않은가. 그러므로 이 책은 젊은이들이 국가의 통일에 감사해야 함을 일깨워 주고 있다. 책 속에 담긴 많은 일화는 지역 격차에 대한 관용을 키워 준다.

작품 속에서 교장 선생님은 칼라브리아에서 전학 온 학생을 소개하며 "지금부터 내가 하는 말을 잘 기억하세요. 칼라브리아의 친구가 토리노에 와서도 자기 집에서처럼 편안하고, 또 토리노의 친구가 칼라브리아에 가더라도 자기 집에 있는 것처럼 편안하기 위해서 우리나라는 지난 50년을 싸워 왔습니다. 그리고 그것을 위해 3만 명이나 목숨을 잃었습니다" 말하고 있다. 그야말로 지나치게 감정적이고

《쿠오레》 삽화

감성적이지만 그 무렵 이탈리아 도심의 생활을 뚜렷하게 보여주는 묘사라 할 수 있다.

이 작품에서 찬란한 색채로 재미있게 그려진 학교생활은 한편으론 이탈리아 정신을 북돋고 있다. 어린이들을 위해 쓰인 이 작품은 무엇보다도 애국심을 심어 주기 위한 기도서였다. 그래서 이 작품을 주의 깊게 잘 읽어 보면, 새로운 시대를 짊어진 가난하면서도 강한 민중에 대한 애정이나 기대가 바탕을 이루고 있음을 알 수 있다. 과거 이탈리아의 역사를 지배하는 가장 큰 과제는 통일의 실현이었다. 그러므로 통일에 대한 간절한 바람을 어린이들의 가슴 속에 심어주는 일은 무척이나 중요했다. 그렇기에 이 작품은 애국심을 지나치게 강조해 조금 거슬리는 감정을 일으킬 수도 있다. 하지만 그 속을 잘 들여다보면 우리가 잊고 있던 나라 사랑하는 마음을 읽을 수 있다.

처음으로 우리나라에 《쿠오레》 완역판이 나왔던 2014년은 아미치스가 세상을 떠난 지 106주년이 되는 해였다. 그는 1908년 죽기 직전까지 이탈리아 전역을 여행하며 사랑하는 아들 우고에게 편지를 썼다고 한다. 로마에 있는 비토리오 에마누엘레 2세 기념관에는 그의 사진이 걸려 있다. 그 기념관의 완성(1911년)을 보지 못하고 세상을 떠난 아미치스. 한결같은 마음으로 조국을 사랑한 아미치스가 삶의 가치가 너무나 혼란스런 이 시대의 우리에게 던지는 메시지를 깊이 되새겨 보아야 할 것이다.

《쿠오레》의 배경

《쿠오레》의 지리적 배경인 토리노는, 알프스 자락을 뜻하는 피에몬테(Piemonte) 주의 중심도시로 거의 주 한가운데 위치하고 있으며, 19세기 이탈리아 통일운동의 중심역할을 했다. 옛날 그 땅에 살던 부족이 소(Toro)를 신으로 숭배한 것에서 고대 로마인들은 그들을 타우리니인이라고 불렀다. 그것이 지금의 토리노(Torino)가 되었다는 것이다. 뒷발로 서는 소가 그려진 문장(紋章)이 토리노 시의 상징이다.

역사적으로 고대 로마시대, 토리노 일대는 그 속주였다. 10세기에는 사보이 가문의 지배 아래 들어가고, 1280년에는 공국이 되었다. 그러나 14세기 프랑스의 잦은 침략과 스페인 계승전쟁 뒤 위트레흐트 조약에 따라 1713년, 공국에서 왕국으로 승격했다. 1721년에는 사보이 가문의 '사르데냐 왕국'이 탄생했다. 그 뒤 프랑스 혁명기부터 나폴레옹 황제 시대까지 프랑스의 지배를 받았지만, 1815년 나폴레옹 퇴각과 동시에 비토리오 에마누엘레 1세가 토리노로 돌아옴으로써 사보이 가문의 왕제가 부활했다. 그리고 1861년 3월 17일, 국왕 비토리오 에마누엘레 2세의 선언과 동시에 이탈리아 왕국이 성립했다. 그러나 《쿠오레》가 쓰인 시기에 수도는 이미 토리노에서 피렌체

《쿠오레》 삽화

를 거쳐 로마로 옮겨져 있었다.

이 이야기의 무대가 된 19세기 끝무렵 이탈리아는 처음 탄생한 '이탈리아 왕국'이라는 통일국가 아래, 초등학교 교사를 포함한 노동자들이 매우 좋지 못한 환경에 놓여 있었다. 특히 통일 뒤 10년 사이, 노동자의 수는 3배 가까이 늘어나 30만 명에 이르고 있었다. 어린이들은 어른의 5분의 1밖에 안 되는 임금을 받고 어른과 같이 하루 15시간의 노동을 견뎌야만 했다. 그 무렵 토리노는 인구 25만 명의 대도시였으나, 그중 약 3만 명이 지붕 아래 쪽방에서 위생은 신경 쓸 겨를조차 없이 각박한 생활을 했다.

하급관리의 아들로 태어난 아미치스는 어린 시절부터 부모에게 조국애나 가난한 사람, 약한 사람에 대한 사랑을 배웠다. 열세 살 때에는 독립운동에 참가하려고 생각할 정도였다. 물론 그 간절한 바람은 이루어지지 않았으나, 소년 시절에 품은 조국에 대한 열정은 평생토록 그의 가슴에서 지워지지 않았다.

《쿠오레》의 배경에는 이런 현실이 짙게 깔려 있다. 아마도 아미치스는 이런 상황을 보듬어 안고 민중의 마음을 파고들려 한 것이 분명하다. 이 책을 읽는 한국의 독자들도 참으로 어려웠던 6·25전쟁을 치르고 난 우리의 1950·60년대를 기억하며 풍요로운 오늘의 생활에 겸허해야 할 것이다.

이 책을 국내 완역판으로 출판하면서 원작에서 국내 사정에 맞게 수정된 부분이 몇 가지 있다.

그중 가장 대표적인 것이 이 일기를 쓴 엔리코를 초등학교 4학년으로 했다는 점이다. 이탈리아 원서는 물론, 영국과 미국, 그리고 프랑스 번역본에도 엔리코는 초등학교 3학년이라 되어 있다. 그런데 왜 국내 완역판을 출간함에 있어 굳이 4학년이라 수정해야 했는가? 작품에서 거의 시작이라 할 수 있는 '10월'의 '종업식' 부분에 이런 말이 나온다. '초등학교 3학년이 되기 위해 바레치 학교에 갔다' '1층 크고 넓은 교실은 3년 동안 매일같이 드나들었던 곳이다' 국내 독자의 시각으로 볼 때 이 부분은 쉽게 이해하기 힘들 것이다. 이제 3학년으로 올라갈 학생이 이미 3년이나 이 교실을 드나들었다는 것은 이상하지 않을까.

이탈리아에서는 초등학교 1학년이 '입학반'과 '진급반'으로 나뉘어 있다. 즉, 2년 동안 1학년 공부를 하고 3년째 2학년으로 진급, 4년째에 3학년이 되는 것이다. 하지만 이를 그대로 번역해 엔리코를 3학년이라 한다면 국내 번역본으로 이 책을 읽는 사람은 분명 우리나라의 초등학교 3학년을 떠올릴 것이다. 때문에 엔리코의 본디 나이를 떠올릴 수 있도록 그에 맞게 4학년이라 바꾸어 부르는 게 좋으리라 생각했다.

이렇게 되면 1학년 '진급반' 다음에 3학년, 그리고 4학년이 되는 건

비토리오 데 시카 감독의 영화 〈쿠오레〉(1948) 한 장면

가 혼란이 올 수도 있겠지만 이 무렵 이탈리아의 초등학교 학년제도가 '2학년'이라는 말 대신 1학년 '진급반'이라는 말을 썼다고 생각하면 이해하기 쉬울 것이다.

명칭이나 제도에 숫자를 활용하는 방법은 여러 나라 사정에 따라 많은 차이점이 있다. 영국과 프랑스에서는 한국의 2층이 1층이며, 3층을 2층이라고 한다. 4층과 5층도 순서대로 이어진다. 이는 층계 하나를 오른 곳이 1층(first floor 또는 premier étage), 두 번 오른 곳이 2층(second floor 또는 deuxième étage)이기 때문이다. 영한사전이나 불한사전에도 first floor나 premier étage는 2층, second floor나 deuxième étage는 3층으로 나와 있다.

이탈리아의 초등학교 학년제도 이러한 맥락에서 생각할 수 있다. 초등학교 저학년을 부르는 호칭이 다를 뿐 기본적인 초등학교 학년

제도가 다른 것은 아니다. 2학년 대신 '진급반'이 있다는 차이가 있고 학기가 시작하는 시기가 다를 뿐 1년 단위로 진급을 하는 것에는 차이가 없었으므로 국내 실정에 맞게 4학년이라 바꾸어 나타낼 수 있었다.

그렇다면 2학년이라는 말 대신 굳이 '입학반'과 '진급반'이라는 표현을 그대로 쓴 이유는 무엇인가. 《쿠오레》를 좀 더 깊이 이해하고 받아들이기 위해서는 이 작품이 쓰인 배경을 확실히 알 필요가 있기 때문이다. 이 작품의 무대, 19세기 이탈리아의 학교는 어떤 모습이었나. 아무리 하찮은 차이일지라도 그것은 작품이 탄생한 무대를 바르게 볼 수 있는 뿌리임을 잊지 말아야 한다.

《쿠오레》의 교훈

아미치스가 그의 대표작 《쿠오레》를 쓰기로 마음 먹은 것은 1878년으로 그의 조국 이탈리아가 온갖 시련을 겪고 통일된 지 15년여의 시간이 흐른 뒤였다. 그해 아미치스가 출판사에 보낸 편지 속에 이런 구절이 있다. '내 머릿속에 지금 새로운……, 강렬한 작품이 하나 있습니다. …… 주제는 정해졌습니다. 아이로부터 어른에 이르기까지 모든 세대에 걸쳐 추구해야 할 사랑, 친절, 선의…… 등으로. 내 마음은 벅차오르고 있습니다. 이 책의 제목은 《쿠오레》가 될 것입니다.'

그러나 이 작품은 쉽게 완성되지 않았다. 그 사이 1881년에는 《친구》와 《어느 선생님 이야기》를 출판하면서 새 시대의 교육문제에 골몰, 1886년에 이르러서야 그가 바라던 《쿠오레》를 완성했다. 그해 10월 15일에 서점에 나온 이 책은 겨우 두 달 만에 50판을 거듭하는 놀라운 대성공을 거두었다.

아미치스는 군인으로서, 언론인으로서, 그리고 작가로서의 그의 삶이 순탄하게만 그려질 수도 있다. 하지만 아미치스의 작품 자체에 대한 평가는 그리 좋지 않았다. 아미치스에게 가장 가슴 아팠던 것은, 국민작가 알레산드로 만초니를 인용하며 '만초니를 물에 탄 듯' 하다는 평가와, 빈약한 발상을 눈가림으로 속이고 있는 것에 지나지 않는다고 지적받은 것일지도 모른다.

《쿠오레》를 읽고 있어도 곳곳에서 만초니가 느껴지는 것은 어쩔 수 없다. 그러나 기행작가다운 빼어난 자연묘사는 아미치스의 경험이 가져온 성과이기도 하다. 이른바 가장 자신 있는 자연과 풍경 묘사, 뛰어난 관찰력까지도 뭉뚱그려 비판당한 아미치스가 얼마나 큰 부담을 가졌을지는 쉽게 짐작할 수 있다.

이 시련의 시기에 뒷날 《쿠오레》라는 제목으로 세상에 나오게 된 새로운 작품을 구상하게 된다. 그때 아미치스의 마음속에 있었던 것은 기행작가로서가 아닌 만초니와 어깨를 나란히 할 만큼의 소설가로서 자신의 재능을 인정받겠다는 각오였는지도 모른다. 그랬기에 8년이라는 긴 세월 동안 고민에 고민을 거듭한 것이다. 그 결과, 제목이 정해지고 주제의 방향도 잡혔다. 남은 문제는 소설의 형식과 구조였다. 아미치스는 어린 독자들뿐만 아니라 어른들도 공감할 수 있는 장치를 작품 속 어느 부분인가에 해두고자 하는 마음이 있었을 것이다. 그래서 생각해낸 것이 삼층 구조였다.

《쿠오레》는 초등학교 4학년 남자아이가 한 학년, 즉 열 달이라는 기간 동안 써내려 간 일기에, 아버지가 첨삭했고, 중학생이 된 주인공이 다시 한 번 수정 보완한 것이라는 것을 굳이 밝히고 있다. 이는 아미치스 나름의 어른 독자들에 대한 배려였다. 어린 독자들은 미처 그 뜻을 헤아리지 못할 것임을 알고 있으면서도 사회를 향한 메시지를 남기고 있는 대목에서 작가의 고민을 읽을 수 있다.

아미치스의 이러한 고민이 《쿠오레》를 삼층 구조로 만든 배경이 되었다고 볼 수 있다. 즉, ①소년 엔리코 자신의 체험, ②이달의 이야기, ③가족의 충고라는 삼층 구조를 이끌어 낸 것이다. ①은 아무리 아버지의 손을 거친 것이라고는 해도 어디까지나 열 살(열네 살)

난 소년의 언어로 꾸며져야만 한다. 그러나 ②는 학교에서 선생님이 옮겨 쓰도록 시킨 내용이므로 어른의 말이라고 해도 이상할 것은 없다. 그리고 ③은 물론(누이의 말을 제외하면) 부모가 아들에게 보내는 편지글 형식이므로 어린 독자를 의식한 어른의 말이어야 한다. 이렇게 작품에 다층성을 부여함으로써 아미치스는 자신에게 퍼부어진 눈가림 속임수라는 비판에 맞서려 한 것일지도 모른다.

특히 〈이달의 이야기〉를 읽고 있으면 곧잘 만초니를 느끼게 하는 빈틈없는 풍경 묘사와 마주친다. 아마도 아미치스는 〈이달의 이야기〉를 엮을 때만큼은 적어도 어른들을 위한 소설가로서 이야기를 쏟아냈는지도 모른다. 그리고 결과적으로 그 시도는 성공했다.

그러나 ①과 ③에서는 적극성이 떨어진다고도 볼 수 있다. ①에서는 열 살이든 열네 살이든 어른의 시선이 느껴지고 ③에서는 열심히 충고하려는 마음이 강한 나머지, 감정이 말보다 앞서기도 한다. 이는 어른 독자의 눈을 지나치게 의식한 결과인지도 모른다.

고민하는 작가 아미치스가 스스로 소설가로서의 역량을 충분히 응집한 형식과 구조를 《쿠오레》를 통해 내보임으로써 세상에 재평가를 받고자 한 것은 틀림없다. 그러나 자존심에 관련된 이 문제 말고도 한 가지 문제가 더 남아 있었다. 아들 우고 덕분에 주제는 '마음(Cuore)'으로 정해졌으나, 그 마음이 누구의 마음인지 아미치스 자신도 뚜렷하지 않았던 것이다. 집필에 들어간 초기부터 '아이들의 목소리로 박애의 이상을' 호소하고 싶다는 뚜렷한 뜻을 가지고 있었다.

그 박애의 대상인 마음을 가진 사람이 통일국가로 갓 태어난 이탈리아를 떠받치는 민중이라는 것도 똑똑히 인식하고 있었다. 문제는 이 민중의 얼굴이 드러나지 않는다는 점이었다. 아마도 아미치스는 그 얼굴을 보지 못한 채 어림짐작으로 마음을 써내려간 것은 아닐까.

《쿠오레》 학생들

《쿠오레》는 선생님 그리고 아빠랑 엄마랑 아이들을 위한 책으로 썼다고 아미치스는 머리글에 밝히고 있다.

아미치스는 여기에 모두 아홉 편의 〈이달의 이야기〉를 삽입했다. 애니메이션 등으로 널리 알려진 〈엄마 찾아 삼만 리〉(원제는 〈아페닌산맥에서 안데스까지〉)도 그중 하나이다. 제노바항에서 아르헨티나의 부에노스아이레스까지 혼자 배를 타고 엄마를 찾으러 가는 마르코의 이야기는 〈이달의 이야기〉에서도 가장 길어 《쿠오레》 전체의 20%를 차지한다. 따라서 이 이야기만 따로 떼어 읽어도 이해가 간다.

주인공 엔리코는 내성적이고 공부도 그리 잘하지 못하지만, 예리한 관찰력으로 학교에서 벌어진 일들과 친구와 선생님에 대해 날마다 자세히 일기에 적어 간다. 부잣집 아들로 자존심이 강한 노비스, 멋을 잘 부리는 우쭐대장 보니티, 우등생 데로시, 힘세고 정의감 넘치는 갈로네, 공부보다 온갖 잡동사니를 사고파는 데 열심인 가로피, 나무장수의 아들이며 무척 효심이 깊은 콜레티, 석탄장수의 아들 베티, 미장이의 아들 라브코, 대장장이의 아들 프레코시, 괴짜이며 공부벌레인 스타르디 등, 다양한 성격을 가진 같은 반 친구들이 저마다의 이야기를 펼치며 엔리코와 함께 성숙해 간다. 엔리코가 누구보다 강렬한 인상을 갖게 되는 아이는 이탈리아 남부 칼라브리아 주에서 온 전학생 코라치이다. 피부색과 눈동자 색, 그리고 머리카락 색이 피에몬테 주 사람과는 전혀 다른 소년과의 만남을 그려냄으로써 아미치스는 지역과 인종을 뛰어넘어 하나가 되는 인류의 사랑을 강조한다.

《쿠오레》에 나오는 어른들의 말과 행동에서는 많은 것을 배울 수 있다. 아버지는 공부가 힘들다고 불평하는 아들 엔리코에게 학교가 소중한 이유를 일기에 적어주고, 엄마와 선생님, 그리고 가난한 사람들을 배려해야 한다고 타이른다.

아버지의 작업복을 입고 놀러온 '미장이'라 불리는 라브코가 옷에 묻은 석회로 소파를 더럽히는 장면. 무심코 석회를 닦으려는 엔리코에게 아버지는 라브코가 보는 앞에서 닦지 말라고 조용히 말해 준다. 친구에게 상처를 주지 않는 배려심의 중요성을 가르쳐 준 것이다. 그리고 라브코의 작업복에 묻은 얼룩은 더러운 게 아니라 기술자의 훈장과도 같은 것이라는 말로 노동자를 칭송한다. 또, 우등생이나 인기가 많은 아이만 칭찬하는 것이 아니라, 오히려 눈에 띄지 않는 아이의 장점도 이끌어 낸다.

또, 늘 선생님을 존경하라고도 가르친다. 자신의 은사가 공로상을 받았다는 신문기사를 읽은 아버지는 엔리코와 함께 선생님을 찾아가고, 소박하게 사는 늙은 교사도 44년 만에 만나는 제자와의 재회를 기뻐한다. 신분 차이가 엄연히 존재했던 무렵이지만, 기사(엔지니어)이자 사회적 지위도 높았던 엔리코의 아버지는 상대의 신분에 따라 태도를 바꾸는 것은 비열한 사람이나 하는 짓이라고 가르치고, 사람을 차별하지 말라고 분명하게 말해 준다.

어느 날, 엄마와 엔리코가 가난한 집에 옷을 주러 갔을 때, 같은 반 친구의 집이라는 것을 알고 반가운 마음에 친구에게 말을 걸려는 엔리코를 엄마가 가로막는다. 그리고 같은 반 친구네 집에서 물건을 받았다는 것을 알았을 때 그 아이의 심정이 어떨지를 생각하라고 훈계한다.

몸이 불편한 아이도 나온다. 맹학교에서 전임해 온 선생님은 엔리코의 반 친구들에게 앞이 전혀 보이지 않는 아이들이 도대체 어떻게 생활하는지 들려준다. 편견을 없애고 언제나 사랑으로 대하라고 당부하는 것이다.

또 아버지는 이탈리아라는 나라가 얼마나 훌륭한지 찬미시로써 들려주지만, 군대 열병식에서 엔리코가 저도 모르게 "와, 정말 멋있다!" 외치자, 곧바로 "군대를 구경거리로 생각해서는 안 된다" 꾸짖고, "저 젊은 병사들의 앞길에는 피에 물든 전쟁터가 기다리고 있다"며 전쟁의 참혹함도 언급한다.

《쿠오레》에 나오는 아이들의 옷차림은 그즈음 생활수준이나 경제 상황 등을 고스란히 드러내고 있다. 약한 사람을 괴롭히는 꼴을 보지 못하는 정의감 넘치는 악동대장 갈로네에 대한 묘사 가운데 '바닥이 두꺼운 구두를 신는다'는 표현이 나온다. 이는 군인이 신는 신발을 가리킨다. 그리고 그것뿐만 아니다. 아이들이 쓰는 모자나 옷차림도 가정 형편에 따라서 잘 표현되어 있다.

예를 들어, 우등생이자 대상인의 아들 데로시는 금단추가 달린 푸른 겉옷, 그리고 부잣집 아들 보티니와 노비스는 털가죽 모자와 벨벳 옷, 프릴 달린 블라우스를 입고 있다. 이에 비해 노동자계급의 자식인 라브코나 콜레티는 주머니에 쑤셔 박고 다니는 후줄근한 모자에 헐렁한 작업복 차림이다. 여기서 아미치스의 사회 비판을 읽을 수 있다.

아이들의 성(姓)에는 아미치스의 장난기가 숨어 있다. 공부벌레 스타르디는 '완고한 사람'이라는 뜻에서, 우쭐대장 노비스는 귀족을 뜻하는 말이며, 대장장이의 아들 프레코시는 '얻어맞다'는 뜻에서 따온 말이다. 모두 재미있는 이름들이다.

《쿠오레》는 1886년 10월 15일, 이탈리아에서 새 학년이 시작되는 날에 맞추어 동시에 서점을 장식했으며 그로부터 고작 두 달 반 만에 40판을 거듭했다. 그 뒤 곧 18개 나라에서 번역을 하겠다고 부탁해 올 만큼 인기가 있었다.

한국 첫 완역판 《쿠오레》가 젊은이들을 비롯, 선생님들 아버지 어머니들에게 널리 읽혀서 오늘날 너무나 문제가 많은 우리나라 교육 환경에 큰 도움이 되었으면 하는 쿠오레(이탈리아어 '마음'이란 뜻)가 간절하다.

안응렬(安應烈)

황해도 서흥 출생. 가톨릭대학교 철학과를 졸업하고, 프랑스 소르본대학에서 불문학 연구, 서울대학교, 성균관대학교, 서강대학교, 한국외국어대학교 교수 및 명예교수를 지냈다. 프랑스 문화훈장 수여. 지은책에 《한불사전(공저)》《최신불작문(공저)》 등과 옮긴 책에 파스칼 《팡세》, 데카르트 《방법서설》, A. 생텍쥐페리 《어린왕자》《인간의 대지》《야간비행》《전투조종사》《생텍쥐페리의 편지》, 앙드레 지드 《전원교향악》, 에브 퀴리 《퀴리 부인》, 사를르 달레 《한국천주교회사》, 아드리앵 로네 《한국순교자 103위전》 등이 있다.

World Book 298
Edmondo De Amicis
CUORE
쿠오레
에드몬도 데 아미치스/안응렬 옮김
1판 1쇄 발행/2020. 12. 25
발행인 고정일
발행처 동서문화사
창업 1956. 12. 12. 등록 16-3799
서울 중구 마른내로 144(쌍림동)
☎ 546-0331~6 Fax. 545-0331
www.dongsuhbook.com
잘못 만들어진 책은 바꾸어 드립니다.

*

사업자등록번호 211-87-75330
ISBN 978-89-497-1790-6 04080
ISBN 978-89-497-0382-4 (세트)